ŒUVRES

DE

WALTER SCOTT.

TOME X.

IMPRIMERIE DE LACHEVARDIERE,
Rue du Colombier, n° 30.

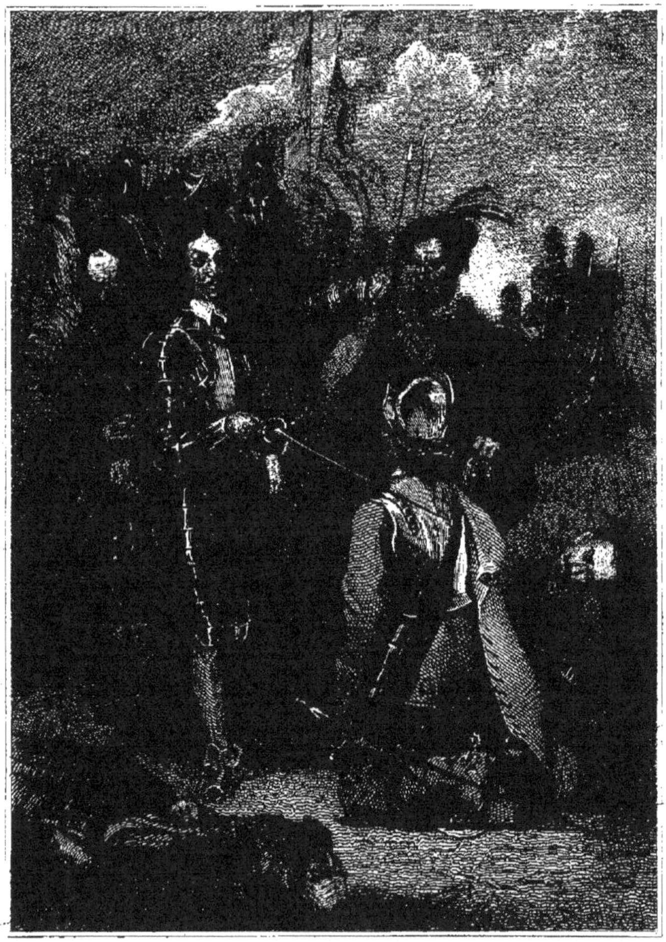

Tony Johannot pinx. *Revel sc.*

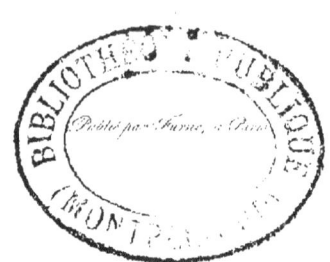

L'OFFICIER DE FORTUNE

CH. XIX.

LE NAIN.
(The black Dwarf.)

L'OFFICIER DE FORTUNE,

OU

UNE LÉGENDE DE MONTROSE.

(A Legend of Montrose.)

TRADUCTION
DE M. DEFAUCONPRET,
AVEC DES ÉCLAIRCISSEMENS ET DES NOTES
HISTORIQUES.

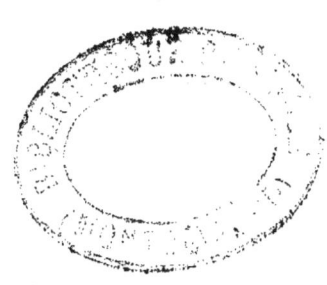

PARIS.
FURNE, LIBRAIRE-ÉDITEUR,
QUAI DES AUGUSTINS, N° 37.

M DCCC XXX.

LE NAIN.

(𝕿𝖍𝖊 𝕭𝖑𝖆𝖈𝖐 𝕯𝖜𝖆𝖗𝖋.)

CHAPITRE PREMIER.

Préliminaires.

> « Berger, as-tu de la philosophie ? »
> SHAKSPEARE. (*Comme il vous plaira.*)

C'ÉTAIT une belle matinée d'avril, quoique la neige fût tombée abondamment pendant la nuit ; aussi la terre était couverte d'un manteau éblouissant de blancheur, lorsque deux voyageurs à cheval arrivèrent à l'auberge de Wallace. Le premier était un homme grand et robuste, vêtu d'une redingote[1] grise, avec une toile cirée sur son chapeau, un grand fouet garni en argent, des bottes et de gros éperons. Il montait une grande jument baie, au poil rude, mais en bon état, avec une selle de campagne et une bride militaire à double mors un peu rouillé. Celui qui l'accompagnait paraissait être son domestique ; il montait un poney[2] gris, portait un bonnet bleu, une grosse cravate au-

---

(1) *Riding-coat*, manteau de cavalier.
(2) Petit bidet d'Écosse.

tour du cou, et de longs bas bleus au lieu de bottes. Ses mains, sans gants, étaient noircies de goudron, et il avait vis-à-vis de son compagnon un air de respect et de déférence, mais aucun de ces égards affectés que prodiguent à leurs maîtres les valets des grands. Au contraire, les deux cavaliers entrèrent de front dans la cour, et la dernière phrase de leur entretien fut cette exclamation : — Dieu nous soit en aide ! si ce temps-là dure, que deviendront les agneaux ? Ces mots suffirent à mon hôte, qui s'avança pour prendre le cheval du principal voyageur, et le tint par la bride pendant que celui-ci descendait ; le garçon d'écurie rendit le même service à son compagnon ; et mon hôte, saluant l'étranger, lui demanda : — Eh bien ! quelles nouvelles des montagnes du sud [1] ?

— Quelles nouvelles ? dit le fermier ; d'assez mauvaises, je crois ; si nous pouvons sauver les brebis, ce sera beaucoup ; quant aux agneaux, il faudra les laisser aux soins du Nain noir.

— Oui, oui, ajouta le vieux berger (car c'en était un) en hochant la tête, le Nain aura beaucoup à faire avec les morts ce printemps.

— Le Nain noir ! dit mon *savant ami et patron* [2] Jedediah Cleishbotham ; et quel personnage est celui-là ?

— Allons donc, mon brave homme, vous devez avoir entendu parler du bon Elsy, le Nain noir, ou je me trompe fort... Chacun raconte son histoire à son sujet ; mais ce ne sont que des folies, et je n'en crois pas un mot depuis le commencement jusqu'à la fin.

---

(1) Par opposition aux montagnes du nord. C'est le nom qu'on donne aux montagnes des comtés de Roxburgh, de Selkirk, etc.

(2) Nous avons ici et ailleurs imprimé en italiques quelques mots que le respectable éditeur, M Jedediah Cleishbotham, semble avoir interpolés dans le texte de son défunt ami M. P. Pattieson. Nous ferons observer une fois pour toutes que M. Jedediah n'a guère pris ces libertés que lorsqu'il s'agit de sa personne et de son caractère ; et certes il est meilleur juge que qui que ce soit de la manière dont il doit en être parlé.

— Votre père y croyait bien, dit le vieux berger, évidemment fâché du scepticisme de son maître.

— Oui, sans doute, Bauldy; mais c'était le temps des têtes noires [1]; on croyait alors à tant d'autres choses curieuses qu'on ne croit plus aujourd'hui.

— Tant pis, tant pis, reprit le vieillard; votre père, je vous l'ai dit souvent, aurait été bien contrarié de voir démolir sa vieille masure pour faire des murs de parc, et ce joli tertre couronné de genêts où il aimait tant à s'asseoir au coucher du soleil, enveloppé de son plaid pour voir revenir les vaches du loaning [2];... pensez-vous que le pauvre homme serait bien aise de voir son joli tertre bouleversé par la charrue comme il l'a été depuis sa mort?

— Allons, Bauldy, prends ce verre que t'offre l'hôte, dit le fermier, et ne t'inquiète plus des changements dont tu es témoin, tant que pour ta part tu seras bien toi-même.

— A votre santé, messieurs, dit le berger; puis, après avoir vidé son verre et protesté que le whisky était toujours la chose par excellence, il continua : — Ce n'est pas, certes, à des gens comme nous qu'il appartient de juger, mais c'était un joli tertre que le tertre des genêts, et un bien brave abri dans une matinée froide comme celle-ci.

— Oui, dit le maître, mais vous savez qu'il nous faut avoir des navets pour nos *longues* brebis, mon camarade, et que, pour avoir ces navets, il nous faut travailler rudement avec la charrue et la houe; ça n'irait guère bien de s'asseoir sur le tertre des genêts pour y jaser à propos du Nain noir et autres niaiseries, comme on faisait autrefois, lorsque c'était le temps des *courtes* brebis.

---

(1) *Black-faces*, loups-garoux.
(2) On appelle *loaning* un endroit découvert, près de la ferme, où l'on trait les vaches.

— Oui bien, oui bien, maître, dit le serviteur, mais les *courtes* brebis payaient de *courtes* rentes, que je crois.

Ici mon *respectable et savant* patron s'interposa de nouveau, et remarqua qu'il n'avait jamais pu apercevoir aucune différence matérielle, en fait de *longueur*, entre une brebis et une autre.

Cette remarque occasiona un grand éclat de rire de la part du fermier, et un air d'étonnement de la part du berger. — C'est la laine, mon brave homme, c'est la laine, et non la bête elle-même, qui fait appeler la brebis *courte* ou *longue*. Je crois que si vous mesuriez leur dos, la courte brebis serait la plus longue des deux, mais c'est la laine qui paie la rente au jour où nous sommes, et nous en avons bon besoin.

— Sans doute, Bauldy a bien parlé, les courtes brebis payaient de courtes rentes, mon père ne donnait pour notre ferme que soixante pounds, et elle m'en coûte à moi trois cents, pas un plack ni un bowbie de moins [1]; et il est vrai aussi que je n'ai pas le temps de rester ici à conter des histoires. — Mon hôte, servez-nous à déjeûner, et voyez si nos rosses ont à manger. Il me faut aller voir Christy Wilson, afin de nous entendre sur le luckpenny [2], que je lui dois, depuis notre dernier compte ; nous avions bu six pintes ensemble en faisant le marché à la foire de Saint-Boswell ; et j'espère que nous n'en viendrons pas à un procès, dussions-nous passer autant d'heures à régler ce petit compte qu'il nous en coûta pour le marché lui-même. Mais, écoutez, voisin, ajouta-t-il en s'adressant à mon *digne et savant* patron, si vous voulez savoir quelque chose de plus sur les brebis longues et les brebis courtes, je reviendrai manger ma soupe aux choux vers une heure de

---

(1) Le *pound* d'Écosse ne vaut que la vingtième partie du *pound* anglais ou livre sterling, environ un shelling ou vingt-cinq sous de notre monnaie. Le *plack* et le *bowbie* répondent à peu près à nos *liards*.

(2) C'est l'escompte qu'obtient dans un marché celui qui paie comptant.

l'après-midi, ou si vous voulez entendre de vieilles histoires sur le Nain noir, et d'autres semblables, vous n'aurez qu'à inviter Bauldy, que voici, à boire une demi-pinte ; il vous craquera comme un canon de plume. Et je promets de fournir moi-même une pinte entière si je m'arrange avec Christy Wilson [1].

Le fermier revint à l'heure dite, et avec lui Christy Wilson, leur différend ayant été terminé sans qu'ils eussent eu recours aux messieurs en robes longues. Mon *digne et savant* patron ne manqua pas de se trouver à leur arrivée, autant pour entendre les contes promis, que pour les rafraîchissements dont il avait été question, *quoiqu'il soit reconnu pour être très modéré sur l'article de la bouteille.* Notre hôte se joignit à nous, et nous restâmes autour de la table jusqu'au soir, assaisonnant la liqueur avec maintes chansons et maints contes. Le dernier incident que je me rappelle fut la chute de mon *savant et digne* patron, qui tomba de sa chaise en concluant une longue morale sur la tempérance par deux vers du *gentil berger* [2], qu'il appliqua *très heureusement* à l'ivresse, quoique le poète parle de l'avarice :

« En avez-vous assez, dormez tranquillement ;
« Le superflu n'est bon qu'à causer du tourment. »

Dans le cours de la soirée, le Nain noir n'avait pas été oublié : le vieux berger Bauldy nous fit sur ce personnage un grand nombre d'histoires qui nous intéressèrent vivement. Il parut aussi, avant que nous eussions vidé le troisième bol de punch, qu'il y avait beaucoup d'affectation

---

(1) La conversation sur les *brebis longues* et les *brebis courtes* ne peut avoir qu'un intérêt local. On prétend à Édimbourg que le berger-poète Hogg avait eu un jour en présence de sir Walter Scott cette même explication avec l'homme d'affaires de celui-ci, M. Lairdlaw ; et qu'il fut surpris de la trouver mot pour mot dans ce premier chapitre du *Nain noir*.

(2) Pastorale de Ramsay.

dans le scepticisme prétendu de notre fermier, qui croyait sans doute qu'il ne convenait pas à un homme faisant une rente annuelle de trois cents livres de croire les traditions de ses ancêtres; mais au fond du cœur il y avait foi. Selon mon usage, je poussai plus avant mes recherches, en m'adressant à d'autres personnes qui connaissaient le lieu où s'est passée l'histoire suivante, et je parvins heureusement à me faire expliquer certaines circonstances qui mettent dans leur vrai jour les récits exagérés des traditions vulgaires.

CHAPITRE II.

« Vous voulez donc passer pour Hearne 1 le chasseur ? »
SHAKSPEARE. (*Les Joyeuses Femmes de Windsor.*)

Dans un des cantons les plus reculés [2] du sud de l'Ecosse, où une ligne imaginaire, tracée sur le froid sommet des hautes montagnes, sépare ce pays du royaume voisin, un jeune homme, nommé Halbert ou Hobby Elliot, fermier aisé qui se vantait de descendre de l'ancien Martin Elliot de la tour de Preakin, si fameux dans les traditions et les ballades nationales des frontières [3], revenait de la chasse et regagnait son habitation. Les daims, autrefois si multipliés dans ces montagnes solitaires, étaient bien diminués. Ceux qui restaient, en petit nombre, se retiraient

---

(1) Dans la pièce d'où ce vers est tiré, on persuade à Falstaff de se faire passer pour *Hearne le chasseur*, espèce d'esprit qui revient dans la forêt de Windsor. C'est une des mystifications dont le pauvre chevalier est la dupe.
(2) L'auteur désigne ici le comté de Roxburgh.
(3) Mentionné dans les *Chants populaires de l'Ecosse*. (*Border-Minstrelsy.*)

dans des endroits presque inaccessibles où il était fort difficile de les atteindre, quelquefois même dangereux de les poursuivre. Il y avait cependant encore plusieurs jeunes gens du pays qui se livraient avec ardeur à cette chasse, malgré les périls et les fatigues qui y étaient attachés. L'épée des habitants des frontières avait dormi dans le fourreau, depuis la pacifique union des deux couronnes, sous le règne de Jacques, premier roi de ce nom qui occupa le trône de la Grande-Bretagne; mais il restait dans ces contrées des traces de ce qu'elles avaient été naguère. Les habitants, dont les occupations paisibles avaient été tant de fois interrompues par les guerres civiles pendant le siècle précédent, ne s'étaient pas encore faits complètement aux habitudes d'une industrie régulière. Ce n'était encore que sur une très petite échelle que l'exploitation des bêtes à laine était établie, et l'on s'occupait principalement à élever le gros bétail. Le fermier ne songeait qu'à semer la quantité d'orge et d'avoine nécessaire aux besoins de sa famille; et le résultat d'un pareil genre de vie était que bien souvent lui et ses domestiques ne savaient que faire de leur temps. Les jeunes gens l'employaient à la chasse et à la pêche; et, à l'ardeur avec laquelle ils s'y livraient, on reconnaissait encore l'esprit aventureux qui jadis guidait les habitants du *Border* dans leurs déprédations.

Les plus hardis parmi les jeunes gens de la contrée, à l'époque où commence cette histoire, attendaient avec plus d'impatience que de crainte une occasion d'imiter les exploits guerriers de leurs ancêtres dont le récit faisait une partie de leurs amusements domestiques. L'*acte de sécurité* publié en Ecosse avait donné l'alarme à l'Angleterre, en ce qu'il semblait menacer les deux royaumes d'une séparation inévitable, après la mort de la reine Anne. Godolphin, qui était alors à la tête de l'administration anglaise, comprit que le seul moyen d'écarter les malheurs d'une guerre civile était de parvenir à l'incorporation et à l'unité des deux royaumes. On peut voir dans l'histoire de cette époque comment cette affaire fut conduite, et combien on fut loin de pouvoir espérer d'abord les heureux résultats qui en furent la suite. Il suffit, pour l'intelligence de notre récit, de savoir que l'indignation fut générale en Écosse, quand on y apprit à quelles conditions le parlement de ce royaume avait sacrifié son indépendance. Cette indignation donna naissance à des ligues, à des associations secrètes, et aux projets les plus extravagants. Les Caméroniens mêmes, qui regardaient avec raison les Stuarts comme leurs oppresseurs, étaient sur le point de prendre les armes pour le rétablissement de cette dynastie; et les intrigues politiques de cette époque présentaient l'étrange spectacle des papistes, des épiscopaux et des presbytériens, cabalant contre le gouvernement britannique, et poussés par un même ressentiment des outrages de la patrie commune. La fermentation était universelle, et comme la population de l'Écosse avait été exercée au maniement des armes, depuis la proclamation de l'acte de sécurité, elle n'attendait que la déclaration de quelques-uns des chefs de la noblesse qui voulussent diriger le soulèvement, pour se porter à des actes hostiles. C'est à cette époque de confusion générale que commence notre histoire.

Le *Cleugh*, ou la ravine sauvage, où Hobby Elliot venait de poursuivre le gibier, était déjà loin de lui, et il était à peu près à mi-chemin de sa ferme, quand la nuit étendit ses premiers voiles sur l'horizon. Il n'existait pas dans les environs un buisson ni une pointe de rocher qu'il ne connût parfaitement, et il aurait regagné son gîte les yeux fermés; mais ce qui l'inquiétait malgré lui, c'est qu'il se trouvait près d'un endroit qui ne jouissait pas d'une bonne réputation dans le pays. La tradition disait qu'il était hanté par des esprits, et qu'on y voyait des apparitions surnaturelles. Il avait entendu faire ces contes depuis son enfance, et personne n'y ajoutait plus de foi que le bon Hobby de Heugh-Foot, car on le nommait ainsi pour le distinguer d'une vingtaine d'autres Elliot qui avaient le même nom.

Il faut convenir que le lieu dont il s'agit prêtait un peu à la superstition, et Hobby n'eut pas besoin de faire de grands efforts pour se rappeler les événements merveilleux qu'il avait entendu raconter tant de fois. Ce lieu sinistre était un *common*, ou bruyère communale, appelé Mucklestane-Moor [1], à cause d'une colonne de granit brut placée sur une éminence au centre de la bruyère, peut-être pour servir de mausolée à un ancien guerrier enseveli en ce lieu, ou comme le monument de quelque combat. On ignorait quelle était l'origine de cette espèce de monument; mais la tradition, qui transmet souvent autant de mensonges que de vérités, y avait suppléé par une légende que la mémoire d'Hobby ne manqua pas de lui rappeler. Autour de la colonne, le terrain était semé ou plutôt encombré d'un grand nombre de fragments énormes du même granit, que leur forme et leur disposition sur la bruyère avaient fait appeler les oies grises de Mucklestane-Moor. La légende avait trouvé l'explication de la forme et du nom de ces pierres dans la catastrophe d'une fameuse et redoutable sorcière qui fréquentait jadis les environs, faisait avorter les brebis et les vaches, et jouait tous les autres méchants tours qu'on attribue aux gens de son espèce. C'était sur cette bruyère que la vieille faisait son sabbat avec ses sœurs les sorcières. On montrait encore des places circulaires dans lesquelles jamais ne pouvait croître ni bruyère ni gazon, le terrain étant en quelque sorte calciné par les pieds brûlants des diables qui venaient prendre part à la danse.

(1) *La plaine de la Grande-Pierre.*

Un jour la vieille sorcière fut obligée de traverser ce lieu pour conduire, dit-on, des oies à une foire voisine; car on n'ignore pas que le diable, tout prodigue qu'il est de ses funestes dons, est assez peu généreux pour laisser ses associés dans la nécessité de travailler pour vivre. Le jour était avancé; et, pour obtenir un meilleur prix de ses oies, il fallait que la vieille arrivât la première au marché; mais, aux approches de cette lande sauvage, coupée par des flaques d'eau et des fondrières, son troupeau, qui jusqu'alors docile s'était avancé en bon ordre, se dispersa tout-à-coup pour se plonger dans son élément favori. Furieuse de voir ses efforts inutiles, et oubliant les termes du pacte qui obligeait Belzébuth à lui obéir pendant un temps convenu, la sorcière s'écria : — Démon! que je ne sorte plus de ce lieu, ni mes oies ni moi! A peine ces mots furent-ils prononcés, que, par une métamorphose aussi subite qu'aucune de celles d'Ovide, la vieille et le troupeau réfractaire furent convertis en pierres, l'ange du mal, qu'elle servait, ayant saisi avec empressement l'occasion de compléter la perte de son corps et de son ame, en obéissant littéralement à ses ordres. On dit que, se sentant transformée, elle s'écria en s'adressant au démon perfide : — «Ah! traître! tu m'avais promis depuis long-temps une robe grise, celle que tu me donnes durera!» Ces louangeurs du temps passé qui, dans leur opinion consolante, soutiennent la dégénération graduelle du genre humain, citaient souvent la taille du pilier et celle des pierres pour prouver quelle était autrefois la stature des femmes et des oies.

Tous ces détails se retracèrent à l'esprit d'Hobby. Il se rappela aussi qu'il n'existait pas un seul villageois qui n'évitât soigneusement cet endroit, surtout à la nuit tombante, parce qu'on le regardait comme un repaire de kelpies, de spunkies et d'autres démons écossais, jadis les compagnons de la sorcière, et continuant à se donner rendez-vous au même lieu pour y tenir compagnie à leur maîtresse pétrifiée. Hobby, quoique superstitieux, ne manquait pas de courage ; il appela près de lui les chiens qui l'avaient suivi à la chasse, et qui, comme il le disait, ne craignaient ni chiens ni diables ; il regarda si son fusil était bien amorcé, et, comme le paysan du conte de Burns [1], il se mit à siffler le refrain guerrier de *Jock of the Side* [2], comme un général fait battre le tambour pour animer des soldats dont le courage est douteux.

Dans cette situation d'esprit, on juge bien qu'Hobby ne fut pas fâché d'entendre derrière lui une voix de sa connaissance. Il s'arrêta sur-le-champ, et fut joint par un jeune homme qui demeurait dans les environs, et qui avait, comme lui, passé la journée à la chasse.

Patrick Earnscliff d'Earnscliff venait d'atteindre sa majorité, et d'entrer en possession de sa fortune, qui était encore fort honnête, quoiqu'elle ne fût que le reste de biens plus considérables qu'avaient possédés ses ancêtres avant les guerres civiles du temps. Il était d'une bonne famille, universellement respectée dans le pays, et il paraissait devoir maintenir la réputation de ses aïeux, ayant reçu une excellente éducation, et étant doué d'excellentes qualités.

— Allons, Earnscliff, s'écria Hobby, je suis toujours aise de rencontrer votre Honneur, et il fait bon d'être en compagnie dans un désert comme celui-ci. — C'est un endroit tout rempli de fondrières. — Où avez-vous chassé aujourd'hui ?

— Jusqu'au Carla-Cleugh, Hobby, répondit Earnscliff en lui rendant son salut d'amitié ; mais croyez-vous que nos chiens vivront en paix ?

— Ah ! ne craignez rien des miens, ils sont si fatigués

---

(1) *Halloween.*
(2) Voyez les *Chants populaires de l'Ecosse.*

qu'ils ne peuvent mettre une patte devant l'autre. Diable! les daims ont déserté le pays, je crois. Je suis allé jusqu'à Inger-Fell-Foot; de toute la journée, je n'ai vu d'autre gibier que trois vieilles perdrix rouges, dont je n'ai jamais pu approcher à portée de fusil, quoique j'aie fait un détour de plus d'un mille pour prendre le vent. Du diable si je ne m'en moquerais pas; — mais je suis contrarié de n'avoir pas une pièce de gibier à rapporter à ma vieille mère. — La bonne dame est là-bas qui parle toujours des chasseurs et des tireurs de jadis. — Ah! je crois, moi, qu'ils ont tué tout le gibier du pays.

— Hé bien! Hobby, j'ai tué ce matin un chevreuil, que mon domestique a porté à Earnscliff; je vous en enverrai la moitié pour votre grand'mère.

—Grand merci, monsieur Patrick. Vous êtes connu dans tout le pays pour votre bon cœur. Ah! je suis sûr que cela fera plaisir à la bonne femme, surtout quand elle saura que c'est vous qui l'avez tué. Mais j'espère que vous viendrez en prendre votre part; car je crois que vous êtes seul à la tour d'Earnscliff maintenant. Tous vos gens sont à cet ennuyeux Édimbourg. Que diable font-ils dans ces longs rangs de maisons de pierres avec un toit d'ardoises, ceux qui pourraient vivre dans le bon air de leurs vertes montagnes?

— Ma mère a été retenue pendant plusieurs années à Édimbourg par mon éducation et celle de ma sœur; mais je me propose bien de réparer le temps perdu.

— Et vous sortirez un peu de la vieille tour pour vivre en bon voisin avec les vieux amis de la famille, comme doit faire le laird d'Earnscliff. Savez-vous bien que ma mère..... je veux dire ma grand'mère; mais depuis la mort de ma mère, je l'appelle tantôt d'une façon, tantôt de l'autre. N'importe, je voulais vous dire qu'elle prétend qu'il y a une parenté éloignée entre vous et nous.

— Cela est vrai, Hobby ; et j'irai demain dîner à Heugh-Foot de tout mon cœur.

— Voilà qui est bien dit. Quand nous ne serions point parents, au moins nous sommes d'anciens voisins après tout. Ma mère a tant d'envie de vous voir ! Elle jase si souvent de votre père, qui a été tué il y a long-temps.

— Paix, Hobby ! ne parlez pas de cela. C'est un malheur qu'il faut tâcher d'oublier.

— Je n'en sais trop rien ! Si cela était arrivé à mon père, je m'en souviendrais jusqu'à ce que je m'en fusse vengé, et mes enfants s'en souviendraient après moi. Mais, vous autres seigneurs, vous savez ce que vous avez à faire. J'ai entendu dire que c'était un ami d'Ellieslaw qui avait frappé votre père, lorsque le laird lui-même venait de le désarmer.

— Laissons cela, laissons cela, Hobby. Ce fut une malheureuse querelle occasionée par le vin et par la politique. Plusieurs épées furent tirées en même temps, et il est impossible de dire qui frappa le coup.

— Quoi qu'il en soit, le vieux Ellieslaw était fauteur et complice, car c'est le bruit général ; et je suis sûr que si vous vouliez en tirer vengeance, personne ne vous blâmerait, car le sang de votre père rougit encore ses mains... Et d'ailleurs il n'a laissé que vous pour venger sa mort... Et puis Ellieslaw est un papiste et un jacobite... Ah ! il est bien certain que tout le pays s'attend à ce qu'il se passe quelque chose entre vous.

— N'êtes-vous pas honteux, Hobby, vous qui prétendez avoir de la religion, d'exciter votre ami à la vengeance, et à contrevenir aux lois civiles et religieuses, et cela dans un endroit où nous ne savons pas qui peut nous écouter ?

— Chut ! chut ! dit Hobby en se rapprochant de lui, j'avais oublié..... Mais je vous dirais bien, monsieur Patrick, ce qui arrête votre bras. Nous savons bien que ce n'est pas manque de courage. Ce sont les deux yeux d'une jolie fille, de miss Isabelle Vere, qui vous tiennent si tranquille.

— Je vous assure que vous vous trompez, Hobby, répondit Earnscliff avec un peu d'humeur, et vous avez grand tort de parler et même de penser ainsi. Je n'aime pas qu'on se donne la liberté de joindre inconsidérément à mon nom celui d'une jeune demoiselle.

— Là! ne vous disais-je pas bien que si vous étiez si calme, ce n'était pas faute de courage? Allons, allons, je n'ai pas eu dessein de vous offenser. Mais il y a encore une chose qu'il faut que je vous dise entre amis. Le vieux laird d'Ellieslaw a plus que vous dans ses veines l'ancien sang du pays. Il n'entend rien à toutes ces nouvelles idées de paix et de tranquillité. Il est tout pour les expéditions et les bons coups du vieux temps. On voit à sa suite une foule de vigoureux garçons qu'il tient en bonne disposition et qui sont pleins de malice comme de jeunes poulains. Il vit grandement, dépense trois fois ses revenus tous les ans, paie bien tout le monde, et personne ne peut dire où il prend son argent. Aussi, dès qu'il y aura un soulèvement dans le pays, il sera un des premiers à se déclarer. Or croyez bien qu'il n'a pas oublié son ancienne querelle avec votre famille; je parierais qu'il rendra quelque visite à la vieille tour d'Earnscliff.

— S'il est assez malavisé pour le faire, Hobby, j'espère lui prouver que la vieille tour est encore assez solide pour lui résister, et je saurai la défendre contre lui, comme mes ancêtres l'ont défendue contre les siens.

— Fort bien! très bien! vous parlez en homme à présent..... Hé bien! si jamais il vous attaque ainsi, faites sonner la grosse cloche de la tour, et en un clin d'œil vous m'y verrez arriver avec mes deux frères, le petit Davie de Stenhouse, et tous ceux que je pourrai ramasser.

— Je vous remercie, Hobby; mais j'espère que dans le

temps où nous vivons, nous ne verrons pas arriver des événements si contraires à tous les sentiments de religion et d'humanité.

— Bah! bah! monsieur Patrick, ce ne serait qu'un petit bout de guerre entre voisins : le ciel et la terre le savent bien, dans un pays si peu civilisé, c'est la nature du pays et des habitants. Nous ne pouvons pas vivre tranquilles comme les gens de Londres. Ce n'est pas possible : nous n'avons pas comme eux tant à faire.

— Pour un homme qui croit aussi fermement que vous, Hobby, aux apparitions surnaturelles, il me semble que vous parlez du ciel un peu légèrement. Vous oubliez encore dans quel lieu nous nous trouvons.

— Est-ce que la plaine de Mucklestane m'effraie plus que vous, monsieur Earnscliff? Je sais bien qu'il y revient des esprits, qu'on y voit la nuit des figures effroyables; mais qu'est-ce que j'ai à craindre? J'ai une bonne conscience, elle ne me reproche rien..... Peut-être quelques gaillardises avec de jeunes filles, ou quelques débauches dans une foire : est-ce donc un si grand crime? Malgré tout ce que je vous ai dit, j'aime la paix et la tranquillité tout autant que.....

— Et Dick Turnbull, à qui vous cassâtes la tête? et Williams de Winton, sur qui vous fîtes feu?

— Ah! monsieur Earnscliff, vous tenez donc un registre de mes mauvais tours? La tête de Dick est guérie, et nous devons vider notre différend le jour de *Sainte-Croix* à Jeddart; c'est donc une affaire arrangée à l'amiable. Quant à Willie, nous sommes redevenus amis, le pauvre garçon : — il n'a eu que quelques grains de grêle après tout. — J'en recevrais volontiers autant pour une pinte d'eau-de-vie. Mais Willie a été élevé dans la plaine, et il a bientôt peur pour sa peau; quant aux esprits, je vous dis que quand il s'en présenterait un devant moi.....

— Comme cela n'est pas impossible, dit Earnscliff en souriant, car nous approchons de la fameuse sorcière.

— Je vous dis, reprit Hobby comme indigné de cette provocation, que, quand la vieille sorcière sortirait elle-même de terre, je n'en serais pas plus effrayé que... — Mais Dieu me préserve! monsieur Earnscliff, qu'est-ce que j'aperçois là-bas?

CHAPITRE III.

« Nain qui parcours cette plage,
« Apprends-moi quel est ton nom.
« — L'homme noir du marécage. »
JOHN LEYDEN.

L'OBJET qui alarma le jeune fermier au milieu de ses protestations de courage fit tressaillir un instant son compagnon, quoique moins superstitieux. La lune, qui s'était levée pendant leur conversation, semblait, suivant l'expression du pays, se disputer avec les nuages à qui régnerait sur l'atmosphère, de sorte que sa lumière douteuse ne se montrait que par instants. Un de ses rayons frappant sur la colonne de granit, dont ils n'étaient pas très éloignés, leur fit apercevoir un être qui paraissait être une créature humaine, quoique d'une taille beaucoup au-dessous de l'ordinaire. Il n'avait pas l'air de vouloir aller plus loin, car il marchait lentement autour de la colonne, s'arrêtait à chaque pierre qu'il rencontrait, semblait l'examiner, et faisait entendre de temps en temps une espèce de murmure sourd, dont il était impossible de comprendre le sens.

Tout cela répondait si bien aux idées qu'Hobby Elliot

s'était formées d'une apparition, qu'il s'arrêta à l'instant, sentit ses cheveux se dresser sur sa tête, et dit tout bas à Earnscliff : — C'est la vieille Ailie, c'est elle-même ! lui tirerai-je un coup de fusil, en invoquant le nom de Dieu?

— N'en faites rien, pour l'amour du ciel ! c'est quelque malheureux privé de raison.

— Vous la perdez vous-même de vouloir en approcher, dit Hobby en retenant à son tour son compagnon. Nous avons le temps de dire une petite prière avant qu'elle vienne à nous. Ah! si je pouvais m'en rappeler une...; mais elle nous en laisse tout le temps, continua-t-il, devenu plus hardi en voyant le courage de son compagnon, et le peu d'attention que l'esprit accordait à leur approche; elle va clopin clopant comme une poule sur une grille chaude. Croyez-moi, Earnscliff (ajouta-t-il à demi-voix), fesons un détour comme pour mettre le vent contre un daim. — On n'a de l'eau que jusqu'aux genoux dans la fondrière, et il vaut mieux mauvaise route que mauvaise compagnie.

Malgré ces remontrances, Earnscliff continuait à avancer, et Hobby le suivait malgré lui. Ils se trouvèrent enfin à dix pas de l'objet qu'ils cherchaient à reconnaître. Plus ils en approchaient, plus il leur paraissait décroître, autant que l'obscurité leur permettait de le distinguer. C'était un homme dont la taille n'excédait pas quatre pieds; mais il était presque aussi large que haut, ou plutôt d'une forme sphérique, qui ne pouvait être due qu'à une étrange difformité. Le jeune chasseur appela deux fois cet être extraordinaire sans en recevoir de réponse, et sans faire attention aux efforts que son compagnon faisait continuellement pour l'entraîner d'un autre côté, plutôt que de troubler davantage une créature si singulière : — Qui êtes-vous? Que faites-vous ici à cette heure de la nuit? demanda-t-il une troisième fois. Une voix aigre et discordante répondit enfin : — Passez votre chemin, ne demandez rien à qui ne vous demande rien. Et ces mots, qui firent reculer Elliot à deux pas, firent même tressaillir son compagnon.

— Mais pourquoi êtes-vous si loin de toute habitation? dit Earnscliff. Êtes-vous égaré? suivez-moi, je vous donnerai un logement pour la nuit.

— A Dieu ne plaise! s'écria Hobby involontairement. J'aimerais mieux loger tout seul dans le fond du goufre de Tarrass Flow, ajouta-t-il plus bas.

— Passez votre chemin, répéta cet être extraordinaire d'un ton de colère : je n'ai besoin ni de vous ni de votre logement. Il y a cinq ans que ma tête n'a reposé dans l'habitation des hommes; et j'espère qu'elle n'y reposera plus.

— C'est un homme qui a perdu l'esprit, dit Earnscliff.

— Ma foi, dit son superstitieux compagnon, il a quelque chose du vieux Humphry Ettercap, qui périt ici près, il y a justement cinq ans. Mais ce n'est pas là le corps ni la taille d'Humphry.

— Passez votre chemin, répéta l'objet de leur curiosité. L'haleine des hommes empoisonne l'air qui m'entoure. Le son de vos voix me perce le cœur.

— Bon Dieu! dit Hobby, faut-il que les morts soient tellement enragés contre les vivants? Sa pauvre ame est sûrement dans la peine.

— Venez avec moi, mon ami, dit Earnscliff, vous paraissez éprouver quelque grande affliction; l'humanité ne me permet pas de vous abandonner ici.

— L'humanité! s'écria le Nain en poussant un éclat de rire ironique, qu'est-ce que ce mot? Vrai lacet de bécasse.
— Moyen de cacher les trappes à prendre les hommes. — Appât qui couvre un hameçon plus piquant dix fois que ceux dont vous vous servez pour tromper les animaux dont votre gourmandise médite le meurtre.

— Je vous dis, mon bon ami, reprit Earnscliff, que vous

ne pouvez juger de votre situation. Vous périrez dans cet endroit désert. Il faut, par compassion pour vous, que nous vous forcions à nous suivre.

— Je n'y toucherai pas du bout du doigt! dit Hobby. Pour l'amour de Dieu! laissez l'esprit agir comme il lui plaît.

— Si je péris ici, dit le Nain, que mon sang retombe sur ma tête! mais vous aurez à vous accuser de votre mort, si vous osez souiller mes vêtements du contact d'une main d'homme.

La lune parut en ce moment avec une clarté plus pure, et Earnscliff vit que cet être singulier tenait en main quelque chose qui brilla comme la lame d'un poignard ou le canon d'un pistolet. C'eût été une folie de vouloir s'emparer d'un homme ainsi armé, et qui paraissait déterminé à se défendre. Earnscliff voyait d'ailleurs qu'il n'avait aucun secours à attendre de son compagnon, qui avait déjà reculé de quelques pas, et qui semblait décidé à le laisser s'arranger avec l'esprit comme il l'entendrait. Il rejoignit donc Hobby, et ils continuèrent leur route. Ils se retournèrent cependant plus d'une fois pour regarder cette espèce de maniaque, qui continuait le même manége autour de la colonne, et qui semblait les poursuivre par des imprécations qu'on ne pouvait comprendre, mais que sa voix aigre fit retentir au loin dans cette plaine déserte.

Nos deux chasseurs firent d'abord, chacun de leur côté, leurs réflexions en silence. Lorsqu'ils furent assez éloignés du Nain pour ne plus le voir ni l'entendre, Hobby, reprenant courage, dit à son compagnon : — Je vous garantis qu'il faut que cet esprit, si c'est un esprit, ait fait ou ait souffert bien du mal quand il était dans son corps, pour qu'il revienne ainsi après qu'il est mort et enterré.

— Je crois que c'est un fou misanthrope, dit Earnscliff.

— Vous ne croyez donc pas que ce soit un être surnaturel?

— Moi? non, en vérité!

— Hé bien! je suis presque d'avis moi-même que ce pourrait bien être un homme véritable. Cependant je n'en jurerais point. Je n'ai jamais rien vu qui ressemblât si bien à un esprit.

— Quoi qu'il en soit, je reviendrai ici demain. Je veux voir ce que sera devenu ce malheureux.

— En plein jour!... alors, s'il plaît à Dieu, je vous accompagnerai. Mais nous sommes plus près d'Heugh-Foot que d'Earnscliff. Ne feriez-vous pas mieux à l'heure qu'il est de venir coucher à la ferme? Nous enverrons le petit garçon sur le poney avertir vos gens que vous êtes chez nous, quoique je croie bien qu'il n'y a pour vous attendre à la tour que le chat et les domestiques.

— Mais encore ne voudrais-je pas inquiéter les domestiques, et priver même Minet [1] de son souper en mon absence. Je vous serai obligé d'envoyer le petit garçon.

— C'est parler en bon maître! Vous viendrez donc à Heugh-Foot. — On sera bienheureux de vous y voir, oui certainement.

Cette affaire réglée, nos deux chasseurs doublèrent le pas et gravirent bientôt une petite éminence. — Monsieur Patrick, dit Hobby, j'éprouve toujours du plaisir quand j'arrive en cet endroit. Voyez-vous là-bas cette lumière? c'est là qu'est ma mère-grand. La bonne vieille travaille à son rouet. Et plus haut, à la fenêtre au-dessus, en voyez-vous une autre? c'est la chambre de ma cousine, de Grâce Armstrong. Elle fait à elle seule plus d'ouvrage dans la maison que mes trois sœurs, et elles en conviennent elles-mêmes, car ce sont les meilleures filles qu'on puisse voir, et ma grand'mère vous jurerait qu'il n'y a jamais eu une jeune fille si leste, si active, excepté elle, bien entendu, dans son temps. Quant à mes frères, un d'eux est parti avec

---

(1) *Puss.* Un chat.

les gens du chambellan [1], et l'autre est à Moss-Phadraig, la ferme que nous faisons valoir. — Il est aussi habile à la besogne que moi.

— Vous êtes heureux, mon cher Hobby, d'avoir une famille si estimable.

— Heureux, oui certes. — J'en rends grace au ciel ! Mais à propos, monsieur Patrick, vous qui avez été au collége et à la grande école [2] d'Édimbourg, vous qui avez étudié la science, là où la science s'apprend le mieux, dites-moi donc, non que cela me concerne particulièrement ; mais j'entendais cet hiver le prêtre de Saint-John et notre ministre discuter là-dessus, et tous deux, ma foi, parlaient très bien. Le prêtre donc dit qu'il est contre la loi d'épouser sa cousine ; mais je ne crois pas qu'il citât aussi bien les autorités de la Bible que notre ministre. Notre ministre passe pour le meilleur ministre et le meilleur prédicateur qu'il y ait depuis ce canton jusqu'à Édimbourg. Croyez-vous que le ministre avait raison ?

— Certainement le mariage est reconnu par tous les chrétiens protestants aussi libre que Dieu l'a fait dans la loi lévitique ; ainsi, mon cher Hobby, il ne peut y avoir aucun obstacle à ce que vous épousiez miss Armstrong.

— Oh ! oh ! monsieur Patrick, vous qui êtes si chatouilleux, ne plaisantez donc pas comme cela ! Je vous parlais en général ; il n'était pas question de Grâce. D'ailleurs elle n'est pas ma cousine germaine, puisqu'elle est fille du premier mariage de la femme de mon oncle. Il n'y a donc pas une véritable parenté, il n'y a qu'une alliance. Mais nous allons arriver, il faut que je tire un coup de fusil ; c'est ma manière de m'annoncer. Quand j'ai fait bonne chasse, j'en tire deux, un pour moi, l'autre pour le gibier.

---

(1) On appelle ainsi en Écosse l'intendant d'un grand seigneur.
(2) *High-school*, fameuse école d'Édimbourg.

Dès qu'il eut donné le signal, ont vit différentes lumières se mettre en mouvement. Hobby en fit remarquer une qui traversait la cour : — C'est Grâce! dit-il à son compagnon. Elle ne viendra pas me recevoir à la porte; mais pourquoi? c'est qu'elle va voir si le souper de mes chiens est préparé; les pauvres bêtes!

— Qui m'aime, aime mon chien, dit Earnscliff : vous êtes un heureux garçon, Hobby!

Cette observation fut accompagnée d'un soupir qui n'échappa point à l'oreille du jeune fermier.

—En tous cas, dit-il, je ne suis pas le seul. Aux courses de Carlisle, j'ai vu plus d'une fois miss Isabelle Vere détourner la tête pour regarder quelqu'un qui passait près d'elle. Qui sait tout ce qui peut arriver dans ce monde?

Earnscliff eut l'air de murmurer tout bas une réponse; était-ce pour convenir de ce qu'avançait Hobby, ou pour le démentir? c'est ce que celui-ci ne put entendre, et sans doute Earnscliff avait voulu faire lui-même une réponse douteuse.

Ils avaient déjà dépassé le loaning, et après un détour au pied de la colline qu'ils descendaient, ils se trouvèrent en face de la ferme où demeurait la famille d'Hobby Elliot; elle était couverte en chaume, mais d'un abord confortable. De riantes figures étaient déjà à la porte : mais la vue d'un étranger émoussa les railleries qu'on se proposait de décocher contre Hobby à cause de sa mauvaise chasse. Trois jeunes et jolies filles semblaient se rejeter de l'une à l'autre le soin de montrer le chemin à Earnscliff, parce que chacune d'elles aurait voulu s'esquiver pour aller faire un peu de toilette, et ne pas se montrer devant lui dans le déshabillé du soir, qui n'était destiné que pour les yeux de leur frère.

Hobby cependant se permit quelques plaisanteries générales sur ses deux sœurs (Grâce n'était plus là); et, prenant la chandelle des mains d'une des coquettes villageoises qui la tenait en minaudant, il introduisit son hôte dans le parloir de la famille, ou plutôt dans la grand'salle; car, le bâtiment ayant été jadis une habitation fortifiée, la pièce où l'on se rassemblait était une chambre voûtée et pavée, humide et sombre sans doute, comparée aux logements de fermes de nos jours; mais éclairée par un bon feu de tourbe, elle parut à Earnscliff infiniment préférable aux montagnes froides et arides qu'il venait de parcourir. La vénérable maîtresse de la maison, ou la fermière, coiffée avec l'ancien pinner [1], vêtue d'une simple robe serrée, d'une laine filée par elle-même, mais portant aussi un large collier d'or et des boucles d'oreilles, était assise au coin de la cheminée, dans son fauteuil d'osier, dirigeant les occupations des jeunes filles et de deux ou trois servantes qui travaillaient à leurs quenouilles derrière leurs maîtresses.

Après avoir fait bon accueil à Earnscliff, et donné tous bas quelques ordres pour faire une addition au souper ordinaire de la famille, la vieille grand'mère et les sœurs d'Hobby commencèrent leur attaque, qui n'avait été que différée.

— Jenny n'avait pas besoin d'apprêter un si grand feu de cuisine pour ce qu'Hobby a rapporté, dit une des sœurs.

— Non sans doute, dit une autre, la poussière de la tourbe, bien soufflée, aurait suffi pour rôtir tout le gibier de notre Hobby.

— Oui, ou le bout de chandelle, si le vent ne l'éteignait pas, dit la troisième. Ma foi, si j'étais que de lui j'aurais rapporté un corbeau plutôt que de revenir trois fois sans la corne d'un daim pour en faire un cornet.

Hobby les regardait alternativement en fronçant le

(1) Coiffe des matrones d'Écosse.

sourcil, dont l'augure sinistre était démenti par le sourire de bonne humeur qui se dessinait sur ses lèvres. Il chercha à les adoucir cependant, en annonçant le présent qu'Earnscliff avait promis.

— Dans ma jeunesse, dit la vieille mère, un homme aurait été honteux de sortir une heure avec son fusil, sans rapporter au moins un daim de chaque côté de son cheval, comme un coquetier portant des veaux au marché.

— C'est pour cela qu'il n'en reste plus, dit Hobby ; je voudrais que vos vieux amis nous en eussent laissé quelques-uns.

— Il y a pourtant des gens qui savent encore trouver du gibier, dit la sœur aînée en jetant un coup-d'œil sur Earnscliff.

— Hé bien ! hé bien ! femme, chaque chien n'a-t-il pas son jour ! Que Earnscliff me pardonne ce vieux proverbe; il a eu du bonheur aujourd'hui, une autre fois ce sera mon tour. N'est-il pas bien agréable, après avoir couru les montagnes toute la journée, d'avoir à tenir tête à une demi-douzaine de femmes qui n'ont rien eu à faire que de remuer par-ci par-là leur aiguille ou leur fuseau, surtout quand, en revenant à la maison, on a été effrayé..... non, ce n'est pas cela, surpris par des esprits ?

— Effrayé par des esprits ! s'écrièrent toutes les femmes à la fois; car grand était le respect qu'on portait et qu'on porte peut-être encore dans ces cantons à ces superstitions populaires.

— Effrayé ! non : c'est surpris que je voulais dire. Et après tout, il n'y en avait qu'un ; n'est-il pas vrai, monsieur Earnscliff? vous l'avez vu comme moi.

Et il se mit à raconter en détail, à sa manière, mais sans trop d'exagération, ce qui leur était arrivé à Mucklestane-Moor, en disant, pour conclure, qu'il ne pouvait conjecturer ce que ce pouvait être, à moins que ce ne fût ou l'ennemi des hommes en personne, ou un des vieux Peghts [1] qui habitaient le pays au temps jadis.

— Vieux Peght! s'écria la grand'mère, non, non, Dieu te préserve de tout mal, mon enfant; ce n'est pas un Peght que cela. — C'est l'homme brun des marécages [2]. O maudits temps que ceux où nous vivons! Qu'est-ce qui va donc arriver à ce malheureux pays, maintenant qu'il est paisible et soumis aux lois? Jamais il ne paraît que pour annoncer quelque désastre. Feu mon père m'a dit qu'il avait fait une apparition l'année de la bataille de Marston-Moor, une autre fois du temps de Montrose, et une autre la veille de la déroute de Dunbar. De mon temps même, on l'a vu deux heures avant le combat du pont de Bothwell; et on dit encore que le laird de Benarbuck, qui avait le don de seconde vue, s'entretint avec lui quelque temps avant le débarquement du duc d'Argyle, mais je ne sais pas comment cela eut lieu. C'était dans l'ouest, loin d'ici. Oh! mes enfants, il ne revient jamais qu'en des temps de malheurs; gardez-vous bien d'aller le trouver!

Earnscliff prit la parole, en lui disant qu'il était convaincu que l'être qu'ils avaient vu était un malheureux privé de raison, et qu'il n'était chargé ni par le ciel ni par l'enfer d'annoncer une guerre ou quelque malheur; mais il parlait à des oreilles qui ne voulaient pas l'entendre, et tous se réunirent pour le conjurer de ne pas songer à y retourner le lendemain.

— Songez donc, mon cher enfant, lui dit la vieille dame, qui étendait son style maternel à tous ceux qui avaient part à sa sollicitude, songez que vous devez prendre garde à vous plus que personne. La mort sanglante de votre père, les procès et maintes pertes ont fait de grandes brèches à votre maison. — Et vous êtes la fleur du trou-

---

(1) Sans doute les *Pictes*, que le peuple en Écosse croit avoir été des êtres surnaturels.

(2) Sans doute de la famille des *Brownies*.

peau, le fils qui rebâtira l'ancien édifice (si c'est la volonté d'en haut). Vous, un honneur pour le pays, une sauvegarde pour ceux qui l'habitent, moins que personne vous devez vous risquer dans de téméraires aventures. — Car votre race fut toujours une race trop aventureuse, et il lui en a beaucoup coûté.

— Mais bien certainement, mistress Elliot, vous ne voudriez pas que j'eusse peur d'aller dans une plaine ouverte en plein jour?

— Et pourquoi non? Je n'empêcherai jamais ni mes enfants ni mes amis de soutenir une bonne cause, au risque de tout ce qui pourrait leur arriver ; mais, croyez-en mes cheveux blancs, se jeter dans le péril de gaîté de cœur, c'est contre la loi et l'Écriture.

Earnscliff ne répondit rien, car il voyait bien que ses arguments seraient paroles perdues, et l'arrivée du souper mit fin à cette conversation. Miss Grâce était entrée peu auparavant, et Hobby s'était placé à côté d'elle, non sans avoir lancé à Earnscliff un coup-d'œil d'intelligence. Un entretien enjoué, auquel la vieille dame de la maison prit part avec cette bonne humeur qui va si bien à la vieillesse, fit reparaître sur les joues des jeunes personnes les roses qu'en avait bannies l'histoire de l'apparition, et l'on dansa pendant une heure après le souper, aussi gaîment que s'il n'eût pas existé d'apparition dans le monde.

CHAPITRE IV.

« Oui, je suis misanthrope, et tout le genre humain
« Ne mérite à mes yeux que haine, que dédain.
« Que n'es-tu quelque chien ! je t'aimerais peut-être. »
Timon d'Athènes. SHAKSPEARE.

Le lendemain, après avoir déjeûné, Earnscliff prit congé de ses hôtes en leur promettant de revenir pour avoir sa part de la venaison qui était arrivée de chez lui. Hobby eut l'air de lui faire ses adieux à la porte, mais quelques minutes après il était à son côté.

— Vous y allez donc, monsieur Patrick ? Hé bien ! malgré tout ce qu'a dit ma mère, que le ciel me confonde si je vous laisse y aller seul ! mais j'ai pensé qu'il valait mieux vous laisser partir sans rien dire ; sauf à vous rejoindre ensuite, afin que ma mère ne se doutât de rien, car je n'aime pas à la contrarier, et c'est une des dernières recommandations que mon père m'a faites sur son lit de mort.

— Vous faites bien, Hobby, dit Earnscliff, elle mérite tous vos égards.

— Oh ! quant à ceci, ma foi ! si elle savait où nous allons, elle serait tourmentée, et autant pour vous que pour moi. Mais croyez-vous que nous ne soyons point imprudents de retourner là-bas ? Vous savez que ni vous ni moi nous n'avons pas d'ordre exprès d'y aller, vous savez.

— Si je pensais comme vous, Hobby, peut-être n'irais-je pas plus loin ; mais je ne crois ni aux esprits ni aux sorciers, et je ne veux pas perdre l'occasion de sauver peut-être la vie d'un malheureux dont la raison paraît aliénée.

— A la bonne heure si vous croyez cela, dit Hobby d'un air de doute; et il est pourtant certain que les fées elles-mêmes, je veux dire les *bons voisins* (car on dit qu'il ne faut pas les appeler fées), qu'on voyait chaque soir sur les tertres de gazon, sont moins visibles de moitié dans notre temps. Je ne puis dire que j'en ai vu moi-même; mais j'en entendis siffler un dans la bruyère, avec un son tout semblable à celui du courlieu. Mais combien de fois mon père m'a-t-il dit qu'il en avait vu en revenant de la foire, quand il était un peu en train, le brave homme!

C'est ainsi que la superstition se transmet de plus en plus faible d'une génération à l'autre. Earnscliff le remarquait à part en écoutant Hobby. Ils continuèrent à causer de la sorte jusqu'à ce qu'ils arrivassent en vue de la colonne qui donne son nom à la plaine.

— En vérité, dit alors Hobby, voilà encore cette créature qui se traîne là-bas. Mais il est grand jour, vous avez votre fusil, j'ai mon grand coutelas, et je crois que nous pouvons nous approcher sans trop de danger.

— Très certainement, dit Earnscliff; mais, au nom du ciel! que peut-il faire là?

— On dirait qu'il fait un mur avec toutes ces pierres, ou toutes ces oies, comme on les appelle. Voilà qui passe tout ce que j'ai ouï dire.

En approchant davantage, Earnscliff reconnut que la conjecture de son compagnon n'était pas invraisemblable. L'être mystérieux qu'ils avaient vu la veille semblait s'occuper péniblement à ramasser les pierres éparses, et à les placer les unes sur les autres, de manière à former un petit enclos. Il ne manquait pas de matériaux, mais son travail n'était pas facile, et l'on avait peine à comprendre qu'il eût pu remuer les pierres énormes qui servaient de fondements à son édifice. Il s'occupait à en placer une très lourde, quand les deux jeunes gens arrivèrent à peu de distance de lui, et il y mettait tant d'attention, qu'il ne les vit pas s'approcher. Il montrait, en traînant la pierre, en la levant et en la plaçant suivant le plan qu'il avait conçu, une force et une adresse qui s'accordaient peu avec sa taille et sa difformité. En effet, à en juger par les obstacles qu'il avait déjà surmontés, il devait avoir la force d'un Hercule, puisque quelques-unes des pierres qu'il avait transportées n'auraient pu l'être que par deux hommes. Aussi Hobby ne put s'empêcher de revenir à sa première opinion.

— Il faut que ce soit l'esprit d'un maçon, dit-il : voyez comme il manie ces grosses pierres. Si c'est un homme après tout, je voudrais savoir combien il prendrait par toise pour construire un mur de digue. — On aurait bien besoin d'en avoir un entre Cringlehope et les Shaws. — Brave homme (ajouta-t-il en élevant la voix), vous faites là un ouvrage pénible !

L'être auquel il s'adressait se tournant de son côté, en jetant sur lui des regards égarés, changea de posture et se fit voir dans toute sa difformité.

Sa tête était d'une grosseur peu commune ; ses cheveux crépus étaient en partie blanchis par l'âge ; d'épais sourcils, qui se joignaient ensemble, couvraient de petits yeux noirs et perçants qui, enfoncés dans leur orbite, roulaient d'un air farouche, et semblaient indiquer l'aliénation d'esprit. Ses traits étaient durs et sauvages, et il avait dans sa physionomie cette expression particulière qu'on remarque si souvent dans les personnes contrefaites, avec ce caractère lourd et dur qu'un peintre donnerait aux géants des vieux romans. Son corps large et carré, comme celui d'un homme de moyenne taille, était porté sur deux grands pieds ; mais la nature semblait avoir oublié les jambes et les cuisses, car elles étaient si courtes, que son vêtement les cachait tout-à-fait. Ses bras, d'une longueur démesurée, se terminaient par deux mains larges, musclées et horriblement velues. On eût dit que la nature avait d'abord destiné ces membres à la création d'un géant, pour les donner ensuite, dans son caprice, à la personne d'un nain. Son habit, espèce de tunique d'un gros drap brun, ressemblait au froc d'un moine, et il était assujéti sur son corps par une ceinture de cuir; enfin sa tête était couverte d'un bonnet de peau de blaireau ou de toute autre fourrure, qui ajoutait à l'aspect grotesque de son extérieur, et couvrait en partie son visage dont l'expression habituelle était celle d'une sombre et farouche misanthropie.

Ce Nain extraordinaire regardait en silence les deux jeunes gens d'un air d'humeur et de mécontentement. Earnscliff, voulant lui inspirer plus de douceur, lui dit :

— Vous vous êtes donné une tâche fatigante, mon cher ami, permettez-nous de vous aider.

Elliot et lui, réunissant leurs efforts, placèrent une pierre sur le mur commencé. Le Nain, pendant ce temps, les regardait de l'air d'un maître qui inspecte ses ouvriers, et témoignait par ses gestes combien il s'impatientait du temps qu'ils mettaient à apporter la pierre; il leur en montra une seconde, puis une troisième, puis une quatrième, qu'ils placèrent de même, quoiqu'il parût choisir avec un malin plaisir les plus lourdes et les plus éloignées. Mais, lorsque le déraisonnable Nain leur en désigna une cinquième encore plus difficile à remuer que les précédentes :

— Oh! ma foi, l'ami, dit Elliot, Earnscliff fera ce qu'il lui plaira, mais que vous soyez un homme, ou tout ce qu'il peut y avoir de pire, que le diable me torde les doigts, si je m'éreinte plus long-temps comme un manœuvre, sans recevoir tant seulement un remercîment pour nos peines.

— Un remercîment! s'écria le Nain en le regardant de l'air du plus profond mépris; recevez-en mille, et puissent-ils vous être aussi utiles que ceux qui m'ont été prodigués, que ceux que les reptiles qu'on nomme des hommes se sont jamais adressés... Allons! travaillez ou partez.

— Voilà une belle réponse, monsieur Earnscliff, pour avoir bâti un tabernacle pour le diable, et compromis peut-être nos propres ames par-dessus le marché.

— Notre présence paraît le contrarier, répondit Earnscliff; retirons-nous, nous ferons mieux de lui envoyer quelque nourriture.

Ce fut ce qu'ils firent dès qu'ils furent de retour à Heugh-Foot, et ils chargèrent un domestique de porter au Nain un panier de provisions. Celui-ci trouva le Nain toujours occupé de son travail ; mais, étant imbu des préjugés du pays, il n'osa ni s'en approcher ni lui parler. Il plaça ce qu'il apportait sur une des pierres les plus éloignées à la disposition du misanthrope.

Le Nain continua ses travaux avec une activité qui paraissait presque surnaturelle; il faisait en un jour plus d'ouvrage que deux hommes n'auraient pu en faire, et les murs qu'il élevait prirent bientôt l'apparence d'une hutte qui, quoique très étroite, et construite seulement de pierres et de terres, sans mortier, offrait, à cause de la grosseur peu commune des pierres employées, un air de solidité très rare dans des cabanes si petites et d'une construction si grossière. Earnscliff, qui épiait tous ses mouvements, n'eut pas plutôt compris son but qu'il fit porter dans le voisinage du lieu les bois nécessaires pour la toiture, et il se proposait même d'y envoyer des ouvriers le jour d'après, pour les placer : mais le Nain ne lui en laissa pas le temps, il passa la nuit à l'ouvrage, et fit si bien que, dès le lendemain matin, la charpente était en place ; il s'occupa ensuite à couper des joncs et à en couvrir sa demeure, ce qu'il exécuta avec une adresse surprenante.

Voyant que cet être extraordinaire ne voulait recevoir

d'aide que le secours accidentel d'un passant, Earnscliff se contenta de faire porter dans les environs les matériaux et les outils qu'il jugeait pouvoir lui être utiles ; le solitaire s'en servait avec talent. Il construisit une porte et une fenêtre, se fit un lit de planches ; et, à mesure que ses travaux avançaient, son humeur semblait devenir moins irascible. Il songea ensuite à se fermer d'un enclos. Puis il transporta du terreau et travailla si bien le sol qu'il se forma un petit jardin. On supposera naturellement, comme nous l'avons fait entendre, que cet être solitaire fut aidé plus d'une fois par les passants qui par hasard traversaient la plaine, et par d'autres que la curiosité portait à lui rendre visite. Il était en effet impossible de voir une créature humaine si peu propre en apparence à un travail si rude et si constant sans s'arrêter pendant quelques minutes pour l'aider. Mais, comme aucun de ces aides ne savait jusqu'à quel point le Nain avait reçu assistance des autres, les rapides progrès de sa tâche journalière ne perdaient rien de ce qu'ils avaient de merveilleux. La solidité compacte de sa cabane, construite en si peu de temps et par un tel être, son adresse supérieure dans le maniement de ses outils, son talent dans tous les arts mécaniques et autres, éveillèrent les soupçons des voisins. On ne croyait plus que ce fût un fantôme ; on l'avait vu d'assez près et assez long-temps pour être convaincu que c'était véritablement un homme de chair et d'os ; mais le bruit courait qu'il avait des liaisons avec des êtres surnaturels, et qu'il avait fixé sa résidence dans ce lieu écarté pour n'être pas troublé dans ses relations avec eux. Il n'était jamais moins seul que quand il était seul, disait-on, en donnant à cette phrase d'un ancien philosophe un sens mystérieux. On assurait aussi que des hauteurs qui dominent la bruyère on avait vu souvent un autre personnage qui aidait dans son travail cet habitant du désert, et qui disparaissait aussitôt qu'on s'en approchait ; ce personnage était quelquefois assis à son côté sur le seuil de la porte, il se promenait avec lui dans le jardin, il allait avec lui chercher de l'eau à une fontaine voisine. Earnscliff expliquait ce phénomène en disant qu'on avait pris l'ombre du Nain pour une seconde personne. — Son ombre serait donc d'une nature aussi singulière que son corps, disait alors Hobby, grand partisan de l'opinion générale ; il est trop bien dans les papiers du vieux Satan pour avoir une ombre [1]. Qui a jamais vu une ombre entre un corps et le soleil ? Cette chose, que ce soit ce qu'on voudra, est plus mince et plus grande que le corps dont vous dites qu'elle est l'ombre. On l'a vue plus d'une fois s'interposer entre le soleil et lui.

Ces soupçons, dans d'autres cantons de l'Écosse, auraient pu exposer notre solitaire à des recherches qui ne lui auraient pas été agréables; mais ils ne servirent qu'à faire regarder le prétendu sorcier avec une crainte respectueuse. Il ne semblait pas fâché d'inspirer ce sentiment. Lorsque quelqu'un approchait de sa chaumière, il voyait avec une sorte de plaisir l'air de surprise et d'effroi de celui qui le regardait, et la promptitude avec laquelle il s'éloignait de lui. Peu de gens étaient assez hardis pour satisfaire leur curiosité en jetant un regard à la hâte sur son habitation et sur son jardin ; et, s'ils lui adressaient quelques paroles, jamais il n'y répondait que par un mot ou un signe de tête.

Il semblait s'être établi dans sa hutte pour la vie. Earnscliff passait souvent par-là, rarement sans demander au Nain de ses nouvelles ; mais il était impossible de l'engager dans aucune conversation sur ses affaires personnelles. Il acceptait sans répugnance les choses nécessaires à la vie, mais rien au-delà, quoique Earnscliff, par humanité, et les habitants du canton, par une crainte superstitieuse,

---

(1) Allusion à la croyance populaire qui veut que les corps des sorciers ne projettent point d'ombre.

lui offrissent bien davantage. Il récompensait ceux-ci par les conseils qu'il leur donnait lorsqu'il était consulté, comme il ne tarda pas à l'être, sur leurs maladies et sur celles de leurs troupeaux. Il ne se bornait pas même à des avis, il leur fournissait aussi les remèdes convenables, non seulement les simples qui croissaient dans le pays, mais aussi des médicaments coûteux, produit de climats étrangers. On juge bien que cela ne faisait que confirmer le bruit de ses liaisons avec des êtres invisibles qui étaient à ses ordres : sans quoi, comment aurait-il pu, dans son ermitage et dans son état d'indigence, se procurer toutes ces choses? Avec le temps, il fit connaître qu'il se nommait Elsender-le-Reclus, nom que les habitants du pays changèrent en celui du bon Elsy, ou le Sage de Mucklestane-Moor.

Ceux qui venaient le consulter déposaient ordinairement leur offrande sur une pierre peu éloignée de sa demeure. Si c'était de l'argent, ou quelque objet qu'il ne lui convînt pas d'accepter, il le jetait loin de lui, ou le laissait où on l'avait déposé, sans en faire usage. Dans toutes ces occasions, ses manières étaient toujours celles d'un misanthrope bourru ; il ne prononçait que le nombre de mots strictement nécessaire pour répondre à la question qu'on lui faisait ; et, si l'on voulait lui parler de choses indifférentes, il rentrait chez lui sans daigner faire une seule réponse.

Lorsque l'hiver fut passé, et qu'il commença à récolter quelques légumes dans son jardin, ils firent sa principale nourriture. Earnscliff parvint pourtant à lui faire accepter deux chèvres qui se nourrissaient dans la plaine, et qui lui fournissaient du lait.

Earnscliff, voyant son présent accepté, voulut aller faire une visite à l'ermite. Le vieillard était assis sur un banc de pierre, près de la porte de son jardin ; c'était là son siége quand il était disposé à donner audience. Personne n'était admis dans l'intérieur de sa cabane et de son petit jardin : c'était un lieu sacré, comme le *Morai* des insulaires d'Otaïti. Sans doute qu'il l'aurait cru profané par la présence d'une créature humaine. Lorsqu'il était enfermé dans son habitation, aucune prière n'aurait pu le persuader de se rendre visible ou de donner audience à qui que ce fût.

Earnscliff avait été pêcher dans un ruisseau qui coulait à peu de distance. Voyant l'ermite sur le banc près de sa chaumière, il vint s'asseoir sur une pierre qui était en face, ayant en main sa ligne et un panier dans lequel étaient quelques truites, produit de sa pêche. Le Nain, habitué à sa présence, ne donna d'autre signe qu'il l'avait vu qu'en levant les yeux un moment pour le regarder de l'air d'humeur qui lui était habituel ; après quoi, il laissa retomber sa tête sur sa poitrine, comme pour se replonger dans ses profondes méditations. Earnscliff s'aperçut qu'il avait adossé tout nouvellement à sa demeure un petit abri pour ses deux chèvres.

— Vous travaillez beaucoup, Elsy, lui dit-il pour tâcher de l'engager dans une conversation.

— Travailler! s'écria le Nain; c'est le moindre des maux de la misérable humanité. Il vaut mieux travailler comme moi que de chercher des amusements comme les vôtres.

— Je ne prétends pas que nos amusements champêtres soient des exercices inspirés par l'amour de l'humanité, et cependant....

— Et cependant ils valent mieux que votre occupation ordinaire. Il vaut mieux que l'homme assouvisse sa férocité sur les poissons muets que sur les créatures de son espèce. Mais pourquoi parlé-je ainsi? Pourquoi la race des hommes ne s'entr'égorge-t-elle pas, ne s'entre-dévore-t-elle pas, jusqu'à ce que, le genre humain détruit, il ne reste plus qu'un monstre énorme comme le Behemoth de l'Écriture ; qu'alors ce monstre, le dernier de la race, après s'être nourri des os de ses semblables, quand sa proie lui manquera, rugisse des jours entiers privé de nourriture, et meure enfin peu à peu de famine ? Ce serait un dénoûment digne de cette race maudite.

— Vos actions valent mieux que vos paroles, Elsy : votre misanthropie maudit les hommes, et cependant vous les soulagez !

— Je le fais : mais pourquoi ? Écoutez-moi. Vous êtes un de ceux que je vois avec le moins de dégoût ; et, par compassion pour votre aveuglement, je veux bien, contre mon usage, perdre avec vous quelques paroles. Je ne puis envoyer dans les familles la peste et la discorde ; mais n'atteins-je pas au même but en conservant la vie de quelques hommes, puisqu'ils ne vivent que pour s'entre-détruire ? Si j'avais laissé mourir Alix de Bower, l'hiver dernier, Ruthwen aurait-il été tué ce printemps pour l'amour d'elle ? Lorsque Willie de Westburnflat était sur son lit de mort, on laissait les troupeaux paître librement dans les champs ; aujourd'hui que je l'ai guéri, on les surveille avec soin, et l'on ne se couche pas sans avoir déchaîné le limier de garde, et tous les autres chiens.

— J'avoue que cette dernière cure n'a pas rendu un grand service à la société ; mais, par compensation, vous avez guéri, il y a peu de temps, mon ami Hobby, le brave Hobby Elliot de Heugh-Foot, d'une fièvre dangereuse qui pouvait lui coûter la vie.

— Ainsi pensent et parlent les enfants de la boue dans leur folie et leur ignorance, dit le Nain en souriant avec malignité. Avez-vous jamais vu le petit d'un chat sauvage dérobé tout jeune à sa mère pour être apprivoisé ? Comme il est doux ! comme il joue avec vous ! Mais faites-lui sentir votre gibier ou vos agneaux, et sa férocité va se montrer ; il va déchirer vos agneaux, ou votre volaille, dévorer tout ce qui se trouvera sous ses griffes.

— C'est l'effet de son instinct. Mais qu'est-ce que cela a de commun avec Hobby ?

— C'est son emblème, c'est son portrait. Il est, quant à présent, tranquille, apprivoisé ; mais qu'il trouve l'occasion d'exercer son penchant naturel, qu'il entende le son de la trompette guerrière, vous verrez le jeune limier aspirer le sang, vous le verrez aussi cruel, aussi féroce que le plus terrible de ses ancêtres qui ait brûlé le chaume d'un pauvre paysan... Me nierez-vous qu'il vous excite souvent à tirer une vengeance sanglante d'une injure dont votre famille a eu à se plaindre quand vous n'étiez encore qu'un enfant ?

Earnscliff tressaillit. Le solitaire ne parut pas s'apercevoir de sa surprise, et continua.

— Hé bien ! la trompette sonnera, le jeune limier satisfera sa soif de sang, et je dirai avec un sourire : Voilà pourquoi je lui ai sauvé la vie ! Oui, tel est l'objet de mes soins apparents : c'est d'augmenter la masse des misères humaines, c'est, même dans ce désert, de jouer mon rôle dans la tragédie générale. Quant à vous, si vous étiez malade dans votre lit, la pitié m'engagerait peut-être à vous envoyer une coupe de poison.

— Je vous suis fort obligé, Elsy, et avec une si douce espérance, je ne manquerai certainement pas de vous consulter, quand j'aurai besoin de secours.

— Ne vous flattez pas trop ! il n'est pas bien certain que je serais assez faible pour céder à une sotte compassion. Pourquoi m'empresserais-je d'arracher aux misères de la vie un homme si bien constitué pour les supporter ? Pourquoi imiterais-je la compassion de l'Indien, qui brise la tête de son captif d'un coup de tomahawk, au moment où il est attaché au fatal poteau, quand le feu s'allume, que les tenailles rougissent, que les chaudrons sont déjà bouillants et les scalpels aiguisés pour déchirer, brûler et sacrifier la victime ?

— Vous faites un tableau effrayant de la vie, Elsy, mais il ne peut abattre mon courage. Nous devons supporter les peines avec résignation, et jouir du bonheur avec reconnaissance. La journée de travail est suivie par une nuit de repos, et les souffrances mêmes nous offrent des consolations, quand, en les endurant, nous savons que nous avons rempli nos devoirs.

— Doctrine des brutes et des esclaves! dit le Nain, dont les yeux s'enflammaient d'une démence furieuse : je la méprise comme digne seulement des animaux qu'on immole. Mais je ne perdrai pas plus de paroles avec vous.

Il se leva à ces mots, et ouvrit la porte de sa chaumière ; comme il allait y entrer, se retournant vers Earnscliff, il ajouta avec véhémence : — De peur que vous ne croyiez que les services que je parais rendre aux hommes prennent leur source dans ce sentiment bas et servile qu'on appelle l'amour de l'humanité, apprenez que s'il existait un homme qui eût détruit mes plus chères espérances, qui eût déchiré et torturé mon cœur, qui eût fait un volcan de ma tête ; et si la vie et la fortune de cet homme étaient aussi complétement en mon pouvoir que ce vase fragile (prenant en main un pot de terre qui se trouvait près de lui), je ne le réduirais pas ainsi en atomes de poussière, dit-il en le lançant avec fureur contre la muraille. Non, continua-t-il avec amertume, quoique d'un ton plus tranquille : je l'entourerais de richesses, je l'armerais de puissance, je ne le laisserais manquer d'aucuns moyens de satisfaire ses viles passions, d'accomplir ses infâmes desseins ; j'en ferais le centre d'un effroyable tourbillon qui, privé lui-même de paix et de repos, renverserait, engloutirait tout ce qui se trouverait sur son passage. J'en ferais un fléau capable de bouleverser sa terre natale, et d'en rendre tous les habitants délaissés, proscrits et misérables comme moi.

A peine eut-il proféré ces mots, qu'il se précipita dans sa

chaumière, dont il ferma la porte avec violence, poussant ensuite deux verroux, comme pour être sûr qu'aucun être appartenant à une race qu'il avait prise en horreur ne pourrait venir le troubler dans sa solitude.

Earnscliff s'éloigna avec un sentiment mêlé de compassion et d'horreur, et cherchant en vain quels malheurs pouvaient avoir réduit à cet état de frénésie l'esprit d'un homme qui paraissait avoir reçu de l'éducation, et qui ne manquait pas de connaissances. Il n'était pas moins surpris de voir que le solitaire, malgré sa réclusion absolue et le peu de temps qu'il avait vécu dans ce canton, savait tout ce qui se passait dans les environs, et connaissait même les affaires particulières de sa famille. — Il n'est pas étonnant, pensa-t-il, qu'avec une figure pareille, une misanthropie si exaltée et des connaissances si surprenantes sur les affaires de chacun, ce malheureux soit regardé par le commun du peuple comme ayant des relations avec l'ennemi des hommes.

CHAPITRE V.

« Au mois de mai, du printemps la puissance
« Du rocher des déserts dompte l'aridité;
« Et malgré lui, sa féconde influence
« De mousse et de lichen pare sa nudité.
« Ainsi de la beauté tout reconnaît l'empire,
« Le cœur le plus sévère est touché de ses pleurs,
« Et se sent ranimé par son tendre sourire. »
BEAUMONT.

A MESURE que la saison nouvelle faisait sentir sa douce influence, l'on voyait plus souvent le solitaire assis sur la pierre qui lui servait de banc devant sa hutte. Un jour, vers midi, une compagnie assez nombreuse qui allait à la chasse, et qui était composée de personnes des deux sexes, traversait la bruyère avec une suite de piqueurs conduisant des chiens, des faucons sur le poing, et remplissant l'air du bruit de leurs cors. Le Nain, à la vue de cette troupe brillante, allait rentrer dans sa chaumière, quand trois jeunes demoiselles, suivies de leurs domestiques, et que la curiosité avait engagées à se détacher de leur compagnie pour voir de plus près le sorcier de Mucklestane-Moor, parurent tout-à-coup devant lui. L'une fit un cri d'effroi en apercevant un être si difforme, et se couvrit les yeux avec la main; l'autre, plus hardie, s'avança en lui demandant d'un air ironique s'il voulait leur dire leur bonne aventure; la troisième, qui était la plus jeune et la plus jolie, voulant réparer l'incivilité de ses compagnes, lui dit que le hasard les avait séparées du reste de leur compagnie à l'entrée de la plaine, et que, l'ayant vu assis à sa porte, elles étaient venues pour le prier de leur indiquer le chemin le plus court pour aller à...

— Quoi! s'écria le Nain, si jeune et déjà si artificieuse! Vous êtes venue, vous le savez, fière de votre jeunesse, de votre opulence et de votre beauté, pour en jouir doublement par le contraste de la vieillesse, de l'indigence et de la difformité. Cette conduite est digne de la fille de votre père, mais non de celle de la mère qui vous a donné le jour.

— Vous connaissez donc mes parents? vous savez donc qui je suis?

— Oui. C'est la première fois que mes yeux vous aperçoivent : mais je vous ai vue souvent dans mes rêves.

— Dans vos rêves?

— Oui, Isabelle Vere. Qu'ai-je à faire quand je veille, avec toi ou avec les tiens?

— Quand vous veillez, monsieur, dit la seconde des

compagnes d'Isabelle avec une sorte de gravité moqueuse, toutes vos pensées sont fixées sans doute sur la sagesse : la folie ne peut s'introduire chez vous que pendant votre sommeil?

— Tandis que la nuit comme le jour, répliqua le Nain, avec plus d'humeur qu'il ne convient à un ermite ou à un philosophe, elle exerce sur toi un empire absolu.

— Que le ciel me protége! dit la jeune dame en ricanant : c'est un sorcier, bien certainement.

— Aussi certainement que vous êtes une femme, dit le Nain : que dis-je? une femme! il fallait dire une dame, une belle dame. Vous voulez que je vous prédise votre fortune future : cela sera fait en deux mots. Vous passerez votre vie à courir après des folies dont vous serez lasse dès que vous les aurez atteintes. Au passé, des poupées et des jouets ; au présent, l'amour et toutes ses sottises ; dans l'avenir, le jeu, l'ambition et les béquilles. Des fleurs dans le printemps, des papillons dans l'été, des feuilles fanées dans l'automne et dans l'hiver. — J'ai fini, je vous ai dit votre bonne aventure.

— Hé bien! si j'attrape les papillons, c'est toujours quelque chose, dit en riant la jeune personne, qui était une cousine de miss Vere; et vous, Nancy, ne voulez-vous pas vous faire dire votre bonne aventure?

— Pas pour un empire, répondit-elle en faisant un pas en arrière : c'est assez d'avoir entendu la vôtre.

— Hé bien! reprit miss Ilderton, je veux vous payer comme si vous étiez un oracle et moi princesse.

En même temps elle présenta au Nain quelques pièces d'argent.

— La vérité ne se vend ni ne s'achète, dit le solitaire en repoussant son offrande avec un dédain morose.

— Hé bien! je garderai mon argent pour me servir dans la carrière que je dois suivre.

— Vous en aurez besoin, s'écria le cynique : sans cela

peu de personnes peuvent suivre, et moins encore peuvent être suivies. Arrêtez, dit-il à miss Vere, au moment où ses compagnes partaient, j'ai deux mots à vous dire encore. Vous avez ce que vos compagnes voudraient avoir, ce qu'elles voudraient au moins faire croire qu'elles possèdent : beauté, richesse, naissance, talents.

— Permettez-moi de suivre mes compagnes, bon père : je suis à l'épreuve contre la flatterie et les prédictions.

— Arrêtez, s'écria le Nain en retenant la bride de son cheval, je ne suis pas un flatteur. Croyez-vous que je regarde toutes ces qualités comme des avantages? Chacune d'elles n'a-t-elle pas à sa suite des maux innombrables? des affections contrariées, un amour malheureux, un couvent, ou un mariage forcé? Moi, dont l'unique plaisir est de souhaiter le malheur du genre humain, je ne puis vous en désirer davantage que votre étoile ne vous en promet.

— Hé bien! mon père, en attendant que tous ces maux m'arrivent, laissez-moi jouir d'un bonheur que je puis me procurer. Vous êtes âgé, vous êtes pauvre, vous vous trouvez éloigné de tout secours si vous en aviez besoin; votre situation vous expose aux soupçons des ignorants, et peut-être par la suite vous exposera à leurs insultes : consentez que je vous place dans une situation moins fâcheuse; permettez-moi d'améliorer votre sort; consentez-y pour moi, si ce n'est pour vous; lorsque j'éprouverai les malheurs dont vous me faites la prédiction, et qui ne se réaliseront peut-être que trop tôt, il me restera du moins la consolation de n'avoir pas perdu tout le temps où j'étais plus heureuse.

— Oui, dit le vieillard d'une voix qui trahissait une émotion dont il s'efforçait en vain de se rendre maître; oui, c'est ainsi que tu dois penser; c'est ainsi que tu dois parler, s'il est possible que les discours d'une créature humaine soient d'accord avec ses pensées! Attends-moi un instant; garde-toi bien de partir avant que je sois de retour.

Il alla à son jardin, et en revint tenant à la main une rose à demi épanouie.

— Tu m'as fait verser une larme, lui dit-il ; c'est la seule qui soit sortie de mes yeux depuis bien des années. Reçois ce gage de ma reconnaissance. Prends cette fleur, conserve-la avec soin, ne la perds jamais! Viens me trouver à l'heure de l'adversité ; montre-moi cette rose, montre-m'en seulement une feuille, fût-elle aussi flétrie que mon cœur; fût-ce dans un de mes plus terribles instants de rage contre le genre humain, elle fera naître dans mon sein des sentiments plus doux, et tu verras peut-être l'espérance luire de nouveau dans le tien. Mais point de message, point d'intermédiaire ; viens toi-même, viens seule, et mon cœur et ma porte, fermés pour tout l'univers, s'ouvriront toujours pour toi et tes chagrins. Adieu!

Il laissa aller la bride, et la jeune dame, après l'avoir remercié, s'éloigna fort surprise du discours singulier que lui avait tenu cet être extraordinaire. Elle retourna la tête plusieurs fois, et le vit toujours à la porte de sa cabane. Il semblait la suivre des yeux jusqu'au château d'Ellieslaw, et il ne rentra dans sa chaumière que lorsqu'il ne lui fut plus possible de l'apercevoir.

Cependant ses compagnes ne manquèrent pas de la plaisanter sur l'étrange entretien qu'elle avait eu avec le fameux sorcier de Mucklestane-Moor. — Isabelle a eu tout l'honneur de la journée, lui dit miss Ilderton l'aînée. Son faucon a abattu le seul faisan que nous ayons rencontré ; ses yeux ont conquis le cœur d'un amant, et le magicien lui-même n'a pu résister à ses charmes. Vous devriez, ma chère Isabelle, cesser d'accaparer, ou du moins vous défaire de toutes les denrées qui ne peuvent vous servir.

— Je vous les cède toutes pour peu de chose, dit Isabelle, et le sorcier par-dessus le marché.

— Proposez-le à Nancy pour rétablir la balance inégale, dit miss Ilderton; vous savez que ce n'est pas une sorcière.

— Bon Dieu, ma sœur, dit Nancy, que voudriez-vous que je fisse d'un tel monstre? J'ai eu peur dès que je l'ai aperçu, et j'avais beau fermer les yeux, il me semblait que je le voyais encore.

— Tant pis, Nancy, reprit sa sœur, je vous souhaite, quand vous prendrez un admirateur, qu'il n'ait d'autres défauts que ceux qu'on ne peut pas voir en fermant les yeux. Au surplus, n'en voulez-vous pas? c'est une affaire faite, je le prends pour moi, je le logerai dans l'armoire où maman tient ses curiosités de la Chine, afin de prouver que l'imagination si fertile des artistes de Pékin et de Kanton n'a jamais immortalisé en porcelaine de monstre comparable à celui que la nature a produit en Écosse.

— La situation de ce pauvre homme est si triste, dit Isabelle, que je ne puis, ma chère Lucy, goûter vos plaisanteries comme de coutume. S'il est sans ressources, comment peut-il exister dans ce désert, si loin de toute habitation? et s'il a les moyens de se procurer ce dont il a besoin, ne court-il pas le risque d'être volé, assassiné par quelqu'un des brigands dont on parle quelquefois dans ce voisinage?

— Vous oubliez qu'on assure qu'il est sorcier, dit Nancy.

— Et si la magie diabolique ne lui réussit pas, dit miss Ilderton, il n'a qu'à se fier à sa magie naturelle. Qu'il montre à sa fenêtre sa tête énorme et son visage, le plus hardi voleur ne voudra pas le voir deux fois. Que ne puis-je avoir à ma disposition cette tête de Gorgone, seulement pour une demi-heure!

— Et qu'en feriez-vous, Lucy? lui demanda miss Vere.

— Je ferais fuir du château ce sombre, roide et cérémonieux Frédéric Langley, que votre père aime tant, et que vous aimez si peu. Au moins nous avons été débarrassées de sa compagnie pour le temps que nous avons mis à faire notre visite au sorcier. C'est une obligation que nous avons à Elsy, et je ne l'oublierai de ma vie.

— Que diriez-vous donc, Lucy, lui dit à demi-voix Isabelle, pour ne pas être entendue de Nancy, qui marchait en avant parce que le sentier où elles se trouvaient était trop étroit pour que trois personnes pussent y passer de front ; que diriez-vous si l'on vous proposait d'associer pour la vie votre destinée à celle de sir Frédéric ?

— Je dirais NON, NON, NON, trois fois NON, toujours de plus haut en plus haut, jusqu'à ce qu'on m'entendît de Carlisle.

— Mais si Frédéric vous disait que dix-neuf NON valent un demi-consentement ?

— Cela dépend de la manière dont ces NON sont prononcés.

— Mais si votre père vous disait : Consentez-y ou...

— Je m'exposerais à toutes les conséquences de son OU, serait-il le plus cruel des pères.

— Et s'il vous menaçait d'un couvent, d'une abbesse, d'une tante catholique ?

— Je le menacerais d'un gendre protestant, et je ne manquerais pas la première occasion de lui désobéir par esprit de conscience. Mais Nancy marche bien vite ! Tant mieux, nous pourrons causer. Croyez-vous donc, ma chère Isabelle, que vous ne seriez pas excusable devant Dieu et devant les hommes, de recourir à tous les moyens possibles plutôt que de faire un semblable mariage ? Un ambitieux, un orgueilleux, un avare, un cabaleur contre le gouvernement, mauvais fils, mauvais frère, détesté de tous ses parents ! Je mourrais mille fois plutôt que de consentir à l'épouser.

— Que mon père ne vous entende point parler ainsi, ou faites vos adieux au château d'Ellieslaw.

— Eh bien! adieu au château d'Ellieslaw de tout mon cœur, si vous en étiez dehors, et si je vous savais avec un autre protecteur que celui que la nature vous a donné. Ah! ma chère cousine, si mon père jouissait de son ancienne santé, avec quel plaisir il vous aurait donné asile jusqu'à ce que vous fussiez débarrassée de cette cruelle et ridicule persécution!

— Ah! plût à Dieu que cela fût! ma chère Lucy, répondit Isabelle, mais je crains que, faible de santé comme est votre père, il ne soit hors d'état de protéger la pauvre fugitive contre ceux qui viendront la réclamer.

— Je le crains bien aussi! reprit miss Ilderton; mais nous y penserons et trouverons quelque moyen pour sortir d'embarras. Depuis quelques jours, je vois partir et arriver un grand nombre de messagers; je vois paraître et disparaître des figures étrangères que personne ne connaît, et dont on ne prononce pas le nom : on nettoie et on prépare les armes dans l'arsenal du château ; tout y est dans l'agitation et l'inquiétude, et j'en conclus que votre père et ceux qui sont chez lui en ce moment s'occupent de quelque complot. Il ne nous en serait que plus facile de former aussi quelque petite conspiration; nos messieurs n'ont pas pris pour eux toute la science politique, et il y a quelqu'un que je désire admettre à nos conseils.

— Ce n'est pas Nancy?

— Oh non! Nancy est une bonne fille; elle vous est fort attachée, mais elle serait un pauvre génie de conspiration, aussi pauvre que Renault et les autres conjurés subalternes de *Venise sauvée* [1]; non, non, c'est un Jaffier ou un Pierre que je veux dire, si Pierre vous plaît davantage. Et cependant quoique je sache que je vous ferai plaisir, je n'ose pas le nommer, de peur de vous contrarier en même temps. Ne devinez-vous pas? Il y a un *aigle* et un

---

[1] Tragédie d'Otway.

rocher dans ce nom-là ; il ne commence point par un *aigle* en anglais, mais par quelque chose qui y ressemble en écossais [1]. Hé bien, vous ne voulez pas le nommer?

— Ce n'est pas au moins le jeune Earnscliff que vous voulez dire, Lucy, répondit Isabelle en rougissant?

— Eh! à quel autre pouvez-vous penser? Les Jaffier et les Pierre ne sont pas en grand nombre dans ce canton, quoiqu'on y trouve en grand nombre les Renault et les Bedmar.

— Quelle folle idée, Lucy! vos drames et vos romans vous ont tourné la tête. Qui vous a fait connaître les inclinations de M. Earnscliff et les miennes? elles n'ont d'existence que dans votre imagination toujours si vive. D'ailleurs, mon père ne consentirait jamais à ce mariage, et Earnscliff même.... Vous savez la fatale querelle....

— Quand son père a été tué? Cela est si vieux. Nous ne sommes plus, j'espère, dans le temps où la vengeance d'une querelle faisait partie de l'héritage qu'un père laissait à ses enfants, comme une partie d'échecs en Espagne, et où l'on commettait un meurtre ou deux à chaque génération, seulement pour empêcher le ressentiment de se refroidir. Nous en usons aujourd'hui avec nos querelles comme avec nos vêtements : nous les cherchons pour nous, et nous ne réveillerons pas plus les ressentiments de nos pères, que nous ne porterons leurs pourpoints taillardés et leurs haut-de-chausses.

— Vous traitez la chose trop légèrement, Lucy, répondit miss Vere.

— Non, non, pas du tout. Quoique votre père fût présent à cette malheureuse affaire, on n'a jamais cru qu'il ait porté le coup fatal. Et, dans tous les cas, même du temps des guerres de clans, la main d'une fille, d'une

---

(1) Miss Ilderton joue ici sur le nom d'*Earnscliff*. *Earn* signifie aigle (*eagle*) en écossais; et *cliff*, rocher en anglais.

sœur, n'a-t-elle pas été souvent un gage de réconciliation ? Vous riez de mon érudition en fait de romans; mais je vous assure que si votre histoire était écrite comme celle de mainte héroïne moins malheureuse et moins méritante, le lecteur tant soit peu pénétrant vous déclarerait d'avance la dame des pensées d'Earnscliff et son épouse future, à cause de l'obstacle même que vous supposez insurmontable.

— Nous ne sommes plus au temps des romans, mais à celui de la triste réalité ; car voilà le château d'Ellieslaw.

— Et j'aperçois à la porte sir Frédéric Langley, qui nous attend pour nous aider à descendre de cheval. J'aimerais mieux toucher un crapaud. Ce sera le vieux Horsington, le valet d'écurie, qui me servira d'écuyer.

En parlant ainsi, elle fit sentir la houssine à son coursier, passa devant sir Frédéric, qui s'apprêtait à lui offrir la main, sans daigner jeter un regard sur lui, et sauta légèrement à terre dans les bras du vieux palefrenier. Isabelle aurait bien voulu l'imiter, mais elle voyait son père froncer le sourcil et la regarder d'un air sévère ; elle fut obligée de recevoir les soins d'un amant odieux.

CHAPITRE VI.

> « Pourquoi nous donne-t-on le nom de voleurs, à
> « nous qui sommes les gardes-du-corps de la nuit ?
> « Qu'on nous appelle les compagnons de Diane dans
> « les forêts, les gentilshommes des ténèbres, les
> « favoris de la lune ! »
>
> (Shakspeare) Henri IV, première partie.

Le solitaire avait passé dans son jardin le reste du jour où il avait eu la visite des trois cousines. Il vint, le soir, s'asseoir sur la pierre qui était son banc favori. Le disque du soleil brillait d'un rouge éclatant ; à travers les flots de nuages qui passaient et repassaient sans cesse, il colorait d'une teinte plus vive de pourpre les sommets des montagnes couvertes de bruyères, dont le vaste profil se dessinait à l'horizon de cette aride plaine.

Le Nain contemplait les nuages qui s'abaissaient en masses de plus en plus compactes; et lorsqu'un des derniers rayons du soleil couchant vint tomber d'aplomb sur la figure étrange du solitaire, on aurait pu le prendre pour le démon de l'orage qui se préparait, ou pour quelque gnome qu'un signal sinistre avait fait sortir tout-à-coup des entrailles de la terre.

Pendant qu'il était assis, les yeux tournés vers les vapeurs toujours croissantes de l'horizon, un homme à cheval arriva au grand galop ; et, s'arrêtant comme pour laisser reprendre haleine à son cheval, il fit à l'anachorète une espèce de salut avec un air d'effronterie mêlé de quelque embarras.

La taille de ce cavalier était maigre et élancée ; mais il

paraissait avoir la force et la constitution d'un athlète, comme quelqu'un qui avait fait métier toute sa vie de ces exercices qui développent la force musculaire en empêchant le corps de prendre trop d'accroissement. Son visage, brûlé par le soleil, annonçait l'audace, l'impudence et la fourberie ; enfin des cheveux et des sourcils roux qui ombrageaient de petits yeux gris, tels étaient les traits qui composaient la physionomie sinistre de ce personnage. Il avait des pistolets d'arçon à sa selle et une autre paire à sa ceinture ; il portait une jaquette de peau de buffle, et des gants aux mains ; celui de la droite était garni de petites écailles de fer, comme les anciens gantelets. Il avait la tête couverte d'une espèce de casque d'acier rouillé, et un grand sabre pendait à son côté.

— Hé bien ! dit le Nain, voilà donc encore le Vol et le Meurtre à cheval ?

— A cheval ? Oui, oui, Elsy, dit le bandit, votre science de médecin m'a remonté sur mon brave cheval bai.

— Et toutes ces promesses d'amendement que vous aviez faites pendant votre maladie, elles sont oubliées ?

— Parties avec l'eau chaude et la panade, reprit l'effronté convalescent. Elsy, vous qui avez, dit-on, des liaisons avec l'*Autre* [1] :

« Le diable, étant en maladie,
« D'être moine eut la fantaisie ;
« Mais, quand il se porta bien,
« Du diable s'il en fit rien. »

— Tu dis vrai, répondit le solitaire : il serait plus facile de faire perdre au corbeau son goût pour les cadavres, au loup sa soif du sang, que de changer tes inclinations perverses.

(1) Le diable.

— Que voulez-vous que j'y fasse? cela est né avec moi, c'est dans mon sang. De père en fils les lurons de Westburnflat ont été tous des rôdeurs et des pillards. Ils ont tous bu sec, et fait bonne vie, tirant grande vengeance d'une petite offense et ne refusant aucun travail bien payé.

— Fort bien! et tu es aussi *loup* que celui qui la nuit ravage une bergerie... Pour quelle œuvre de l'enfer es-tu en course cette nuit?

— Est-ce que votre science ne vous l'apprend pas?

— Elle m'apprend que ton dessein est coupable, que ton action sera plus mauvaise, et que la fin sera pire encore.

— Et vous ne m'en aimez pas moins pour cela, reprit Westburnflat, vous me l'avez toujours dit.

— J'ai des raisons pour aimer ceux qui sont le fléau de l'humanité : — tu en es un des plus épouvantables ! Tu vas répandre le sang?

— Non ! oh non !... A moins qu'on ne fasse résistance ; car alors la colère l'emporte, vous savez. Non; je veux seulement couper la crête d'un jeune coq qui chante trop haut.

— Ce n'est pas du jeune Earnscliff? dit le Nain avec quelque émotion.

— Le jeune Earnscliff? Non... *Pas encore*, le jeune Earnscliff! mais son tour pourra venir, s'il ne prend garde à lui, et s'il ne retourne à la ville, au lieu de s'amuser ici à détruire le peu de gibier qui nous reste; s'il prétend agir en magistrat, et envoyer aux gens puissants d'Auld-Reekie [1] ses rapports sur les troubles du canton... Oui, qu'il prenne garde à lui !

— C'est donc Hobby d'Heugh-Foot ! Quel mal t'a-t-il fait ?

---

(1) Édimbourg.

— Quel mal? pas grand mal ; mais il dit que le dernier mardi gras je n'osai me montrer de peur de lui, tandis que c'était de peur du shériff; il y avait un mandat contre moi. Je me moque d'Hobby et de tout son clan ; mais ce n'est pas tant pour me venger que pour lui apprendre à ne pas donner carrière à sa langue en parlant de ceux qui valent mieux que lui ; je crois que demain matin il aura perdu la meilleure plume de son aile... Adieu, Elsy ; j'ai quelques bons enfants qui m'attendent dans les montagnes. Je vous verrai en revenant, et je vous amuserai du récit de ce que nous aurons fait, pour vous payer de vos soins.

Avant que le Nain eût le temps de répliquer, le bandit de Westburnflat partit au grand galop. Il pressait sans pitié son cheval de l'éperon, et le faisait sauter par-dessus les pierres, dont un grand nombre parsemaient encore la plaine. En vain l'animal ruait, gambadait, se dressait : il le forçait à suivre sa ligne droite, et restait ferme sur la selle. Bientôt le solitaire le perdit de vue.

— Ce misérable, dit le Nain, cet assassin couvert de sang, ce scélérat qui ne respire que le crime, a des nerfs et des muscles assez forts et assez souples pour dompter un animal mille fois plus noble que lui ; il le force à le conduire dans l'endroit où il va se souiller d'un nouveau forfait ! Et moi, si j'avais la faiblesse de vouloir avertir sa malheureuse victime de se tenir sur ses gardes, et chercher à sauver une famille innocente, la décrépitude qui m'enchaîne ici mettrait un obstacle à mes bonnes intentions ! — Mais pourquoi désirerais-je qu'il en fût autrement? Qu'ont de commun ma voix aigre, ma figure hideuse, ma taille mal conformée, avec ceux qui se prétendent les chefs-d'œuvre de la nature? Quand je rends un service, ne le reçoit-on pas avec horreur et dégoût? Et pourquoi prendrais-je quelque intérêt à une race qui me regarde et qui m'a traité comme un monstre, un être proscrit? Non ; par toute l'ingratitude que j'ai éprouvée, par les injures que j'ai souffertes, par l'emprisonnement qu'on m'a fait subir, par les chaînes dont on m'a chargé, j'étoufferai dans mon cœur ma sensibilité rebelle. Je n'ai été que trop souvent assez insensé pour dévier de mes principes quand mes sentiments se liguaient contre moi. Comme si celui qui n'a trouvé de compassion dans personne devrait en ressentir pour quelqu'un? Que la destinée promène son char armé de faux sur l'humanité tremblante, je ne me précipiterai pas sous ses roues pour lui dérober une victime. Quand le Nain, le sorcier, le bossu, aurait sauvé aux dépens de sa vie un de ces êtres si fiers de leur beauté, ou de leur adresse, tout le monde applaudirait à cet échange d'un homme contre un monstre. — Et cependant ce pauvre Hobby, si jeune, si franc, si brave, si... — Oublions-le! je ne pourrais le secourir quand je le voudrais; mais si je le pouvais, je ne le voudrais pas : non, je ne le voudrais pas, dût-il ne m'en coûter qu'un souhait pour le sauver.

Ayant ainsi terminé son soliloque, il se retira dans sa chaumière pour se mettre à l'abri de l'orage qui s'annonçait par de grosses et larges gouttes de pluie. Les derniers rayons du soleil avaient disparu entièrement; à de courts intervalles deux ou trois éclats de tonnerre étaient répétés par les échos des montagnes comme le bruit d'un combat lointain.

CHAPITRE VII.

« Orgueilleux oiseau des montagnes,
« Tes plumes vont servir de jouet aux autans.
. . . . , . , ...
. . . .
« Retourne aux lieux où tu plaças ton aire,
« Tu n'y verras que cendres et débris.
« Qui frappe l'air de ces lugubres cris ?....
« Ce sont les accents d'une mère. »
T. Campbell.

Toute la nuit fut sombre et orageuse; mais le matin se leva comme rafraîchi par la pluie. Même la lande sauvage de Mucklestane-Moor, coupée par des inégalités d'un terrain aride, et par des flaques d'eau marécageuse, sembla s'animer sous l'influence d'un ciel serein, comme un air de bonne humeur et de gaîté peut répandre un certain charme inexprimable sur le visage le moins agréable. La bruyère était touffue et fleurie. Les abeilles que le solitaire avait ajoutées à ses petites propriétés rurales voltigeaient en joyeux essaims et remplissaient l'air des murmures de leur industrie. Quand le vieillard sortit de sa hutte, ses deux chèvres vinrent au-devant de lui pour recevoir la nourriture qu'il leur distribuait lui-même chaque matin, et elles lui léchaient les mains pour lui témoigner leur reconnaissance.

— Pour vous du moins, leur dit-il, pour vous du moins la conformation de celui qui vous fait du bien ne change rien à votre gratitude; vous accueillez avez transport l'être disgracié de la nature qui vous donne ses soins; et les traits les plus nobles que le ciseau d'un statuaire ait jamais produits, seraient pour vous un objet d'indifférence et d'alarmes s'ils s'offraient à vous à la place du corps mutilé dont vous avez coutume de recevoir les soins... Lorsque j'étais dans le monde, ai-je jamais trouvé de tels sentiments de gratitude? Non. Les domestiques que j'avais élevés depuis leur enfance, me tournaient en dérision derrière ma chaise; l'ami que je soutins de ma fortune, et pour l'amour de qui mes mains... (Il fut en ce moment agité d'un mouvement convulsif)..... Cet ami m'enferma dans l'asile destiné aux êtres privés de raison, me fit partager leurs souffrances, leurs humiliations, leurs privations! Hubert seul... mais Hubert finira aussi par m'abandonner. Tous les hommes ne se ressemblent-ils pas? Ne sont-ils pas tous corrompus, insensibles, égoïstes, ingrats et hypocrites jusque dans leurs prières à la Divinité, quand ils la remercient du soleil qui les éclaire, de l'air pur qu'ils respirent?

Pendant qu'il se livrait à ces sombres réflexions, le solitaire entendit de l'autre côté de son enclos les pas d'un cheval, et une voix sonore qui chantait avec l'accent joyeux d'un cœur léger de souci :

« Bon Hobbie Elliot, Hobbie, ô cher ami,
« Avec vous volontiers je m'en irais d'ici! »

Au même instant, un gros chien de chasse franchit la barrière de l'ermite. Les chasseurs de ces cantons savent bien que la forme et l'odeur des chèvres rappellent si bien la forme et l'odeur du daim, que les limiers les mieux dressés s'élancent quelquefois sur elles. Le chien en question attaqua donc et étrangla aussitôt une des favorites de l'ermite. En vain Hobby Elliot survenant sauta à bas de son cheval pour sauver l'innocente créature. Quand le Nain vit les dernières convulsions d'une de ses favorites, saisi d'un accès de frénésie et ne se possédant plus, il tira une espèce de poignard qu'il portait sous son habit, et se précipita sur le chien pour le percer. Hobby lui saisit le bras.

— Tout beau, Elsy, tout beau, lui dit-il, ce n'est pas ainsi qu'il faut traiter Killbuck.

La rage du Nain se dirigea alors contre le jeune fermier. Déployant une vigueur qu'on ne lui aurait pas soupçonnée, il dégagea son bras dans un clin-d'œil, et appuya la pointe de son poignard sur la poitrine d'Hobby. Mais au même instant le jetant loin de lui avec horreur :

— Non! s'écria-t-il d'un air égaré, non! pas une seconde fois!

Hobby recula de quelques pas, aussi surpris que confus d'avoir couru un tel danger de la part d'un ennemi qu'il aurait cru si peu redoutable. — Il a le diable au corps, à coup sûr! Tels furent les premiers mots qui lui échappèrent, puis il se mit à s'excuser d'un accident qu'il n'avait pu ni prévoir ni prévenir.

— Je ne veux pas justifier tout-à-fait Killbuck, dit-il; mais je suis autant fâché que vous de ce qui vient d'arriver, je veux donc vous envoyer deux chèvres et deux grasses brebis de deux ans, pour réparer tout le mal. Un homme sage et sensé, comme vous l'êtes, ne doit pas avoir de rancune contre une pauvre bête qui n'a fait que suivre son instinct. Une chèvre est cousine germaine d'un daim; si c'eût été un agneau, on pourrait y trouver davantage à redire. Vous devriez avoir des brebis plutôt que des chèvres, Elsy, dans un endroit où il y a tant de chiens de chasse. — Mais je vous en enverrai deux.

— Misérable! dit le Nain, votre cruauté me prive d'une des deux seules créatures qui me fussent attachées!

— Bon Dieu! Elsy, c'est bien contre ma volonté. J'aurais dû penser que vous aviez des chèvres, et tenir mon chien en laisse. Mais je vais me marier, voyez-vous, et cela m'ôte toute autre idée de la tête, je crois. Mes deux frères apportent sur le traîneau le dîner de noces, ou une bonne partie; je veux dire trois fameux chevreuils, jamais on n'en vit courir de plus beaux dans la plaine de Dallom, comme dit la ballade. Ils ont fait un détour pour arriver, à cause des mauvais chemins. Je vous enverrais bien un peu de venaison; mais vous n'en voudriez pas peut-être, parce que c'est Killbuck qui l'a tuée.

Pendant ce long discours, par lequel le bon habitant des frontières cherchait à calmer de son mieux le Nain offensé, il l'entendit s'écrier enfin après avoir tenu les yeux baissés comme pour se livrer à de profondes méditations :

— L'instinct! l'instinct! Oui! c'est bien cela! Le fort opprime le faible; le riche dépouille le pauvre; celui qui est heureux, ou pour mieux dire l'imbécile qui croit l'être, insulte à la misère de celui qui souffre. Retire-toi, tu as réussi à donner le dernier coup au plus misérable des êtres. Tu m'as privé de ce que je regardais comme une demi-consolation. Retire-toi, répéta-t-il; et il ajouta avec un sourire amer : Vas jouir du bonheur qui t'attend chez toi!

— Ah! dit Hobby, je veux n'être jamais cru, si je ne désire pas vous mener avec moi à mes noces. On n'en aura pas vu de pareilles depuis le temps du vieux Martin Elliot de la tour de Preakin. Il y aura cent Elliot pour courir la brouze [1]. Je vous enverrai chercher dans un traîneau avec un bon poney.

— Est-ce bien à moi que vous proposez de prendre part aux plaisirs du commun des hommes?

— Comment commun! pas si communs. Les Elliot sont depuis long-temps une bonne race.

— Va-t'en, répéta le Nain; puisse le mauvais génie qui t'a conduit ici t'accompagner chez toi! Si tu ne m'y vois, tu y verras mes compagnons fidèles, la misère et le désespoir. Ils t'attendent déjà sur le seuil de ta porte.

— Vous avez tort de parler ainsi, Elsy. Personne ne

---

[1] Espèce de course à cheval qui fait partie des réjouissances d'une noce.

vous croit bon de reste; écoutez-moi; et voilà que vous me souhaitez malheur, à moi ou les miens. Maintenant s'il arrivait quelque chose à Grâce, Dieu m'en préserve! ou à moi ou au pauvre chien; si je souffrais quelque injure dans ma personne ou dans mes biens, je n'oublierai point la part que vous y aurez eue.

— Va-t'en! dit encore le Nain, va-t'en! et souviens-toi de moi quand tu sentiras le coup qui t'aura frappé.

— Hé bien! hé bien! dit Hobby en remontant à cheval, je m'en vais; on ne gagne rien, comme on dit, à se disputer avec les gens qui sont de travers, on ne les change pas [1]; mais s'il arrive quelque chose à Grâce Armstrong, je vous promets un petit feu de sorcier, pourvu qu'on trouve un seul tonneau goudronné dans les cinq paroisses du canton.

Il partit à ces mots : le Nain jeta sur lui un regard de colère et de mépris, et prenant une bêche avec un hoyau, il commença à creuser un tombeau pour sa chèvre.

Un coup de sifflet, et les mots, — Hist, Elsy, st! l'interrompirent dans cette triste occupation. Il leva la tête et aperçut près de lui le bandit de Westburnflat. Comme le meurtrier de Banquo [2], il avait le visage souillé de sang, ainsi que ses éperons et les flancs de son cheval.

— Eh bien! misérable, ton infâme projet est-il accompli?

— Est-ce que vous en doutez, Elsy? Quand je monte à cheval, mes ennemis peuvent sangloter d'avance. Ils ont eu cette nuit, à Heugh-Foot, une belle illumination, et on y pousse encore des cris plaintifs sur la mariée.

— La mariée!

— Oui. Charly Cheat-the-Woody [3], comme nous l'ap-

---

(1) C'est le préjugé contre l'humeur de ceux qu'on appelle des gens marqués au B...

(2) Allusion à Macbeth.

(3) *Charlot nargue-la-potence.*

pelons, c'est-à-dire Charlot Foster de Tinning-Beck, l'emmène dans le Cumberland. Elle m'a reconnu dans la bagarre, parce que mon masque est tombé un instant. Vous sentez que, si elle reparaissait dans le pays, je n'y serais pas en sûreté; la bande des Elliot est nombreuse. Maintenant, ce que j'ai à vous demander, c'est le moyen de la mettre en sûreté.

— Veux-tu donc l'assassiner?

— Non, non; si je puis m'en dispenser. On dit qu'on envoie des gens aux plantations, — qu'on les fait embarquer pour cela tout doucement dans les ports, et qu'on sait gré surtout à ceux qui emmènent une jolie fille. On a besoin par delà les mers de ce bétail femelle, qui n'est pas rare ici; mais je veux faire mieux pour la nôtre. Il est une belle dame qui, à moins qu'elle ne devienne enfant docile, fera dans peu, bon gré malgré, le voyage des Grandes-Indes. J'ai envie de faire partir Grâce avec elle. C'est une bonne fille, après tout. Quel crève-cœur pour Hobby, quand il va arriver ce matin et qu'il ne trouvera ni maison ni fiancée!

— Et tu n'as aucune pitié de lui!

— Aurait-il pitié de moi, s'il me voyait gravir la colline du château à Jeddart[1]? C'est la pauvre fille que je plains. Pour lui, il en prendra une autre. — Eh bien! Elsy, que dites-vous de cet exploit, vous qui aimez à en entendre raconter?

— L'air, l'océan, le feu, dit le Nain se parlant à lui-même, les tremblements de terre, les tempêtes, les volcans, ne sont rien auprès de la rage de l'homme; et qu'est-ce que ce bandit, si ce n'est un homme plus habile qu'un autre à remplir le but de son existence! — Écoute-moi, misérable, tu vas aller où je t'ai envoyé une fois.

---

(1) Le lieu des exécutions à Jeddart, où plusieurs confrères de Westburnflat ont joué la dernière scène de leur rôle tragique.

— Chez l'intendant?

— Oui; tu lui diras qu'Elsender-le-Reclus lui ordonne de te donner de l'or. Mais rends la liberté à cette fille, renvoie-la dans sa famille ; qu'elle n'ait à se plaindre d'aucune insulte ; fais-lui seulement jurer de ne pas découvrir ton crime.

— Jurer! Et si elle ne tient pas son serment? les femmes n'ont pas une grande réputation de ce côté. Un homme comme vous doit savoir cela. Aucune insulte, dites-vous? Qui sait ce qui peut lui arriver, si elle reste long-temps à Tinning-Beck? Charly Cheat-the-Woody est un brave luron. Mais si vingt pièces d'or m'étaient comptées, je croirais pouvoir promettre qu'elle sera rendue à sa famille dans les vingt-quatre heures.

Le Nain tira de sa poche un petit porte-feuille, y écrivit une ou deux lignes, en déchira le feuillet, et le remettant au brigand : — Tiens, lui dit-il en le regardant d'un air de menace, mais ne songe pas à me tromper ! si tu n'obéis pas ponctuellement à mes ordres, ta vie m'en répondra.

— Je sais que vous avez du pouvoir, Elsy, dit le bandit en baissant les yeux, n'importe d'où il vienne; — vous avez une prévoyance et un savoir de médecin qui vous servent à merveille, et l'argent pleut à votre commandement, comme les fruits du grand frêne de Castleton dans une gelée d'octobre : je ne vous désobéirai pas.

— Pars donc, et délivre-moi de ton odieuse présence.

Le brigand donna un coup d'éperon à son cheval, et disparut sans répliquer.

Pendant ce temps, Hobby continuait sa route avec cette sorte d'inquiétude vague qu'on appelle souvent le pressentiment de quelque malheur. Avant d'arriver à la hauteur d'où il pouvait voir sa maison, il aperçut sa nourrice, personnage qui était alors d'une grande importance dans toutes les familles d'Écosse, tant dans la haute classe que dans la moyenne. On regardait la liaison établie entre elle et l'enfant qu'elle avait nourri comme trop intime pour être rompue, et il arrivait très fréquemment que la nourrice finissait par être admise dans la famille de son nourrisson, et par y être chargée d'une partie de quelqu'un des soins domestiques.

— Qu'est-ce donc qui a pu faire venir si loin la vieille nourrice? se demanda Hobby dès qu'il eut reconnu Annaple. Jamais elle ne s'éloigne de la ferme à plus d'une portée de fusil. Vient-elle m'annoncer quelque malheur? Les paroles du vieux sorcier ne peuvent pas me sortir de la tête. Ah! Killbuck, mon garçon! prendre une chèvre pour un daim, et justement la chèvre d'Elsy!

Cependant Annaple, le désespoir peint sur la figure, était arrivée près de lui, et, saisissant son cheval par la bride, resta quelques instants sans pouvoir s'exprimer, tandis qu'Hobby, ne sachant à quoi il devait s'attendre, n'osait l'interroger.

— Mon cher enfant, s'écria-t-elle enfin, arrêtez!....... n'allez pas plus loin!....... c'est un spectacle qui vous fera mourir.

— Au nom du ciel, Annaple, expliquez-vous! que voulez-vous dire?

— Hélas! mon enfant, tout est perdu, brûlé, pillé, saccagé! Votre jeune cœur se briserait, mon enfant, si vous voyiez ce que mes vieux yeux ont vu ce matin.

— Et qui a osé faire cela? — Lâchez ma bride, Annaple, lâchez-la donc! Où est ma mère, où sont mes sœurs, où est Grâce? Ah! le sorcier! j'entends encore ses paroles tinter à mon oreille.

Il pressa son cheval, et ayant atteint la hauteur il vit bientôt le spectacle de désolation dont Annaple l'avait menacé. Des monceaux de cendres et de débris couvraient la place qu'avait occupée sa ferme. Ses granges, qui renfermaient ses récoltes et ses fourrages, ses étables pleines de nombreux troupeaux, tout ce qui formait la richesse d'un cultivateur à cette époque, tout cela n'existait plus. Il resta un moment sans mouvement. — Je suis ruiné, s'écria-t-il enfin, ruiné sans ressource! — encore si ce n'était pas à la veille de mon mariage! — Mais je ne suis pas un enfant pour rester là à pleurer. Pourvu que je retrouve Grâce, ma mère et mes sœurs bien portantes! — Eh bien! je ferai comme mon grand-père, qui alla avec Buccleugh servir en Flandre. — Allons, je ne perdrai pas courage, ce serait le faire perdre à ces pauvres femmes.

Il s'avança avec fermeté vers le lieu du désastre, dans le dessein de porter à sa famille les consolations dont il avait besoin lui-même. Les habitants du voisinage, ceux surtout qui portaient son nom, s'y étaient déjà rassemblés. Les plus jeunes s'étaient armés, et ne respiraient que vengeance, quoiqu'ils ne sussent sur qui la faire tomber : les plus âgés s'occupaient des moyens de secourir la malheureuse famille. La chaumière d'Annaple, située à deux pas de la ferme, lui avait servi de refuge, et chacun s'était empressé d'y apporter ce qui pouvait lui être le plus nécessaire, car on n'avait pu sauver presque rien de la fureur des flammes.

— Eh bien! disait un grand jeune homme, allons-nous rester toute la journée devant les murailles brûlées de la maison de notre parent? A cheval, et poursuivons les brigands. Qui a un limier prêt à nous guider?

— Le jeune Earnscliff est déjà parti avec six chevaux, dit un autre, pour tâcher de les découvrir.

— Eh bien! reprit le premier, suivons-le donc, entrons dans le Cumberland, brûlons, pillons, tuons, tant pis pour les plus voisins.

— Un moment, jeune homme, dit un vieillard, voulez-vous exciter la guerre entre deux pays qui sont en paix?

— Voulez-vous que nous voyions brûler nos maisons sans nous venger? Est-ce ainsi qu'agissaient nos pères?

— Je ne vous dis pas, Simon, qu'il ne faut pas nous venger, répondit le vieillard plus prudent; mais il faut avoir, de notre temps, la loi pour soi.

— Je doute, dit un autre, qu'il existe encore un homme qui sache les formalités à observer quand il faut poursuivre une vengeance légitime au-delà des frontières. Tam de Whittram savait tout cela; mais il est mort dans le fameux hiver.

— Oui, dit un troisième, il était de la grande expédition quand l'on se porta jusqu'à Thirlwall, un an après le combat de Philiphaugh [1].

— Bah! s'écria un autre de ces conseillers de la discorde, il ne faut pas être bien savant pour connaître ces formalités. Quand on est sur la frontière, il faut mettre une botte de paille enflammée au haut d'une pique ou d'une fourche, sonner trois fois du cor, proclamer le mot de guerre, et alors il est légitime d'entrer en Angleterre pour se remettre, de vive force, en possession de ce qu'on vous a pris. Et, si vous n'en pouvez venir à bout, vous avez le droit de prendre à quelque Anglais l'équivalent de ce que vous avez perdu, mais pas davantage. Voilà la loi ancienne du Border, faite à Drundrennan du temps de Douglas-le-Noir : que le diable emporte qui en doute.

— Hé bien! mes amis, s'écria Simon, à cheval! nous prendrons avec nous le vieux Cuddy; il sait le compte des troupeaux et du mobilier perdus, Hobby en aura ce soir autant qu'il en avait hier. Quant à la maison, nous ne pouvons lui en rapporter une; mais nous en brûlerons une dans le Cumberland, comme on a brûlé Heugh-Foot; c'est là ce qu'on appelle des représailles dans tous les pays du monde.

(1) On trouve dans les arguments et les notes des *Chants populaires d'Écosse*, comme dans le *Lai du dernier Ménestrel*, le commentaire de toutes ces allusions. Les *Chants populaires* et le *Lai du dernier Ménestrel* sont en quelque sorte la poésie du *Border* (frontières); le *Nain* en est le *roman*.

La proposition venait d'être accueillie avec enthousiasme par les plus jeunes de l'assemblée, quand Hobby arriva.

— Voilà Hobby, répéta-t-on tout bas, le voilà ce pauvre garçon : c'est lui qui nous guidera. Tous s'empressèrent autour du malheureux fermier pour lui témoigner la part qu'ils prenaient à son malheur, et il ne put indiquer à ses voisins et à ses parents combien il était sensible à l'intérêt qu'ils lui marquaient, qu'en leur serrant la main. Quand il pressa celle de Simon d'Hackburn, son anxiété trouva enfin un langage.

— Et où sont-elles? dit-il, comme s'il eût craint de nommer les objets de son inquiétude. Simon lui montra du doigt la chaumière d'Annaple, et Hobby s'y précipita avec l'air désespéré d'un homme qui veut savoir sur-le-champ tout ce qu'il doit craindre.

Dès qu'il y fut entré, des exclamations de compassion partirent de tous côtés dans le groupe.

— Ce pauvre Hobby! ce pauvre garçon!
— Il va apprendre ce qu'il y a de pire pour lui!
— Earnscliff ramènera peut-être la pauvre fille!

Après ces exclamations, le groupe, n'ayant point de chef reconnu, attendit tranquillement le retour d'Hobby, résolu à se mettre sous sa direction.

L'entrevue d'Hobby avec sa famille fut aussi triste qu'attendrissante. Ses trois sœurs se jetèrent à son cou en pleurant, et l'étouffèrent presque de caresses pour retarder l'instant où il s'apercevrait qu'il lui manquait quelqu'un non moins cher à son cœur.

— Que Dieu vous bénisse, mon fils! Il peut nous secourir, lui, alors que le secours du monde n'est qu'un roseau brisé.

Tels furent les premiers mots que la vieille mère adressa à son petit-fils. Il regarda autour de lui, tenant la main de deux de ses sœurs, tandis que la troisième était encore suspendue à son cou.

—Laissez-moi donc voir, dit-il, que je vous compte. Voilà ma mère, Annette, Jeanne, Lily ; mais où est..... Il hésita un moment. — Où est Grâce ? continua-t-il, comme en faisant un effort. — Sûrement ce n'est pas un moment pour se cacher ou pour plaisanter.

—O mon frère ! notre pauvre Grâce ! telles furent les seules réponses qu'il put obtenir, jusqu'à ce que sa grand'mère se levât, et, le séparant de ses sœurs éplorées, le conduisît vers un siège ; puis, avec cette sérénité touchante qu'une piété sincère peut seule procurer aux plus cruelles douleurs, elle lui dit : — Mon fils, quand votre père fut tué à la guerre, et me laissa six orphelins, à qui j'avais à peine alors de quoi donner du pain, j'eus le courage, ou pour mieux dire, le ciel me donna le courage de dire : — Que la volonté du Seigneur soit faite ! Hé bien ! mon fils, des brigands ont mis le feu cette nuit à la ferme en cinq ou six endroits à la fois ; ils sont entrés armés, masqués ; ils ont pillé la maison, tué les bestiaux, emmené les chevaux, et, pour comble de malheur, enlevé notre pauvre Grâce ! priez le ciel de vous donner la force de dire : Que sa volonté soit faite !

— Ma mère, ma mère, ne me pressez pas ainsi..... C'est impossible... je ne suis qu'un pécheur.... un pécheur endurci !... Des hommes armés, masqués ! Grâce enlevée !... Donnez-moi le sabre et le havresac de mon père. Je veux me venger, devrais-je aller chercher ma vengeance au fond de l'enfer.

— Oh ! mon fils, soyez soumis à la volonté de Dieu. Qui sait ce que sa bonté nous réserve ? Le jeune Earnscliff, que le ciel le protège ! s'est mis à la poursuite des brigands avec Davie de Stenhouse et quelques autres des premiers accourus. Je criai de laisser brûler la maison et de courir après Grâce, et Earnscliff a été le premier à partir. C'est le digne fils de son père ; c'est un loyal ami.

— Oui ! s'écria Hobby, que le ciel le bénisse ! Mais il

s'agit à présent de l'imiter. Adieu, ma mère, adieu, mes sœurs!

— Adieu, mon fils! puissiez-vous réussir dans votre recherche! mais que je vous entende donc dire avant votre départ : — Que la volonté de Dieu soit faite !

— Pas à présent, ma mère, pas à présent! cela m'est impossible. Il sortait de la maison, quand, en se retournant, il vit le visage de sa vénérable aïeule se couvrir d'une nouvelle tristesse. Il revint sur-le-champ, se précipita dans ses bras : — Hé bien ! oui, ma mère, dit-il, oui! que sa volonté soit faite! puisque cela vous consolera.

— Que Dieu soit donc avec vous, mon fils, et qu'il vous accorde de pouvoir dire à votre retour : — Que son saint nom soit béni !

— Adieu, ma mère, adieu mes sœurs, s'écria Elliot; et il partit.

CHAPITRE VIII.

« Aux armes! à cheval! ne perdons pas leur trace,
« S'écria le Laird en courroux.
« Si quelqu'un refusait de marcher avec nous,
« Qu'il ne vienne jamais me regarder en face. »
Ballade des frontières.

— A cheval! à cheval! lance au poing! s'écria Hobby en rejoignant la troupe qui l'attendait.

Plusieurs déjà avaient le pied à l'étrier; et, pendant qu'Elliot cherchait à la hâte des armes, chose difficile dans ce désordre, le vallon retentit de l'approbation bruyante de ses amis.

— A la bonne heure, Hobby, dit Simon d'Hackburn; je vous reconnais. Que les femmes pleurent et gémissent, rien de mieux ; mais les hommes doivent rendre aux autres ce qu'on leur a fait ; c'est la sainte Écriture qui l'a dit.

— Taisez-vous, dit un vieillard d'un air sévère; n'abusez pas de la parole de Dieu, vous ne connaissez pas la chose dont vous parlez.

— Avez-vous quelques nouvelles, Hobby? êtes-vous sur la voie? Mes braves, ne nous pressons pas trop, dit le vieux Dick de Dingle.

— Que signifie de venir nous prêcher maintenant? dit Simon à celui qui l'avait repris. Si vous ne savez pas vous défendre, laissez faire ceux qui le peuvent.

Puis, s'adressant au vieux Dick : — Est-ce que vous croyez que nous ne connaissons pas la route d'Angleterre aussi bien que la connaissaient nos pères? N'est-ce pas de là que viennent tous les maux ? C'est l'ancien proverbe, et il dit vrai : Allons en Angleterre, comme si le diable nous poussait vers le sud.

— Nous suivrons la trace des chevaux d'Earnscliff, dit un Elliot.

— Je la reconnaîtrais dans la lande la plus obscure du Border, quand on y aurait tenu foire la veille, dit Hugh, le maréchal-ferrant de Ringleburn, — car c'est toujours moi qui chausse son cheval.

— Lâchez les limiers, dit un autre; où sont-ils?

— Oui, oui, la terre est sèche : la piste ne ment jamais!

Hobby siffla ses chiens qui erraient en hurlant autour des cendres de la ferme.

— Allons, Killbuck, dit Hobby, prouve-nous ton savoir-faire aujourd'hui. Et puis, comme éclairé d'une lumière soudaine, il ajouta : Mais le sorcier m'a dit quelque chose de tout ceci; il peut fort bien savoir ce qui en est, soit par les coquins de ce monde ou les diables de l'autre :

il me le dira, ou je le lui ferai dire avec mon couteau de chasse.

Hobby donna ses instructions à ses camarades : — Que quatre d'entre vous avec Simon courent du côté de Grœmes-Gap. Si les brigands sont des Anglais, ils auront pris ce chemin. Que les autres se dispersent de deux en deux ou de trois en trois dans les bruyères, et qu'ils m'attendent au Trysting-Pool [1]. Qu'on dise à mes frères, quand ils arriveront, de venir nous y joindre ; pauvres garçons, ils seront aussi désolés que moi ; ils ne se doutent guère dans quelle maison de deuil ils apportent notre venaison. — Pour moi, je vais au galop jusqu'à Mucklestane-Moor.

— Et si j'étais que de vous, dit alors Dick de Dingle, je parlerais au bon Elsy, il peut tout vous dire, s'il est d'humeur à répondre.

— Il me le dira, reprit Hobby occupé à préparer ses armes, ou je saurai pourquoi.

— Oui, mon enfant ! mais parlez-lui bien. Ces gens-là n'aiment pas qu'on les menace. Leurs communications avec les esprits les rendent assez susceptibles.

— Ne vous inquiétez pas. Je suis en état aujourd'hui de braver tous les sorciers du monde et tous les diables de l'enfer. Et, se jetant sur son cheval, il partit au grand trot.

Bientôt, malgré l'impatience dont il était tourmenté, ne sachant pas le chemin que son cheval aurait à faire dans la journée, il n'osa plus presser sa marche. Il eut donc le temps de réfléchir sur la manière dont il devait parler au Nain, afin de tirer de lui tout ce qu'il pouvait savoir relativement aux malheurs qui lui étaient arrivés. Quoique vif et franc, comme la plupart de ses compatriotes, il ne manquait pas de cette adresse qui est aussi un de leurs traits caractéristiques. D'après la conduite de

---

(1) *L'étang du rendez-vous.*

cet être mystérieux, le soir où il l'avait vu pour la première fois, et d'après tout ce qu'il en avait remarqué depuis ce temps, il prévit que les menaces et la violence n'obtiendraient rien de lui.

— Je lui parlerai avec douceur, pensa-t-il, comme le vieux Dickon me l'a conseillé. On a beau dire qu'il est ligué avec Satan, il n'est pas possible que ce soit un diable assez incarné pour ne pas avoir pitié de la position où je me trouve. D'ailleurs, il a plus d'une fois rendu service au pauvre monde. J'aurai donc soin de me modérer, je tâcherai de toucher son cœur; mais, si je n'en tire rien par la douceur, je serai toujours à temps de lui tordre le cou.

C'est dans ces dispositions qu'il s'approcha de la chaumière du solitaire. Elsy n'était pas sur son siège d'audience, et Hobby ne put le découvrir dans son jardin ni dans son enclos.

— Il est enfermé dans le fond de son donjon, dit-il; il n'en voudra peut-être pas sortir; mais tâchons de le toucher par les oreilles d'abord, avant de m'y prendre autrement.

Élevant alors la voix, et du ton le plus suppliant qu'il lui fut possible de prendre : — Mon bon ami Elsy! cria-t-il..... Point de réponse... — Bon père Elsy!... même silence.

— Que le diable emporte ta chienne de carcasse! dit-il entre ses dents..... Mon bon Elsy, n'accorderez-vous pas un mot d'avis au plus malheureux des hommes?

— Malheureux! dit le Nain, tant mieux!

Ces mots se firent entendre à travers une petite lucarne qu'il avait pratiquée au-dessus de sa porte, et par où il pouvait voir ce qui se passait hors de sa maison, sans être lui-même aperçu.

— Tant mieux! Elsy; et pourquoi tant mieux? N'avez-vous pas entendu que je vous ai dit que j'étais le plus malheureux des hommes?

— Croyez-vous m'apprendre une nouvelle? Avez-vous oublié ce que je vous ai dit ce matin?

— Non, Elsy, et c'est parce que je m'en souviens que je reviens vous voir. Celui qui a si bien connu le mal doit pouvoir en indiquer le remède.

— Il n'y a point de remède aux maux de ce monde. Si j'en connaissais un, je commencerais par l'employer pour moi-même..... N'ai-je pas perdu une fortune qui aurait suffi pour acheter cent fois toutes les montagnes? un rang auprès duquel ta condition n'est que celle du dernier paysan? une société où je trouvais tout ce qu'il y a d'aimable et d'intéressant?.... N'ai-je pas perdu tout cela? ne vis-je pas ici comme le rebut de la nature, dans la plus affreuse des retraites, et plus affreux moi-même que les objets horribles qui m'environnent? Et pourquoi d'autres vermisseaux se plaindraient-ils d'être foulés aux pieds de la destinée, quand je me trouve moi-même écrasé sous la roue de son char?

— Vous pouvez avoir perdu tout cela, dit Hobby avec émotion, terres, amis, richesses; mais vous n'avez jamais éprouvé un chagrin comme le mien : jamais vous n'avez perdu Grâce Armstrong. Et maintenant, adieu toutes mes espérances, je ne la verrai plus!

Ces mots furent prononcés avec la plus vive émotion; et, comme s'ils avaient épuisé ses forces, Hobby garda le silence quelques instants. Avant qu'il eût pu reprendre assez de résolution pour adresser au Nain quelques nouvelles prières, le bras nerveux d'Elsy se montra à la lucarne, tenant en main un gros sac de cuir qu'il laissa tomber.

— Tiens, voilà le baume qui guérit tous les maux des hommes. C'est ainsi qu'ils le pensent au moins, les misérables! Va-t'en. Te voilà deux fois plus riche que tu ne l'étais hier. Ne me fais plus de questions ni de plaintes : elles me sont aussi odieuses que les remercîments.

— C'est en vérité de l'or ! dit Hobby en faisant sonner le sac. Et s'adressant de nouveau au solitaire : — Elsy, lui dit-il, je vous remercie de votre bonne volonté, mais je voudrais vous donner une reconnaissance de cet argent et une sûreté sur nos terres. Cependant, pour vous parler librement, je ne me soucierais pas de m'en servir avant de savoir d'où il vient. Je ne voudrais pas que, lorsque j'en donnerai à quelqu'un, il vînt à se changer en ardoises.

— Sot ignorant ! s'écria le Nain, jamais poison plus véritable n'est sorti des entrailles de la terre. Prends-le, fais-en usage, et puisse-t-il te profiter aussi bien qu'à moi !

— Mais je vous dis que ce n'est pas tant l'argent qui me touche. Il est bien vrai que j'avais une jolie ferme, et les trente plus belles têtes de bétail du pays ; mais ce n'est pas ce qui me tient au cœur : si vous pouviez me donner quelques nouvelles de la pauvre Grâce, je consentirais volontiers à être votre esclave toute ma vie, sauf le salut de mon ame. Parlez, Elsy, parlez !

— Hé bien donc, reprit le Nain, comme poussé à bout par ces importunités, puisque tes propres malheurs ne te suffisent pas, et que tu veux y ajouter ceux d'une compagne, cherche celle que tu as perdue, du côté de *l'ouest*.

— *L'ouest*, Elsy ? c'est un mot bien vague !

— C'est mon dernier.

A ces mots, il ferma la lucarne, et ne répondit plus à tout ce qu'Hobby lui dit encore.

— *L'ouest*, pensa Elliot. Mais le pays est tranquille de ce côté. Serait-ce Jack du Todholes ? Il est trop vieux pour faire un pareil coup. *L'ouest !* par ma vie ce doit être *West* [1] *-burnflat*. Elsy, Elsy, encore un mot, un seul mot !

---

(1) Ouest.

Est-ce Westburnflat? Répondez-moi ! je ne voudrais pas m'en prendre à lui s'il est innocent. Point de réponse ! Si vous ne me dites rien, je croirai que c'est le bandit. Est-il devenu sourd ou muet? Allons, allons, c'est lui ! je ne l'aurais jamais cru. Il faut qu'il ait quelque autre appui que ses amis du Cumberland. Elsy, Elsy ! adieu ! je n'emporte pas votre argent, parce que je ne veux pas m'en charger. Reprenez-le donc. Je vais rejoindre mes amis au lieu du rendez-vous. Reprenez votre sac quand je serai parti, si vous ne voulez pas m'ouvrir.

Le Nain ne fit aucune réponse.

— Il est sourd ou endiablé, ou l'un et l'autre ; mais je n'ai pas le temps de disputer avec lui, dit Hobby ; et il partit pour le rendez-vous qu'il avait donné à ses amis.

Cinq ou six d'entre eux y étaient déjà arrivés, et le hasard y amena, presque au même instant, Earnscliff et ses compagnons. Ils avaient découvert les traces des bestiaux jusqu'à la frontière. Mais là ils avaient appris qu'une troupe considérable de jacobites était en armes, et qu'on parlait de plusieurs soulèvements dans différentes parties de l'Écosse.

Earnscliff ne regardait donc plus l'événement de la nuit précédente comme l'effet d'un brigandage ordinaire, ou d'une vengeance particulière, mais comme la première étincelle de la guerre civile.

Le jeune homme embrassa Hobby avec tous les témoignages d'un véritable intérêt, et l'informa du fruit de ses recherches.

— Hé bien ! dit Hobby, je parierais ma tête qu'Ellieslaw est pour quelque chose dans cette trahison d'enfer, car il est lié avec tous les jacobites du Cumberland ; et, comme il a toujours protégé Westburnflat, cela s'accorde assez bien avec ce qu'Elsy m'a fait entendre.

Un autre se rappela qu'une fille de basse-cour d'Heugh-Foot avait entendu les brigands dire qu'ils agissaient au nom de Jacques VIII, et qu'ils étaient chargés de désarmer tous les rebelles: selon d'autres, Westburnflat s'était vanté tout haut qu'il obtiendrait bientôt un commandement dans les troupes jacobites, sous les ordres d'Ellieslaw, lorsque celui-ci se serait déclaré, et qu'alors on ferait un mauvais parti à Earnscliff, et à tout ce qui était attaché au gouvernement.

Le résultat fut qu'on ne douta plus que la troupe de brigands n'eût agi sous les ordres de Westburnflat, peut-être à l'instigation secrète d'Ellieslaw, et qu'on résolut de se rendre sur-le-champ à la demeure du premier, afin de s'assurer de sa personne. Les amis dispersés des Elliot les avaient rejoints pendant leur délibération, et ils se trouvaient plus de vingt cavaliers bien montés et passablement armés.

Un ruisseau sorti d'une étroite ravine des montagnes se répandait à Westburnflat, sur la plaine marécageuse qui donne son nom à cet endroit. C'est là que l'onde, naguère rapide comme un torrent, change de caractère et devient stagnante, telle qu'un serpent azuré replié sur lui-même pendant son sommeil. Sur une de ses rives et au centre de la plaine s'élevait la tour de Westburnflat, qui était une de ces anciennes maisons fortifiées, jadis si nombreuses sur les frontières. Le terrain s'étendait en esplanade pendant l'espace d'environ cent toises; mais au-delà, ce n'était plus qu'une fondrière impraticable pour des étrangers. Les sentiers qui conduisaient à la tour n'étaient connus que du maître et des siens. Mais, parmi les Écossais rassemblés sous les ordres d'Earnscliff, plusieurs pouvaient servir de guides. Quoique le genre de vie du propriétaire fût généralement connu, on était alors si peu scrupuleux sur l'article de la propriété, qu'il n'était pas aussi mal vu qu'il l'eût été dans un pays plus civilisé.

Parmi ses voisins plus paisibles, il était estimé à peu près comme le serait aujourd'hui un joueur, un amateur de combats de coqs, ou un jockey [1]; comme un homme enfin dont les habitudes étaient blâmables, et dont la société devait être évitée en général, mais dont on ne pouvait dire après tout qu'il fût flétri de cette infamie ineffaçable attachée à sa profession dans un pays où les lois sont observées. Dans cette circonstance l'indignation qu'il excitait ne venait pas de la nature de ses torts comme maraudeur, mais il avait attaqué un voisin qui ne lui avait fait aucune injure, et surtout un membre du clan d'Elliot, dont la plupart de nos jeunes gens faisaient partie. Il se trouva donc naturellement dans la bande des personnes qui, familières avec les localités de son habitation, conduisirent facilement leurs camarades jusqu'au pied de la tour de Westburnflat.

CHAPITRE IX.

> « Délivre-moi de la donzelle,
> « Emmène-la, dit le géant;
> « Je ne suis pas si mécréant
> « Que de vouloir mourir pour elle. »
> *Romance du Faucon.*

La tour était un bâtiment carré de l'aspect le plus sombre. Les murs en étaient très épais : les fenêtres, ou pour mieux dire les fentes qui en tenaient lieu, semblaient avoir été faites, non pour donner entrée à l'air et à la lumière, mais pour fournir aux habitants de l'intérieur les moyens de se défendre contre ceux qui pourraient les at-

---

(1) *Horse-Jockey.* Un amateur de chevaux.

taquer. Une terrasse pratiquée sur le haut était entourée d'un parapet, et donnait à ses défenseurs l'avantage de pouvoir combattre à couvert. Une seule porte, aussi étroite que solide, et revêtue de grosses lames de fer, introduisait dans la tour par un escalier en spirale.

Dès que la troupe se fut arrêtée devant cette habitation, le bras d'une femme, passant au travers d'un créneau dans la partie supérieure de la tour, agita un mouchoir, comme pour implorer du secours.

Hobby, en l'apercevant, en perdit presque l'esprit de joie. C'est la main de Grâce! s'écria-t-il : c'est le bras de Grâce! je les reconnaîtrais entre mille ; il n'y en a point de semblables. Il faut la délivrer, mes amis, quand nous devrions démolir la tour de Westburnflat, pierre à pierre.

Earnscliff doutait qu'il fût possible de reconnaître à une telle distance le bras et la main d'une femme, mais il ne voulut rien dire qui pût diminuer les espérances du jeune fermier. On résolut donc de faire une sommation à la garnison.

Les cris de la troupe et le son du cor de chasse dont on s'était muni firent paraître la tête d'une vieille à une des meurtrières avancées.

— C'est la mère du brigand, dit Simon ; elle est cent fois pire que lui. La moitié du mal qu'il fait dans le pays est la suite de ses instigations.

— Qui êtes-vous? Que demandez-vous? dit la respectable matrone.

— Nous désirons parler à Williams Grœme de Westburnflat, dit Earnscliff.

— Il n'y est point.

— Depuis quand est-il absent?

— Je ne puis vous le dire.

— Quand reviendra-t-il?

— Je n'en sais rien, répondit l'inexorable gardienne.

— Vous n'êtes pas seule dans la tour?

— Seule. A moins que vous ne vouliez compter les rats.

— Ouvrez donc la porte, afin de nous le prouver. Je suis juge de paix, et nous sommes à la recherche d'un crime de félonie.

— Que le diable leur brûle les doigts à ceux qui tireront les verroux pour vous ouvrir ; quant à moi, jamais. N'êtes-vous pas honteux de venir trente hommes le pot de fer en tête, avec des épées et des lances, pour faire peur à une pauvre veuve?

— Nos informations sont positives : un vol considérable a été commis ; il faut que nous fassions une visite.

— Et l'on a enlevé, dit Hobby, une jeune fille qui vaut cent fois plus que tout ce qu'on a volé.

— Le seul moyen de prouver l'innocence de votre fils, continua Earnscliff, est de nous ouvrir sans résistance, et de nous laisser visiter la maison.

— Oui-dà ! Et que ferez-vous donc si je n'ouvre point à une bande de vauriens? dit la portière d'un ton railleur.

— Nous entrerons avec les clefs du roi, et nous casserons la tête à tous ceux qui tomberont sous nos mains, s'écria Hobby exaspéré.

— Gens qu'on menace vivent long-temps, dit la vieille avec le même accent ironique. Essayez, mes amis, essayez; la porte est solide. Elle a résisté à plus forts que vous.

En parlant ainsi, elle se retira en poussant un grand éclat de rire.

Les assiégeants tinrent alors une consultation sérieuse. L'épaisseur des murs était telle, qu'ils auraient pu braver même le canon pendant quelque temps. La porte, toute couverte en fer, était si solide, qu'aucune force humaine ne semblait en état de la forcer. — Ni tenailles ni marteaux ne pourront y mordre, dit Hugh le maréchal-ferrant de Ringleburn ; autant vaudrait l'enfoncer avec des tuyaux de pipe.

Sous l'entrée, à la distance de neuf pieds qui formaient l'épaisseur de la muraille, il y avait une seconde porte en chêne garnie de clous et assurée par de grandes barres de fer en tous sens. Enfin on ne pouvait trop compter sur la sincérité de la vieille, qui prétendait être seule dans la tour : on voyait même, sur le sentier qui y conduisait, des traces récentes qui prouvaient que plusieurs personnes à cheval y étaient entrées depuis peu.

A ces difficultés se joignaient celles de se procurer les moyens d'attaquer. Il ne fallait pas espérer qu'on pût se procurer des échelles assez hautes pour parvenir aux créneaux, et les fenêtres, outre leur élévation, étaient défendues par des verroux. Il ne fallait pas davantage penser à miner la tour, faute d'outils et de poudre. On pensa à convertir l'attaque en blocus ; mais pendant ce temps Westburnflat pouvait être secouru par ses confédérés, surtout s'il était à la tête d'un parti jacobite, comme on le soupçonnait ; d'ailleurs on manquait d'abri et de provisions.

Hobby grinçait des dents, et tournait autour de la forteresse, sans pouvoir trouver de moyen pour y pénétrer. — Mes amis, s'écria-t-il tout-à-coup, comme frappé d'une inspiration soudaine, faisons comme nos pères ; coupons du bois, formons un bûcher contre la porte, et enfumons la vieille sorcière comme un jambon.

On se mit à l'œuvre à l'instant même. Tous les sabres et tous les couteaux furent employés à couper les buissons et les saules qui croissaient sur les rives d'un ruisseau voisin. On les empila contre la porte, on se procura du feu avec un fusil, et Hobby, tenant en main un brandon de paille enflammée, s'avançait vers le bûcher, quand on vit le bout d'une carabine sortir d'un créneau, et l'on entendit en même temps le brigand s'écrier : — Grand merci, bonnes gens, vous êtes bien bons de travailler à notre provision d'hiver. Mais si l'un de vous avance d'un pas, ce sera le dernier de sa vie.

— C'est ce qu'il faudra voir, dit Hobby, avançant intrépidement la torche à la main.

Le maraudeur fit feu, mais sans atteindre Hobby; Earnscliff avait tiré au même instant, et un coup si bien ajusté à travers la meurtrière étroite, que la balle effleura la joue du scélérat et en fit sortir le sang. Il avait probablement calculé que son poste le mettait plus en sûreté, car il ne sentit pas plutôt sa blessure, quoiqu'elle fût très légère, qu'il demanda à parlementer.

— Pourquoi, leur dit-il, venez-vous attaquer de cette manière un homme honnête et paisible?

— Parce que vous retenez une prisonnière, dit Earnscliff, et que nous avons résolu de la délivrer.

— Et quel intérêt prenez-vous à elle?

— C'est ce que vous n'avez pas le droit de nous demander, vous qui la retenez de vive force.

— Ah! je puis bien m'en douter! Au surplus, je n'ai pas envie de me faire une querelle à mort en versant le sang d'aucun de vous, quoique Earnscliff n'ait pas craint de verser le mien, lui qui sait viser si juste. Pour prévenir de plus grands malheurs, je consens à vous rendre ma prisonnière, puisque vous ne vous en irez qu'à cette condition.

— Et tout ce que vous avez volé à Hobby, s'écria Simon, vous n'en parlez pas? Croyez-vous que nous souffrirons que vous veniez piller nos étables comme si c'était le poulailler d'une vieille femme?

— Je sais ce qui est arrivé à Hobby, dit le brigand; mais sur mon ame et conscience, il n'y a pas dans la tour un clou qui lui appartienne : tout a été emporté dans le Cumberland. Je connais les voleurs, je vous promets de lui faire rendre tout ce qui pourra se retrouver. S'il veut aller à Castleton avec deux amis, dans trois jours je m'y trouverai avec deux des miens, et je tâcherai de lui donner satisfaction.

— C'est bon! c'est bon! cria Hobby. Ne parlez pas de cela, dit-il tout bas à Simon ; tâchons seulement de tirer la pauvre Grâce des griffes de ce vieux scélérat.

— Me donnez-vous votre parole, Earnscliff, dit le brigand, qui était toujours derrière sa meurtrière, sur votre honneur et sur votre gant, que je serai libre de sortir de la tour et d'y rentrer? je demande cinq minutes pour ouvrir la porte, et autant pour en fermer les verroux, me le promettez-vous?

— Vous aurez tout le temps qui vous sera nécessaire, dit Earnscliff; je vous en donne ma parole sur mon honneur et sur mon gant.

— Écoutez-moi un instant, Earnscliff; il vaudrait mieux que vous fissiez reculer vos gens hors de la portée du fusil, et nous resterions tous deux sans armes, près de la porte de la tour. Ce n'est pas que je doute de votre parole, Earnscliff; mais il est toujours bon de prendre ses précautions.

— Camarade! pensa Hobby en reculant avec ses compagnons, si je te tenais au coin d'un bois, avec seulement deux honnêtes gens pour témoins, tu souhaiterais bientôt de t'être cassé une jambe plutôt que d'avoir touché à rien de ce qui m'appartenait.

— Eh bien! dit Simon, scandalisé de le voir capituler si facilement, ce même Westburnflat, après tout, a une plume blanche dans son aile[1] : il n'est pas digne de mettre les bottes de son père.

Cependant la vieille ouvrit la porte de la tour ; Willie

---

(1) Expression populaire pour dire : N'est pas si noir ou si brave qu'on le dit.

en sortit avec une jeune femme, et sa mère resta près de la porte comme en sentinelle.

— La voilà! dit le brigand : je vous la livre saine et sauve; qu'un ou deux d'entre vous s'approchent pour la recevoir.

Earnscliff était immobile de surprise. Ce n'était pas Grâce Armstrong, c'était miss Isabelle Vere qui était devant ses yeux.

— Ce n'est pas Grâce? s'écria Hobby en accourant vers lui et le couchant en joue : où est Grâce? qu'en as-tu fait? parle, ou tu es mort.

— Songez que j'ai donné ma parole, Hobby, dit Earnscliff en détournant son fusil; et tous ses camarades répétèrent, en le désarmant : — Earnscliff a engagé sa main et son gant, sa parole et sa foi ; songez, Hobby, que nous devons ne pas trahir notre gage avec Westburnflat, serait-il le plus grand coquin du monde.

Le maraudeur avait pâli en voyant le geste menaçant d'Hobby; mais il reprit courage en se voyant ainsi protégé.

— Elle n'est pas entre mes mains, dit-il ; si vous en doutez, vous pouvez visiter la tour, j'y consens. Au surplus, j'ai tenu ma parole, j'ai droit d'attendre que vous tiendrez la vôtre. Mais si ce n'est pas cette prisonnière que vous cherchiez, dit-il à Earnscliff, vous allez me la rendre, car j'en suis responsable envers qui de droit.

— Pour l'amour de Dieu! monsieur Earnscliff, dit Isabelle en joignant les mains d'un air de terreur, n'abandonnez pas une infortunée que tout le monde semble avoir abandonnée.

— Ne craignez rien, dit tout bas Earnscliff; je vous défendrai aux dépens de mes jours. Misérable! dit-il à Westburnflat; comment avez-vous osé insulter cette dame?

— C'est ce dont je rendrai compte, dit le bandit, à ceux qui ont, pour me faire cette question plus de droits que vous n'en pouvez avoir. Songez seulement que, si vous me l'enlevez à force armée, c'est vous qui en serez responsable. Un homme ne peut se défendre contre vingt. Tous les hommes des Mearns n'en peuvent faire plus qu'ils ne peuvent [1].

— C'est un imposteur ! dit Isabelle : il m'a arrachée par violence des bras de mon père.

— Peut-être a-t-il eu ses raisons pour vous le faire croire, dit le brigand ; au surplus, ce n'est pas mon affaire. Ainsi donc vous ne voulez pas me la rendre ?

— Vous la rendre, mon brave ! non certainement. Je suis aux ordres de miss Vere, et je suis prêt à la reconduire partout où elle le désirera.

— Cela est peut-être déjà arrangé entre vous deux.

— Et Grâce ! s'écria Hobby ; et où est Grâce ? Croyez-vous que cela se passe ainsi ? Et, pendant qu'Earnscliff était tout occupé de miss Vere, il se précipita sur Willie le sabre à la main.

— Un instant, Hobby, dit celui-ci en reculant vers la tour.

Tout en parlant ainsi, il avança vers la porte, que la vieille tenait entr'ouverte, y passa précipitamment, et elle se ferma à l'instant. Hobby voulut le frapper, et ne l'atteignit pas ; mais le coup fut si fort, qu'il emporta un gros morceau du linteau de la porte voûtée ; la marque en existe encore, et on la montre comme une preuve de la grande vigueur de nos ancêtres.

— Cela n'est pas bien, Hobby, dit le vieux Dick ; voilà deux fois que vous manquez à la parole qui a été donnée sur l'honneur et sur le gant. Pour qui voulez-vous donc nous faire passer dans le pays ? Willie Westburnflat a tenu sa promesse, nous devons être fidèles à la nôtre. Attendez-le au rendez-vous qu'il vous a donné à Castleton ; alors, s'il

---

(1) C'est-à-dire : ils ont beau être braves, ils cèdent aussi au nombre. Les *Mearns* ou le comté de Kincardine sont une province d'Écosse.

ne vous rend pas justice, nous prendrons de nouveau les armes contre lui, nous ferons armer tous nos amis, et nous l'enterrerons sous les ruines de sa tour.

Ce froid raisonnement ne versa pas de baume sur les blessures d'Hobby; mais il ne pouvait rien faire sans ses compagnons, et il fut obligé de se soumettre à leur avis.

Pendant ce temps, miss Vere avait témoigné à Earnscliff le désir d'être reconduite sur-le-champ au château d'Ellieslaw chez son père. Earnscliff se disposa à la satisfaire, et cinq à six jeunes gens s'offrirent pour lui servir d'escorte.

Hobby ne fut pas du nombre. Rongé du chagrin que lui avaient fait éprouver tous les événements de cette journée, désespéré surtout de n'avoir pu réussir à retrouver sa chère Grâce, il reprit tristement le chemin de la chaumière d'Annaple, rêvant à ce qu'il pourrait faire pour améliorer la situation de sa famille. Toute la bande des amis d'Elliot se dispersa quand ils eurent traversé le marais. Le maraudeur et sa mère les suivirent de l'œil, jusqu'à ce qu'ils eussent disparu.

CHAPITRE X.

« Dans les bosquets de celle qui m'est chère,
« La neige hier étalait sa blancheur :
« Mais au retour de la lumière,
« J'y vis la rose en sa fraîcheur. »
Ancienne ballade.

Piqué de ce qu'il appelait l'indifférence de ses amis, Hobby s'était séparé d'eux, et poursuivait son chemin solitairement. — Marche donc! dit-il à son cheval en lui faisant sentir l'éperon; tu es comme tous les autres. N'est-ce pas moi qui t'ai élevé, qui t'ai nourri? et voilà maintenant que tu regimbes. Oui, tu es comme les autres. Ils sont tous mes parents, quoique d'un peu loin : j'aurais donné pour eux sang et biens, je les aurais servis la nuit comme le jour, et je crois qu'ils ont plus d'égards pour le bandit de Westburnflat que pour leur cousin. Ah! mon Dieu! c'est pourtant d'ici que j'aurais dû voir les lumières d'Heugh-Foot. C'en est fait! je ne les verrai plus! Si ce n'était pour ma mère et mes sœurs et pour cette pauvre Grâce, je crois que je donnerais de l'éperon à mon cheval, et que je le ferais sauter dans la rivière pour en finir tout d'un coup.

C'est dans cette humeur chagrine qu'il arriva devant la chaumière, asile de sa famille. En approchant de la porte, il entendit ses sœurs parler avec vivacité et d'un ton de gaîté. — Le diable soit des femmes! dit-il : il faut toujours qu'elles chuchottent, qu'elles jasent, qu'elles rient; il n'y a rien au monde qui puisse les en empêcher! Et cependant je suis bien aise qu'elles ne perdent pas courage, les pauvres créatures! Mais, après tout, c'est sur moi et non sur elles que le plus fort du coup est tombé.

Conduisant alors son cheval sous un hangar : — Allons, lui dit-il, il faut que tu t'en ressentes comme ton maître : tu n'auras aujourd'hui ni couverture ni litière! nous aurions mieux fait de nous jeter tous les deux dans le gouffre le plus profond.

La plus jeune de ses sœurs vint l'interrompre. — Hé bien! Hobby, lui dit-elle, à quoi vous amusez-vous là, tandis qu'il y a quelqu'un, arrivé du Cumberland, qui vous attend depuis plus d'une heure? Dépêchez-vous d'entrer; je vais ôter la selle.

— Quelqu'un du Cumberland? s'écria Hobby; et, remettant la bride dans la main de sa sœur, il entra bien vite dans la chaumière. — Où est-il? où est-il? m'apporte-t-il des nouvelles de Grâce? s'écria-t-il en regardant tout autour de lui, et n'y apercevant que des femmes.

— Il n'a pu attendre plus long-temps, dit sa sœur aînée en tâchant d'étouffer une envie de rire.

— Allons, allons, filles! dit la mère, il ne faut pas le tourmenter davantage. Regardez bien, mon enfant; est-ce que vous ne voyez pas ici quelqu'un que vous n'y avez pas laissé ce matin?

— J'ai beau regarder, ma mère, je ne vois que vous et les trois petites sœurs.

— Ne sommes-nous pas quatre à présent, mon frère? dit la plus jeune qui rentrait à l'instant, et dont il avait oublié l'absence.

Au même moment Hobby serra dans ses bras sa chère Grâce, qu'il n'avait pas reconnue, tant à cause de l'obscurité qui régnait dans la chaumière, que parce qu'elle s'était couverte du plaid d'une de ses sœurs. — Ah! vous avez osé me tromper ainsi, lui dit-il.

— Ce n'est pas ma faute! s'écria Grâce en cherchant à se couvrir le visage de ses mains, pour cacher sa rougeur, et se défendre des tendres baisers dont son fiancé punissait son stratagème; ce n'est pas ma faute! C'est Jenny, ce sont les autres qu'il faut embrasser, car ce sont elles qui en ont eu l'idée.

— C'est bien ce que je ferai! s'écria Hobby, et il embrassait tour à tour ses sœurs et sa mère, avec des transports de joie, en s'écriant qu'il était le plus heureux des hommes.

— Hé bien! mon enfant, dit la bonne vieille, qui ne perdait jamais une occasion d'inspirer des sentiments religieux à sa famille, remerciez-en donc celui qui vous accorde ce bienfait, le Dieu qui tira la lumière des ténèbres et le monde du néant. Ne vous avais-je pas promis qu'en disant : « Sa volonté soit faite, » vous auriez sujet de dire : « Que son nom soit loué! »

— Oui, ma mère, oui! et je l'en remercie bien, comme aussi de m'avoir laissé une seconde mère quand il m'a retiré la mienne, une mère qui me fait penser à lui dans le bonheur et l'adversité.

Après quelques prières et un moment de recueillement solennel dans cette famille reconnaissante des bontés de la Providence, la première question d'Hobby fut de demander à Grâce le récit de ses aventures. Elle lui dit qu'éveillée par le bruit que les brigands faisaient dans la ferme, elle s'était levée à la hâte, et que, voyant les flammes de tous côtés, elle songeait à se sauver, lorsque le masque de Westburnflat étant venu à tomber, elle avait eu l'imprudence de prononcer son nom; qu'aussitôt il lui avait lié un mouchoir sur la bouche, et l'avait placée en croupe derrière un de ses compagnons.

— Je lui casserai sa tête maudite, s'écria Hobby, n'y aurait-il qu'un Grœme au monde en le comptant.

Grâce, reprenant son récit, lui dit qu'on l'avait emmenée vers le sud, mais qu'à peine la troupe était-elle entrée dans le Cumberland, un homme, connu d'elle pour un cousin de Westburnflat, accourant à toute bride, vint parler au chef de la bande; qu'après un instant de consultation, celui-ci lui dit qu'on allait la reconduire à Heugh-Foot. On l'avait placée derrière le dernier venu, qui l'avait ramenée en toute diligence, et sans lui dire un seul mot, jusqu'à environ un quart de mille de la chaumière d'Annaple, où il l'avait laissée.

Les deux frères d'Hobby étaient arrivés dans la journée. Après avoir appris les événements de la nuit précédente, ils étaient partis pour se mettre aussi à la recherche des brigands, et n'en ayant découvert aucune trace, ils rentraient en ce moment. Ils furent ravis de retrouver Grâce, qui fut obligée de recommencer sa narration. Hobby conta à son tour son expédition à Westburnflat; et, après avoir bien joui du plaisir d'avoir retrouvé sa maîtresse, des réflexions d'un genre plus triste commencèrent à se présenter à son esprit.

— Je ne suis embarrassé ni pour mes frères ni pour moi, dit-il; nous dormirons bien à côté du bidet, comme cela nous est arrivé plus d'une fois à la belle étoile dans les montagnes; mais vous autres, comment allez-vous passer la nuit ici, comment y serez-vous demain, les jours suivants?

— N'est-ce pas une chose barbare, dit une des sœurs, d'avoir réduit une pauvre famille à un état si déplorable?

— De ne nous avoir laissé ni brebis, ni agneau, ni rien de ce qui broute l'herbe? dit le plus jeune des trois frères.

— S'ils avaient quelque rancune contre nous, dit le second, nommé Henry, n'étions-nous pas bons pour nous battre contre eux?..... Et il faut que nous ayons été tous trois absents! Si nous avions été ici, l'estomac de Will Grœme n'aurait pas eu besoin de déjeûner ce matin. Mais il n'y perdra rien pour attendre; n'est-ce pas, Hobby?

— Nos amis, dit Hobby en soupirant, veulent attendre le rendez-vous qu'il m'a donné à Castleton, pour s'arranger à l'amiable. Il faut bien vouloir ce qu'ils veulent.

— S'arranger à l'amiable! s'écrièrent les deux frères, après un acte de scélératesse tel qu'on n'en a jamais vu de nos jours dans le pays!

— Cela est vrai, dit Hobby, et le sang m'en bouillait dans les veines; mais la vue de Grâce m'a un peu calmé.

— Et la ferme, dit John, qui nous la rendra? Nous sommes ruinés sans ressource. J'ai été avec Henry en examiner les débris, mais il n'y a rien à sauver. Il faudra que nous nous fassions soldats, et que deviendront notre mère et nos sœurs? Quand Westburnflat le voudrait, a-t-il le moyen de nous indemniser? Il ne possède pas une bête à quatre pieds, excepté son cheval; encore est-il épuisé par ses courses de nuit. Nous sommes ruinés complétement.

Hobby jeta un regard douloureux sur Grâce Armstrong,

qui ne lui répondit que par un soupir et en baissant tristement les yeux.

— Mes enfants, dit la mère, ne vous découragez pas : nous avons des parents qui ne nous abandonneront pas dans l'adversité. Sir Thomas Kittleloof est mon cousin au troisième degré du côté de sa mère ; et, comme il a été un des commissaires pour l'union de l'Écosse à l'Angleterre, il a reçu des poignées d'argent, sans compter qu'il a été créé chevalier baronnet.

— Et il ne donnerait pas une épingle pour nous, dit Hobby. D'ailleurs, le pain qu'il nous accorderait s'attacherait à mon gosier ; je ne pourrais l'avaler, parce que c'est le prix auquel il a vendu l'indépendance et la couronne de la vieille Écosse.

— Mais le laird de Dunder, dit la vieille, dont la mère était l'arrière-petite-cousine de la mienne : c'est une des plus anciennes familles du Tiviot-Dale.

— Il est dans la Tolbooth, ma mère ; il est dans le cœur du Midlothian[1] pour cent marcs d'argent qu'il a empruntés à Saunders Willyecoat le procureur.

— Le pauvre homme ! reprit mistress Elliot : ne pourrions-nous lui envoyer quelques secours ?

— Hé ! mon Dieu, grand'mère, dit Hobby avec un mouvement d'impatience, vous oubliez donc qu'il ne nous reste rien ?

— Cela est vrai, mon fils, dit-elle ; il est si naturel de désirer secourir ses parents !... Mais le jeune Earnscliff...

— Il n'est pas bien riche, dit Hobby, et il a un nom à soutenir. Sans doute il ferait pour nous tout ce qu'il pourrait ; mais ce serait une honte d'avoir recours à lui. En un mot, ma mère, il est inutile de chercher dans vos nombreux parents. Ceux qui sont riches et puissants nous ont

---

(1) *Tolbooth, heart of Middle Lothian.* Noms populaires de la prison d'Édimbourg.

oubliés et ne nous regardent plus. Les autres de notre rang n'ont tout juste que ce qui leur est nécessaire, et ne peuvent venir à notre secours.

— Eh bien! Hobby, dit la mère, il faut mettre notre confiance dans celui qui peut faire sortir des amis et des trésors du fond d'un marécage, comme on dit.

— Vous m'y faites songer, ma mère, dit Hobby en se levant brusquement et en frappant du pied. Les événements de la journée m'ont tellement bouleversé la tête, que j'en perds la mémoire et le jugement. Vous avez raison. J'ai un ami qui m'a offert ce matin un sac dans lequel il y avait plus d'or qu'il n'en faudrait pour bâtir deux fermes comme la nôtre, et les garnir de bestiaux. Je l'ai laissé à Mucklestane-Moor, et je suis sûr qu'Elsy ne le regrettera pas.

— De quel Elsy voulez-vous parler, mon fils?

— Je ne crois pas qu'il en existe deux. Je parle du brave Elsy de Mucklestane-Moor.

— A Dieu ne plaise, mon fils, que vous alliez chercher de l'eau dans une source corrompue! Voudriez-vous accepter des secours d'un homme qui est en commerce avec le malin esprit? Tout le pays ne sait-il pas qu'Elsy est un sorcier? S'il y avait une bonne administration de justice dans les environs, on ne l'y aurait pas souffert si longtemps. Les sorciers et les sorcières sont l'abomination et le fléau du canton.

— Vous direz tout ce que vous voudrez des sorciers et des sorcières; mais il est bien sûr qu'un trouble-ménage comme Ellieslaw ou un coquin tel que ce damné Westburnflat ont fait plus de mal au pays que n'en auraient jamais fait un millier des plus mauvaises sorcières qui ont jamais galopé sur un manche à balai ou chanté des airs du diable le mardi-gras. Jamais Elsy n'aurait mis le feu à notre ferme; et je suis bien décidé à voir s'il est toujours dans l'intention de nous mettre en état de la rebâtir. C'est l'homme qui en sait le plus long dans tout le pays jusqu'à Stan-More.

— Un moment, mon enfant, remarquez que ses bienfaits n'ont porté bonheur à personne. Jock Howden, qu'Elsy prétendait avoir guéri de sa maladie, en est mort à la chute des feuilles. Il a sauvé la vache de Lambside, mais jamais ses moutons n'avaient péri en si grand nombre que cette année. Et d'ailleurs, on dit qu'Elsy parle si mal des hommes, que c'est comme s'il bravait la Providence en face; et vous savez que vous dîtes vous-même, après l'avoir vu pour la première fois, qu'il ressemblait plutôt à un esprit qu'à un homme.

— Bah! ma mère, il vaut mieux que ses discours. Ainsi donc donnez-moi un morceau à manger, car je n'ai pas avalé une bouchée de la journée, et demain matin j'irai à Mucklestane-Moor.

— Et pourquoi ne pas y aller ce soir, Hobby? dit Henry: partez sur-le-champ, je vous accompagnerai.

— Mon cheval est trop fatigué.

— Prenez le mien, dit John.

— Mais je suis moi-même éreinté, dit Hobby.

— Vous! dit Henry: allons donc! je vous ai vu rester en selle vingt-quatre heures de suite, sans vous plaindre de la fatigue.

— La nuit est bien sombre, dit Hobby en regardant par la fenêtre; mais, pour vous parler vrai, quoique je n'aie pas peur, j'aime mieux aller voir Elsy en plein jour.

Ce franc aveu mit fin à la discussion; et Hobby, ayant trouvé un moyen terme entre la timide retenue de son aïeule et la présomption inconsidérée de son frère, prit un souper tel qu'on put le lui donner. Embrassant alors toute sa famille, sans oublier sa chère Grâce, il se retira dans l'écurie, et s'y étendit à côté de son fidèle coursier. Ses frères l'y suivirent et se partagèrent quelques bottes de paille, provision destinée à la vache d'Annaple; quant aux femmes, elles s'arrangèrent le mieux qu'elles purent pour passer la nuit dans la chaumière.

A la pointe du jour, Hobby se leva; après avoir pansé et sellé son cheval, il partit pour Mucklestane-Moor. Il évita la compagnie de ses deux frères, dans l'idée que le Nain était plus favorable à celui qui le visitait seul.

— Qui sait, se dit-il, si Elsy a ramassé le sac d'hier, ou si quelqu'un qui a passé par là ne s'en est pas emparé. Allons, Tarras, ajouta-t-il en s'adressant à son cheval, qu'il frappa de l'éperon, il faut se presser, et arriver les premiers si nous pouvons.

On commençait à pouvoir distinguer les objets lorsqu'il arriva sur l'éminence d'où l'on apercevait, quoique d'un peu loin, l'habitation du Nain. La porte s'en ouvrit, et Hobby vit encore une fois le phénomène dont il avait été témoin et dont il avait rendu compte à Earnscliff. Deux figures humaines, si l'on pouvait donner ce nom à celle du Nain, sortirent de la demeure du solitaire, et s'arrêtèrent devant la porte, paraissant occupées à converser ensemble. Le compagnon du Nain se baissa comme pour ramasser quelque chose près de la chaumière; ils firent quelques pas et s'arrêtèrent encore, causant et gesticulant.

Ce spectacle réveilla toutes les terreurs superstitieuses d'Hobby. Il ne pouvait croire que le Nain consentît à laisser entrer un homme dans sa demeure, et il ne lui paraissait pas plus probable que quelqu'un fût assez hardi pour aller le visiter pendant la nuit. Il fut donc convaincu qu'il avait devant les yeux un sorcier en conférence avec son esprit familier; et, arrêtant son cheval, il résolut de ne pas avancer davantage avant d'avoir vu la fin de cette scène extraordinaire. Il n'attendit pas long-temps. Un instant après le Nain retourna vers sa chaumière, Hobby le suivit des yeux, et chercha ensuite la seconde figure; mais elle avait disparu.

— A-t-on jamais vu rien de semblable ? dit Hobby ; mais je suis dans un cas désespéré, et fût-ce Belzébuth en personne, il faut que je lui parle.

Il avança donc vers l'habitation du Nain, sans trop presser le pas de son cheval, car le jour commençait à peine à paraître. Hobby n'en était plus fort éloigné, quand il aperçut dans une touffe de bruyère, à vingt pas de lui, précisément à l'endroit où il avait vu la seconde figure un moment avant qu'elle disparût, un corps long et noir, ressemblant assez à un chien terrier qui se serait tapi.

— Je ne lui ai jamais vu de chien, dit Hobby : c'est trop petit pour être un blaireau : ce pourrait bien être une loutre ; mais qui sait les formes que les esprits peuvent prendre pour vous effrayer? Quand je serai tout auprès, cela se changera peut-être en lion, en crocodile, que sais-je ! Tarras se cabrera, je n'en serai plus le maître, et comment alors me défendre contre les attaques du diable, ou de je ne sais qui?

Hobby descendit de cheval ; et, tenant la bride d'une main, il lança prudemment une pierre contre l'objet qui l'inquiétait, mais qui resta dans le même état d'immobilité. — Ce n'est donc pas une créature vivante ? dit-il ; et, reprenant courage, il avança quelques pas. Le soleil, commençant alors à paraître sur l'horizon, rendait les objets plus distincts à ses yeux. — Dieu me pardonne, dit-il, c'est le sac qu'Elsy m'a jeté hier par sa lucarne, et que l'esprit a apporté jusqu'ici pour le mettre sur mon chemin ! — Il s'en approcha sans hésiter davantage, l'ouvrit, et l'or qu'il contenait lui parut de bon aloi. — Que Dieu me protège ! dit-il, flottant entre le désir de profiter d'un secours si nécessaire à sa situation, et la crainte de compromettre son salut éternel en se servant d'un argent qui lui arrivait par une voie si suspecte. — Au bout du compte, ajouta-t-il, je me conduirai toujours en honnête homme, en bon chrétien, et, arrive ce qu'il pourra, je ne dois pas laisser ma famille mourir de faim, quand on m'offre les moyens de la faire subsister.

Il renoua donc les cordons du sac, le mit sur son cheval, et s'avança vers la chaumière. Il y frappa plusieurs fois sans recevoir aucune réponse. — Elsy, cria-t-il enfin, père Elsy, voulez-vous sortir un moment? j'ai quelque chose à vous dire, et bien des remercîments à vous faire. Vous ne m'avez pas trompé : j'ai trouvé Grâce saine et sauve, et il n'y a encore rien de désespéré. — Ne voulez-vous pas venir un instant? — Dites-moi seulement que vous m'écoutez. — Hé bien! je suppose que vous m'entendez, quoique vous ne me répondiez pas. — Vous voyez donc que si je me faisais soldat, il serait bien dur pour Grâce et pour moi d'attendre peut-être des années pour nous marier; et si mes frères partent aussi, qu'est-ce qui aura soin de ma vieille mère et de mes sœurs? De manière que j'ai pensé que le mieux..... Mais je ne puis me décider à demander un service à quelqu'un qui ne veut pas seulement me dire s'il m'entend.

— Dis ce que tu veux, fais ce que tu veux, répondit le Nain sans se montrer; mais va-t'en, et laisse-moi en repos.

— Hé bien! puisque vous m'écoutez, continua Hobby, j'aurai fini en deux mots. Puisque vous voulez bien me prêter de quoi rétablir et regarnir la ferme d'Heugh-Foot, j'accepte ce service avec bien de la reconnaissance; et, en conscience, votre argent sera aussi en sûreté dans mes mains que dans les vôtres, puisque vous le laissez passer la nuit à la belle étoile, au risque qu'il soit ramassé par le premier venu, sans parler du danger de mauvais voisins qui peuvent venir vous voler, comme j'en ai fait la triste épreuve. Mais ce n'est pas tout, Elsy, il faut de la justice. Ma mère est usufruitière des terres de Wideopen; moi, comme l'aîné de la famille, j'en suis propriétaire après elle : nous vous donnerons donc tous les deux une hypothèque pour votre argent sur nos biens, qui ne doivent rien à personne, et nous vous en paierons la rente tous les six mois. Je ferai dresser le contrat par le praticien Saunders, et vous n'aurez rien à payer pour le contrat.

— Laisse là ton jargon, et va-t'en! s'écria le Nain. Ta probité bavarde m'est plus insupportable que ne me le serait la friponnerie de l'escroc qui vole sans mot dire. Va-t'en! encore une fois, emporte l'argent, et garde le principal et les intérêts, jusqu'à ce que je t'en fasse la demande. Ta parole vaut contrat.

— Mais songez donc, Elsy, reprit le fermier opiniâtre, que nous sommes tous mortels! Cette affaire ne peut pas se faire sans qu'on mette un peu de noir sur du blanc. Ainsi, tout au moins, faites une reconnaissance, comme vous la voudrez; je la copierai et je la signerai devant de bons témoins. Seulement je dois vous prévenir de ne rien y glisser qui puisse compromettre mon salut éternel, parce que je la ferai voir à notre ministre, et ce serait vous exposer inutilement. Allons, Elsy, je m'en vais, car je vois que vous êtes fatigué de m'entendre, et moi, je le suis de vous parler sans que vous me répondiez. Un de ces jours je vous apporterai un morceau du gâteau de la mariée [1], et peut-être vous amènerai-je Grâce pour vous faire ses remercîments. Ah! vous ne serez pas fâché de la voir, quoique vous soyez un peu bourru. — Eh! bon Dieu, quel soupir! Je désire qu'il ne soit pas malade; ou peut-être il croit que je lui parle de la *grâce divine*, et non de Grâce Armstrong. Pauvre homme! je suis inquiet pour lui; mais certes, il m'aime comme si j'étais son fils!.... Ma foi! j'aurais eu là un père assez laid à voir!....

Hobby, voyant que son bienfaiteur était déterminé à ne pas lui parler davantage, crut le devoir délivrer de sa présence, et retourna gaîment, avec son trésor, rejoindre sa

---

(1. Allusion à un usage assez général dans la Grande-Bretagne.

famille, que nous allons laisser s'occuper à réparer les désastres que lui avait causés l'agression du bandit de Westburnflat.

CHAPITRE XI.

> « Trois scélérats hier nous attaquèrent :
> « J'eus beau prier, pleurer, ils m'enlevèrent ;
> « Et m'attachant sur un blanc palefroi,
> « Il me fallut les suivre malgré moi.
> « Mais qui sont-ils? Je ne puis vous le dire. »
> Christabelle.

Il faut maintenant que notre histoire rétrograde un peu, afin de pouvoir rendre compte des circonstances qui avaient placé miss Isabelle Vere dans la situation fâcheuse dont elle fut délivrée si inopinément par l'arrivée d'Earnscliff, d'Hobby et de leurs compagnons, devant la tour de Westburnflat.

La veille de la nuit pendant laquelle la ferme d'Hobby avait été pillée et incendiée, le père d'Isabelle l'engagea dans la matinée à venir faire une promenade dans les bois qui entouraient son château d'Ellieslaw. « Entendre c'était obéir, » dans le sens le plus rigoureux de cette formule du despotisme oriental ; mais Isabelle trembla en se rendant aux ordres de son père. Ils sortirent suivis d'un seul domestique, que sa stupidité avait peut-être fait choisir pour les accompagner. Ils côtoyèrent d'abord un ruisseau, et gravirent diverses collines au bas desquelles il serpentait. Le silence que gardait son père faisait penser à miss Vere qu'il avait fait choix de cette promenade écartée pour amener un sujet de conversation qu'elle craignait par-dessus toutes choses, celui de son mariage avec sir Frédéric, et qu'il réfléchissait aux moyens de l'y déterminer. Ses craintes furent quelque temps sans se vérifier. Le peu de paroles que son père lui adressait n'avaient de rapport qu'à la beauté du paysage qu'ils avaient sous les yeux, et qui variait à chaque instant. Le ton dont il faisait ces observations prouvait pourtant que, tandis que sa bouche les prononçait, son esprit était occupé de réflexions plus importantes, et qui semblaient l'absorber. Isabelle tâchait de lui répondre avec autant d'aisance et de gaîté qu'il lui était possible d'en affecter au milieu des craintes dont son imagination était assaillie.

Soutenant, non sans peine, une conversation interrompue à chaque instant, et qui passait brusquement d'un sujet à un autre, ils arrivèrent enfin au centre d'un petit bois composé de chênes, de houx et de frênes, dont l'existence semblait compter plusieurs siècles, et dont les cimes élevées, se joignant ensemble, formaient un abri impénétrable aux rayons du soleil.

— C'est dans un lieu comme celui-ci, Isabelle, dit Ellieslaw, que je voudrais consacrer un autel à l'amitié.

— A l'amitié, mon père ! et pourquoi dans un endroit si sombre et si retiré ?

— Oh ! il est aisé de prouver que le local lui conviendrait parfaitement, répondit son père en souriant amèrement. Vous qui êtes une jeune fille savante, vous devez savoir que les Romains ne se contentaient pas d'adorer leurs divinités sous un seul nom ; mais qu'ils leur élevaient autant de temples qu'ils leur supposaient d'attributs différents. Hé bien ! l'amitié à laquelle j'élèverais un temple en cet endroit ne serait pas *l'amitié des hommes*, qui repousse la duplicité, l'artifice, toute espèce de déguisement ; ce serait *l'amitié des femmes*, qui ne consiste que dans la secrète intelligence de deux amies, comme elles s'appellent, pour s'aider mutuellement dans leurs petits complots, dans leurs intrigues.

— Vous êtes bien sévère, mon père.

— Je ne suis que juste : je me borne à peindre la nature, et j'ai l'avantage d'avoir sous les yeux d'excellents modèles en Lucy Ilderton et vous.

— Si j'ai été assez malheureuse pour vous offenser, mon père, vous ne devez pas en accuser ma cousine, car bien certainement jamais elle ne fut ni ma conseillère ni ma confidente.

— En vérité? Et qui a donc pu vous inspirer, il y a deux jours, la force et la hardiesse de parler à sir Frédéric avec un ton d'aigreur qui l'a blessé, et qui ne m'a pas moins offensé?

— Si ce que je lui ai dit vous a déplu, mon père, j'en ai un sincère regret ; mais je ne puis me repentir d'avoir parlé à sir Frédéric comme je l'ai fait. S'il oubliait que j'étais votre fille, il devait au moins se souvenir que j'étais une femme.

— Réservez vos remarques pour une autre occasion, répliqua froidement son père : je suis si las de ce sujet, que voici la dernière fois que je vous en parlerai.

— Que de grâces j'ai à vous rendre, mon père! dit Isabelle en lui prenant la main. Délivrez-moi de la persécution de cet homme, et il n'est rien que vous ne puissiez m'ordonner.

— Vous êtes fort soumise quand cela vous convient, miss Vere, lui dit son père en fronçant le sourcil et en retirant sa main ; mais je m'épargnerai à l'avenir la peine de vous donner des avis qui vous déplaisent. Vous vous conduirez d'après vos propres idées.

Quatre brigands les attaquèrent en ce moment : Ellieslaw tira son épée, et se défendit contre l'un d'eux. Un second se jeta sur le domestique, qui était sans armes, et lui appuyant un sabre sur la poitrine, le menaça de le tuer s'il faisait résistance. Les deux autres s'emparèrent d'Isabelle, et l'entraînèrent dans le fond du bois. Ils y avaient préparé trois chevaux sur l'un desquels ils la placèrent, et ils la conduisirent ainsi à la tour de Westburnflat. Elle fut confiée à la garde de la mère du bandit, qui l'enferma dans une chambre au plus haut étage de ce donjon, sans vouloir lui dire pourquoi on l'avait enlevée, ni pourquoi on la retenait ainsi.

L'arrivée d'Earnscliff avec une troupe nombreuse devant sa porte alarma le brigand. Comme il avait donné ordre de remettre Grâce en liberté, et qu'il croyait qu'elle devait déjà être rendue à ses parents, il ne crut pas qu'elle fût l'objet de cette visite désagréable. Ayant reconnu Earnscliff, et instruit des sentiments qu'il nourrissait pour Isabelle, il ne douta pas un instant qu'il ne vînt pour la délivrer, et la crainte des suites que pourrait avoir pour lui sa résistance lui fit prendre le parti de capituler, comme nous l'avons déjà appris à nos lecteurs.

Lorsque le bruit des chevaux qui emmenaient Isabelle se fit entendre, son père tomba subitement. Le bandit qui l'attaquait prit aussitôt la fuite, et celui qui tenait le domestique en respect en fit autant. Celui-ci courut au secours de son maître, qu'il croyait tué ou mortellement blessé ; mais, à son grand étonnement, il ne lui trouva pas même une égratignure. — Je ne suis pas blessé, Dixon, lui dit-il en se relevant ; le pied m'a malheureusement glissé en pressant ce scélérat avec trop d'ardeur.

L'enlèvement de sa fille lui causa un désespoir qui, suivant l'expression de l'honnête Dixon, aurait attendri le cœur d'une pierre. Il se mit à la poursuite des ravisseurs, parcourut tous les détours du bois, et fit tant de recherches inutiles, qu'il se passa un temps assez considérable avant qu'il vînt donner l'alarme au château.

Sa conduite et ses discours annonçaient le désespoir et l'égarement. — Ne me parlez pas, sir Frédéric, dit-il au baronnet qui demandait des détails sur cet événement, vous n'êtes pas père, vous ne pouvez sentir ce que j'éprouve. C'est ma fille, fille peu soumise, à la vérité, mais enfin c'est ma fille, ma fille unique! Où est miss Ilderton? Elle ne doit pas être étrangère à cette aventure; c'est un de leurs complots. Dixon, appelle M. Ratcliffe, qu'il vienne sans perdre une seule minute.

Ce M. Ratcliffe entrait à l'instant même dans l'appartement.

— Courez donc, Dixon, continua Ellieslaw; dites-lui que j'ai besoin de le voir pour une affaire très urgente.

— Ah! vous voilà, mon cher monsieur, lui dit-il comme s'il l'apercevait à l'instant; c'est de vous seul que j'attends de sages conseils dans cette malheureuse circonstance.

— Qu'est-il donc arrivé, monsieur, qui puisse vous agiter ainsi? dit M. Ratcliffe d'un air grave.

Tandis qu'Ellieslaw lui conte, avec détail et avec le ton et les gestes d'un homme désespéré, la rencontre qu'il venait de faire, nous allons faire connaître à nos lecteurs les relations qui existaient entre ces deux personnages.

Dès sa première jeunesse, M. Vere d'Ellieslaw avait mené une vie très dissipée. Une ambition démesurée et qui s'inquiétait peu des moyens à employer pour parvenir à son but avait marqué le milieu de sa carrière. Quoique d'un caractère naturellement avare et sordide, aucune dépense ne lui coûtait quand il s'agissait de satisfaire ses passions. Ses affaires se trouvaient déjà fort embarrassées, quand il fit un voyage en Angleterre. Il s'y maria, et le bruit se répandit que son épouse lui avait apporté une fortune considérable. Il passa plusieurs années dans ce pays, et, quand il revint en Écosse, il était veuf et accompagné de sa fille, alors âgée de dix ans. Depuis ce moment il s'était livré à des dépenses plus excessives que jamais, et l'on supposait généralement qu'il devait avoir contracté des dettes considérables.

Il n'y avait que quelques mois que M. Ratcliffe était venu résider au château d'Ellieslaw, du consentement tacite du maître du logis, mais évidemment à son grand déplaisir. Dès le moment de son arrivée, il exerça sur lui et sur la conduite de ses affaires une influence incompréhensible, mais indubitable. C'était un homme âgé d'environ soixante ans, d'un caractère grave, sérieux et réservé. Tous ceux à qui il avait occasion de parler d'affaires rendaient justice à l'étendue de ses connaissances. En toute autre occasion il parlait peu; mais quand il le faisait, il montrait un esprit actif et cultivé.

Avant de fixer sa résidence au château, il y avait fait des visites assez fréquentes. Ellieslaw, qui recevait toujours avec hauteur et dédain ceux qu'il regardait comme ses inférieurs, lui témoignait toujours les plus grands égards, et même de la déférence. Cependant son arrivée lui semblait toujours à charge, et il paraissait respirer plus librement après son départ. Il fut donc impossible de ne pas remarquer le mécontentement avec lequel il le vit se fixer chez lui, et il montrait autant de contrainte en sa présence que de confiance en ses lumières. Ses affaires les plus importantes étaient réglées par M. Ratcliffe. Ellieslaw ne ressemblait pourtant pas à ces hommes riches, qui, trop indolents pour s'occuper de leurs affaires, se déchargent volontiers de ce soin sur un autre; mais on voyait en beaucoup d'occasions qu'il renonçait à son opinion pour adopter celle de M. Ratcliffe, que celui-ci exprimait toujours franchement et sans réserve.

Rien ne mortifiait plus M. Ellieslaw que de voir que des étrangers s'apercevaient de l'espèce d'empire que cet homme exerçait sur lui. Lorsque sir Frédéric ou quelque autre de ses amis lui en faisait l'observation, tantôt il leur répondait avec un ton de hauteur et d'indignation, tantôt il s'efforçait de tourner la chose en plaisanterie.
— Ce Ratcliffe sait combien il m'est nécessaire, disait-il:

sans lui, il me serait impossible de gérer mes affaires d'Angleterre; mais, au fond, c'est l'homme le plus instruit et le plus honnête qu'on puisse trouver.

Tel était le personnage à qui il racontait en ce moment les détails de l'enlèvement de miss Vere, et qui l'écoutait d'un air de surprise et d'incrédulité.

— Maintenant, mes amis, dit M. Ellieslaw, comme pour conclure, à sir Frédéric et aux autres personnes qui étaient présentes, donnez vos avis au plus malheureux des pères : que dois-je faire? quel parti prendre?

— Monter à cheval, prendre les armes, et poursuivre les ravisseurs jusqu'au fond des enfers, s'écria sir Frédéric. Partons sans perdre un instant.

— N'existe-t-il, dit froidement Ratcliffe, personne que vous puissiez soupçonner de ce crime inconcevable? Nous ne sommes plus dans le siècle où l'on enlevait les dames uniquement pour leur beauté.

— Je crains, répondit Ellieslaw, de ne savoir que trop qui je dois accuser de cet attentat. Lisez cette lettre, que miss Ilderton avait jugé convenable d'écrire chez moi à un jeune homme des environs nommé Earnscliff, celui de tous les hommes que j'ai le plus de droit d'appeler mon ennemi héréditaire; le hasard l'a fait tomber entre mes mains. Vous voyez qu'elle lui écrit comme confidente de la passion qu'il a osé concevoir pour ma fille, et qu'elle lui dit qu'elle plaide sa cause avec chaleur auprès de son amie. Faites attention aux passages soulignés, monsieur Ratcliffe, vous verrez que cette fille intrigante l'engage à recourir à des mesures hardies, et l'assure que ses sentiments seraient payés de retour partout ailleurs que dans les limites de la baronnie d'Ellieslaw.

— Et c'est, dit Ratcliffe, d'après une lettre écrite par une jeune fille romanesque, et qui n'a pas même été remise à sa destination, que vous concluez que M. Earnscliff a enlevé votre fille, et s'est porté à un acte de violence si inconsidéré, si criminel?

— Qui voulez-vous que j'en accuse? dit Ellieslaw.

— Qui pouvez-vous en soupçonner? s'écria sir Frédéric. Qui peut avoir eu un motif pour commettre un tel crime, si ce n'est lui?

— Si c'était là le meilleur moyen de trouver le coupable, dit M. Ratcliffe avec sang-froid, on pourrait indiquer des personnes à qui leur caractère permettrait plus facilement d'imputer une pareille action, et qui ont aussi des motifs suffisants pour l'avoir commise. — Ne pourrait-on pas, par exemple, supposer que quelqu'un ait jugé convenable de placer miss Vere dans un endroit où l'on puisse exercer sur ses inclinations un degré de contrainte auquel on n'oserait avoir recours dans le château de son père? — Que dit sir Frédéric Langley de cette supposition?

— Je dis, répliqua sir Frédéric furieux, que, s'il plaît à M. Ellieslaw de permettre à M. Ratcliffe des libertés qui ne conviennent pas au rang qu'il occupe dans la société, je ne souffrirai pas impunément qu'une telle licence s'étende jusqu'à moi.

— Et moi, s'écria le jeune Mareschal de Mareschal Wells, qui était aussi un des hôtes du château, je dis que vous êtes tous des fous et des enragés, de rester ici à vous disputer, tandis que nous devrions déjà être à la poursuite de ces scélérats.

— J'ai donné ordre de préparer des chevaux et des armes, dit Ellieslaw, et si vous le voulez nous allons partir.

On se mit en marche; mais toutes les recherches furent inutiles, probablement parce qu'Ellieslaw dirigea la poursuite du côté de la tour d'Earnscliff, dans la supposition qu'il était l'auteur de l'enlèvement, de manière qu'il se trouvait dans une direction diamétralement opposée à celle que les brigands avaient suivie. On rentra au château vers le soir après s'être inutilement fatigué. De nouveaux hôtes y étaient survenus, et, après avoir parlé de l'événement arrivé dans la matinée, on l'oublia pour se livrer à la discussion des affaires politiques qui étaient sur le point d'amener un moment de crise et d'explosion.

Plusieurs de ceux qui composaient ce divan étaient catholiques et tous des jacobites déclarés. Leurs espérances étaient en ce moment plus vives que jamais. On s'attendait tous les jours à une descente que la France devait faire en faveur du prétendant, et un grand nombre d'Écossais étaient disposés à accueillir les Français plutôt qu'à leur résister. Ratcliffe, qui ne se souciait guère de prendre part à ce genre de discussion, et qui n'y était jamais invité, s'était retiré dans son appartement, et miss Ilderton avait été confinée dans le sien par ordre de M. Ellieslaw, jusqu'à ce qu'il pût la faire reconduire chez son père, qui arriva le lendemain matin.

Les domestiques ne pouvaient s'empêcher d'être surpris de voir qu'on oubliât si facilement le malheur de leur jeune maîtresse. Ils ignoraient que ceux qui étaient le plus intéressés à sa destinée connaissaient fort bien et la cause de son enlèvement et le lieu de sa retraite ; et que les autres, au moment où une conspiration était sur le point d'éclater, n'avaient l'imagination occupée que des moyens de la faire réussir.

CHAPITRE XII.

« On la cherche partout. Ne pourriez-vous nous dire,
« Ami, par quel chemin on a pu la conduire ? »

Le lendemain, peut-être pour sauver les apparences, on se mit de nouveau à la recherche des ravisseurs de miss Isabelle, mais sans plus de succès que la veille ; et l'on reprit, sur le soir, le chemin du château d'Ellieslaw.

— Il est bien singulier, dit Mareschal à Ratcliffe, que quatre hommes à cheval, emmenant une femme, aient pu traverser le pays sans laisser aucune trace de leur passage, sans que personne les ait vus ni rencontrés. On croirait qu'ils ont voyagé par air, ou sous quelque voûte souterraine.

— On arrive quelquefois à la connaissance *de ce qui est*, dit M. Ratcliffe, en découvrant *ce qui n'est pas*. Nous avons battu la campagne, parcouru toutes les routes, tous les sentiers qui avoisinent le château. Il n'y a qu'un seul point que nous n'ayons pas visité, c'est un mauvais chemin à travers les marais, et qui conduit à Westburnflat.

— Et pourquoi n'y pas aller ?

— M. Vere répondrait mieux que moi à cette question, dit sèchement M. Ratcliffe.

Mareschal se tournant aussitôt vers Ellieslaw : — Monsieur, lui dit-il, on m'assure qu'il y a encore un passage que nous n'avons pas examiné, celui qui conduit à Westburnflat.

— Oh ! dit sir Frédéric en riant, je connais parfaitement le propriétaire de la tour de Westburnflat. C'est un homme qui ne fait pas une grande différence entre ce qui est à lui et ce qui appartient à ses voisins; mais très fidèle à ses principes d'ailleurs, il se garderait bien de toucher à rien de ce qui appartient à Ellieslaw.

— D'ailleurs, dit Ellieslaw en souriant mystérieusement, il a eu bien d'autre fil à retordre la nuit dernière. N'avez-vous pas entendu dire qu'on a brûlé la ferme d'Hobby Elliot d'Heugh-Foot, parce qu'il a refusé de livrer ses armes à quelques braves gens qui veulent faire un mouvement en faveur du roi?

Toute la compagnie sourit en entendant parler d'un exploit qui cadrait si bien avec ses vues.

— Je crois que nous aurions à nous reprocher une négligence coupable, dit Mareschal, si nous ne faisions pas quelques recherches de ce côté.

On ne pouvait faire aucune objection raisonnable à cette proposition, et l'on marcha vers Westburnflat.

A peine avaient-ils pris cette direction, qu'ils aperçurent quelques cavaliers qui s'avançaient vers eux.

— Voici Earncliff, dit Mareschal, je reconnais son beau cheval bai, qui a une étoile sur le front.

— Ma fille est avec lui, s'écria Ellieslaw avec fureur. — Hé bien! messieurs, mes soupçons étaient-ils justes! Messieurs, mes amis, aidez-moi à l'arracher des mains de ce ravisseur.

Il tira son épée; sir Frédéric en fit autant, et quelques-uns de leurs amis les imitèrent; mais le plus grand nombre hésitait.

— Un instant! s'écria Mareschal Wells en se jetant devant eux. Vous voyez qu'ils avancent paisiblement, qu'ils ne cherchent pas à nous éviter, attendons qu'ils nous donnent quelques détails sur cette affaire mystérieuse. Si miss Vere a souffert la moindre insulte, si Earnscliff l'a véritablement enlevée, croyez que je serai le premier à la venger.

— Vos doutes me blessent, Mareschal, dit Ellieslaw, vous êtes le dernier de qui j'aurais attendu un tel discours.

— Vous vous faites tort à vous-même par votre violence, Ellieslaw, quoique la cause puisse vous rendre excusable.

A ces mots Mareschal s'avança à la tête de la troupe, et d'un son de voix éclatant il s'écria : — Monsieur Earnscliff, on vous accuse d'avoir enlevé la dame que vous accompagnez, et nous sommes ici pour la venger et pour punir ceux qui ont osé l'injurier.

— Et qui le ferait plus volontiers que moi, monsieur Mareschal, répondit Earnscliff avec hauteur ; moi qui ai eu le bonheur de la délivrer ce matin de la prison où on la retenait, et qui la reconduisais en ce moment chez son père ?

— La chose est-elle ainsi, miss Vere ? dit Mareschal.

— Oui, vraiment, répondit aussitôt Isabelle ; j'ai été enlevée par des misérables dont je ne connais ni la personne ni les intentions, et j'ai été remise en liberté, grâce à l'intervention de monsieur Earnscliff et de ces braves gens.

— Mais par qui et pourquoi cet enlèvement a-t-il été fait ? s'écria Mareschal : ne connaissez-vous pas l'endroit où l'on vous a conduite ? Earnscliff, où avez-vous trouvé miss Vere ?

Avant qu'on eût pu répondre à aucune de ces questions, Ellieslaw survint, et rompit la conférence.

— Quand je connaîtrai parfaitement, dit-il, toute l'étendue de mes obligations envers monsieur Earnscliff, il peut compter sur une reconnaissance proportionnée. En attendant, je le remercie d'avoir remis ma fille entre les mains de son protecteur naturel.

Et en même temps il saisit la bride du cheval d'Isabelle,

fit une légère inclinaison de tête à Earnscliff, et reprit avec sa fille le chemin de son château. Il s'écarta du reste de la compagnie, parut engagé dans une conversation très vive avec Isabelle; et ses amis, voyant qu'il semblait désirer d'être seul avec elle, ne les interrompirent pas jusqu'à leur arrivée.

A l'instant où les amis de M. Ellieslaw saluaient Earnscliff pour se retirer, celui-ci, peu satisfait de la conduite du père d'Isabelle, s'écria : — Messieurs, quoique ma conscience me rende le témoignage que rien dans ma conduite ne peut donner lieu à un tel soupçon, je m'aperçois que M. Ellieslaw paraît croire que j'ai eu quelque part à l'enlèvement de sa fille ; faites attention, je vous prie, que je le nie formellement ; et quoique je puisse pardonner à l'égarement d'un père dans un pareil moment, si quelqu'un de vous, ajouta-t-il en fixant les yeux sur sir Frédéric Langley, pense que mon désaveu, l'assertion de miss Vere et le témoignage de mes amis ne suffisent pas pour ma justification, je serai heureux, très heureux de pouvoir me disculper par tous les moyens qui conviennent à un homme qui tient à son honneur plus qu'à sa vie.

— Et je lui servirai de second, s'écria Simon d'Hackburn : ainsi qu'il s'en présente deux de vous, gentilshommes ou non, je m'en moque.

— Quel est, dit sir Frédéric, ce manant qui prétend se mêler des querelles de ses supérieurs?

— C'est un manant qui ne doit rien à personne, répliqua Simon, et qui ne reconnaît pour supérieurs que son roi et le laird sur les terres duquel il vit.

— Allons, messieurs, allons, dit Mareschal, point de querelles, de grâce ! Monsieur Earnscliff, nous n'avons pas la même façon de penser sur tous les points; nous pouvons nous trouver opposés, même ennemis : mais si la fortune le veut ainsi, je suis persuadé que nous n'en conserverons pas moins les égards et l'estime que nous nous devons mutuellement. Je suis convaincu que vous êtes aussi innocent de l'enlèvement de ma cousine que je le suis moi-même, et dès qu'Ellieslaw sera remis de l'agitation bien naturelle que cet événement lui a occasionnée, il s'empressera de reconnaître le service important que vous lui avez rendu.

— J'ai trouvé ma récompense dans le plaisir d'être utile à votre cousine, dit Earnscliff; mais je vois que votre compagnie est déjà dans l'allée du château d'Ellieslaw. — Saluant alors Mareschal avec politesse, et ses compagnons d'un air d'indifférence, il prit la route qui conduisait à Heugh-Foot, voulant se concerter avec Hobby sur les moyens à employer pour découvrir Grâce Armstrong, ne sachant pas qu'elle lui eût déjà été rendue.

— C'est, sur mon ame, un brave et aimable jeune homme, dit Mareschal à ses compagnons; j'étais presque de sa force à la balle quand nous étions au collége, et nous aurons peut-être bientôt l'occasion de nous mesurer à un jeu plus sérieux.

— Je crois, dit sir Frédéric, que nous avons eu grand tort de ne pas le désarmer ainsi que ses compagnons. Vous verrez qu'il sera un des chefs du parti Whig.

— Pouvez-vous parler ainsi, sir Frédéric? s'écria Mareschal; croyez-vous qu'Ellieslaw pût consentir à ce qu'on fît un pareil outrage, sur ses terres, à un homme qui s'y présente pour lui ramener sa fille? Et, quand il y consentirait, pensez-vous que moi, que ces messieurs, nous voudrions nous déshonorer, en restant spectateurs tranquilles d'une telle indignité? Non, non. La vieille Écosse et la loyauté! voilà mon cri de ralliement. Quand l'épée sera tirée, je sais comment il faut s'en servir; mais, tant qu'elle reste dans le fourreau, nous devons nous conduire en gentilshommes et en bons voisins.

Ils arrivèrent enfin au château. Ellieslaw y était depuis quelques instants, et les attendait dans la cour.

— Comment se trouve miss Vere? s'écria vivement M. Mareschal; vous a-t-elle donné des détails sur son enlèvement?

— Elle s'est retirée dans son appartement très fatiguée. Je ne puis attendre d'elle beaucoup de lumière sur cette aventure, avant que le repos ait rétabli le calme dans son esprit. Je ne vous en suis pas moins obligé, mon cher Mareschal, ainsi qu'à mes autres amis, de l'intérêt que vous voulez bien y prendre. Mais, dans ce moment, je dois oublier que je suis père, pour me souvenir que je suis citoyen. Vous savez que c'est aujourd'hui que nous devons prendre un parti décisif. Le temps s'écoule, nos amis arrivent; j'attends, non seulement les principaux chefs, mais même ceux que nous sommes obligés d'employer en sous-ordre. Nous n'avons plus que quelques instants pour achever nos préparatifs. Voyez ces lettres, Marchie (c'était l'abréviation familière du nom de Mareschal, et par laquelle ses amis le désignaient). Dans le Lothian, dans tout l'ouest, on n'attend que le signal. Les blés sont mûrs, il ne s'agit plus que de réunir les moissonneurs.

— De tout mon cœur! dit Mareschal, mettons-nous vite à l'ouvrage.

Sir Frédéric restait sérieux et déconcerté.

— Voulez-vous me suivre à l'écart un instant? dit Ellieslaw au sombre baronnet. J'ai à vous apprendre une nouvelle qui vous fera plaisir.

Il l'emmena dans son cabinet; chacun se dispersa, et Mareschal se trouva seul avec Ratcliffe.

— Ainsi donc, lui dit celui-ci, les gens qui partagent vos opinions politiques croient la chute du gouvernement si certaine, qu'ils ne daignent plus couvrir leurs manœuvres du voile du mystère?

— Ma foi, monsieur Ratcliffe, il se peut que les sentiments et les actions de vos amis aient besoin de se couvrir d'un voile. Quant à moi, j'aime que ma conduite soit au grand jour.

— Et se peut-il que vous qui, malgré votre caractère ardent et irréfléchi (pardon, monsieur Mareschal, mais je suis un homme franc), vous qui, malgré ces défauts naturels, possédez du bon sens et de l'instruction, vous soyez assez insensé pour vous engager dans une telle entreprise ? Comment se trouve votre tête, quand vous assistez à ces conférences dangereuses ?

— Pas aussi assurée sur mes épaules que s'il s'agissait d'une partie de chasse. Je n'ai pas tout-à-fait le sang-froid de mon cousin Ellieslaw, qui parle d'une conspiration comme d'un bal, et qui perd et retrouve une fille charmante avec plus d'indifférence que moi si je perdais et retrouvais un chien de chasse. Je ne suis pas assez aveugle, et je n'ai pas contre le gouvernement une haine assez invétérée pour ne pas voir tout le danger de notre entreprise.

— Pourquoi donc vouloir vous y exposer ?

— Pourquoi ? c'est que j'aime ce pauvre roi détrôné de tout mon cœur, c'est que mon père a combattu à Killicankie [1] ; c'est que je meurs d'envie de voir punir les coquins de courtisans qui ont vendu la liberté de l'Écosse, dont la couronne a été si long-temps indépendante.

— Et pour courir après de telles chimères, vous allez allumer une guerre civile, et vous plonger vous-même dans de cruels embarras ?

— Oh ! je ne réfléchis pas trop sur tout cela ; et, quoi qu'il puisse arriver, mieux vaut aujourd'hui que demain, demain que dans un mois. — Oh ! je sais bien qu'il en faudra finir par là ; — plus tôt que plus tard ! L'événe-

---

(1) Sous le vicomte de Dundee, en faveur des Stuarts.

ment ne me trouvera jamais plus jeune, comme disent nos Écossais ; et, quant à la potence, comme dit aussi Falstaff, j'y figurerai tout aussi bien qu'un autre. Vous savez la finale de la vieille ballade :

> Notre homme s'en fut si gaîment
> Subir sa sentence,
> Qu'on le vit danser, en chantant,
> Sous la potence.

— J'en suis fâché pour vous, monsieur Mareschal, lui dit son grave conseiller.

— Je vous en suis bien obligé, monsieur Ratcliffe ; mais ne jugez pas de l'entreprise par mes folies. Il y a des têtes plus sages que la mienne qui s'en mêlent.

— Ces têtes-là peuvent fort bien n'être pas plus solides sur leurs épaules, reprit M. Ratcliffe avec le ton d'un ami qui conseille la prudence.

— Peut-être : mais vive la joie ! et, de peur de me laisser aller à la mélancolie avec vous, adieu jusqu'au dîner, monsieur Ratcliffe ; vous verrez que la peur ne m'ôte pas l'appétit.

CHAPITRE XIII.

« Il faut que le drapeau de la rébellion
« Par de vives couleurs frappe l'attention ;
« Qu'il attire les yeux de cette sotte engeance,
« Mécontents, novateurs bouffis d'extravagance ;
« Qui, la bouche béante, et se frottant les mains,
« Approuvent à grands cris les discours des mutins »
Henri iv, *part.* ii.

On avait fait de grands préparatifs au château d'Ellieslaw pour recevoir en ce jour mémorable non seulement les gentilshommes du voisinage attachés à la dynastie des Stuarts, mais encore les mécontents subordonnés que le dérangement de leurs affaires, l'amour du changement, le ressentiment contre l'Angleterre, ou quelque autre des causes nombreuses qui firent fermenter toutes les passions à cette époque, avaient déterminés à prendre part à la conspiration. Il ne s'y trouvait pas un grand nombre de personnes distinguées par leur rang et leur fortune. La plupart des grands propriétaires attendaient prudemment l'événement ; la noblesse du second ordre et les fermiers pratiquaient généralement le culte presbytérien, de sorte que, quoique mécontents de l'Union, ils étaient peu disposés à prendre parti dans une conspiration jacobite. On y voyait pourtant quelques riches gentilshommes que leurs opinions politiques, leurs principes religieux, ou leur ambition, rendaient complices de celle d'Ellieslaw, et quelques jeunes gens qui, pleins d'ardeur et d'étourderie, ne cherchaient, comme Mareschal, que l'occasion de se signaler par une entreprise hasardeuse, du succès de laquelle devait résulter, suivant eux, l'indépendance de leur patrie ; les autres membres de cette assemblée étaient des hommes d'un rang inférieur et sans fortune, qui étaient prêts à se soulever dans ce comté d'Écosse, comme ils le firent depuis en 1715 sous Forster et Derwentwater, quand on vit une troupe, sous les ordres d'un gentilhomme des frontières, nommé Douglas, composée presque entièrement de pillards, parmi lesquels le fameux voleur Luckin-Bag avait un grade élevé.

Nous avons cru devoir donner ces détails, applicables seulement à la province où se passe notre histoire. Ailleurs le parti jacobite était plus nombreux et mieux composé.

Une longue table occupait toute la vaste enceinte de la grand'salle d'Ellieslaw-Castle, qui était encore à peu près dans le même état que cent ans auparavant. Cette sombre et immense salle, qui s'étendait tout le long d'une aile du château, était voûtée. Les arceaux du cintre semblaient continuer en quelque sorte les diverses sculptures gothiques dont les formes fantastiques menaçaient de leurs regards ou de leurs dents de pierre les convives réunis. Cette salle était éclairée par des croisées longues et étroites, en verres de couleur, qui n'y laissaient pénétrer qu'une lumière sombre et décomposée. Une bannière, que la tradition disait avoir été prise sur les Anglais à la bataille de Sark, flottait au-dessus du fauteuil d'où Ellieslaw présidait à table, comme pour enflammer le courage de ses hôtes, en leur rappelant les victoires de leurs ancêtres. Ellieslaw était ce jour-là dans un costume de cérémonie ; ses traits réguliers, quoique d'une expression farouche et sinistre, rappelaient ceux d'un ancien baron féodal. Sir Frédéric Langley était à sa droite, et Mareschal de Mareschal Wells à sa gauche : après eux venaient toutes les personnes de considération, et parmi elles M. Ratcliffe ; le reste de la table était occupé par les subalternes ; et ce qui prouve que le choix de cette partie de la société n'avait pas été fait avec grand scrupule, c'est que Willie de Westburnflat eut l'audace de s'y présenter. Il espérait sans doute que la part qu'il avait prise à l'enlèvement de miss Vere n'était connue que des personnes qui avaient intérêt elles-mêmes à ne pas divulguer ce secret.

On servit un dîner somptueux, consistant principalement, non en délicatesses de la saison, selon l'expression des gazettes modernes, mais en énormes plats de viandes, dont le poids faisait gémir la table. Les convives du bas bout gardèrent quelque temps le silence, contenus par le respect qu'ils éprouvaient pour les personnages illustres dans la société desquels ils se trouvaient pour la première fois de leur vie. Ils sentaient la même gêne et le même embarras dont P. P., clerc de la paroisse, confesse avoir été accablé lorsqu'il psalmodia, pour la première fois, en présence des honorables personnages M. le juge Freeman, la bonne lady Jones, et le grand sir Thomas Huby. Leurs verres, qu'ils avaient soin de vider et de remplir souvent, leur firent pourtant bientôt briser la glace de cette cérémonie; et autant ils avaient été réservés et tranquilles au commencement du dîner, autant, vers la fin, ils devinrent communicatifs et bruyants.

Mais ni le vin, ni les liqueurs spiritueuses, n'eurent le pouvoir d'échauffer l'esprit de ceux qui se trouvaient au haut bout de la table. Ils éprouvèrent ce serrement de cœur, ce froid glacial qui se fait souvent sentir lorsque, ayant pris une résolution désespérée, on se trouve placé de manière qu'il est aussi dangereux d'avancer que de reculer. Plus ils approchaient du précipice, plus ils le trouvaient profond; et chacun attendait que ses associés lui donnassent l'exemple de la résolution en s'y précipitant les premiers. Ce sentiment intérieur agissait différemment, suivant les divers caractères des convives. L'un semblait sérieux et pensif, l'autre de mauvaise humeur et bourru : quelques-uns regardaient, d'un air d'inquiétude, les places restées vides autour de la table, et réservées pour les membres de la conspiration qui, ayant plus de prudence que de zèle, n'avaient pas encore jugé à propos d'afficher si publiquement leurs projets. Sir Frédéric était distrait et boudeur. Ellieslaw lui-même faisait des efforts si pénibles pour échauffer l'enthousiasme de ses convives, qu'on voyait évidemment que le sien était considérablement refroidi. Ratcliffe restait spectateur attentif, mais désintéressé. Mareschal, fidèle à son caractère, conservait son étourderie et sa vivacité, mangeait, buvait, riait, plaisantait, et semblait même s'amuser en voyant les figures alongées de ses compagnons.

— Pourquoi donc le feu de notre courage semble-t-il éteint aujourd'hui ? s'écria-t-il ; on dirait que nous sommes à un enterrement où ceux qui mènent le deuil ne doivent que chuchoter à voix basse, tandis que ceux qui vont porter le mort en terre (montrant le bout de la table) boivent et se réjouissent dans la cuisine. Ellieslaw, votre esprit semble endormi ! Et qu'est-ce qui a flétri les espérances du brave chevalier du vallon de Langley ?

— Vous parlez comme un insensé, dit Ellieslaw : ne voyez-vous pas combien il nous manque de monde ?

— Et qu'importe ? ne saviez-vous donc pas d'avance que bien des gens parlent beaucoup et agissent peu ? Quant à moi, je me trouve fort encouragé en voyant que plus des deux tiers de nos amis ont été exacts au rendez-vous. Je ne m'y attendais ma foi pas. Au surplus, je soupçonne qu'une bonne moitié d'entre eux sont venus autant pour le dîner que pour tout autre motif.

— Aucune nouvelle n'annonce le débarquement du roi, dit un de ses voisins de ce ton incertain qui indique un défaut de résolution.

— Nous n'avons eu aucune lettre du comte de D*** ; nous ne voyons pas un seul gentilhomme du sud des frontières.

— Quel est celui qui demande encore des hommes d'Angleterre? s'écria Mareschal avec un ton affecté de tragédie héroïque :

> Mon cousin ! cher cousin, le trépas nous menace.

— De grace, Mareschal, dit Ellieslaw, trêve de folies en ce moment.

— Eh bien ! je vais vous étonner, je vais vous donner une leçon de sagesse. Si nous nous sommes avancés comme des fous, il ne faut pas reculer comme des lâches. Nous en avons fait assez pour attirer sur nous les soupçons et la vengeance du gouvernement. Attendrons-nous la persécution, sans rien faire pour l'éviter?.... Quoi ! personne ne parle, eh bien ! je sauterai le fossé le premier.

Se levant en ce moment, il remplit son verre d'un Bordeaux généreux ; et, étendant la main pour obtenir du silence, il engagea toute la compagnie à l'imiter. Quand tous les verres furent pleins, et tous les convives debout :
— Mes amis, s'écria-t-il, voici le toast du jour : A l'indépendance de l'Écosse et à la santé de son souverain légitime, le roi Jacques VIII, déjà débarqué dans le Lothian, et, j'espère, en possession de son ancienne capitale.

Il vida son verre, et le jeta par-dessus sa tête.

— Il ne sera jamais profané par une autre santé ajouta-t-il.

Chacun suivit son exemple ; et, au milieu du bruit des verres qui se brisaient et des applaudissements de toute la compagnie, on jura de ne quitter les armes qu'après avoir réussi dans le dessein qui les avait fait prendre.

— Vous avez effectivement sauté le fossé, dit Ellieslaw à voix basse à son cousin, et vous l'avez fait devant témoins. Au surplus, il était trop tard pour renoncer à notre entreprise. Un seul homme a refusé le toast, ajouta-t-il en jetant les yeux sur Ratcliffe; mais nous en parlerons dans un autre moment.

Alors, se levant à son tour, il adressa à la compagnie un discours plein d'invectives contre le gouvernement, déclama contre la réunion de l'Ecosse à l'Angleterre, qui avait privé leur patrie de son indépendance, de son commerce et de son honneur, et qui l'avait étendue enchaînée aux pieds de son orgueilleuse rivale, contre laquelle elle avait courageusement défendu ses droits pendant tant de siècles. En faisant vibrer cette corde, il était sûr de toucher le cœur de tous ceux qui l'écoutaient.

— Il n'est que trop sûr que notre commerce est anéanti, s'écria le vieux John Rewcastle, contrebandier de Jedburgh, qui se trouvait au bas bout de la table.

— Notre agriculture est ruinée, dit le laird de Broken-Girth-Flow, dont le territoire n'avait rapporté depuis le déluge que de la bruyère et de l'airelle.

— Notre religion est anéantie, dit le pasteur épiscopal de Kirkwhistle, remarquable par son nez bourgeonné.

— Nous ne pourrons bientôt plus tirer un daim, ou embrasser une jolie fille, dit Mareschal, sans un certificat du presbytère et du trésorier de l'église.

— Ou boire un verre d'eau-de-vie le matin, sans une licence du commis de l'excise, ajouta le contrebandier.

— Ou nous promener au clair de lune, dit Westburnflat, sans l'agrément du jeune Earnscliff, ou de quelque juge de paix à l'anglaise. C'était le bon temps, quand nous n'avions ni paix ni juges.

— Souvenons-nous des massacres de Glencoe [1], continua Ellieslaw, et prenons les armes pour défendre nos droits, nos biens, notre vie et nos familles.

— Songez à la véritable ordination épiscopale, sans la-

---

(1) Glencoe, fameux par le massacre des partisans de Jacques II.

quelle point de clergé légitime, dit le prêtre de l'assemblée.

— Songez aux pirateries commises sur notre commerce des Indes occidentales par les corsaires anglais, dit William Willicson, propriétaire par moitié et seul patron d'un petit brick.

— Souvenez-vous de vos privilèges, reprit Mareschal qui semblait prendre un malin plaisir à souffler le feu de l'enthousiasme allumé par lui, comme un écolier espiègle qui, ayant levé l'écluse d'un moulin d'eau, s'amuse du bruit des roues qu'il a mises en mouvement, sans penser au mal qu'il peut produire. — Souvenez-vous de vos privilèges et de vos libertés, s'écriait-il. Maudits soient les taxes, la presse et le presbytérianisme, avec la mémoire du vieux Guillaume qui nous les apporta le premier !

— Au diable le jaugeur de l'excise, dit le vieux Rewcastle ; je l'assommerai de ma propre main.

— Au diable le garde des forêts et le constable, s'écria Westburnflat, j'ai à leur offrir deux balles à chacun d'eux.

— Nous sommes donc tous d'accord que cet état de choses ne peut se supporter plus long-temps ? dit Ellieslaw après un moment de calme.

— Tous....., sans exception....., jusqu'au dernier ! s'écria-t-on de toutes parts.

— Pas tout-à-fait, messieurs, dit M. Ratcliffe, qui n'avait pas ouvert la bouche depuis le commencement du dîner. Je ne puis espérer de calmer les transports violents qui viennent de s'emparer si subitement de la compagnie ; mais autant que peut valoir l'opinion d'un seul homme, je dois vous déclarer que je n'adopte pas tout-à-fait les principes que vous venez de manifester ; je proteste donc formellement contre les mesures insensées que vous paraissez disposés à prendre pour faire cesser des sujets de plaintes dont la justice ne me paraît pas encore bien démontrée. Je suis très porté à attribuer tout ce qui s'est dit à la chaleur du festin, peut-être même à l'envie de faire une plaisanterie; mais il faut songer que certaines plaisanteries peuvent devenir dangereuses quand elles transpirent, et que souvent les murs ont des oreilles.

— Les murs peuvent avoir des oreilles, monsieur Ratcliffe, s'écria Ellieslaw en lançant sur lui un regard de fureur; mais un espion domestique n'en aura bientôt plus, s'il ose rester plus long-temps dans une maison où son arrivée fut une insulte, où sa conduite a toujours été celle d'un homme présomptueux qui se mêle de donner des avis qu'on ne lui demande pas, et d'où il sera chassé comme un misérable, s'il ne se rend justice en en sortant sur-le-champ.

— Je sais parfaitement, monsieur, répondit Ratcliffe avec un sang-froid méprisant, que la démarche inconsidérée que vous allez faire vous rend ma présence inutile, et que mon séjour ici serait dorénavant aussi dangereux pour moi que désagréable pour vous; mais vous avez oublié votre prudence en me menaçant; car bien certainement vous ne seriez pas charmé que je fisse à ces messieurs, à des hommes d'honneur, le détail des causes qui ont amené notre liaison. Au surplus, j'en vois la fin avec plaisir; mais, comme je crois que M. Mareschal et quelques autres personnes de la compagnie voudront bien me garantir pour cette nuit mes oreilles et surtout mon cou, pour lequel j'ai quelques raisons de craindre davantage, je ne quitterai votre château que demain matin.

— Soit, monsieur, répliqua Ellieslaw, vous n'avez rien à redouter, parce que vous êtes au-dessous de mon ressentiment, et non parce que j'ai à craindre que vous ne découvriez quelque secret de famille, quoique je doive vous engager, par intérêt pour vous-même, à bien peser vos paroles. Vos soins et votre entremise ne sont plus rien pour un homme qui a tout à perdre ou tout à gagner, suivant le résultat des efforts qu'il va faire pour la cause à laquelle il s'est dévoué. Adieu.

Ratcliffe jeta sur lui un regard expressif qu'Ellieslaw ne put soutenir sans baisser les yeux, et, saluant la compagnie, il se retira.

Cette conversation avait produit sur une partie de ceux qui l'avaient entendue une impression qu'Ellieslaw se hâta de dissiper, en faisant retomber l'entretien sur les affaires du jour. On convint que l'insurrection serait organisée sur-le-champ. Ellieslaw, Mareschal et sir Frédéric Langley en furent nommés les chefs, avec pouvoir de diriger toutes les mesures ultérieures. On fixa, pour le lendemain de bonne heure, un lieu de rendez-vous où chacun se trouverait en armes avec tous les partisans qu'il pourrait rassembler.

Tout ayant été ainsi réglé, Ellieslaw demanda à ceux qui restaient encore à boire avec Westburnflat et le vieux contrebandier, la permission de se retirer avec ses deux collègues, afin de délibérer librement sur les mesures qu'ils avaient à prendre. Cette excuse fut acceptée d'autant plus volontiers qu'Ellieslaw y joignit l'invitation de ne pas épargner sa cave. Le départ des chefs fut salué par de bruyantes acclamations, et les santés d'Ellieslaw, de sir Frédéric, et surtout celle de Mareschal, furent portées plus d'une fois en grand chorus pendant le reste de la soirée.

Lorsque les trois chefs se furent retirés dans un appartement séparé, ils se regardèrent un moment avec une sorte d'embarras qui, sur le front soucieux de sir Frédéric, allait jusqu'au mécontentement.

Mareschal fut le premier à rompre le silence. — Hé bien ! messieurs, dit-il avec un éclat de rire, nous voilà embarqués ! — Vogue la galère !

— C'est vous que nous devons en remercier, dit Ellieslaw.

— Cela est vrai; mais je ne sais pas si vous me remercierez encore, lorsque vous aurez lu cette lettre. Je l'ai reçue à l'instant de nous mettre à table, et elle a été remise à mon domestique par un homme qu'il ne connaît pas, et qui est parti au grand galop, sans vouloir s'arrêter un instant. — Lisez.

Ellieslaw prit la lettre d'un air d'impatience, et lut ce qui suit :

» Édimbourg...

« Monsieur,

« Ayant des obligations à votre famille, et sachant que vous êtes en relation d'affaires avec *Jacques et compagnie*, autrefois négociants à *Londres*, maintenant à *Dunkerque*, je crois devoir me hâter de vous faire part que les vaisseaux que vous attendiez n'ont pu aborder, et ont été obligés de repartir sans avoir pu débarquer aucunes marchandises de leur cargaison. Leurs associés de l'ouest ont résolu de séparer leurs intérêts des leurs, les affaires de cette maison prenant une mauvaise tournure. J'espère que vous profiterez de cet avis pour prendre les précautions nécessaires pour vos intérêts.

« Je suis votre très humble serviteur,

« Nihil Nameless [1].

« A Ralph-Mareschal de Mareschal-Wells.

« *Très pressée.* »

Sir Frédéric pâlit, et son front se rembrunit en entendant cette lecture.

— Si la flotte française, ayant le roi à bord, s'écria Ellieslaw, a été battue par celle d'Angleterre, comme ce maudit griffonnage semble le donner à entendre, le principal ressort de notre entreprise se trouve rompu, et nous

---

(1) *Sans nom.* Anonyme.

n'avons pas même de secours à attendre de l'ouest de l'E-
cosse. Et où en sommes-nous donc?

— Où nous en étions ce matin, je crois, dit Mareschal
toujours riant.

— Pardonnez-moi, monsieur Mareschal; faites trêve,
je vous prie, à des plaisanteries fort déplacées. Ce matin,
nous n'étions pas encore compromis; nous ne nous étions
pas déclarés publiquement, comme nous venons de le
faire, grâce à votre inconséquence. Et dans quel moment?
quand vous aviez en poche une lettre qui ajoute aux difficultés de notre entreprise, et rend la réussite presque
impossible.

— Oh! je savais bien tout ce que vous alliez me dire;
mais d'abord cette lettre de mon ami anonyme peut ne
contenir pas un mot de vérité; ensuite sachez que je suis
las de me trouver dans une conspiration dont les chefs ne
font toute la journée que former des projets qu'ils oublient
en dormant. En ce moment le gouvernement est dans la
sécurité, il n'a ni troupes ni munitions; et dans quelques
semaines il aura pris ses mesures. Le pays est aujourd'hui
plein d'ardeur pour une insurrection; donnez-lui le temps
de se refroidir, et nous resterons seuls. J'étais donc bien
décidé, comme nous l'avons dit, à me jeter dans le fossé,
et j'ai pris soin de vous y faire tomber avec moi. Vous voilà
dans la fondrière, il faudra bien maintenant que vous preniez le parti de vous évertuer pour en sortir.

— Vous vous êtes trompé, monsieur Mareschal, au
moins quant à l'un de nous, dit sir Frédéric en tirant le
cordon de la sonnette, car je vais demander mes chevaux
à l'instant.

— Vous ne nous quitterez pas, sir Frédéric, dit Ellieslaw; nous avons notre revue demain matin.

— Je pars à l'instant même, dit sir Frédéric, et je vous
écrirai mes intentions à mon arrivée chez moi.

— Oui-dà! dit Mareschal, et vous nous les enverrez

sans doute par une compagnie de cavalerie de Carlisle, pour nous emmener prisonniers? — Écoutez-moi bien, sir Frédéric Langley : je ne suis pas un de ces hommes qui se laissent abandonner ou trahir. Si vous sortez aujourd'hui du château d'Ellieslaw, ce ne sera qu'en marchant sur mon cadavre.

— N'êtes-vous pas honteux, Mareschal? dit Ellieslaw; comment pouvez-vous interpréter ainsi les intentions de notre ami? Il a trop d'honneur pour penser à déserter notre cause. Il ne peut oublier d'ailleurs les preuves que nous avons de son adhésion à tous nos projets, et de l'activité qu'il a mise à en assurer la réussite. Il doit savoir aussi que le premier avis qu'on en donnera au gouvernement sera bien accueilli, et qu'il nous est facile de le gagner de vitesse.

— Dites *vous* et non pas *nous*, s'écria Mareschal, quand vous parlez de gagner de vitesse pour se déshonorer par une trahison. Quant à moi, jamais je ne monterai à cheval dans un tel dessein. — Un joli couple d'amis pour leur confier sa tête ! ajouta-t-il entre ses dents.

— Ce n'est point par des menaces, dit sir Frédéric, qu'on m'empêche d'agir comme je le juge convenable, et je partirai bien certainement. Je ne suis point obligé, ajouta-t-il en regardant Ellieslaw, de garder ma parole à un homme qui a manqué à la sienne.

— En quoi y ai-je manqué? dit Ellieslaw, imposant silence par un geste à son impatient cousin; parlez, sir Frédéric; de quoi avez-vous à vous plaindre?

— D'avoir été joué relativement à l'alliance à laquelle vous aviez consenti, et qui, comme vous ne l'ignorez pas, devait être le gage de notre liaison politique. Cet enlèvement de miss Vere, si admirablement concerté, sa rentrée si miraculeuse, la froideur qu'elle m'a témoignée, les excuses dont vous avez cherché à la couvrir ; ce ne sont que des prétextes dont vous êtes bien aise de vous servir pour conserver la jouissance des biens qui lui appartiennent, et auxquels vous devez renoncer en la mariant. Vous avez voulu faire de moi un jouet pour vous en servir dans une entreprise désespérée, et voilà pourquoi vous m'avez donné des espérances sans avoir intention de les réaliser.

— Sir Frédéric, je vous proteste par tout ce qu'il y a de plus sacré.....

— Je n'écoute pas vos protestations, elles m'ont abusé trop long-temps.

— Mais songez donc que si nous nous divisions, votre ruine est aussi certaine que la nôtre. C'est de notre union que dépend notre sûreté.

— Laissez-moi le soin de la mienne ; mais, quand ce que vous dites serait vrai, j'aimerais mieux mourir que d'être votre dupe plus long-temps.

— Rien ne peut-il vous convaincre de ma sincérité? Ce matin, j'aurais repoussé vos soupçons injustes comme une insulte ; mais dans la position où nous nous trouvons.....

— Vous vous trouvez obligé d'être sincère? dit sir Frédéric en ricanant ; vous n'avez qu'un moyen de m'en convaincre, c'est de célébrer, dès ce soir, mon mariage avec votre fille.

— Si promptement? impossible ! songez à l'alarme qu'elle vient d'éprouver, à l'entreprise qui exige tous nos soins.

— Je n'écoute rien. Vous avez une chapelle au château ; le docteur Hobbler se trouve au nombre de vos hôtes : donnez-moi cette preuve de votre bonne foi, mon cœur et mon bras sont à vous. Si vous me la refusez en ce moment, où votre intérêt doit vous porter à consentir à ma demande, comment puis-je espérer que vous me l'accorderez demain, quand j'aurai fait une seconde démarche qui ne me laissera nulle possibilité de revenir sur mes pas?

—Et notre amitié se trouvera-t-elle solidement renouée, si je consens à vous nommer mon gendre ce soir?

— Très certainement, et de la manière la plus inviolable.

— Hé bien, quoique votre demande soit prématurée, peu délicate, injuste à mon égard, donnez-moi la main, sir Frédéric, ma fille sera votre épouse.

— Ce soir?

— Ce soir, avant que l'horloge ait sonné minuit.

— De son consentement, j'espère, s'écria Mareschal, car je vous préviens, messieurs, que je ne resterais pas paisible spectateur d'une violence exercée contre les sentiments de mon aimable cousine.

— Maudit cerveau brûlé! pensa Ellieslaw. — Pour qui me prenez-vous, Mareschal? lui dit-il; croyez-vous que ma fille ait besoin de protection contre son père? que je veuille forcer ses inclinations? Soyez bien sûr qu'elle n'a aucune répugnance pour sir Frédéric.

— Ou plutôt pour être appelée *lady* Langley, dit Mareschal; bien des femmes pourraient penser de même. Excusez-moi; mais une affaire de cette nature, traitée et conclue si subitement, m'avait alarmé pour elle.

— La seule chose qui m'embarrasse, dit Ellieslaw, c'est le peu de temps qui nous reste, mais, si elle faisait trop d'objections, je me flatte que sir Frédéric lui accorderait...

— Pas une heure, monsieur Ellieslaw. Si je n'obtiens pas la main de votre fille ce soir, je pars, fût-ce à minuit. Voilà mon *ultimatum*.

— Hé bien, j'y consens, dit Ellieslaw; occupez-vous tous deux de nos dispositions militaires, et je vais préparer ma fille à un événement auquel elle ne s'attend pas. A ces mots, il sortit.

CHAPITRE XIV.

« Mais que devins-je, hélas ! quand, au lieu de Tancrède,
« Il amène à l'autel, quel changement affreux !
« Le détestable Osmond pour recevoir mes vœux ! »
Tancrède et Sigismonde.

Une longue pratique dans l'art de la dissimulation avait donné à M. Vere un empire absolu sur ses traits, ses discours et ses gestes ; sa démarche même était calculée pour tromper. En quittant ses deux amis pour se rendre chez sa fille, son pas ferme et alerte annonçait un homme occupé d'une affaire importante, mais dont le succès ne lui semble pas douteux. A peine jugea-t-il que ceux qu'il venait de quitter ne pouvaient plus l'entendre, qu'il ne s'avança plus que d'un pas lent et irrésolu, en harmonie avec ses craintes et son inquiétude. Enfin il s'arrêta dans une antichambre pour recueillir ses idées et préparer son plan d'argumentation.

— A quel dilemme plus embarrassant fut jamais réduit un malheureux ? se dit-il. — Si nous nous divisions, je ne puis mettre en doute que le gouvernement ne me sacrifie comme le premier moteur de l'insurrection. Supposons même que je parvienne à sauver ma tête par une prompte soumission, je n'en suis pas moins perdu sans ressource. J'ai rompu avec Ratcliffe, et je n'ai à espérer de ce côté que des insultes et des persécutions. Il faudra donc que je vive dans l'indigence et dans le déshonneur, méprisé des deux partis que j'aurai trahis tour-à-tour ! Cette idée n'est pas supportable ; et cependant je n'ai à choisir qu'entre cette destinée et la honte de l'échafaud, à moins que Mareschal et sir Frédéric ne continuent à faire cause commune avec moi. Pour cela il faut que ma fille épouse l'un ce soir, et j'ai promis à l'autre de ne pas employer la violence. Il faut donc que je la décide à recevoir la main d'un homme qu'elle n'aime pas, dans un délai qu'elle trouverait trop court pour se déterminer à devenir l'épouse de celui qui aurait su gagner son affection. Mais je dois compter sur sa générosité romanesque, et je n'ai besoin que de la mettre en jeu, en peignant de sombres couleurs les suites probables de sa désobéissance.

Après avoir fait ces réflexions, il entra dans l'appartement de sa fille, bien préparé au rôle qu'il allait jouer. Quoique égoïste et ambitieux, son cœur n'était pas entièrement fermé à la tendresse paternelle, et il sentit quelques remords de la duplicité avec laquelle il allait abuser de l'amour filial d'Isabelle; mais il les apaisa en songeant qu'après tout il procurait à sa fille un mariage avantageux; et l'idée qu'il était perdu s'il n'y pouvait réussir acheva de dissiper ses scrupules.

Il trouva sa fille assise près d'une des fenêtres de sa chambre, la tête appuyée sur une main; elle sommeillait ou était plongée dans de si profondes réflexions, qu'elle ne l'entendit pas entrer. Il donna à sa physionomie une expression de chagrin et d'attendrissement, s'assit auprès d'elle, et ne l'avertit de son arrivée que par un profond soupir qu'il poussa en lui serrant la main.

— Mon père! s'écria Isabelle en tressaillant, d'un ton qui annonçait en même temps la surprise, la crainte et la tendresse.

— Oui, ma fille, votre malheureux père, qui vient les larmes aux yeux vous demander pardon d'une injure dont son affection l'a rendu coupable envers vous, et vous faire ses adieux pour toujours.

— Une injure, mon père! Vos adieux! Que voulez-vous dire?

— Dites-moi d'abord, Isabelle, si vous n'avez pas quelque soupçon que l'étrange événement qui vous est arrivé hier matin n'ait eu lieu que par mes ordres?

— Par... vos ordres....., mon père, dit Isabelle en bégayant, car la honte et la crainte l'empêchaient d'avouer que cette idée s'était présentée plus d'une fois à son esprit ; idée humiliante et si peu naturelle de la part d'une fille.

— Vous hésitez à me répondre, et vous me confirmez par là dans l'opinion que j'avais conçue. Il me reste donc la tâche pénible de vous avouer que vous ne vous trompez pas. Mais avant de condamner trop rigoureusement votre père, écoutez les motifs de sa conduite. Dans un jour de malheur, je prêtai l'oreille aux propositions que me fit sir Frédéric Langley, étant bien loin de croire que vous puissiez avoir la moindre objection contre un mariage qui vous était avantageux à tous égards : dans un instant plus fatal encore, je pris, de concert avec lui, des mesures pour rétablir notre monarque banni sur son trône, et rendre à l'Écosse son indépendance ; et maintenant ma vie est entre ses mains.

— Votre vie, mon père! dit Isabelle ayant à peine la force de parler.

— Oui, Isabelle, la vie de celui à qui vous devez la vôtre. Je dois rendre justice à Langley : ses menaces, ses fureurs n'ont d'autre cause que la passion qu'il a conçue pour vous : mais lorsque je vis que vous ne partagiez pas ses sentiments, je ne trouvai d'autre moyen pour me tirer d'embarras, que de vous soustraire à ses yeux pour quelque temps. J'avais donc formé le projet de vous envoyer passer quelques mois dans le couvent de votre tante à Paris; et, pour que sir Frédéric ne pût me soupçonner, j'avais imaginé ce prétendu enlèvement par de soi-disant brigands. Le hasard, et un concours de circonstances malheureuses, ont rompu toutes mes mesures en vous tirant de l'asile momentané que je vous avais assuré. Ma dernière ressource est de vous faire partir du château avec M. Ratcliffe, qui va le quitter ce soir même ; après quoi je saurai subir ma destinée.

— Bon Dieu! est-il possible? Oh! mon père, s'écria douloureusement Isabelle, pourquoi ai-je été délivrée? pourquoi ne m'avoir pas fait connaître vos projets?

— Pourquoi? Réfléchissez un instant, ma fille. J'avais désiré votre union avec sir Frédéric, parce que je croyais qu'elle devait assurer votre bonheur. J'avais approuvé sa recherche, je lui avais promis de l'appuyer de tout mon pouvoir; devais-je lui nuire dans votre esprit, en vous disant que sa passion, portée au-delà des bornes de la raison, ne me laissait d'autre alternative que de sacrifier le père ou la fille? Mais mon parti est pris. Mareschal et moi nous sommes décidés à périr avec courage, et il ne me reste qu'à vous faire partir sous bonne escorte.

— Juste ciel! et n'y a-t-il donc aucun remède à ces moyens extrêmes?

— Aucun, mon enfant, reprit M. Vere avec douleur; un seul, peut-être; mais vous ne voudriez pas me le voir employer, celui de dénoncer nos amis, d'être le premier à les trahir.

— Non, jamais! s'écria Isabelle avec horreur : mais ne peut-on, à force de larmes, de prières... Je veux me jeter aux pieds de sir Frédéric, implorer sa pitié.

— Ce serait vous dégrader inutilement. Il a pris sa résolution; il n'en changerait qu'à une condition, et cette condition vous ne l'apprendrez jamais de la bouche de votre père.

— Quelle est-elle, mon père? dites-le moi, je vous en conjure. Que peut-il demander que nous ne devions lui accorder pour prévenir les malheurs dont nous sommes menacés?

— Vous ne la connaîtrez, Isabelle, dit Ellieslaw d'un

ton solennel, que lorsque la tête de votre père sera tombée sur un échafaud. Alors peut-être vous apprendrez par quel sacrifice il était encore possible de le sauver.

— Et pourquoi ne pas m'en instruire de suite? Croyez-vous que je ne ferais pas avec joie le sacrifice de toute ma fortune pour vous sauver? voulez-vous dévouer au désespoir et aux remords le reste de ma vie, quand j'apprendrai qu'il existait un moyen d'assurer vos jours, et que je ne l'ai pas employé?

— Hé bien! ma fille, dit Ellieslaw, comme vaincu par ses instances, apprenez donc ce que j'avais résolu de couvrir d'un silence éternel. Sachez que le seul moyen de le désarmer est de consentir à l'épouser ce soir même, avant minuit.

— Ce soir, mon père!... épouser un tel homme!... un homme! c'est un monstre! vouloir obtenir la main d'une fille en menaçant les jours de son père!.... c'est impossible!

— Vous avez raison, mon enfant, c'est impossible : je n'ai ni le droit ni le désir de vous demander un tel sacrifice. Il est d'ailleurs dans le cours de la nature qu'un vieillard meure et soit oublié, que ses enfants lui survivent et soient heureux.

— Moi, je verrais mourir mon père, quand j'aurais pu le sauver!.... Mais, non, non, mon père, c'est une chose impossible. Quelque mauvaise opinion que j'aie de sir Frédéric, je ne puis le croire si scélérat. Vous croyez me rendre heureuse en me donnant à lui, et tout ce que vous venez de me dire n'est qu'une ruse pour obtenir mon consentement.

— Quoi! dit Ellieslaw d'un ton où l'autorité blessée semblait le disputer à la tendresse d'un père, ma fille me soupçonne d'inventer une fable pour influencer ses sentiments!... Mais je dois encore supporter cette nouvelle épreuve. Je veux bien même descendre jusqu'à me justifier... Vous connaissez l'honneur inflexible de notre cousin Mareschal ; faites attention à ce que je vais lui écrire, et vous jugerez par sa réponse si les périls qui nous menacent sont moins grands que je ne vous les ai représentés, et si j'ai à me reprocher d'avoir rien négligé pour les détourner.

Il s'assit, écrivit quelques lignes à la hâte, et remit son billet à Isabelle, qui lut ce qui suit :

Mon cher cousin,

« J'ai trouvé ma fille, comme je m'y attendais, désespérée d'avoir à contracter une union avec sir•Frédéric d'une manière si subite et si inattendue. Elle ne conçoit pas même le péril dans lequel nous nous trouvons, et jusqu'à quel point nous nous sommes compromis ; employez toute votre influence sur sir Frédéric pour l'engager à modifier ses demandes. Je n'ai ni le pouvoir, ni même la volonté d'engager ma fille à une démarche dont la précipitation est contraire à toutes les règles des convenances et de la délicatesse. Vous obligerez votre cousin,

« R. V. »

Dans le trouble qui l'agitait, les yeux obscurcis par les larmes, l'esprit en proie aux alarmes et aux soupçons, Isabelle comprit à peine le sens de ce qu'elle venait de lire, et ne remarqua pas que cette lettre, au lieu d'appuyer sur la répugnance que lui causait ce mariage, ne parlait que du délai trop court qu'on lui accordait pour s'y décider.

Ellieslaw tira le cordon d'une sonnette, et donna son billet à un domestique, avec ordre de lui rapporter sur-le-champ la réponse de M. Mareschal. En attendant, il se promena en silence, d'un air fort agité. Enfin le domestique revint, et lui remit une lettre ainsi conçue :

Mon cher cousin,

« Je n'avais pas attendu votre lettre pour faire à sir

Frédéric les objections dont vous me parlez. Je viens de renouveler mes instances, et je l'ai trouvé inébranlable comme le mont Chéviot. Je suis fâché qu'on presse ma belle cousine de renoncer d'une manière si subite aux droits de sa virginité. Sir Frédéric consent pourtant à partir du château avec moi, à l'instant où la cérémonie sera terminée ; et, comme nous nous mettons demain en campagne, et que nous pouvons y attraper quelques bons horions, il est possible qu'Isabelle se trouve lady Langley *à très bon marché*. — Du reste, tout ce que j'ai à vous dire, c'est que, si elle peut se déterminer à ce mariage, ce n'est pas l'instant d'écouter des scrupules de délicatesse. L'affaire est trop sérieuse et trop urgente. Il faut qu'elle saute à pieds joints par-dessus ce qu'on appelle les convenances, et qu'elle se marie à la hâte, ou bien nous nous en repentirons tous à loisir, ou, pour mieux dire, nous n'aurons pas le loisir de nous en repentir. Voilà tout ce que peut vous mander votre affectionné.

« R. M. »

« *P. S.* N'oubliez pas de dire à Isabelle que, tout bien considéré, je me couperai la gorge avec son chevalier, plutôt que de la voir l'épouser contre son gré. »

Dès qu'Isabelle eut lu cette lettre, le papier s'échappa de ses mains ; elle serait tombée elle-même, si son père ne l'eût soutenue et ne l'eût placée sur un fauteuil.

— Grand Dieu, elle mourra ! s'écria Ellieslaw, dans le cœur duquel les sentiments de la nature firent taire un instant l'égoïsme. Regardez-moi, Isabelle, regardez-moi, mon enfant ; quoi qu'il puisse en arriver, vous ne serez pas sacrifiée. Je mourrai avec la consolation de vous savoir heureuse. Ma fille pourra pleurer sur ma tombe ; mais elle ne maudira pas la mémoire de son père.

Il appela un domestique.

— Dites à M. Ratcliffe que je désire le voir ici sur-le-champ.

Pendant cet intervalle, le visage d'Isabelle se couvrit d'une pâleur mortelle; ses lèvres tremblaient comme agitées de convulsions; elle se tordait les mains, comme si la contrainte qu'elle imposait aux sentiments de son cœur s'étendait jusque sur son corps; puis, levant les yeux au ciel et recueillant toutes ses forces : — Mon père, dit-elle, je consens à ce mariage.

— Non, mon enfant, ne parlez pas ainsi : ma chère fille, je vois combien ce consentement vous coûte. Vous ne vous dévouerez point à un malheur certain pour me sauver d'un danger qui n'est peut-être pas inévitable.

Étrange inconséquence de la nature humaine! le cœur d'Ellieslaw était un moment d'accord avec sa bouche en parlant ainsi.

— Mon père, répéta Isabelle, je consens à épouser sir Frédéric.

— Non, ma fille, non! Et cependant, si vous pouviez vaincre une répugnance sans motif raisonnable, ce mariage n'offre-t-il pas tous les avantages que nous pouvons désirer? Ne vous assure-t-il pas la richesse, le rang, la considération?

— J'y ai consenti, mon père, répéta encore Isabelle, comme si elle était devenue incapable de prononcer d'autres mots que ceux-là qui lui avaient coûté un si cruel effort pour la première fois.

— Que le ciel te bénisse donc, ma chère enfant! et qu'il te récompense par la richesse, les plaisirs et le bonheur.

Isabelle demanda alors à son père la permission de rester seule dans sa chambre le reste de la soirée.

— Mais ne consentirez-vous pas à voir sir Frédéric? lui demanda son père d'un air inquiet.

— Je le verrai…, quand cela sera nécessaire…, dans la

chapelle...., à minuit. Mais quant à présent, épargnez-moi sa vue.

— Soit, ma chère enfant; vous ne serez pas contrariée. Mais ne concevez pas de sir Frédéric une trop mauvaise opinion, ajouta-t-il en lui prenant la main, c'est l'excès de sa passion qui le fait agir ainsi.

Isabelle retira sa main d'un air d'impatience.

— Pardonnez-moi, ma chère fille; que le ciel vous bénisse et vous récompense! je vous laisse; et, à onze heures, si vous ne me faites pas demander plus tôt, je reviendrai vous voir.

Quand il fut parti, Isabelle se jeta à genoux et demanda au ciel la force dont elle avait besoin pour accomplir la résolution qu'elle avait prise. Pauvre Earnscliff, dit-elle ensuite, qui le consolera? que pensera-t-il quand il apprendra que celle qui écoutait ce matin même ses protestations de tendresse a consenti ce soir à recevoir la main d'un autre? Il me méprisera! mais s'il est moins malheureux en me méprisant, il y aurait dans la perte de son estime une consolation pour moi.

Elle pleura avec amertume, essayant, mais en vain, de temps en temps, de commencer la prière qu'elle avait eu dessein de prononcer en se jetant à genoux; mais elle se sentit incapable de recueillir son ame pour invoquer le ciel. Dans cet état de désespoir, elle entendit ouvrir doucement la porte de sa chambre.

CHAPITRE XV.

> « . . . . Le temps et le chagrin
> « Ont desséché son cœur, aigri son caractère.
> « N'importe, il faut le voir, s'offrir à sa colère ;
> « Conduisez-nous vers lui. . . . . . . »
> *Ancienne comédie.*

La personne qui entra était M. Ratcliffe ; Ellieslaw, dans le trouble qui l'agitait, ayant oublié de révoquer les ordres qu'il avait donnés pour le faire venir.

— Vous désirez me voir, monsieur, dit-il en ouvrant la porte ; et ne voyant qu'Isabelle : — Miss Vere est seule ! s'écria-t-il ; à genoux ! en pleurs !

— Laissez-moi, monsieur Ratcliffe, laissez-moi !

— Non ! de par le ciel, répondit Ratcliffe : j'ai demandé plusieurs fois la permission de prendre congé de vous ; on me l'a refusée ; le hasard m'a mieux servi que mes prières. Excusez-moi donc ; mais j'ai un devoir important dont je dois m'acquitter envers vous.

— Je ne puis vous écouter, monsieur Ratcliffe, je ne puis vous parler ! ma tête n'est plus à moi. Recevez mes adieux, et laissez-moi, pour l'amour du ciel.

— Dites-moi seulement s'il est vrai que ce monstrueux mariage doive avoir lieu....., et cela, ce soir même ? J'ai entendu les domestiques en parler. J'ai entendu donner l'ordre de disposer la chapelle.

— Épargnez-moi, de grace, monsieur Ratcliffe : vous pouvez juger, d'après l'état où vous me voyez, combien une pareille question est cruelle !

— Mariée ! à sir Frédéric Langley ! cette nuit même...!

— Cela ne se peut... — Cela ne doit pas être... — Cela ne sera pas.

— Il *faut* que cela soit, monsieur Ratcliffe ! la vie de mon père en dépend.

— J'entends ! — Vous vous sacrifiez pour sauver celui qui......; mais que les vertus de la fille fassent oublier les fautes du père. En vingt-quatre heures j'aurais plus d'un moyen pour empêcher ce mariage. Mais le temps presse : quelques heures vont décider le malheur de votre vie, et je n'y trouve qu'un seul remède... — Il faut, miss Vere, que vous imploriez la protection du seul être humain qui a le pouvoir de conjurer les maux qu'on vous prépare.

— Et qui peut être doué d'un tel pouvoir sur la terre ? dit miss Vere respirant à peine.

— Ne tressaillez pas quand je vous l'aurai nommé, dit Ratcliffe en s'approchant d'elle et en baissant la voix : c'est celui qu'on nomme Elsender, le solitaire de Mucklestane-Moor.

— Ou vous avez perdu l'esprit, monsieur Ratcliffe, ou vous venez insulter à mon malheur par une plaisanterie hors de saison.

— Je jouis, comme vous, de toute ma raison, miss Vere, et vous devez savoir que je ne suis pas un homme à me permettre de mauvaises plaisanteries, surtout dans un moment de détresse et quand il s'agit du bonheur de votre vie. Je vous atteste que cet être, qui est tout autre que vous ne le supposez, a le moyen de mettre un obstacle invincible à cet odieux mariage.

— Et d'assurer les jours de mon père?

— Oui, dit Ratcliffe, si vous plaidez sa cause auprès de lui..... Mais comment parvenir à lui parler ce soir ?

— J'espère y parvenir, dit Isabelle, se rappelant tout-à-coup la rose qu'il lui avait donnée. Je me souviens qu'il m'a dit que je pouvais avoir recours à lui dans l'adversité ; que je n'aurais qu'à lui montrer cette fleur, ou seulement une de ses feuilles. J'avais regardé ce discours comme une preuve de l'égarement de son esprit, et j'étais honteuse de l'espèce de sentiment superstitieux qui m'a fait conserver cette rose.

— Heureux événement! dit Ratcliffe : ne craignez plus rien. Mais ne perdons pas de temps. Êtes-vous en liberté? ne veille-t-on pas sur vous?

— Que faut-il donc que je fasse? dit Isabelle.

— Sortir du château à l'instant, et courir vous jeter aux pieds de cet être qui, dans une situation en apparence si méprisable, possède une influence presque absolue sur votre destinée. Les convives et les domestiques ne songent qu'à se divertir. Les chefs sont enfermés et s'occupent du plan de leur conjuration. Mon cheval est sellé, je vais en préparer un pour vous. La plaine de Mucklestane n'est pas éloignée d'ici. Nous pourrons être rentrés avant qu'on s'aperçoive de votre absence. Venez me joindre dans deux minutes à la petite porte du jardin... Ne doutez ni de ma prudence ni de ma fidélité. N'hésitez pas à faire la démarche qui peut seule vous préserver du malheur de devenir l'épouse de sir Frédéric Langley.

— Un malheureux qui se noie, dit Isabelle, s'attache au plus faible rameau. D'ailleurs, monsieur Ratcliffe, je vous ai toujours regardé comme un homme plein d'honneur et de probité; je m'abandonne donc à vos conseils. Je vais aller vous joindre à la porte du parc.

Dès que M. Ratcliffe fut sorti, elle tira les verroux de sa porte, et, descendant par un escalier dérobé qui donnait dans son cabinet de toilette, dont elle ferma pareillement la porte, et dont elle mit la clé dans sa poche, elle se rendit dans le jardin. Il fallait pour y arriver qu'elle passât près de la chapelle du château : elle entendit les domestiques occupés à la préparer, et elle reconnut la voix d'une servante qui disait :

— Épouser un pareil homme! Oh ma foi! tout, plutôt qu'un pareil sort.

— Elle a raison, pensa Isabelle, elle a raison! tout, plutôt que ce mariage; et elle arriva bientôt à la porte du jardin. M. Ratcliffe l'y attendait avec deux chevaux, et ils se mirent en marche vers la hutte du solitaire.

— Monsieur Ratcliffe, dit Isabelle, plus je réfléchis sur ma démarche, plus elle me paraît inconséquente. Le trouble et l'agitation de mon esprit ont pu seuls me déterminer à me la permettre. Mais réfléchissez-y bien! ne ferions-nous pas mieux de retourner au château?... Je sais que cet homme est regardé par le peuple comme un être doué d'une puissance surnaturelle, comme ayant commerce avec les habitants d'un autre monde; mais vous devez bien penser que je ne puis partager de telles idées, et que si j'avais la faiblesse d'y croire, la religion m'empêcherait d'avoir recours à de tels moyens.

— J'aurais espéré, miss Vere, dit Ratcliffe, que mon caractère et ma façon de penser vous étaient assez connus pour que vous me crussiez incapable d'ajouter foi à de pareilles absurdités.

— Mais de quelle manière un être en apparence si misérable peut-il avoir le pouvoir de me secourir?

— Miss Vere, répondit Ratcliffe après un moment de réflexion, je suis lié par la promesse d'un secret inviolable. Il faut que, sans exiger de moi d'autre explication, vous vous contentiez de l'assurance solennelle que je vous donne qu'il en a le pouvoir, si vous parvenez à lui en inspirer la volonté; et je ne doute pas que vous n'y réussissiez.

— J'ai en vous une confiance sans bornes, monsieur Ratcliffe; mais ne pouvez-vous pas vous tromper vous-même?

— Vous souvenez-vous, ma chère miss, que lorsque vous me priâtes d'intercéder auprès de votre père en faveur d'Haswell et de sa malheureuse famille, et que j'obtins de lui une chose qu'il n'était pas facile de lui arracher, le pardon d'une injure, j'y mis pour condition que vous ne me feriez aucune question sur les causes de l'influence que j'avais sur son esprit? Vous ne vous êtes pas repentie alors de votre confiance en moi : pourquoi n'en auriez-vous pas autant aujourd'hui?

— Mais la vie extraordinaire de cet homme, sa retraite absolue, sa figure, son ton amer de misanthropie... Monsieur Ratcliffe, que dois-je penser de lui, s'il a réellement le pouvoir que vous lui attribuez?

— Je puis vous dire qu'il a été élevé dans la religion catholique, et cette secte chrétienne offre mille exemples de personnes qui se sont condamnées à une vie aussi dure et à une retraite aussi absolue.

— Mais il ne met en avant aucun motif religieux.

— Il est vrai. C'est le dégoût du monde qui a fait naître en lui l'amour de la retraite. Je puis encore vous dire qu'il est né avec une grande fortune. Son père voulait l'augmenter encore en l'unissant à une de ses parentes qui était élevée dans sa maison. Vous connaissez sa figure. Jugez de quels yeux la jeune personne dut voir l'époux qu'on lui destinait. Cependant, habituée à lui dès son enfance, elle ne montrait aucune répugnance à l'épouser; et les amis de sir..., de l'homme dont je parle, ne doutèrent pas que le vif attachement qu'il avait conçu pour elle, les excellentes qualités de son cœur, un esprit cultivé, le caractère le plus noble, n'eussent surmonté l'horreur naturelle que son extraordinaire laideur devait naturellement inspirer à une jeune fille.

— Et se trompèrent-ils?

— Vous allez l'apprendre. Il se rendait justice à lui-même, et savait fort bien ce qui lui manquait. « — Je suis, me disait-il..., c'est-à-dire, disait-il à un homme en qui il avait confiance, — je suis, en dépit de tout ce que vous voulez bien me dire, un pauvre misérable proscrit, qu'on eût mieux fait d'étouffer au berceau que de laisser grandir pour être un épouvantail sur cette terre où je rampe. » Celle qu'il aimait s'efforçait en vain de le convaincre de son indifférence pour les formes extérieures, en lui parlant de l'estime qu'elle faisait des qualités de l'ame et de l'esprit. — « Je vous entends, lui disait-il, mais vous parlez le langage du froid stoïcisme, ou du moins celui d'une partiale amitié. Voyez tous les livres que nous avons lus, à l'exception de ceux qui, dictés par une philosophie abstraite, n'ont point d'écho dans notre cœur : un extérieur avantageux, une figure au moins qu'on puisse regarder sans horreur, ne sont-ils pas toujours une des premières qualités exigées dans un amant? Un monstre tel que moi ne semble-t-il pas avoir été exclus par la nature de ses plus douces jouissances? Sans mes richesses, tout le monde, excepté vous peut-être et Létitia, ne me fuirait-il pas? Ne me regarderait-on pas comme un être étranger à votre nature, et plus odieux à cause de mon analogie avec ces êtres que l'homme abhorre comme la caricature insultante de son espèce. »

— Ces sentiments sont ceux d'un insensé, dit Isabelle.

— Nullement : à moins qu'on ne donne le nom de folie à une sensibilité excessive. Je ne nierai pourtant pas que ce sentiment ne l'ait entraîné dans des excès qui semblaient le fruit d'une imagination dérangée. Se trouvant à ses propres yeux comme séparé du reste des hommes, il se croyait obligé de chercher à se les attacher par des libéralités excessives et souvent mal placées; il croyait que ce n'était qu'à force de bienfaits qu'il pouvait, malgré sa conformation extérieure, obliger le genre humain à ne pas le repousser de son sein. Il n'est pas besoin de dire que souvent sa bienveillance fut abusée, sa confiance trahie, sa générosité payée d'ingratitude. Ces événements ne sont que trop ordinaires, mais son imagination les attribuait à la haine et au mépris que faisait naître, selon lui, sa difformité. Je vous fatigue peut-être, miss Vere?

— Je vous écoute, au contraire, avec le plus vif intérêt.

— Je continue donc. Il finit par devenir l'être le plus ingénieux à se tourmenter. Le rire des gens du peuple qu'il rencontrait dans les rues, le tressaillement d'une jeune fille qui le voyait en compagnie pour la première fois, étaient des blessures mortelles pour son cœur. Il n'existait que deux personnes sur la bonne foi et sur l'amitié desquelles il parût compter : l'une était la jeune fille qu'il devait épouser; l'autre un ami qui paraissait lui être sincèrement attaché, et qu'il avait comblé de bienfaits. Le père et la mère de ce malheureux si disgracié de la nature moururent à peu d'intervalle l'un de l'autre, et leur mort retarda la célébration de son mariage, dont l'époque avait été fixée. La future épouse ne changea pourtant pas de détermination, et ne fit aucune objection lorsque, après les délais convenables, il lui proposa d'arrêter le jour de leur union. Il recevait chez lui presque journellement l'ami dont je vous ai parlé. Sa malheureuse étoile voulut qu'il acceptât l'invitation que lui fit cet ami d'aller passer quelques jours chez lui. Il s'y trouva des hommes qui différaient d'opinions politiques. Un soir, après une longue séance à table, les têtes étant échauffées par le vin, une querelle sérieuse survint, plusieurs épées furent tirées à la fois, le maître de la maison fut renversé et désarmé par un de ses convives; il tomba aux pieds de son ami. Celui-ci, quelque contrefait qu'il soit, est doué par la nature d'une grande force, il a des passions violentes; il crut son ami mort, il tira son épée, et perça le cœur de son antagoniste. Il fut arrêté, jugé, et condamné à un an d'emprisonnement, comme coupable d'homicide sans préméditation. Cet événement l'affecta d'autant plus vivement, que celui qu'il avait tué jouissait de la meilleure réputation, et qu'il n'avait tiré l'épée que pour se défendre et à la der-

nière extrémité. Depuis ce moment, je remarquai... — je
veux dire on remarqua que la teinte de misanthropie qu'il
avait toujours eue se rembrunissait encore ; que le remords,
sentiment qu'il était incapable de supporter, ajoutait à sa
susceptibilité naturelle ; enfin que toutes les fois que le
meurtre qu'il avait commis, dans un premier mouvement
de colère, se représentait à son imagination, il tombait dans
des accès de frénésie qui faisaient craindre un égarement
d'esprit. — Son année d'emprisonnement expira. Il se flat-
tait qu'il allait trouver près d'une tendre épouse et d'un
ami chéri l'oubli de ses maux, la consolation de ses peines :
il se trompait. Il les trouva mariés ensemble. Il ne put résister à ce dernier coup : c'était le dernier câble qui re-
tient un navire, et qui, en se rompant, le laisse exposé à la
fureur de la tempête. Sa raison s'aliéna. Il fallut le placer
dans une maison destinée aux infortunés qui sont dans
cette funeste position ; mais son faux ami, qui, par son
mariage, était devenu son plus proche parent, fit durer sa
détention long-temps après que la cause n'en existait plus,
afin de conserver la jouissance des biens immenses du malheureux. Il y avait un homme qui devait tout à cette victime
de l'injustice. Il n'avait ni crédit, ni puissance, ni richesses ;
mais il ne manquait ni de zèle, ni de persévérance : après
de longs efforts, il finit par obtenir justice ; l'infortuné fut
remis en liberté et rétabli dans la possession de ses biens.
Ses richesses s'augmentèrent même de toutes celles de la
femme qu'il devait épouser : elle mourut sans enfants
mâles, et elles lui appartenaient comme son héritier par
substitution ; mais la liberté n'avait plus de prix à ses
yeux, et sa fortune, qu'il méprisait, ne fut plus pour lui
qu'un moyen de se livrer aux bizarres caprices de son imagination. Il avait renoncé à la religion catholique ; mais
peut-être quelques-unes de ses doctrines continuaient-elles
à exercer leur influence sur son ame, qui parut désormais
ne plus connaître que les inspirations du remords et de la

misanthropie. Depuis lors, il a mené alternativement la vie errante d'un pèlerin et celle d'un ermite, s'imposant les privations les plus sévères, non par un principe de dévotion, mais par haine du genre humain. Tous ses discours annoncent l'aversion la plus invétérée contre les hommes, et toutes ses actions tendent à les soulager : jamais hypocrite n'a été plus ingénieux à donner de louables motifs aux actions les plus condamnables, qu'il l'est à concilier avec les principes de sa misanthropie des actions qui prennent leur source dans sa générosité naturelle et dans la bonté de son cœur.

— Mais encore une fois, dit Isabelle, ce portrait représente un homme dont la raison est dérangée.

— Je ne prétends pas vous dire que toutes ses idées soient parfaitement saines. Il tient quelquefois des propos qui feraient croire à tout autre qu'à... qu'à celui qui seul le connaît parfaitement, que son esprit est égaré; mais non, ce n'est qu'une suite du système qu'il s'est formé, et dont je suis convaincu qu'il ne se départira jamais.

— Mais encore une fois, monsieur Ratcliffe, vous me faites là le portrait d'un homme en démence.

— Nullement, reprit Ratcliffe. Que son imagination soit exaltée, je n'en disconviendrai pas ; je vous ai déjà dit qu'il a eu quelquefois comme des paroxismes d'aliénation mentale; mais je parle de l'état habituel de son esprit : il est irrégulier et non dérangé ; les ombres en sont aussi bien graduées que celles qui séparent la lumière du jour des ténèbres de la nuit. Le courtisan qui se ruine pour un vain titre ou un pouvoir dont il ne saurait user en homme sage, l'avare qui accumule ses inutiles trésors, et le prodigue qui dissipe les siens, sont tous un peu marqués au coin de la folie. Les criminels, qui le sont devenus malgré leur propre horreur du forfait et la certitude du supplice qui les attend, rentrent dans mon observation; et toutes les violentes passions, aussi bien que la colère, peuvent être appelées de courtes folies.

— Voilà bien une philosophie excellente, répondit miss Vere ; mais pardonnez-moi si elle ne suffit pas pour me rassurer. Je tremble de visiter à une telle heure quelqu'un dont vous ne pouvez vous-même que pallier l'extravagance.

— Recevez donc mon assurance solennelle que vous ne courez pas le moindre danger. Mais je ne vous ai pas encore parlé d'une circonstance qui va peut-être vous alarmer plus que tout le reste ; et c'est même pour cela que je ne l'ai pas mentionnée plus tôt... Maintenant que nous voici près de sa retraite,— il ne m'est pas possible de vous accompagner chez lui, vous devez vous y présenter seule.

— Seule? Je n'ose !

— Il le faut. Je vais rester ici et vous y attendre.

— Vous n'en bougerez pas ? — Mais si je vous appelais, croyez-vous que vous pourriez m'entendre ?

— Bannissez toutes craintes, lui dit son guide, je vous en supplie, et surtout gardez-vous bien de lui en montrer aucune. Il prendrait votre timidité pour l'expression de l'horreur qu'il croit que sa figure ne peut manquer d'inspirer. Adieu pour quelques instants, souvenez-vous des maux dont vous êtes menacée, et que la crainte qu'ils doivent vous inspirer triomphe de vos scrupules et de vos terreurs.

— Adieu, monsieur Ratcliffe, dit Isabelle, je me confie en votre honneur, en votre probité. Il est impossible que vous vouliez me tromper.

— Sur mon honneur, sur mon ame, cria Ratcliffe, élevant la voix à mesure qu'elle s'éloignait, vous ne courez aucun risque.

CHAPITRE XVI.

« Dans l'antre ténébreux qui lui servait d'asile,
« Ils le trouvent l'air morne et le regard baissé,
« Par d'affreux souvenirs paraissant oppressé. »
SPENSER. *La Reine des Fées.*

Les sons de la voix de Ratcliffe ne parvenaient plus aux oreilles d'Isabelle ; elle se retournait fréquemment pour le chercher des yeux : la clarté de la lune lui donna pendant quelques instants la consolation de l'apercevoir, mais elle le perdit entièrement de vue avant d'être arrivée à la cabane du solitaire. Deux fois elle avança la main pour frapper à la porte, et deux fois elle se sentit incapable de cet effort. Enfin elle frappa bien doucement, mais aucune réponse ne se fit entendre. La crainte de ne pas obtenir la protection que Ratcliffe lui avait promise surmontant sa timidité, elle frappa deux fois encore, et toujours de plus fort en plus fort, mais sans être plus heureuse. Alors elle appela le Nain par son nom, le conjurant de lui répondre, et de lui ouvrir la porte.

— Quel est l'être assez misérable, dit la voix aigre du solitaire, pour venir demander ici un asile ! Va-t'en ! quand l'hirondelle a besoin de refuge, elle ne le cherche pas sous le nid du corbeau.

— Je viens vous trouver dans l'heure de l'adversité, dit Isabelle, comme vous m'avez dit vous-même de le faire. Vous m'avez promis que votre cœur et votre porte s'ouvriraient à ma voix, mais je crains....

— Ah ! tu es donc Isabelle Vere ! donne-moi une preuve que tu l'es véritablement.

— Je vous rapporte la rose que vous m'avez donnée. Elle n'a pas encore eu le temps de se faner entièrement depuis que vous m'avez en quelque sorte prédit mes malheurs.

— Puisque tu n'as pas oublié ce gage, je me le rappelle aussi : ma porte et mon cœur, fermés pour tout l'univers, s'ouvriront pour toi.

Isabelle entendit alors tirer les verroux l'un après l'autre. Son cœur battait plus vivement à mesure qu'elle voyait approcher l'instant de paraître devant cet être extraordinaire. La porte s'ouvrit, et le solitaire s'offrit à ses yeux, tenant en main une lampe dont la clarté rejaillissait sur ses traits difformes et repoussants.

— Entre, fille de l'affliction, lui dit-il, entre dans le séjour du malheur.

Elle entra en tremblant et d'un pas timide; le premier soin du solitaire fut de refermer les verroux qui assuraient la porte de sa chaumière. Elle tressaillit à ce bruit, et cette précaution lui parut d'un augure peu favorable; mais, se rappelant les avis de Ratcliffe, elle s'efforça de ne laisser paraître ni crainte ni agitation.

Le Nain lui montra du doigt une escabelle qui était placée près de la cheminée, et lui fit signe de s'asseoir. Ramassant alors quelques morceaux de bois sec, il alluma un feu dont la clarté, plus favorable que celle de la lampe, permit à Isabelle de voir la demeure où elle se trouvait.

Sur deux planches, attachées d'un côté de la cheminée, on voyait quelques livres et différents paquets d'herbes sèches, avec deux verres, un vase et quelques assiettes; de l'autre, se trouvaient divers outils et des instruments de jardinage. En place de lit, une espèce de cadre en bois était à demi rempli de mousse; enfin une table et deux sièges de bois complétaient le mobilier. L'intérieur de cette chambre ne paraissait avoir qu'environ dix pieds de longueur sur six de largeur.

Tel était le lieu où Isabelle se trouvait enfermée avec un homme dont l'histoire, qu'elle venait d'apprendre, n'offrait rien qui pût la rassurer, et dont la conformation hideuse était bien capable d'inspirer une terreur superstitieuse. Il s'était assis vis-à-vis d'elle, de l'autre côté de la cheminée, et la regardait en silence, d'un air qui annonçait que des sentiments opposés se livraient un combat violent dans son cœur.

Isabelle restait assise, pâle comme la mort ; ses longs cheveux avaient perdu dans l'humidité de la nuit les formes gracieuses de leurs boucles, ils tombaient sur ses épaules et sur son sein, semblables aux pavillons d'un navire que la pluie d'orage a pliés autour de leurs mâts.

Le Nain fut le premier à rompre le silence.

— Jeune fille, dit-il, quel mauvais destin t'a amenée dans ma demeure?

— Le danger de mon père et la permission que vous m'avez donnée de m'y présenter, répondit-elle du ton le plus ferme qu'il lui fut possible de prendre.

— Et tu te flattes que je pourrai te secourir?

— Vous me l'avez fait espérer.

— Et comment as-tu pu le croire? Ai-je l'air d'un redresseur de torts? habité-je un château où la beauté puisse venir en suppliante implorer mes secours? Vieux, pauvre, hideux, que puis-je pour toi? Je t'ai raillée en te faisant une telle promesse.

— Il faut donc que je parte, et que je subisse ma destinée? dit-elle en se levant.

— Non, dit le Nain en se plaçant entre elle et la porte et en lui faisant un signe impératif de se rasseoir ; non ! nous ne nous séparerons pas ainsi : j'ai encore à te parler. Pourquoi l'homme a-t-il besoin du secours des autres hommes? pourquoi ne sait-il pas se suffire à lui-même? Regarde autour de toi : l'être le plus méprisé de l'espèce humaine n'a demandé à personne ni aide, ni compassion.

Cette maison, je l'ai construite ; ces meubles, je les ai fabriqués, et avec ceci, tirant en même temps à demi hors du fourreau un long poignard qu'il portait à son côté, et dont la lame brilla à la lueur du feu, — avec ceci, répéta-t-il en le replongeant dans le fourreau, je puis défendre l'étincelle de vie qui anime un misérable comme moi, contre quiconque viendrait m'attaquer.

Rien n'était moins rassurant pour la pauvre Isabelle ; elle réussit pourtant à cacher sa frayeur et son agitation.

— Voilà la vie de la nature, continua le solitaire. — Vie indépendante, et se suffisant à elle-même. Le loup n'appelle pas le loup à son aide pour creuser son antre, et le vautour n'attend pas pour saisir sa proie l'assistance du vautour.

— Et quand ils ne peuvent y réussir, dit Isabelle, qui espéra se faire écouter plus favorablement de lui en employant son style métaphorique, que faut-il donc qu'ils deviennent ?

— Qu'ils meurent et qu'ils soient oubliés ! N'est-ce pas le sort général de tout ce qui respire ?

— C'est le sort des êtres dépourvus de raison, dit Isabelle, mais il n'en est pas de même du genre humain. Les hommes disparaîtraient bientôt de la terre, s'ils cessaient de s'entr'aider les uns les autres. Le faible a droit à la protection du plus fort, et celui qui peut secourir l'opprimé est coupable s'il lui refuse son assistance.

— Et c'est dans cet espoir frivole, pauvre fille, que tu viens trouver au fond du désert un être que la race humaine a rejeté de son sein, et dont le seul désir serait de la voir disparaître de la surface du globe, comme tu viens de le dire ? N'as-tu pas frémi en te présentant ici ?

— Le malheur ne connaît pas la crainte, dit Isabelle avec fermeté.

— N'as-tu donc pas entendu dire que je suis ligué avec des êtres surnaturels aussi difformes que moi, et, comme moi, ennemis du genre humain? Comment as-tu osé venir la nuit dans ma retraite?

— Le Dieu que j'adore me soutient contre de vaines terreurs, dit Isabelle, dont le sein de plus en plus ému démentait la tranquillité qu'elle affectait.

— Oh! oh! dit le Nain: tu prétends avoir de la philosophie! mais jeune et belle comme tu l'es, n'aurais-tu pas dû craindre de te livrer au pouvoir d'un être si dépité contre la nature, que la destruction d'un de ses plus beaux ouvrages doit être un plaisir pour lui?

Les alarmes d'Isabelle croissaient à chaque mot qu'il prononçait. Elle lui répondit pourtant avec fermeté: — Quelques injures que vous puissiez avoir éprouvées dans le monde, vous êtes incapable de vouloir vous en venger sur quelqu'un qui ne vous a jamais offensé.

— Tu ignores donc, reprit-il en fixant sur elle des yeux brillants d'un malin plaisir, — tu ignores donc les plaisirs de la vengeance? Crois-tu que l'innocence de l'agneau calme la fureur du loup altéré de sang?

— Monsieur Elsender, dit Isabelle avec dignité, les horribles idées que vous me présentez ne peuvent entrer dans mon esprit. Qui que vous puissiez être, vous ne voudriez pas, vous n'oseriez pas faire insulte à une malheureuse que sa confiance en vous a amenée sous votre toit.

— Tu as raison, jeune fille, reprit-il d'un ton calme; je ne le voudrais ni ne l'oserais. Retourne chez toi. Quels que soient les maux qui te menacent, cesse de les craindre. Tu m'as demandé ma protection, tu en éprouveras les effets.

— Mais c'est cette nuit même que je dois consentir à épouser un homme que je déteste, ou sceller la perte de mon père!

— Cette nuit même?... A quelle heure?

— A minuit.

— Il suffit. Ne crains rien, ce mariage ne s'accomplira point.

— Et mon père? dit Isabelle d'un ton suppliant.

— Ton père ! s'écria le Nain en fronçant le sourcil : il a été et il est encore mon plus cruel ennemi. Mais, ajouta-t-il d'un ton plus doux, les vertus de sa fille le protégeront. — Va-t'en maintenant. Si je te gardais plus longtemps près de moi, je craindrais de retomber dans ces rêves absurdes sur les vertus humaines, après lesquels le réveil est si pénible. — Je te le répète, ne crains rien. Présente-toi devant l'autel, c'est à ses pieds que tu verras mes promesses se réaliser. — Adieu ; le temps presse, il faut que je me dispose à agir.

Il ouvrit la porte de sa chaumière, et laissa miss Vere remonter à cheval, sans paraître s'inquiéter de ce qu'elle deviendrait. Cependant, comme elle partait, elle l'aperçut à la lucarne qui lui servait de fenêtre, et il y resta jusqu'à ce qu'il l'eût perdue de vue.

Isabelle pressa le pas de son cheval, et eut bientôt rejoint M. Ratcliffe, qui l'attendait, non sans inquiétude, à l'endroit où elle l'avait laissé.

— Hé bien! lui dit-il dès qu'il l'aperçut, avez-vous réussi?

— Il m'a fait des promesses, répondit-elle ; mais comment pourra-t-il les accomplir?

— Dieu soit loué ! s'écria Ratcliffe : ne doutez pas qu'il ne les accomplisse.

En ce moment un coup de sifflet se fit entendre.

— C'est moi qu'il appelle, dit Ratcliffe. Miss Vere, il faut que je vous quitte, et que vous retourniez seule au château ; votre intérêt l'exige. Ayez soin de ne pas fermer la porte du jardin par où vous allez rentrer.

Un second coup de sifflet, plus fort et plus prolongé, se fit encore entendre.

— Adieu ! dit Ratcliffe ; — et, tournant la bride de son

cheval, il prit au galop la route de la demeure du solitaire. Miss Vere regagna le château le plus promptement possible, et n'oublia pas de laisser la porte du parc ouverte, comme Ratcliffe le lui avait recommandé.

Elle remonta dans son appartement par l'escalier dérobé, et en ayant tiré les verroux, elle sonna pour avoir de la lumière.

Son père arriva quelques instants après. — Je suis venu plusieurs fois pour vous voir, ma chère enfant, lui dit-il : trouvant votre porte fermée, je craignais que vous ne fussiez indisposée ; mais j'ai pensé que vous désiriez être seule, et je n'ai pas voulu vous contrarier.

— Je vous remercie, mon père, lui dit-elle, mais permettez-moi de réclamer l'exécution de la promesse que vous m'avez faite. Souffrez que je jouisse en paix et dans la solitude des derniers moments de liberté qui m'appartiennent. — A minuit, je serai prête à vous suivre.

— Tout ce qui vous plaira, ma chère Isabelle. — Mais ces cheveux en désordre, cette parure négligée...! Mon enfant, pour que le sacrifice soit méritoire, il doit être volontaire : que je ne vous retrouve pas ainsi, je vous prie, quand je reviendrai.

— Le désirez-vous, mon père ? je vous obéirai, et vous trouverez la victime parée pour le sacrifice.

CHAPITRE XVII.

« Cela ne ressemble guère à une noce. »
SHAKSPEARE. *Beaucoup de bruit pour rien.*

Le château d'Ellieslaw était fort ancien, mais la chapelle qui en faisait partie, et où devait se célébrer la cérémonie fatale, remontait à une antiquité bien plus reculée. Avant que les guerres entre l'Écosse et l'Angleterre fussent devenues si fréquentes que presque tous les châteaux situés sur les frontières des deux pays se convertirent en forteresses, il y avait à Ellieslaw un petit couvent de moines qui dépendait, à ce que prétendent les antiquaires, de la riche abbaye de Jedburgh. Les ravages des guerres et les révolutions politiques avaient changé la face de ce domaine. Un château fortifié s'était élevé sur les ruines du cloître, mais la chapelle avait été conservée.

Cet édifice avait un aspect sombre et lugubre ; la forme demi-circulaire de ses arceaux et la simplicité de ses piliers massifs en fesaient remonter la construction au temps de ce qu'on appelle l'architecture saxonne ; il avait servi de sépulture aux moines et aux barons qui en étaient devenus successivement propriétaires. Quelques torches qu'on avait allumées près de l'autel écartaient l'obscurité plutôt qu'elles ne répandaient la lumière, et l'œil ne pouvait mesurer l'étendue de cette enceinte. Des ornements, assez mal choisis pour la circonstance, ajoutaient encore à l'aspect déjà si lugubre de ce lieu. De vieux lambeaux de tapisserie, arrachés aux murailles d'autres appartements, avaient été disposés à la hâte autour de la chapelle, et ne cachaient qu'à demi les écussons et les emblèmes funéraires. De chaque côté de l'autel était un monument dont la forme prêtait à un contraste non moins étrange. Sur l'un était la figure en pierre d'un vieux ermite ou moine, mort en odeur de sainteté. Il était représenté incliné, dans une attitude pieuse, avec son froc et son scapulaire, et à ses mains jointes pendait un chapelet ; de l'autre côté s'élevait un tombeau, dans le goût italien, du plus beau marbre statuaire, et regardé par tous les connaisseurs comme un véritable chef-d'œuvre : il avait été élevé à la mémoire de la mère d'Isabelle. Elle y était représentée à l'instant de rendre le dernier soupir, et un chérubin pleurant éteignait une lampe en détournant les yeux, symbole de sa mort prématurée. Bien des gens étaient surpris qu'Ellieslaw, dont la conduite envers son épouse, pendant sa vie, n'avait été rien moins qu'exemplaire, lui eût fait ériger, après sa mort, un monument si dispendieux ; mais quelques personnes éloignaient de lui tout soupçon d'hypocrisie, et disaient tout bas qu'il avait été élevé par les ordres et aux dépends de M. Ratcliffe.

C'est en ce lieu que se rassemblèrent, quelques minutes avant minuit, les personnes dont la présence était nécessaire pour la cérémonie qui allait avoir lieu. Ellieslaw, ne désirant pas avoir d'autres témoins de cette scène que ceux qui étaient nécessaires, avait laissé dans la salle du festin ceux de ses hôtes qui n'avaient pas encore quitté le château, et il était monté dans l'appartement de sa fille pour l'aller chercher. Sir Frédéric Langley et Mareschal, suivis de quelques domestiques, étaient descendus dans la chapelle, où ils attendaient l'arrivée d'Ellieslaw et d'Isabelle. Sir Frédéric était sérieux et pensif : l'étourderie et la gaîté imperturbable de Mareschal semblaient faire ressortir encore le sombre nuage qui couvrait ses traits.

— La mariée n'arrive pas, dit tout bas Mareschal à sir Frédéric ; j'espère que ma jolie cousine n'aura pas été enlevée deux fois en deux jours, quoique je ne connaisse personne qui mérite mieux cet honneur.

Sir Frédéric ne répondit rien, fredonna quelques notes, et jeta les yeux d'un autre côté.

— Ce délai n'arrange pas le docteur Hobbler, continua Mareschal; mon cousin est venu l'interrompre dans le moment où il débouchait sa troisième bouteille, et il voudrait bien que la cérémonie fût terminée, pour aller la retrouver. J'espère que..... Mais j'aperçois Ellieslaw et ma jolie cousine....., plus jolie que jamais, sur ma foi !.... Mais comme elle est pâle ! elle peut à peine se soutenir !.... Sir Frédéric, songez bien que si elle ne dit pas un Oui bien ferme, bien prononcé, il n'y a point de mariage.

— Point de mariage ! monsieur, répéta sir Frédéric d'un ton qui annonçait qu'il avait peine à contenir sa colère.

— Non, point de mariage ! répliqua Mareschal, j'en jure sur mon honneur.

— Mareschal, lui dit à voix basse sir Frédéric en lui serrant la main fortement, vous me rendrez raison de ce propos.

— Très volontiers, répliqua Mareschal : ma bouche n'a jamais prononcé un mot que mon bras ne soit prêt à soutenir...... Puis élevant la voix : Ma belle cousine, ajouta-t-il, parlez-moi librement, franchement : est-ce bien volontairement que vous venez accepter sir Frédéric pour époux? Si vous avez la centième partie d'un scrupule, n'allez pas plus loin : il est encore temps de reculer, et fiez-vous à moi pour le reste.

— Êtes-vous fou, monsieur Mareschal ? lui dit Ellieslaw, qui, ayant été son tuteur, prenait quelquefois avec lui un ton d'autorité; croyez-vous que j'amènerais ma fille à l'autel contre son gré?

— Allons donc, dit Mareschal, regardez-la ; ses yeux sont rouges, ses joues plus blanches que sa robe ! J'insiste au nom de l'humanité, pour que la cérémonie soit remise à demain. D'ici là, nous verrons! ajouta-t-il entre ses dents.

— Il faut donc, jeune écervelé, dit Ellieslaw en colère, que vous vous mêliez toujours de ce qui ne vous concerne en rien. Au surplus, elle va nous dire elle-même qu'elle désire que la cérémonie ait lieu sur-le-champ. Parlez, ma chère enfant, le voulez-vous ainsi?

— Oui, dit Isabelle ayant à peine la force de parler, puisque je ne puis attendre de secours ni de Dieu, ni des hommes.

Elle ne prononça distinctement que le premier mot, et personne ne put entendre les autres. Mareschal leva les épaules, et se détourna d'un autre côté en maudissant les caprices des femmes. Ellieslaw conduisit sa fille devant l'autel : sir Frédéric s'avança, et se plaça près d'elle. Le docteur ouvrit son livre, et regarda Ellieslaw comme pour lui dire qu'il attendait ses ordres avant de procéder à la cérémonie.

— Commencez, dit Ellieslaw.

Au même instant, une voix aigre et forte qui semblait sortir du tombeau de la mère d'Isabelle, et qui retentit sous les voûtes de la chapelle, s'écria : — Arrêtez!

Chacun restait muet et immobile, quand un bruit éloigné, qui ressemblait à un cliquetis d'armes, se fit entendre dans les appartements du château. Il ne dura qu'un instant.

— Que veut dire tout ceci? dit sir Frédéric en regardant Mareschal et Ellieslaw d'un air qui annonçait la méfiance et le soupçon.

— Quelque dispute parmi nos convives, dit Ellieslaw, affectant une tranquillité qu'il était loin d'éprouver; nous le saurons après la cérémonie. Continuez, docteur.

Mais, avant que le docteur pût lui obéir, la même voix prononça une seconde fois, et plus fortement encore, le mot : — Arrêtez ! Et, au même instant, le Nain, sortant de derrière le monument, se plaça en face de M. Ellieslaw. Cette apparition subite effraya tous les spectateurs, mais elle parut anéantir le père d'Isabelle. Il laissa échapper la main de sa fille, et, s'appuyant contre un pilier, y reposa sa tête sur ses mains, comme pour s'empêcher de tomber.

— Que veut cet homme ? dit sir Frédéric ; qui est-il ?

— Quelqu'un qui vient vous annoncer, dit le Nain avec le ton d'aigreur qui lui était ordinaire, qu'en épousant miss Isabelle Vere vous n'épousez pas l'héritière des biens de sa mère, parce que j'en suis seul propriétaire. Elle ne les obtiendra qu'en se mariant avec mon consentement, et ce consentement, jamais il ne sera donné pour vous. A genoux, misérable, à genoux ; remercie le ciel, remercie-moi, qui viens te préserver du malheur d'épouser la jeunesse, la beauté, la vertu sans fortune. Et toi, vil ingrat, dit-il à Ellieslaw, quelle excuse me donneras-tu ? Tu voulais vendre ta fille pour te sauver d'un danger, comme tu aurais dévoré ses membres dans un temps de famine pour assouvir ta faim. Oui, cache-toi, tu dois rougir de regarder un homme dont la main s'est souillée d'un meurtre pour toi, que tu as chargé de chaînes pour récompense de ses bienfaits, et que tu as condamné au malheur pour toute sa vie. La vertu de celle qui t'appelle son père peut seule obtenir ton pardon. Retire-toi, et puissent les bienfaits que je t'accorderai encore se convertir en charbons ardents sur ta tête ! Puisses-tu à la lettre te sentir dévoré par leur feu comme je le sens moi-même !

Ellieslaw sortit de la chapelle avec un geste de désespoir.

— Je n'entends rien à tout cela, dit sir Frédéric Langley ; mais nous sommes ici un corps de gentilshommes qui avons pris les armes au nom et sous l'autorité du roi Jacques ; ainsi, monsieur, que vous soyez réellement ce sir Édouard Mauley qu'on a cru mort depuis si long-temps, ou peut-être un imposteur qui voulez vous emparer de son nom et de ses biens, nous prendrons la liberté de vous retenir en prison, jusqu'à ce que vous ayez donné des preuves bien claires de ce que vous pouvez être. Saisissez-le, mes amis.

Mais les domestiques reculèrent d'un air de doute et d'alarme.

Sir Frédéric, voyant qu'il n'était pas obéi, s'avança vers le Nain pour le saisir lui-même; mais il n'eut pas fait trois pas qu'il fut arrêté par le canon d'une pertuisane qu'il vit briller sur sa poitrine. C'était le robuste Hobby Elliot qui la lui présentait.

— Un instant, lui dit-il: avant que vous le touchiez, je verrai le jour à travers votre corps. Personne ne mettra la main sur Elsy, tant que je vivrai: il faut secourir ceux qui nous ont secourus. Ce n'est pas qu'il en ait besoin; s'il vous serrait le bras, il vous ferait sortir le sang des ongles. C'est un rude joûteur, j'en sais quelque chose: son poing vaut les meilleures tenailles.

— Et par quel hasard vous trouvez-vous ici, Hobby? lui demanda Mareschal.

— En conscience, monsieur Mareschal Wells, je suis venu ici avec une trentaine de bons compagnons du roi, ou de la reine, comme on l'appelle, pour maintenir la paix; pour secourir Elsy au besoin, et pour payer mes dettes à M. Ellieslaw. On m'a donné un fameux déjeuner, il y a quelques jours, et je sais qu'il y était pour quelque chose: hé bien! je suis venu lui servir à souper. Vous n'avez pas besoin de mettre la main sur vos épées: le château est à nous à bon marché. Les portes étaient ouvertes; vos gens avaient bu du punch; nous leur avons ôté leurs armes des mains aussi aisément que nous aurions écossé des pois.

Mareschal sortit précipitamment de la chapelle, et y rentra à l'instant même.

— De par le ciel, sir Frédéric, cela n'est que trop vrai ! le château est rempli de gens armés ; nos ivrognes sont tous désarmés, nous n'avons d'autre ressource que de nous faire jour l'épée à la main.

— Là, là, dit Hobby, pas de violence ! Écoutez-moi un instant : nous ne voulons de mal à personne. Vous êtes en armes pour le roi Jacques, dites-vous ? eh bien ! quoique nous les portions pour la reine Anne, si vous voulez vous retirer paisiblement, nous ne vous ôterons pas un cheveu de la tête. C'est ce que vous pouvez faire de mieux, car je veux bien vous dire qu'il est arrivé des nouvelles de Londres. L'amiral Bang..... Bing....., je ne sais comment on l'appelle...., a empêché la descente des Français : ils ont remmené leur jeune roi, et vous ferez bien de vous contenter de notre vieille Anne, à défaut d'une meilleure.

Ratcliffe, qui rentrait en ce moment dans la chapelle, confirma cette nouvelle si peu favorable aux Jacobites, et sir Frédéric, sans prendre congé de personne, sortit à l'instant du château.

— Et quelles sont vos intentions maintenant, monsieur Mareschal ? dit Ratcliffe.

— Ma foi, dit-il en souriant, je n'en sais rien. J'ai le cœur trop fier et une fortune trop médiocre pour suivre notre brave fiancé, ce n'est pas mon caractère ; je ne me donnerai pas la peine d'y penser.

— Croyez-moi, dit Ratcliffe, dispersez promptement tous vos gens, calmez l'esprit des mécontents, restez tranquillement chez vous, et, comme il n'y a pas eu d'acte public de rébellion, vous ne serez pas inquiété.

M. Mareschal suivit son avis, et n'eut pas lieu de s'en repentir.

— Eh oui ! dit Hobby : que ce qui est passé soit passé, et soyons tous amis. Le diable m'emporte si j'en veux à personne qu'à Westburnflat ; mais il vient de l'échapper belle. Je n'avais échangé avec lui que deux ou trois coups de claymore, qu'il a sauté dans le fossé du château par une fenêtre, et s'est échappé en nageant comme un canard. C'est un fier gaillard, vraiment ! enlever une jeune fille le matin et une autre le soir, cela lui suffit à peine ; mais, s'il ne s'absente pas du pays, je lui en ferai voir de cruelles ; notre rendez-vous de Castleton est manqué ; ses amis ne l'y accompagneront plus.

Pendant cette scène de confusion, Isabelle s'était jetée aux pieds de son parent, sir Édouard Mauley, car c'est ainsi que nous appellerons désormais le solitaire. Elle lui avait témoigné sa reconnaissance, et avait imploré le pardon de son père. Elle était à genoux devant la tombe de sa mère, avec les traits de laquelle les siens avaient beaucoup de ressemblance. Elle tenait la main de sir Édouard, la baisait et la baignait de larmes. Celui-ci, debout et immobile, portait alternativement ses yeux sur Isabelle et sur la statue. Enfin de grosses larmes, sortant de ses yeux, l'obligèrent à retirer sa main pour les essuyer.

— Je croyais, dit-il, que je ne pouvais plus connaître les larmes ; mais nous en versons à l'heure de notre naissance, et il paraît que la source ne s'en tarit que dans la tombe. Cet attendrissement n'ébranlera pourtant pas ma résolution. Je fais en ce moment mes derniers adieux aux objets dont le souvenir, dit-il en jetant un coup-d'œil sur le monument, et dont la présence, ajouta-t-il en serrant la main d'Isabelle, me sont encore bien chers. — Ne me parlez pas ! n'essayez pas de changer ma détermination ! elle est invariable. Cette figure hideuse ne se présentera plus à vos yeux. Je veux être mort pour vous, comme si j'étais dans le tombeau, et je veux que vous ne pensiez à moi que comme à un ami débarrassé du fardeau de l'existence et du spectacle des crimes qui l'accompagnent.

Il embrassa Isabelle sur le front, en fit autant à la statue de sa mère, aux pieds de laquelle miss Vere était agenouillée, puis il sortit de la chapelle, suivi par Ratcliffe.

Isabelle, épuisée par toutes les émotions qu'elle avait éprouvées dans le cours de cette journée si fertile en événements, se retira dans son appartement, appuyée sur le bras d'une femme de chambre, pour essayer d'y goûter quelque repos.

Quelques-uns des hôtes qu'Ellieslaw avait rassemblés dans le château s'y trouvaient encore ; mais ils se retirèrent tous, après avoir exprimé à ceux qui voulurent les écouter, combien ils étaient éloignés de vouloir prendre part à aucune conspiration contre le gouvernement.

Hobby Elliot prit le commandement du château pour la nuit, et y établit une garde régulière. Il se fit gloire de la promptitude avec laquelle il s'était rendu, ainsi que ses amis, à l'avis qu'Elsy lui avait fait donner par le fidèle Ratcliffe. Le hasard y avait contribué pour beaucoup ; car, ayant appris que Westburnflat n'avait pas dessein de se trouver au rendez-vous qu'il lui avait donné à Castleton, il avait réuni ses amis ce soir même à Heugh-Foot dans le dessein d'aller faire, pendant la nuit, une visite à la tour du bandit. Ils s'étaient donc trouvés prêts à partir à l'instant où l'avis lui était parvenu.

CHAPITRE XVIII.

« Tel est le dénoûment de cette étrange histoire. »
SHAKSPEARE. (*Comme il vous plaira.*)

LE lendemain matin, M. Ratcliffe remit à Isabelle une lettre de son père ; elle contenait ce qui suit :

« Ma chère fille,

« L'iniquité d'un gouvernement persécuteur me force à passer en pays étranger pour sauver mes jours. Il est vraisemblable que j'y resterai quelque temps. Je ne vous engage pas à m'y suivre : il convient mieux à mes intérêts et aux vôtres que vous restiez en Écosse.

« Il me paraît inutile d'entrer dans un détail circonstancié des causes des événements étranges qui sont arrivés hier. Je crois avoir à me plaindre de la conduite à mon égard de sir Édouard Mauley, votre plus proche parent du côté de votre mère ; mais, comme il vous fait son héritière, et qu'il va vous mettre en possession immédiate d'une partie de son immense fortune, je me contente de cette réparation. Je sais qu'il ne m'a jamais pardonné la préférence que votre mère m'a donnée sur lui, au lieu d'exécuter je ne sais quelle convention de famille qui avait tyranniquement voulu décider de son sort. Cela suffit pour déranger son esprit, et à la vérité il n'avait jamais été en parfait équilibre. Comme mari de sa plus proche parente et de son héritière, le soin de sa personne et de ses biens me fut dévolu. Enfin des juges, croyant lui rendre justice, le réintégrèrent dans l'administration de ses biens : si pourtant on veut examiner avec impartialité la conduite qu'il a tenue depuis cette époque, on conviendra que, pour son propre avantage, il eût mieux valu qu'il restât soumis à une contrainte salutaire.

« Je dois pourtant reconnaître qu'il montra quelque égard pour les liens du sang, et qu'il sembla convaincu lui-même qu'il n'était pas en état de gérer ses biens. Il se séquestra entièrement du monde, changea de nom, prit divers déguisements, exigea qu'on répandît le bruit de sa mort, ce à quoi je consentis par complaisance pour lui ; et il laissa à ma disposition le revenu de tous les domaines qui avaient appartenu à ma femme, et qui lui appartenaient à lui, comme son seul héritier dans la ligne masculine. Il crut sans doute faire un acte de grande générosité ; mais tout homme équitable jugera qu'il ne fit qu'accomplir un devoir véritable, puisque, d'après le vœu de la nature, en dépit des lois ridicules faites par les hommes, vous étiez l'héritière de votre mère, et que j'étais l'administrateur légal de vos biens. Je suis donc bien éloigné de croire que j'aie contracté une obligation à cet égard envers sir Édouard Mauley. J'ai à me plaindre, au contraire, qu'il ait chargé M. Ratcliffe de la gestion de sa fortune ; qu'il ait voulu que je ne pusse en toucher les revenus que par ses mains, et qu'il m'ait par là soumis aux caprices d'un subordonné. Il en est résulté que toutes les fois que j'avais besoin d'une somme excédant ces revenus, M. Ratcliffe, en me la donnant, exigeait de moi une sûreté sur mon domaine d'Ellieslaw, de manière qu'on peut dire qu'il s'insinua malgré moi, par ce moyen, dans l'administration de tous mes biens. Tous les prétendus services de sir Édouard n'avaient donc pour but que de se rendre maître de mes affaires, et de pouvoir me ruiner quand il le jugerait convenable. Un tel projet me dispense, je crois, de toute reconnaissance envers lui.

« Dans le cours de l'automne dernier, M. Ratcliffe me fit l'honneur de prendre ma maison pour la sienne, sans m'en donner d'autre motif, sinon que telle était la volonté de sir Édouard. Je n'en ai appris qu'aujourd'hui la véritable cause. L'imagination déréglée de notre parent lui avait inspiré le désir de voir le monument qu'il avait fait élever à votre mère : il fallait pour cela que M. Ratcliffe fût au château. Il eut la complaisance de l'introduire dans la chapelle pendant une de mes absences ; et il en résulta une attaque de frénésie qui dura plusieurs heures. Il s'enfuit dans les montagnes voisines, et finit par se fixer dans l'endroit le plus désert, le plus sauvage, le plus affreux de nos environs. M. Ratcliffe aurait dû m'informer de cette circonstance, et j'aurais fait donner au parent de mon épouse les soins qu'exigeait le malheureux état de sa raison. Au contraire, il entra dans tous ses plans, et eut la faiblesse de lui promettre le secret, et de tenir sa promesse. Il allait voir sir Édouard presque tous les jours. Il l'aida dans le ridicule projet qu'il exécuta de se construire lui-même un ermitage. Un souterrain, qu'ils creusèrent derrière un pilier, servait à cacher Ratcliffe lorsque quelqu'un paraissait tandis qu'il était avec son maître : enfin, tous deux semblaient craindre une découverte plus que toute chose au monde.

« Vous penserez sans doute comme moi, ma chère enfant, qu'un pareil mystère devait avoir quelque puissant motif. Il est à remarquer encore que je croyais mon malheureux ami chez les moines de la Trappe, tandis qu'il était à cinq milles de chez moi, instruit de tous mes mouvements, de tous mes projets, soit par Ratcliffe, soit par Westburnflat et d'autres qu'il soudoyait comme ses agents.

« Il me fait un crime d'avoir voulu vous marier à sir Frédéric ; mais ce mariage vous était avantageux. S'il pensait autrement, pourquoi ne m'a-t-il pas fait connaître franchement son opinion ? pourquoi ne m'a-t-il pas déclaré son intention de vous faire son héritière ? pourquoi n'a-t-il pas pris ouvertement à vous l'intérêt que sa qualité de proche parent lui donnait le droit de prendre ?

« Et cependant, quoiqu'il ait tardé si long-temps à me faire connaître ses désirs, je n'ai pas le dessein d'y opposer mon autorité. Il souhaite que vous preniez pour époux le dernier homme sur lequel j'aurais cru qu'il pût jeter les yeux, le jeune Earnscliff : j'y donne mon consentement, pourvu que vous n'y refusiez pas le vôtre, et qu'on fasse à votre profit des stipulations qui ne vous laissent pas dans l'état de dépendance que j'ai éprouvé si long-temps, et dont j'ai tant de raisons de me plaindre. Je vous confie donc, ma chère Isabelle, à la Providence et à votre propre prudence. Je vous engage seulement à ne pas perdre de temps pour vous assurer les avantages dont l'esprit versatile de votre parent me prive en votre faveur.

« M. Ratcliffe m'a annoncé que l'intention de sir Édouard était aussi de me faire le paiement annuel d'une somme considérable pour assurer mon existence en pays étranger ; mais je suis trop fier pour rien accepter de lui. Je lui ai dit que j'avais une fille affectionnée, et que j'étais sûr qu'elle ne souffrirait jamais que son père vécût dans la pauvreté, tandis qu'elle serait elle-même dans l'opulence. J'ai cru cependant devoir lui insinuer que sir Édouard, en vous dotant, devait faire attention à cette charge naturelle et indispensable. Pour vous prouver ma tendresse paternelle, et mon désir de contribuer à votre établissement, j'ai laissé un pouvoir pour vous constituer en dot le château et le domaine d'Ellieslaw. Il est bien vrai que l'intérêt annuel des dettes dont il est grevé en excède le revenu de quelque chose ; mais, comme sir Édouard est le seul créancier, je ne crois pas qu'il vous inquiète beaucoup à cet égard.

« Je dois maintenant vous prévenir que, quoique j'aie beaucoup à me plaindre personnellement de M. Ratcliffe, je le regarde cependant comme un homme aussi intègre qu'éclairé ; je crois donc que vous ferez bien de lui confier le soin de vos affaires ; ce sera d'ailleurs un moyen de vous conserver la bienveillance de sir Édouard.

« Rappelez-moi au souvenir de Mareschal. J'espère qu'il ne sera pas inquiété par suite de nos dernières affaires. Je vous écrirai plus au long quand je serai sur le continent. En attendant, je suis votre affectionné père.

« RICHARD VERE. »

Cette lettre contient toutes les lumières que nous ayons pu nous procurer sur les évènements antérieurs à l'époque où a commencé notre narration. L'opinion d'Hobby, et c'est peut-être celle de la plupart de nos lecteurs, était que le solitaire de Mucklestane-Moor n'avait l'esprit éclairé que de cette espèce de clarté douteuse qui suit la nuit et qui précède le jour, et que les ténèbres de son imagination n'étaient interrompues que par des éclairs aussi fugitifs que brillants; qu'il ne savait pas trop lui-même quel but il désirait atteindre, et qu'il n'y marchait point par le chemin le plus court et le plus direct; enfin, que vouloir expliquer sa conduite c'était chercher une route dans un marais où l'on voit des pas tracés dans toutes les directions, sans qu'un sentier battu s'offre à vos yeux.

Lorsque Isabelle eut lu la lettre de son père, elle demanda à le voir; mais elle apprit qu'il avait déjà quitté le château. Il en était parti de très bonne heure, après une longue conférence avec M. Ratcliffe, pour se rendre dans un port voisin, et passer de là sur le continent.

Où était sir Édouard Mauley? Personne n'avait vu le Nain depuis l'instant où il était sorti de la chapelle, la veille au soir.

— Est-ce qu'il serait arrivé quelque malheur au pauvre Elsy? s'écria Hobby : je m'en consolerai moins vite que de l'incendie de ma ferme.

Il monta à cheval à l'instant même, et courut à la demeure du solitaire. La porte en était ouverte, le feu du foyer était éteint; tout y était dans l'état où Isabelle l'avait trouvé la veille, et il paraissait évident que le Nain n'y était pas rentré. Hobby revint consterné au château.

— Je crains que nous n'ayons perdu le bon Elsy! dit-il à M. Ratcliffe.

— Vous ne vous trompez pas, lui répondit celui-ci en lui remettant un papier : mais vous n'aurez pas à regretter de l'avoir connu.

C'était un acte par lequel sir Édouard Mauley, autrement dit Elsender le Reclus, faisait donation à Hobby

Elliot et à Grâce Armstrong de la somme qu'il avait prêtée au jeune fermier.

— C'est une chose singulière, dit Hobby en pleurant de joie et de reconnaissance ; mais je ne puis jouir de mon bonheur, sans savoir si le pauvre homme qui me le procure est heureux lui-même.

— Quand nous ne pouvons nous-mêmes être heureux? dit Ratcliffe, le bonheur que nous procurons aux autres en devient un pour nous. Telle sera la jouissance de celui que vous nommez Elsy. S'il avait placé tous ses bienfaits sur des êtres qui le méritassent comme vous, sa situation serait probablement toute différente. Mais la profusion qui fournit des aliments à la cupidité et à la dissipation ne produit aucun bien, et n'est pas récompensée par la reconnaissance. C'est semer le vent pour recueillir la tempête.

— Pauvre récolte ! dit Hobby. — Mais si la jeune dame voulait le permettre, je mettrais les essaims d'Elsy dans le parterre de Grâce, et je vous promets bien qu'on ne les tuerait pas pour en prendre le miel ; je mettrais aussi sa chèvre dans notre verger, nos chiens feraient connaissance avec elle et ne lui feraient point de mal, et Grâce aurait soin de la traire elle-même pour l'amour d'Elsy ; car, quoiqu'il fût un peu bourru, je sais qu'il aimait toutes ces pauvres créatures.

On accorda sans difficulté toutes les demandes d'Hobby, qui lui étaient inspirées par le désir qu'il avait de prouver sa reconnaissance. Il fut enchanté quand Ratcliffe lui dit que son bienfaiteur n'ignorerait pas les soins qu'il voulait prendre des compagnons de sa solitude.

— Et dites-lui surtout que ma mère, mes sœurs, Grâce et moi, nous sommes heureux, bien portants, et que c'est son ouvrage. Je suis sûr que cela lui fera plaisir.

Hobby se retira à Heugh-Foot, épousa Grâce, fit rebâtir

sa ferme, et fut aussi heureux qu'il méritait de l'être par sa probité, son bon cœur et sa bravoure.

Il n'existait plus d'obstacle au mariage d'Earnscliff avec Isabelle. Sir Édouard Mauley, représenté par M. Ratcliffe, assura à sa parente une fortune qui aurait pu satisfaire la cupidité d'Ellieslaw lui-même. Mais Isabelle et Ratcliffe crurent devoir cacher à Earnscliff qu'un des motifs de la générosité de sir Édouard était de réparer, autant qu'il le pouvait, le crime dont il s'était rendu coupable en versant le sang du père de ce jeune homme, bien des années auparavant. S'il est vrai, comme l'assura Ratcliffe, que sa misanthropie devint un peu moins farouche, la connaissance qu'il eut d'un bonheur dont il était la cause y contribua sans doute; mais le souvenir du meurtre presque involontaire qu'il avait commis fut probablement le motif pour lequel il ne voulut jamais jouir de la vue de leur félicité.

Mareschal chassa, but du bordeaux, s'ennuya du pays, partit pour l'étranger, fit trois campagnes, revint, et épousa Lucy Ilderton.

Les années, en s'accumulant sur la tête d'Earnscliff et de son épouse, ne diminuèrent rien ni à leur tendresse ni à leur bonheur.

Sir Frédéric Langley, toujours ambitieux, s'engagea dans la malheureuse insurrection de 1715. Il fut fait prisonnier à Preston dans le comté de Lancastre avec le comte de Derwentwater; sa défense et son discours avant de mourir sont dans le recueil des procès d'état [1].

M. Vere fixa sa résidence à Paris, et y vécut dans l'opulence, grâce à la libéralité de sa fille. Il y fit une fortune brillante dans le temps du système de Law sous la régence du duc d'Orléans; mais cette fortune s'écroula aussi rapidement que celle de tant d'autres, et le chagrin qu'il en

---

(1) *State trials.*

conçut détermina une attaque de paralysie qui mit fin à ses jours.

Willie de Westburnflat échappa au ressentiment d'Hobby Elliot, comme ses chefs à la poursuite des lois. Son patriotisme l'engageait fortement à aller servir son pays dans les guerres étrangères, tandis que, d'une autre part, sa répugnance à quitter la terre natale lui inspirait la ressource d'y vivre en faisant métier de réunir une collection de bourses, de montres et de bijoux sur les grandes routes. Heureusement pour lui, la première impulsion l'emporta. Il fut joindre l'armée de Marlborough, obtint un grade par les services qu'il rendit à la commission des vivres par son talent de trouver le bétail en campagne, revint en Écosse au bout de plusieurs années, avec une fortune acquise Dieu sait comme, démolit sa tour de Westburnflat, et y bâtit à la place une maisonnette de trois étages avec deux cheminées. Il but le brandevin avec ceux qu'il avait pillés dans sa jeunesse, mourut dans son lit; et son épitaphe, qu'on lit encore dans l'église de Kirkwhistle, atteste qu'il a toujours vécu en brave soldat, en bon voisin et en chrétien.

M. Ratcliffe continua de demeurer à Ellieslaw-Castle avec Earnscliff et son épouse. Cependant il faisait régulièrement une absence d'un mois au commencement du printemps et de l'automne. Il garda toujours le silence sur le motif et le but de ce voyage périodique; mais on jugeait avec raison qu'il allait voir sir Édouard. Après une de ces absences, on le vit revenir l'air triste et en habit de deuil. Ce fut ainsi qu'Earnscliff et Isabelle apprirent que leur bienfaiteur n'existait plus; mais ils ne surent jamais ni quelle avait été la résidence de sir Édouard, ni en quel lieu reposaient ses cendres. Il avait, avant de mourir, fait promettre le secret à son unique confident.

La disparition subite d'Elsy servit à confirmer les bruits qui avaient couru sur son compte. Les uns crurent qu'ayant osé entrer dans un lieu consacré, malgré le pacte qu'il avait fait avec le diable, le malin esprit, pour l'en punir, l'avait emporté comme il retournait vers sa chaumière. Mais la plupart pensent qu'il ne disparut que pour un temps, et qu'on le revoit encore parfois dans les montagnes. Le souvenir des expressions exaltées de son désespoir a survécu, selon l'usage, à celui de ses bienfaits; ce qui fait qu'on le confond ordinairement avec ce mauvais démon appelé *l'Homme des marécages*, dont voulait parler mistress Elliot à son petit-fils.

Aussi le représente-t-on comme jetant un charme sur les troupeaux, faisant avorter les brebis, ou détachant les avalanches de la montagne pour les précipiter sur ceux qui se réfugient pendant l'orage près du torrent ou sous un rocher dans la ravine. En un mot, tous les malheurs éprouvés par les habitants de cette contrée sont attribués au *Nain noir*.

FIN DU NAIN.

L'OFFICIER
DE FORTUNE,

OU

UNE LÉGENDE DE MONTROSE.

(A Legend of Montrose.)

INTRODUCTION.

Le sergent More M'Alpin était, pendant qu'il vécut parmi nous, un des plus honorables habitants de Gander-Cleugh. Personne, le samedi soir, ne songeait à lui disputer le grand fauteuil de cuir « au meilleur coin de la cheminée, » dans la salle commune de l'auberge des *Armes de Wallace;* et notre sacristain John Duirward n'aurait jamais souffert que quelqu'un usurpât le banc à gauche de la chaire, occupé par le sergent chaque dimanche. C'était là qu'il s'asseyait avec son uniforme bleu des invalides, brossé avec le soin le plus scrupuleux. Deux médailles de mérite à la boutonnière et la manche que ne remplissait plus son bras droit, attestaient ses pénibles et honorables services. Ses traits hâlés, ses cheveux blancs, contenus dans une queue effilée à l'ancienne mode militaire, et la tête un peu inclinée à gauche pour mieux entendre le ministre, étaient encore des indices de sa profession et de ses infirmités. Près de lui était assise sa sœur Jeannette, petite vieille fort propre, avec une coiffe à la highlandaise et un plaid de tartan, attentive à tous les regards de son frère, qui pour elle était le plus grand homme du monde, et pour qui elle cherchait dans sa Bible aux fermoirs d'argent les textes que le prédicateur citait ou expliquait.

Je crois que ce fut le respect qu'on avait généralement à Gander-Cleugh pour ce digne invalide, qui l'engagea à résider dans notre village ; car telle n'avait pas été d'abord son intention.

Il s'était élevé au rang de sergent-major d'artillerie après avoir fait la guerre dans diverses parties du monde, et il passait pour un des plus braves soldats de l'artillerie écossaise. Une balle qui lui cassa le bras dans la Péninsule, lui procura enfin une honorable retraite avec une gratification des fonds patriotiques et une pension de Chelsea [1]. En outre, le sergent More M'Alpin, ayant été aussi prudent que brave, le butin et ses économies l'avaient rendu possesseur d'une certaine somme aux trois pour cent consolidés.

Il se retira, avec l'intention de jouir de ses rentes, dans le vallon agreste des Highlands, où, dans sa jeunesse, il avait gardé les vaches et les chevaux, avant que, séduit par le roulement du tambour, il eût mis son chapeau sur l'oreille pour suivre sa musique pendant près de quarante ans. D'après ses souvenirs, ce lieu retiré était bien supérieur en beauté aux plus riches paysages qu'il eût vus dans ses campagnes ; la Vallée Heureuse de Rasselas n'aurait même pu soutenir la comparaison. Il vint, — il revit ce lieu chéri, — ce n'était qu'une stérile vallée entourée d'âpres rochers et traversée par un torrent. Bien plus, les feux de trente foyers avaient été éteints. — Il ne retrouva que quelques pierres de la cabane de ses pères.— La langue qu'il parlait dans sa jeunesse y était presque oubliée. — L'ancienne race dont il se vantait de descendre avait cherché un refuge au-delà de l'Atlantique. Un fermier du sud, trois pâtres en plaids gris, et six chiens, habitaient seuls le vallon qui jadis nourrissait dans le contentement, sinon dans l'aisance, plus de deux cents habitants.

Le sergent More M'Alpin trouva néanmoins, dans la

---

[1] Hospice des invalides de terre. — Éd.

maison du nouveau tenancier, une source inattendue de plaisir et un objet capable d'occuper ses affections sociales. Sa sœur Jeannette heureusement était si persuadée que son frère reviendrait un jour, que, refusant d'accompagner sa famille dans son exil, elle avait consenti, non sans soupirer de sa dégradation, à prendre du service chez l'intrus des basses-terres, qui, quoiqu'un Saxon, disait-elle, était un assez bon maître. Cette rencontre inattendue avec sa sœur fut une consolation pour More M'Alpin, quoiqu'il ne pût retenir ses larmes en entendant raconter par la dernière habitante de la vallée l'histoire de l'expatriation de toute sa famille.

Jeannette raconta en détail les vaines offres que ces malheureux émigrants avaient faites de payer l'avance d'une rente, avance qui les aurait réduits à la misère, mais ils auraient tout bravé pour vivre et mourir sur leur sol natal. Elle n'oublia pas les présages qui avaient précédé le départ de la race celtique et l'arrivée des étrangers. Pendant deux années antérieures à l'émigration, quand le vent de la nuit mugissait dans le défilé de Ballachra, c'était sur l'air de *Ha til mi tulidh* (*Nous ne reviendrons plus*), chant d'adieu des Highlanders qui s'exilent de leur patrie. Les cris sinistres des pâtres étrangers et les aboiements de leurs chiens avaient souvent retenti dans les brouillards de la montagne avant leur arrivée. Un barde, le dernier de sa race, avait consacré à l'expulsion des habitants du vallon un chant qui arracha des larmes aux vieux yeux de l'invalide, et dont la première stance peut être rendue ainsi :

> Malheur, malheur à toi, fils des riches Saxons !
> Pourquoi quitterais-tu tes fertiles frontières ?
> Pourquoi venir troubler l'habitant de nos monts,
> Et désoler ces lieux calmes et solitaires ?

Ce qui ajoutait au chagrin de More M'Alpin, c'était que le Chef qui avait effectué ce changement était, selon la tradition et l'opinion générale, le représentant des chefs et des ancêtres de la famille bannie; et un des plus grands sujets d'orgueil du sergent avait été jusqu'alors d'établir par les calculs généalogiques jusqu'à quel degré il était allié à ce personnage.

— Je ne puis le maudire, dit-il en se promenant à grands pas dans la chambre quand Jeannette eut fini son récit. — Je ne le maudirai pas, il est le descendant et le représentant de mes pères; mais jamais homme mortel ne m'entendra prononcer son nom.

Il tint parole, car jusqu'à sa mort il s'abstint de nommer ce Chef au cœur dur et égoïste.

Après avoir consacré un jour à de tristes souvenirs, le courage mâle qui avait accompagné le sergent dans sa longue carrière de dangers fortifia son cœur contre ses cruels regrets. — J'irai, dit-il, au Canada rejoindre ma famille, qui a donné à une vallée transatlantique le nom de la vallée de ses pères. Jeannette retroussera ses jupons comme la femme d'un soldat. — Au diable la distance! C'est le saut d'une puce, comparée aux voyages et aux marches que j'ai faits pour de moindres intérêts.

Dans ce dessein il quitta les Highlands, et vint avec sa sœur jusqu'à Gander-Cleugh pour se rendre à Glascow, où il voulait s'embarquer. Mais l'hiver était survenu; et réfléchissant qu'il ferait mieux d'attendre que la belle saison eût ouvert le Saint-Laurent, il s'établit parmi nous pendant le peu de mois qu'il comptait séjourner dans la Grande-Bretagne. Comme je l'ai déjà dit, le respectable vieillard fut comblé d'égards et de témoignages de déférence par les personnes de tous les rangs; et quand le printemps revint il fut si content de ses quartiers d'hiver, qu'il changea d'avis sur son voyage. Jeannette avait peur de la mer; le sergent lui-même ressentit les infirmités de la vieillesse et les suites de ses longs services, beaucoup plus qu'il ne s'y était attendu; enfin il avoua au ministre et à mon digne chef M. Cleishbotham, qu'il valait mieux rester avec des amis connus, que d'aller plus loin pour s'y trouver moins bien peut-être.

Il élut donc son domicile à Gander-Cleugh, à la grande satisfaction de tout ce village, où sa science militaire et ses commentaires savants sur les gazettes et les bulletins le rendirent un véritable oracle explicatif de toutes les guerres passées, présentes et à venir.

Il est vrai que le sergent avait ses inconséquences. C'était un jacobite déclaré, opinion de son père et de ses quatre oncles, en 1745; mais il n'en était pas moins un ferme adhérent du roi Georges, au service duquel il avait perdu trois frères et fait sa petite fortune ; de sorte que vous risquiez également de lui déplaire en appelant le prince Charles le Prétendant, ou en disant quelque chose qui pût blesser la dignité du roi Georges. En outre il est inutile de nier que, lorsque le jour de toucher ses dividendes arrivait, le sergent était assez enclin à rester à l'auberge de Wallace plus avant dans la soirée qu'il ne convenait à sa tempérance ou même à ses intérêts pécuniaires; car, dans ces occasions, ses compagnons de table flattaient quelquefois ses opinions en chantant des refrains jacobites, ou en buvant à la ruine de Buonaparte et à la santé du duc de Wellington; si bien que M'Alpin n'était pas seulement flatté de solder tout le compte, mais se laissait aller jusqu'à prêter de petites sommes à ses amis intéressés. Après ces frasques, comme il les appelait, il manquait rarement de remercier Dieu et le duc d'York [1], qui avaient empêché qu'un vieux soldat se ruinât par sa folie aussi facilement que cela lui serait arrivé dans son jeune temps.

Ce n'était pas dans ces occasions-là que je me mêlais à la

---

(1) Plus estimé comme ministre de la guerre que comme capitaine, prince et homme, le duc d'York a fait plusieurs règlements de discipline dont la sagesse est rarement contestée. — Éd.

société du sergent More M'Alpin; mais souvent, quand j'en avais le loisir, j'aimais à aller lui tenir compagnie dans sa parade du matin et du soir : c'était ainsi qu'il appelait sa promenade, à laquelle il était aussi exact chaque fois qu'il faisait beau temps, que s'il eût obéi à l'appel du tambour et des trompettes.

Sa promenade du matin avait lieu sous les ormes du cimetière; car la mort, disait-il, avait été sa voisine pendant un si grand nombre d'années, qu'il n'avait aucun motif d'abandonner une vieille connaissance.

Son rendez-vous du soir était une petite esplanade sur le bord de la rivière, où on le voyait souvent, les lunettes sur le nez, lisant les papiers publics à un cercle de politiques de village, expliquant les termes militaires, et venant au secours de l'intelligence de ses auditeurs par des figures tracées sur le sable avec sa canne. Dans d'autres occasions, il était entouré d'un bataillon d'écoliers qu'il dressait quelquefois à la manœuvre, et qu'il instruisait quelquefois, ce qui plaisait moins aux parents, dans l'art des feux d'artifice; car, lors des réjouissances publiques, le sergent était le pyrotechniste du village de Gander-Cleugh (c'est, je crois, le terme de l'Encyclopédie [1]).

C'était le matin que je me promenais le plus fréquemment avec l'invalide : encore aujourd'hui je puis à peine regarder le sentier ombragé par les ormeaux, sans penser que je le vois s'avancer vers moi d'un pas mesuré avec sa canne, et prêt à me rendre le salut militaire. — Mais il est mort, et repose avec sa fidèle Jeannette, sous le troisième arbre, à l'extrémité occidentale du cimetière.

Le plaisir que je goûtais dans la conversation du sergent M'Alpin ne tenait pas seulement aux nombreuses aventures de sa vie errante, mais encore au souvenir qu'il avait conservé de plusieurs traditions des Highlands, telles

---

(1) Pour *artificier*. — Éd.

que sa jeunesse les avait apprises de ses parents, et dont il croyait qu'on ne pouvait sans hérésie contester l'authenticité.

Plusieurs de ces traditions avaient rapport aux guerres de Montrose, dans lesquelles quelques uns des ancêtres du sergent s'étaient distingués. Quoique dans les commotions civiles les Highlanders aient acquis leur plus grande gloire, puisque ce fut la première fois qu'ils se montrèrent supérieurs ou du moins égaux en bataille rangée à leurs voisins des terres basses, cette époque a été moins célébrée parmi eux qu'on n'aurait pu s'y attendre en considérant l'abondance de traditions qu'ils ont conservées sur des sujets moins intéressants. Ce fut donc avec le plus grand plaisir que j'empruntai à mon ami l'invalide quelques particularités curieuses sur ce temps-là. On y trouvera le mélange de ce goût pour le merveilleux, qui appartient au temps et au narrateur, mais que je permets au lecteur de ne pas accueillir en toute confiance, pourvu qu'il veuille bien croire du moins les évènements naturels de mon histoire, fondés sur la vérité, comme dans ceux que j'ai eu l'honneur de soumettre à sa critique [1].

(1) Certes, les critiques qui ont condamné en masse comme insignifiantes les introductions des *Contes de mon hôte*, auraient pu faire une exception en faveur de la première (celle des *Puritains*) et cette dernière, tableau charmant qui pourrait offrir une série de scènes naturelles à un Charlet écossais. — Éd.

L'OFFICIER
DE FORTUNE,

OU

UNE LÉGENDE DE MONTROSE.

(A Legend of Montrose.)

CONTE DE MON HOTE.

CHAPITRE PREMIER.

> « Gens que l'on voit appuyer leur croyance
> « Des textes saints, du sabre et du canon,
> « D'un cas douteux, en toute confiance,
> « Par ce moyen trancher la question. »
> BUTLER.

C'EST à l'époque de la célèbre et sanglante guerre civile qui agita la Grande-Bretagne pendant le commencement du dix-septième siècle que commence notre histoire. L'Écosse n'avait pas encore souffert de ces troubles, quoique ses habitants fussent divisés par les opinions politiques, et qu'un grand nombre d'entre eux, lassés du contrôle des États du parlement, et désapprouvant la démarche hardie que ce corps avait faite en envoyant une armée considérable au secours du parlement d'Angleterre, fussent déterminés à saisir la première occasion de se déclarer pour le roi, et de faire une diversion qui forcerait au moins de rappeler le général Leslie et son armée, si elle ne réussissait pas à rétablir complètement en Écosse l'autorité royale [1]. Ce plan avait été principalement adopté par la noblesse du nord, qui s'était opiniâtrément refusée à entrer dans la ligue solennelle du *Covenant*, et par la plupart des chefs des clans highlandais convaincus que le maintien de leur puissance dépendait de celui de l'autorité royale; d'ailleurs ces clans, qui avaient une aversion décidée pour les formes de la religion presbytérienne, étaient dans cet état à demi sauvage de société où la guerre est toujours la bienvenue plutôt que la paix.

De ces diverses causes on s'attendait généralement à voir résulter de grandes commotions; et les déprédations que les montagnards écossais avaient commises de tout temps dans les Lowlands commençaient à prendre une forme plus avouée et plus régulière, et semblaient faire partie d'un système militaire général.

Ceux qui étaient à la tête des affaires ne fermaient pas les yeux sur les dangers que la situation des esprits annonçait, et ils faisaient, non sans inquiétude, les préparatifs nécessaires pour y résister. Ils voyaient pourtant avec satisfaction qu'il ne s'était encore déclaré aucun Chef porteur d'un nom assez imposant pour attirer sous ses bannières une armée de royalistes, ou même pour réunir en un seul corps ces bandes éparses à qui l'amour du pillage, autant que l'opinion politique, inspirait des mesures

---

[1] Le parlement d'Écosse, en 1640, se montra non moins *révolutionnaire* que celui d'Angleterre, et profita des troubles du royaume voisin pour viser à l'indépendance et à l'omnipotence. L'auteur fait ici allusion au *comité des États* (*committee of Estates*), auquel le parlement écossais délégua le pouvoir exécutif en 1640. Voyez l'*Histoire d'Écosse* de Laing. — Éd.

hostiles. On espérait encore qu'en plaçant dans les basses terres un nombre de troupes suffisant pour garder les débouchés des montagnes, on contiendrait les chefs des montagnards ; tandis que les forces des divers barons du nord qui s'étaient déclarés pour le Covenant, tels que le comte Mareschal et les grandes familles des Forbes, des Leslie, des Irvine et des Grant, pourraient balancer et tenir en bride non seulement les Ogilvie et autres *Cavaliers* d'Angus et de Kincardine, mais encore la puissante famille des Gordons, dont l'autorité était aussi étendue que leur haine contre les presbytériens était violente.

Dans les Highlands de l'ouest, le parti dominant, c'est-à-dire celui des presbytériens, comptait beaucoup d'ennemis ; mais on regardait les mécontents comme réprimés, et leurs chefs turbulents comme intimidés par l'influence supérieure du marquis d'Argyle, à qui la convention des États [1] accordait la plus entière confiance, et dont l'autorité, déjà exorbitante, avait reçu de nouveaux accroissements par les concessions arrachées au roi en sa faveur lors de la dernière pacification. On n'ignorait pas que le marquis d'Argyle était plus recommandable par ses talents politiques que par son courage personnel, et qu'il était plus propre à conduire une intrigue parmi des courtisans qu'à maintenir l'ordre parmi des montagnards animés de dispositions hostiles ; mais la force de son clan et l'esprit belliqueux des principaux seigneurs qui lui étaient subordonnés paraissaient compenser suffisamment ce qui pouvait manquer au Chef lui-même. Les Campbells avaient d'ailleurs tellement humilié déjà la plupart des clans de leur voisinage, qu'on supposait que ceux-ci réfléchiraient long-

---

[1] Le parlement transformé en convention nationale. — Éᴅ.

temps avant de s'exposer au ressentiment d'ennemis si redoutables.

La convention des États d'Écosse, voyant ainsi son autorité bien établie sur l'ouest et le sud de ce royaume, qui en forment incontestablement la plus riche partie, étant maître absolu dans le comté de Fife, et ayant des amis puissants et nombreux même au nord du Forth et du Tay, ne regardait pas le péril comme assez urgent pour changer la marche que sa politique s'était tracée. La convention ne songea donc pas à rappeler l'armée auxiliaire de vingt mille hommes qu'elle avait envoyée à ses frères du parlement d'Angleterre, dont le parti, devenu plus formidable par cet accroissement de forces, avait réduit les royalistes à la défensive dans un moment où ils croyaient pouvoir compter sur un triomphe assuré.

Les causes qui avaient décidé, à cette époque, la convention d'Écosse à prendre un intérêt si actif et si immédiat aux guerres civiles d'Angleterre sont détaillées dans nos historiens; mais il est bon de les rappeler ici en peu de mots. Il n'existait aucun motif de plainte contre le roi. Loin de commettre quelque agression contre ses sujets d'Écosse, il avait fidèlement exécuté toutes les conditions de la paix qui avait été faite entre eux et lui; mais le parti dominant n'ignorait pas que c'était la force des armes et l'influence du parlement d'Angleterre qui avaient arraché au roi Charles la signature de cette paix. Il est vrai que depuis, ce monarque avait visité la capitale de son ancien royaume; il avait consenti à l'organisation de l'Église presbytérienne; il avait distribué des honneurs et des récompenses aux chefs qui s'étaient montrés le plus contraires à ses intérêts : mais on lui soupçonnait l'intention de retirer des faveurs qu'il n'avait accordées que malgré lui, dès que l'occasion s'en présenterait. On voyait avec inquiétude la puissance du parlement d'Angleterre s'affaiblir, et l'on prévoyait que si Charles triomphait par la force des armes des insurgents anglais, il ne perdrait pas de temps pour faire tomber sur l'Écosse le châtiment qu'il pouvait regarder comme mérité par ceux qui avaient donné l'exemple de prendre les armes contre lui.

Telles étaient les raisons politiques qui avaient déterminé l'envoi d'une armée auxiliaire en Angleterre, et on les avouait dans le manifeste qui expliquait les motifs d'après lesquels on avait donné au parlement de ce royaume un secours si important. Le parlement d'Angleterre, y disait-on, avait déjà rendu des services à l'Écosse, et pouvait lui en rendre encore, au lieu que le roi, quoiqu'il y eût établi la religion comme on le désirait, n'avait jamais agi de manière à faire croire à la sincérité de ses déclarations, ses promesses et sa conduite ne s'étant jamais trouvées d'accord ensemble. — Notre conscience, finissait-on par dire, et Dieu, qui est au-dessus de notre conscience, nous forcent à déclarer que notre seul but est la gloire de la religion, la paix des deux royaumes et l'honneur du roi, en cherchant par des voies légales à abattre la puissance, et à assurer la punition de ceux qui sont les perturbateurs d'Israël, les tisons de l'enfer, les Coré, les Balaam, les Doeg, les Rabshaweks, les Amans, les Sobres, les Semballates de notre siècle. Cet acte de justice une fois accompli, nous sommes satisfaits. Ce n'est qu'après avoir vu échouer tous les autres moyens auxquels nous avions pu songer, que nous nous sommes déterminés à envoyer une armée en Angleterre, mesure qui nous a paru devoir produire les heureux effets que notre piété s'en promet : mais il ne nous en restait point d'autre ; c'était l'unique et le dernier remède à tous les maux, *ultimum et unicum remedium*.

Nous laissons aux casuistes le soin de décider si une

partie contractante est excusable de rompre un traité solennel, sous prétexte qu'elle soupçonne que l'autre a le projet d'y contrevenir un jour si telle ou telle circonstance se présente, et nous allons parler de deux autres circonstances qui eurent au moins autant de poids sur l'esprit du gouvernement d'Écosse et du peuple que tous les doutes qu'on pouvait concevoir sur la sincérité du roi.

La première était l'état et la composition de l'armée écossaise, commandée par des nobles pauvres et mécontents, sous lesquels servaient des officiers, la plupart soldats de fortune, qui avaient fait les guerres d'Allemagne, y avaient perdu toute idée de principes politiques, et ne connaissaient même plus de patrie. Leur profession de foi mercenaire portait que le premier devoir du soldat était la fidélité au prince ou au gouvernement qui le prenait à sa solde, sans s'inquiéter de la justice de la cause pour laquelle il portait les armes, et sans songer aux relations qu'il pouvait avoir avec le parti qui lui était opposé. C'est des hommes de cette trempe que Grotius dit avec sévérité : — *Nullum vitæ genus est improbius quàm eorum qui, sine causæ respectu, mercede conducti, militant* [1]. Ces guerriers mercenaires et les nobles indigents qui partageaient avec eux le commandement, et qui prenaient sans peine les mêmes opinions, n'avaient pas oublié les succès qu'ils avaient obtenus en Angleterre dans la courte invasion de 1641, et c'était une raison bien suffisante pour eux pour qu'ils désirassent d'y tenter une seconde fois la fortune. La paye avantageuse qu'ils avaient reçue en Angleterre, la licence dans laquelle ils avaient vécu, avaient fait une impression durable sur l'esprit de ces aventuriers, et l'espoir de retrouver les mêmes avantages ne leur permettait d'écouter aucun

---

(1) Nul genre de vie plus coupable que celui de ces hommes qui combattent sans embrasser une cause, et conduits par l'appât d'un salaire. — Tr.

des arguments qu'auraient pu leur opposer la politique, la morale et l'humanité.

Mais si l'appât des richesses de l'Angleterre était pour la soldatesque une tentation attrayante, une autre cause ne contribuait pas moins à enflammer l'esprit de la nation en général. On avait tant discouru et tant écrit de part et d'autre sur les formes extérieures du gouvernement et de l'église, que cette matière était devenue, aux yeux de la multitude, beaucoup plus importante que la doctrine de l'Évangile que professaient les deux partis. Les épiscopaux et les presbytériens les plus violents s'étaient rendus aussi ridicules dans leurs prétentions que les papistes, et ils admettaient à peine la possibilité du salut pour ceux qui ne partageaient pas leurs opinions religieuses. En vain l'on objectait à ces fanatiques que si le divin auteur de notre religion avait voulu qu'une forme particulière dans le gouvernement de l'Église fût indispensable au salut, il nous l'aurait révélé avec la même précision que le culte de l'Ancien Testament; les deux partis n'en continuaient pas moins à se quereller avec la même fureur que si un précepte formel du ciel leur eût imposé la loi de l'intolérance.

Laud, dans les jours de sa domination, avait allumé l'incendie en voulant forcer les Écossais à adopter des cérémonies d'église contraires à leurs habitudes et à leurs opinions. Le succès avec lequel on lui avait résisté, et le triomphe de l'Église presbytérienne, avaient contribué à rendre chères au peuple les formes de ce culte, et cette cause était devenue nationale. La ligue solennelle du Covenant s'étant répandue avec rapidité sur toute la surface du royaume, les uns y étaient entrés par zèle, les autres comme forcés à la pointe de l'épée. Son principal objet était d'établir la doctrine et la discipline de l'Église presbytérienne, et d'anéantir ce que ce parti appelait l'erreur et l'hérésie. Ayant réussi à allumer dans leur pays ce qu'ils nommaient le candélabre d'or, les Écossais, dans leur zèle ardent et furieux, voulaient en propager la lumière jusqu'en Angleterre. Or ils croyaient que le meilleur moyen pour y réussir était de fournir au parlement de ce pays une armée écossaise. Les presbytériens formaient un parti nombreux et puissant dans le parlement d'Angleterre ; ils dirigeaient alors l'opposition qui s'était déclarée contre le roi, tandis que les Indépendants et les autres sectaires, qui s'emparèrent ensuite de l'autorité du glaive sous Cromwell, et qui renversèrent l'Église presbytérienne en Écosse et en Angleterre, étaient encore forcés de se couvrir des couleurs du parti dominant, dont l'opulence et le crédit les éclipsaient. La perspective de pouvoir établir dans ces deux royaumes une uniformité de culte et de discipline paraissait donc aux Écossais aussi probable qu'ils pouvaient le désirer.

Le célèbre Henri Vane, l'un des commissaires qui avaient négocié la paix entre l'Écosse et l'Angleterre, vit combien cet appât aurait de force sur les esprits des Écossais ; et, quoiqu'il fût lui-même un Indépendant exagéré, il trouva le moyen de satisfaire et de tromper en même temps le zèle ardent des presbytériens, en qualifiant l'obligation de réformer l'Église d'Angleterre, de — changement qui devait s'exécuter suivant la parole de Dieu et la pratique des Églises réformées. — Trompés par la fougue même de leurs désirs, n'ayant aucun doute que l'établissement de leur culte ne fût de droit divin, et ne croyant pas que d'autres pussent en douter, la convention des États et l'Église d'Écosse s'imaginèrent que de telles expressions ne pouvaient s'appliquer qu'au presbytérianisme, et ils ne furent détrompés que lorsque les autres sectaires, n'ayant plus besoin de leur secours, leur apprirent que ces paroles pouvaient aussi bien s'entendre de toute autre forme de culte que ceux qui étaient alors à la tête des affaires pouvaient regarder comme conforme *à la parole de Dieu et à la pratique des Églises réformées.* Leur projet était de resserrer l'autorité royale dans des bornes plus étroites, mais non de l'anéantir; et ils ne furent pas moins surpris quand ils reconnurent que le dessein des sectaires anglais était de détruire entièrement la constitution monarchique de la Grande-Bretagne. Mais il était trop tard pour qu'ils réparassent le mal qu'ils avaient fait. Ils avaient agi à cet égard comme ces médecins imprudents qui, à force de remèdes, réduisent leur malade à un tel point d'épuisement, qu'ils ne trouvent plus ensuite de cordial assez efficace pour lui rendre des forces.

Mais ces évènements étaient encore cachés dans le sein de l'avenir. Le parlement écossais croyait, à l'époque dont nous parlons, que ses liaisons avec celui d'Angleterre étaient fondées sur la justice, sur la prudence et sur la religion, et l'armée écossaise en Angleterre exécuta tout ce qu'on en attendait. Ayant effectué sa jonction avec celles de Fairfax et de Manchester, elle mit les forces parlementaires en état d'assiéger la ville d'York, et de livrer la bataille sanglante de Long-Marston-Moor, où la victoire fut si vivement disputée, et qui se termina par la défaite du prince Rupert et du marquis de Newcastle. Ce triomphe fut pourtant moins glorieux pour les auxiliaires écossais que leurs compatriotes l'auraient désiré. David Leslie, à la tête de leur cavalerie, combattit vaillamment, et partagea l'honneur de cette journée avec la brigade des Indépendants de Cromwell; mais le vieux comte de Leven, général de la ligue du Covenant, fut repoussé bien loin du champ de bataille par la charge impétueuse du prince Rupert, et il en était déjà à trente milles, et en pleine fuite vers l'Écosse, quand il apprit que l'armée dont il faisait partie avait remporté une victoire complète.

L'absence des troupes occupées à cette croisade pour l'établissement du presbytérianisme en Angleterre avait considérablement diminué le pouvoir de la convention d'Écosse, et occasioné parmi les royalistes l'agitation dont nous avons parlé au commencement de ce chapitre.

CHAPITRE II.

« Quel fut donc le berceau dont se servit sa mère?
« Ce fut, assure-t-on, un corselet rouilleux,
« Dont jadis aux combats s'était couvert le père.
« Endormi chaque jour par ce son belliqueux,
« L'enfant rêvait déjà des exploits de la guerre,
« Lorsqu'il marchait encor tenu par la lisière. »
Satires de Hall.

Ce fut vers la fin d'une soirée d'été, à l'époque dont nous venons de parler, qu'un jeune homme de noble naissance, bien monté, bien armé, suivi de deux domestiques, dont l'un conduisait en laisse un cheval de bagage, gravissait lentement un de ces défilés escarpés des Highlands qui conduisent aux Howlands du Perthshire. Depuis quelque temps il avait côtoyé les bords d'un lac dont l'eau profonde réfléchissait les rouges rayons du soleil couchant. Le sentier inégal qu'il suivait, non sans peine, était en certains endroits ombragé par des bouleaux et des chênes séculaires, et dans d'autres dominé par d'énormes fragments de rochers. Plus loin, la colline qui formait le bord septentrional de cette belle nappe d'eau s'élevait en rampe moins rapide, et elle était couverte de bruyères dont les fleurs brillaient d'un pourpre étincelant. Aujourd'hui ce paysage romantique n'offrirait que des charmes au voyageur; mais celui qui voyage dans les temps de troubles et de dangers n'accorde que bien peu d'attention au site le plus pittoresque.

Le cavalier, autant que le sentier le permettait, se tenait à côté d'un de ses domestiques, et semblait s'entretenir familièrement avec lui, sans doute parceque les distinctions de rang s'oublient aisément parmi les hommes qui partagent les mêmes périls. Les dispositions des principaux chefs qui habitaient ce pays sauvage, et la probabilité qu'ils prendraient part aux convulsions politiques auxquelles on s'attendait, était le sujet de la conversation.

Ils étaient encore sur le bord du lac, et le jeune homme montrait à ses domestiques l'endroit où la route qu'il comptait suivre tournait vers le nord en quittant les rives du lac, et montait à droite par une ravine, quand ils aperçurent un cavalier qui suivait aussi les rives du lac, mais en sens contraire, et qui s'avançait vers eux. Les rayons du soleil, frappant sur son casque et sur son armure, faisaient voir qu'il était armé de pied en cap, et nos voyageurs avaient intérêt à ne pas le laisser passer sans le questionner.

— Il faut que nous sachions qui est cet homme, et où il va, dit le jeune seigneur. Et, pressant le pas de son cheval, il marcha aussi vite que le permettait le chemin qu'il suivait. Ses deux domestiques en firent autant; et ils s'avancèrent ainsi jusqu'à l'endroit où le sentier régnant le long du lac était coupé par celui qu'ils devaient prendre ensuite, empêchant par là que l'étranger pût les éviter en prenant cette dernière route.

L'inconnu avait doublé le pas quand il avait aperçu les trois cavaliers. Mais quand, après les avoir vus s'avancer rapidement, il les vit faire halte et former un front qui occupait tout le sentier, il retint son cheval d'un air qui annonçait non pas de la crainte, mais de la circonspection, ce qui donna aux deux partis le temps de s'examiner. Son cheval paraissait très propre au service militaire, et le poids qu'il portait ne semblait pas le fatiguer; le cavalier lui-même se tenait en selle de manière à prouver que ce siége lui était familier ; il avait sur la tête un casque étincelant, surmonté d'un panache de plumes, et il était couvert d'une cuirasse assez épaisse par-devant pour être à l'épreuve de la balle, et moins solide par-derrière. Il portait cette arme défensive au-dessus d'une jaquette de buffle, avec des gantelets qui lui montaient jusqu'au coude, et qui, comme le reste de son armure, étaient d'acier brillant et poli. Au-devant de sa selle étaient suspendus des pistolets d'une taille peu ordinaire, ayant près de deux pieds de longueur, et dont le calibre était calculé pour des balles de vingt à la livre. Un ceinturon de buffle avec une large boucle d'argent soutenait à son côté gauche une large épée garnie d'une forte garde, et dont la lame à deux tranchants était propre à frapper d'estoc et de taille [1] ; à sa droite pendait une dague d'environ dix-huit pouces. Un baudrier passant sur une épaule fixait un mousquet sur son dos, et était croisé par une bandoulière à laquelle était suspendue une giberne contenant ses munitions. Enfin ses cuisses étaient couvertes de lames d'acier nommées cuissarts, qui joignaient le haut de ses grosses bottes, ce qui complétait à cette époque l'équipage d'un guerrier bien armé.

L'air du cavalier lui-même était parfaitement assorti à tout cet attirail militaire. Il était de grande taille, et d'une force suffisante pour porter avec aisance le poids de toutes ses armes défensives et offensives ; il paraissait avoir quarante et quelques années, tout son extérieur annonçait un vétéran qui avait fait plus d'une campagne, et en avait rapporté pour gage plus d'une cicatrice. A la distance d'environ soixante pas il s'arrêta, se leva sur ses étriers comme pour reconnaître quels étaient ceux qui semblaient vouloir lui disputer le passage, et plaça son

---

[1] *Broadsword.* C'est à peu près la claymore des Highlands. — Ed.

mousquet sous son bras droit pour être prêt à s'en servir si l'occasion l'exigeait. Sauf le nombre, il avait tous les avantages sur ceux qui venaient à lui.

Le chef de cette petite troupe était à la vérité bien monté. Il portait un justaucorps de buffle richement brodé, qui était alors le petit uniforme militaire ; mais ses domestiques n'étaient vêtus que d'une espèce de gros feutre, qui n'aurait opposé qu'une bien faible résistance au tranchant d'une épée maniée par un homme vigoureux, et ils n'avaient d'autres armes que des épées et des pistolets, sans lesquels, dans ces temps de troubles, on se hasardait rarement à se mettre en route.

Quand ils se furent examinés environ une minute, celui de nos personnages que nous avons présenté le premier à nos lecteurs adressa à l'étranger la question qui était alors dans toutes les bouches en pareille circonstance : — Pour qui êtes-vous ?

— Dites-moi d'abord pour qui vous êtes, répondit le militaire : c'est au parti le plus fort à parler le premier.

— Nous sommes pour Dieu et pour le roi Charles. Maintenant que vous savez de quel parti nous sommes, dites-nous quel est le vôtre.

— Je combats pour Dieu et pour mon étendard.

— Et quel est votre étendard ? celui du roi ou celui du parlement ? Êtes-vous Cavalier ou Tête-Ronde ? pour le roi, ou pour la convention ?

— Par ma foi, monsieur, je ne voudrais pas vous faire un mensonge, car c'est une chose qui ne convient guère à un soldat ; mais, pour répondre à votre question avec vérité, il faudrait que je susse moi-même auquel des partis qui règnent en ce royaume je finirai par appartenir, et c'est sur quoi je n'ai pas encore pris une résolution définitive.

— J'aurais cru, dit le jeune homme, que, quand il s'agit de religion et de loyauté, il ne fallait pas long-temps à un gentilhomme ou à un homme d'honneur pour choisir un parti.

— Par ma foi, monsieur, si vous parlez ainsi pour élever des doutes sur ma naissance et sur mon honneur, je suis prêt à vous en donner des preuves en combattant moi seul contre vous trois : mais si ce n'est qu'une forme de raisonnement de logique, science que j'ai étudiée dans ma jeunesse au collége Mareschal à Aberdeen, je puis vous prouver *logicè* que ma détermination de différer pendant un certain temps à m'enrôler dans l'un ou l'autre de ces deux partis est fondée sur des principes qui conviennent non seulement à un gentilhomme et à un homme d'honneur, mais à un homme qui a du bon sens et de la prudence, qui a étudié les belles-lettres dans sa première jeunesse, et qui ensuite a fait la guerre sous les drapeaux du lion du Nord, de l'invincible Gustave, et d'autres illustres guerriers luthériens et calvinistes, papistes et arminiens.

Après avoir dit deux mots à l'un des deux hommes de sa suite : — Je serais charmé, monsieur, lui dit le jeune homme, d'avoir avec vous une plus longue conversation sur un sujet si intéressant, et je me féliciterais si je pouvais vous déterminer à embrasser la cause que j'ai moi-même épousée. Je vais ce soir chez un ami qui ne demeure qu'à trois milles d'ici ; si vous voulez m'y accompagner, vous trouverez un bon gîte pour cette nuit, et vous serez parfaitement libre de continuer votre route si vous ne vous trouvez pas disposé à vous joindre à nous.

— Et de qui recevrai-je parole à cet égard? demanda le cavalier prudent. Un homme doit connaître quelle est sa garantie, sans quoi il peut tomber dans une embuscade.

— Je suis le comte de Menteith, répondit le jeune homme; et j'espère que ma parole d'honneur vous paraîtra une sûreté suffisante.

— Sans contredit, répliqua le cavalier. Ce nom ne m'est pas inconnu, et celui qui le porte ne peut manquer à sa promesse. En même temps il rejeta son mousquet en arrière, rendit le salut militaire au jeune comte, et continuant à parler en avançant vers lui : — Je me flatte aussi, ajouta-t-il, que l'assurance que je vous donne que je serai pour Votre Seigneurie un *buen camarado*, en paix ou en guerre, tant que je serai avec elle, ne vous paraîtra pas à mépriser dans ces temps de troubles, où l'on dit avec raison que la tête d'un homme est plus en sûreté sous un casque d'airain que dans un palais de marbre.

— Je vous assure, monsieur, dit lord Menteith, qu'à en juger d'après les apparences je fais le plus grand cas de votre escorte ; mais je me flatte que nous n'aurons pas besoin de donner des preuves de valeur, car je vous conduis à de bons quartiers, chez des amis.

— De bons quartiers, milord, sont toujours agréables, et l'on ne doit leur préférer qu'une bonne paye ou un bon butin, pour ne pas parler de l'honneur d'un soldat et des devoirs du service. Et pour vous dire la vérité, milord, votre offre obligeante vient d'autant plus à propos que je ne savais pas trop où je pourrais trouver un logement cette nuit, tant pour moi que pour mon pauvre compagnon, ajouta-t-il en caressant le cou de son cheval.

— Puis-je vous demander à présent, dit lord Menteith, à qui j'ai l'avantage de servir de quartier-maître ?

— Cela est juste, milord, très juste. Je me nomme Dalgetty, — Dugald Dalgetty, le ritmeister Dugald Dalgetty de Drumthwacket, à votre service et à vos ordres. C'est un nom que vous pouvez avoir trouvé plus d'une fois dans le journal Gallo-Belge, dans la *Gazette de Suède* et dans le *Mercure de Leipsick*. Mon père, milord, ayant, je ne sais trop comment, réduit à rien un assez beau patrimoine, je n'eus pas de meilleur parti à prendre, à l'âge de dix-huit ans, que de porter dans les guerres d'Allemagne la science que j'avais acquise au collége Mareschal à Aberdeen, ma noblesse et le nom de Drumthwacket, avec deux bras vigoureux et deux jambes non moins bonnes, pour tâcher d'y faire mon chemin comme soldat de fortune : et le fait est, milord, que mes bras et mes jambes m'ont été plus utiles que ma noblesse et ma science. Je m'y suis trouvé portant la pique comme soldat sous le vieux sir Ludovick Leslie, et j'y ai si bien appris les règles du service, milord, qu'il ne me serait pas facile de les oublier. Croiriez-vous qu'il me fit monter une fois la garde devant la porte du palais huit heures consécutives, depuis midi jusqu'à huit heures du soir, armé de pied en cap, couvert de fer des pieds à la tête, par la gelée la plus forte, quand la glace était dure comme de l'airain, et tout cela pour m'être arrêté un instant et avoir dit un mot à mon hôtesse, au lieu d'aller répondre à l'appel.

— Mais si vous avez été exposé au froid ce jour-là, vous avez sans doute vu aussi de chaudes journées?

— Sans contredit, milord. Ce n'est pas à moi qu'il convient d'en parler; mais celui qui a vu les journées de Leipsick et de Lutzen peut se vanter d'avoir vu des batailles rangées, et celui qui a été témoin de la prise de Francfort, de celle de Spanheim, de Nuremberg et de tant d'autres places, doit se connaître un peu en siéges et en assauts.

— Mais votre mérite et votre expérience, monsieur, ont sûrement obtenu la promotion qui leur était due?

— Lentement, milord, diablement lentement; mais comme nos compatriotes, les pères de la guerre, qui avaient levé ces braves régiments écossais devenus la terreur de l'Allemagne, tombaient les jours de bataille comme les mouches à la fin de l'automne, nous autres qui étions comme leurs enfants, nous recueillîmes leur héritage. Je fus six ans premier soldat de ma compagnie, milord; trois ans speisade; enfin je fus nommé fahn-dragger, c'est-à-dire porte-enseigne, dans le régiment des chevaux noirs de la garde du roi, et je m'élevai ensuite aux grades de lieutenant et de ritmeister sous cet invincible monarque, le boulevard de la foi protestante, le lion du Nord, la terreur de l'Autriche, Gustave-le-Victorieux.

— Si je vous comprends bien, capitaine... car je crois que ce titre correspond à celui de ritmeister...

— Précisément, répondit Dalgetty; c'est exactement le même grade, ritmeister signifiant littéralement chef de file.

— Je voulais vous faire observer, reprit le comte, que, si je vous comprends bien, il me semble que vous avez quitté le service de ce prince?

— Après sa mort, milord, après sa mort, et lorsque aucun lien ne m'y retenait plus. Il y avait dans son service des choses qu'un homme d'honneur a peine à digérer : quand ce n'eût été que la paye, qui n'était pas très libérale, car celle d'un ritmeister n'était que d'environ soixante dollars par mois; et cependant jamais l'invincible Gustave n'en paya plus du tiers, qu'on nous distribuait tous les mois par forme de prêt, quoique, à bien considérer les choses, ce fût un emprunt que ce grand monarque faisait des deux tiers qui restaient dus à ses soldats. J'ai vu quelques régiments de la Hollande et du Holstein se révolter sur le champ de bataille, et crier : *Gelt! gelt!* ce qui marquait leur désir de recevoir leur paie avant de s'exposer aux coups comme nos braves Écossais, qui, comme vous le savez, milord, ont toujours préféré l'honneur à un gain sordide.

— Mais cet arriéré n'a-t-il pas été payé au soldat à une époque plus éloignée?

— Je puis dire, sur ma conscience, milord, que, dans aucun temps, et de quelque manière qu'on pût s'y prendre, il fut impossible d'en recouvrer un seul kreutzer. Jamais je ne possédai vingt dollars pendant tout le temps que je servis sous l'invincible Gustave, si ce n'est après quelque victoire, lors du sac d'une ville, ou en faisant une sommation à quelque bourg ou à quelque village, occasions dans lesquelles un officier qui connaît les usages de la guerre manque rarement de faire quelque petit profit.

— Je commence à ne plus être étonné que vous ayez fini par quitter le service suédois; je le suis seulement que vous y soyez resté si long-temps.

— Ce qui m'y détermina, milord, ce fut que ce grand capitaine, cet illustre monarque, cet Achille des temps modernes, avait une manière de gagner des batailles, de prendre des villes, de battre le pays, et de lever des contributions, qui donnait à son service des attraits irrésistibles pour tous les officiers entreprenants qui suivent la noble profession des armes. Tel que vous me voyez ici, j'ai commandé la ville de Dunklespiel, sur le Bas-Rhin, occupant le palais du landgrave, buvant ses meilleurs vins avec mes camarades, faisant des réquisitions, imposant des contributions, et ne manquant pas, en préparant ainsi le dîner de mon maître, de tremper mes doigts dans la sauce, comme doit le faire un bon cuisinier. Mais toute cette prospérité ne tarda pas à déchoir quand ce grand roi eut péri, frappé de trois balles, sur le champ de bataille de Lutzen; de sorte que, voyant que la fortune avait changé de côté, que notre paye continuait à ne consister qu'en prêts ou emprunts, comme je viens de vous le dire, et qu'on ne trouvait plus ni réquisitions ni contributions, je rendis ma commission, et j'entrai au service de l'Autriche, sous Wallenstein, dans le régiment irlandais de Walter Butler.

— Et puis-je vous demander, dit lord Menteith, qui semblait prendre intérêt au récit des aventures de ce soldat de fortune, si vous eûtes à vous applaudir de ce changement de maître?

— Pas trop, répondit le capitaine; je ne puis pas dire que l'empereur payât beaucoup mieux que le grand Gustave. Pour de bons coups, nous n'en manquions pas; j'étais souvent obligé de me battre la tête contre mes anciennes connaissances, les plumes suédoises, par quoi vous devez entendre des pieux à double pointe, garnis de fer à chaque bout, et plantés devant les piquiers pour empêcher la charge de la cavalerie ; lesquelles plumes suédoises, quoiqu'elles produisent un effet agréable à l'œil, ressemblant aux petits arbrisseaux d'une forêt, tandis que les piques redoutables, rangées en bataille par derrière, en semblent les pins et les chênes, ne sont pourtant pas si douces à caresser que le plumage d'un oison. Quoi qu'il en soit, en dépit des coups à recevoir et de la paye à attendre, un officier peut se trouver passablement à son aise au service impérial, parce qu'on n'y regarde pas d'aussi près qu'en Suède pour mille petits détails minutieux; de sorte que, pourvu qu'il fasse son devoir sur le champ de bataille, du diable si Wallenstein, Pappenheim, ou le vieux Tilly, écoutent le bourgeois ou le paysan qui se plaignent d'avoir été tondus de trop près. Ainsi un cavalier expérimenté, qui sait comment il faut s'y prendre, comme dit le proverbe écossais, — pour lier la tête de la truie à la queue du marcassin, — peut se faire tenir compte par le pays de la solde qu'il ne reçoit pas de l'empereur.

— Ce qu'il ne manquait sans doute pas de faire, sans oublier les intérêts?

— Bien certainement, milord, répondit gravement Dalgetty. Il serait aussi honteux pour un officier de ne pas savoir se faire rendre justice, que de se voir demander raison des moindres bagatelles.

— Et je vous prie, monsieur, quel motif vous détermina à quitter un service si profitable?

— Je vais vous le dire. Le major de notre régiment était un officier irlandais, nommé O'Quilligan. Un soir j'eus une querelle avec lui relativement au mérite et à la prééminence de nos nations respectives ; le lendemain il lui plut de me donner l'ordre la pointe de sa canne en l'air, au lieu de la tenir baissée, comme c'est l'usage de tout officier commandant qui sait vivre, quand il s'adresse à son égal en rang, quoiqu'il puisse être son inférieur en grade militaire. Il en résulta un duel, dans lequel nous fûmes blessés tous deux. Walter Butler, notre *oberst*, ou colonel, en fut informé; il nous punit, mais il ne nous infligea pas le même châtiment; et il me réserva la peine la plus sévère, parce que le major était son concitoyen. Je ne pus digérer une telle partialité; je donnai ma démission, et j'entrai au service de l'Espagne.

— J'espère que vous n'eûtes qu'à vous applaudir de ce changement? dit lord Menteith.

— De bonne foi, je n'eus guère à m'en plaindre. La paye était assez régulière, les fonds en étant faits par de riches Flamands et Wallons des Pays-Bas. Nos quartiers d'hiver étaient excellents: le pain de froment de la Flandre valait beaucoup mieux que le pain de seigle de Suède, et le vin du Rhin coulait avec plus d'abondance dans notre camp que la bière de Rostock dans celui de Gustave. Du reste nous n'avions pas de service à faire, et nous pouvions même nous dispenser du peu qu'on exigeait de nous. C'était une excellente retraite pour un cavalier un peu fatigué de la vie active des camps, qui avait acheté, au prix de son sang, autant d'honneur qu'il en pouvait désirer, et qui voulait vivre à l'aise et faire bonne chère.

— Et puis-je vous demander, capitaine, pourquoi, vous trouvant, comme je le suppose, dans une pareille situation, vous quittâtes aussi le service de l'Espagne?

— Il faut faire attention, milord, que l'Espagnol est toujours bouffi d'importance, gonflé de son prétendu mérite, et qu'il n'accorde pas une attention convenable aux officiers étrangers qui veulent bien servir sous ses drapeaux. Vous conviendrez qu'il est bien dur pour un honorable *soldado* d'être toujours mis de côté, et de se voir marcher sur le corps par tous les fiers *señors* du régiment, qui, s'il s'était agi de monter à l'assaut, ou de descendre dans une tranchée, auraient bien volontiers cédé leur place à un cavalier écossais. D'ailleurs, milord, je n'étais pas sans quelques scrupules de conscience du côté de la religion.

— Je n'aurais pas cru, capitaine, qu'un vieux soldat, qui avait si souvent changé de service, pût être si scrupuleux à cet égard.

— Ce n'est pas que je le sois, milord, s'écria le capitaine ; je pense que c'est à l'aumônier du régiment à s'occuper de ces sortes d'affaires ; c'est son devoir d'y songer pour moi comme pour tout brave cavalier, et il ne fait en cela, à mon avis, que gagner sa paye et ses honoraires. Mais ceci était un cas particulier, ce que je puis appeler, milord, *casus improvisus*, et je n'avais pas un chapelain de ma religion dont je pusse prendre les avis. On voulait bien fermer les yeux sur ce que j'étais protestant, parce que j'étais toujours prêt à agir, et que j'avais plus d'expérience que tous les *Dons* du régiment mis ensemble ; mais, quand j'étais en garnison, on prétendait me faire aller à la messe avec mes camarades : or, milord, comme franc Écossais, comme élevé au collège Mareschal à Aberdeen, j'étais tenu de regarder la messe comme un acte d'hérésie, de papisme, d'idolâtrie, que je ne devais pas sanctionner par ma présence. Il est vrai que je consultai, sur cette question, un de mes dignes concitoyens, un père *Fatsides* du couvent écossais de Wurtzbourg.

— Et vous obtîntes sans doute de ce révérend religieux une décision qui fixa vos doutes ?

— Sa décision fut aussi claire qu'elle pouvait l'être, si l'on considère que nous avions bu six flacons de vin du Rhin et une bouteille de kirschwaser. Le père Fatsides me signifia que, s'agissant d'un hérétique comme moi, il importait peu, autant qu'il en pouvait juger, que j'allasse à la messe ou non, attendu que je n'en irais pas moins à tous les diables, vu mon impénitence finale et mon obstination dans une hérésie damnable. Cette réponse me découragea, et je m'adressai à un ministre hollandais de l'Église réformée, qui me dit qu'il pensait que je pouvais légalement aller à la messe, puisque le prophète avait permis à Naaman, homme d'honneur et officier distingué au service du roi de Syrie, de suivre son maître dans le temple de Rimmon, faux dieu ou idole, et d'incliner la tête tandis que le roi s'appuyait sur son bras. Mais cette décision ne me satisfit pas encore, parce que je trouvais une grande différence entre un roi de Syrie qui avait été sacré et un colonel espagnol que j'aurais fait voler en l'air comme une plume en soufflant sur lui, et aussi parce que ce qu'on exigeait de moi ne m'était prescrit par aucune des règles du service militaire. D'ailleurs aucune considération secondaire ne pouvait m'arrêter, et la paye que je recevais n'était pas assez forte pour apaiser les murmures de ma conscience.

— Et que devîntes-vous alors?

— J'essayai du service de Prusse et de celui de Russie; mais ni l'un ni l'autre ne m'ayant convenu, j'y restai très peu de temps, et j'entrai à celui de leurs hautes puissances les États de Hollande.

— Et ce dernier service vous convint-il mieux?

— Oh! milord, s'écria le capitaine avec enthousiasme, on ne voit là ni prêts, ni emprunts, ni arriéré; tout est payé comptant et balancé comme le compte d'un banquier; les quartiers d'hiver y sont bons, les vivres d'excellente qualité. Mais, milord, c'est un peuple pointilleux, scrupuleux, et qui ne passe pas la moindre peccadille : de manière que si l'on fait quelque plainte contre un soldat, si un paysan a la tête cassée, si les pots d'un cabaretier sont brisés, si une coquine parle assez haut pour qu'on l'entende, on vous conduit un homme d'honneur non pas devant une cour martiale, seul tribunal compétent pour prononcer sur sa conduite, mais devant un misérable bourguemestre, un vil marchand, qui le menacera de la prison et de la corde, comme si c'était un de ses peu énergiques concitoyens. Ainsi, ne pouvant me résoudre à vivre plus long-temps parmi ces ingrats plébéiens, qui, quoique incapables de se défendre eux-mêmes, ne veulent accorder au noble officier étranger qui entre à leur service rien au-delà de sa paye, ce qui, pour un homme d'honneur, ne peut entrer en comparaison avec une licence libérale honorablement soutenue; je fis mes adieux aux *Mynheers*. Ayant appris alors, à ma grande satisfaction, qu'il y aurait probablement quelque chose à faire cet été dans ce pays, dans ma chère patrie, j'y suis venu, comme on dit, comme un mendiant à une noce, afin de faire profiter mes concitoyens de l'expérience que j'ai acquise dans les pays étrangers. Tel est, milord, l'abrégé de mon histoire; car, vous parler de mes faits d'armes sur le champ de bataille, dans les assauts et lors des prises de villes et de citadelles, cela nous mènerait trop loin; et ce récit, d'ailleurs, serait mieux placé dans une autre bouche que la mienne.

CHAPITRE III.

« C'est à l'homme d'état à se creuser la tête
« Pour pouvoir distinguer l'injuste de l'honnête.
« Je ne sais discuter que le sabre à la main,
« Et ne veux m'en servir que pour gagner mon pain.
« Pourquoi tant raisonner? Je suis, comme les Suisses,
« Pour quiconque voudra mieux payer mes services. »
DONNE.

Le chemin devint alors si étroit et si tortueux que l'impossibilité d'y marcher deux de front interrompit la conversation de nos voyageurs. Lord Menteith, ayant arrêté son cheval, parla un moment à ses domestiques, tandis que le capitaine, formant alors l'avant-garde, continuait à s'avancer. Après avoir suivi pendant un quart de mille un sentier raboteux et escarpé, ils se trouvèrent dans une belle vallée, traversée par un ruisseau qu'on voyait descendre d'une montagne peu éloignée, et, s'étant réunis sur ses rives, ils purent reprendre leur entretien.

— J'aurais cru, dit lord Menteith à Dalgetty, qu'un officier comme vous, qui a si long-temps et si honorablement servi le vaillant roi de Suède, et qui a conçu un si juste mépris pour ces vils trafiquants de Hollande, n'aurait point hésité à donner la préférence à la cause du roi Charles sur celle de ces misérables Têtes-Rondes, de ces fanatiques révoltés contre son autorité légitime.

— Vous avez raison, milord, répondit le capitaine, et *cæteris paribus*, je serais assez porté à voir les choses sous le même point de vue. Mais, milord, il y a un proverbe écossais qui dit que — de belles paroles ne mettent pas de beurre sous les navets. — J'en ai appris assez, depuis que je suis arrivé dans ce pays, pour m'être convaincu que, dans ce moment de divisions intestines, un homme d'honneur peut embrasser le parti qui lui convient le mieux sans avoir de reproches à se faire. Votre mot d'ordre est loyauté, milord; liberté est celui des autres. Vive le roi! crie le Cavalier; vive le parlement! crie la Tête-Ronde; Montrose pour toujours! crie Donald [1] en agitant sa toque; Argyle et Leven! crie un Saunders [2] du sud se pavanant avec son chapeau à plumes; soutenez les prélats! dit un prêtre avec sa robe et son rochet; combattez pour l'Église! dit un ministre à rabat de Genève : tout cela est fort bon, excellent : quelle

---

(1) Un Écossais des montagnes. — Éd.
(2) Nom général des Lowlanders. — Éd.

est la meilleure des deux causes? je n'en sais rien ; mais ce dont je suis bien certain, c'est que j'ai versé mon sang bien des fois pour des causes dix fois pires que la plus mauvaise des deux.

— Mais, puisque les prétentions des deux partis vous paraissent si égales, capitaine Dalgetty, vous plairait-il de m'informer des motifs qui pourront influer sur votre détermination?

— Deux considérations toutes simples, milord. D'abord, de quel côté pourrai-je obtenir le grade le plus honorable ; ensuite, ce qui en est un corollaire évident, quel parti récompensera mes services le plus libéralement? Et pour vous parler franchement, milord, mon opinion sur ces deux points penche en ce moment du côté du parlement.

— Pourriez-vous me faire connaître sur quoi est fondée votre opinion? Peut-être pourrai-je la combattre par d'autres raisons non moins puissantes.

— Vous verrez que je ne suis pas sourd à de bonnes raisons, milord, quand elles s'adressent à mon honneur et à mon intérêt. Voici donc, milord, une espèce d'armée des Highlands, assemblée ou prête à s'assembler dans ce pays sauvage. Vous savez quel est le caractère des Highlanders : je ne leur refuse ni la force du corps ni le courage de l'âme ; je conviens qu'ils se battent assez bien à leur manière, qui est aussi différente des usages et de la discipline de la guerre que l'était jadis celle des Scythes, et que l'est encore aujourd'hui celle des sauvages du nord de l'Amérique. Ils n'ont pas même un fifre, pas un tambour pour battre le réveil, l'alarme, la générale, la charge ou la retraite ; et les airs barbares de leurs maudites cornemuses, qu'ils prétendent comprendre, sont inintelligibles pour les oreilles d'un cavalier habitué à faire la guerre parmi des nations civilisées. Ainsi donc, si j'entreprenais de discipliner cette armée de soldats sans culottes, il me serait impossible de m'en faire entendre ; et, quand ils m'entendraient, comment pourrais-je me faire obéir par une bande de demi-sauvages, habitués par instinct au respect et à la soumission pour leurs propres Lairds, ou Chefs, mais qui n'accorderaient ni l'un ni l'autre à l'officier commissionné [1] qui les commanderait? Si je leur apprenais à se ranger en bataille en extrayant la racine carrée, c'est-à-dire en formant votre bataillon carré d'un nombre d'hommes égal de front et de profondeur, correspondant à la racine carrée du nombre total de vos soldats, qu'obtiendrais-je d'eux pour leur communiquer ce précieux secret de tactique militaire? Peut-être un coup de poignard dans mon sein, pour avoir placé au front ou à l'arrière-garde quelque Mac-Alister More, quelque Mac-Shemei, ou Mac-Caperfae, à qui il plairait d'être au premier rang. — « Jetez des perles aux pourceaux, dit l'Écriture, ils se retourneront contre vous, et vous déchireront. » —

— Je crois, Anderson, dit lord Menteih à un de ses domestiques qui le suivait de très près, que vous pouvez mieux que personne assurer le capitaine que nous aurons besoin d'officiers expérimentés pour des troupes qui seront plus disposées à profiter de leurs instructions qu'il ne paraît le croire.

— Avec la permission de Votre Honneur, dit Anderson en ôtant avec respect son chapeau, je ferai observer que, lorsque nous aurons été rejoints par l'infanterie irlandaise que nous attendons, et qui doit déjà être débarquée depuis plusieurs jours, il nous faudra d'habiles officiers pour discipliner nos recrues.

— Et j'aimerais assez, dit Dalgetty, j'aimerais infiniment à être employé à ce service. Les Irlandais sont de braves gens, très braves, dis-je. Je ne demande pas de

---

(1) Commission, brevet. — Éd.

meilleurs soldats dans une armée. Lors de la prise de Francfort-sur-l'Oder, je me souviens d'avoir vu une brigade irlandaise charger à l'épée et à la pique jusqu'à ce qu'elle eût fait lâcher pied aux brigades suédoises bleues et jaunes, dont on faisait autant de cas que d'aucune de celles qui avaient combattu sous l'immortel Gustave. Et, quoique le brave Hepburn, le vaillant Lumsdale, l'intrépide Montrose, avec d'autres cavaliers et moi, nous nous fussions fait jour ailleurs à la pointe de la pique, si nous avions trouvé la même résistance, nous nous en serions retournés avec beaucoup de perte et peu de profit. Tous ces braves Irlandais furent passés au fil de l'épée, comme c'est l'usage en pareil cas ; mais ils ne s'en sont pas moins couverts d'une gloire immortelle. Aussi j'ai toujours aimé et honoré les soldats de cette nation, après ceux de la mienne, bien entendu.

— Je crois, dit Menteith, que je puis vous promettre un grade dans un des corps irlandais, si vous êtes disposé à embrasser la cause royale.

— Fort bien ; mais il reste ma seconde et ma plus grande difficulté : car, quoique je regarde comme une bassesse indigne d'un soldat de n'avoir en vue et à la bouche que de l'argent et toujours de l'argent, comme ces vils coquins les lansquenets d'Allemagne dont je vous ai déjà parlé ; quoique je sois prêt à soutenir, l'épée à la main, que l'honneur doit passer avec la paye, cependant, *è contrario*, la paye d'un soldat étant l'équivalent des services qu'il s'engage à rendre, un homme sage et prudent doit réfléchir sur la récompense qu'il a droit d'attendre pour ses services, et savoir sur quels fonds il en sera payé. Or, d'après tout ce que j'ai vu et entendu, il me paraît que le parlement tient les cordons de la bourse. Nous pouvons maintenir les montagnards en belle humeur en leur permettant de voler les bestiaux suivant leur coutume; et quant aux Irlandais, vous et vos nobles associés, milord, vous pouvez, suivant l'usage de pareilles guerres, les payer aussi peu que vous le voudrez, quand vous le voudrez ; mais ce n'est pas ainsi qu'on peut traiter avec un cavalier comme moi, qui doit entretenir ses chevaux, ses domestiques, ses armes, son équipage, et qui ne peut ni ne veut, dans aucun cas, faire la guerre à ses dépens.

Anderson, le domestique qui avait déjà parlé, s'approchant alors et s'adressant à son maître, lui dit d'un air de respect : — Je crois, milord, qu'avec la permission de Votre Seigneurie je puis répondre à la seconde objection du capitaine. Il désire savoir quels sont nos moyens pour solder nos troupes? Il me semble que nous n'avons pas moins de ressources que l'armée du Covenant : elle taxe le pays à son gré; elle pille les biens des amis du roi. Mais, si nous étions une fois dans les basses terres, à la tête de nos montagnards et de nos Irlandais, et le sabre à la main, nous trouverions plus d'un traître dont les richesses mal acquises rempliraient nos coffres et satisferaient nos soldats. D'ailleurs, les confiscations pleuvront comme la grêle; et, en faisant des donations sur les biens de ses ennemis aux braves officiers qui auront joint ses étendards, le roi récompensera ceux-ci et punira en même temps les autres. En un mot, celui qui embrassera le parti des Têtes-Rondes pourra toucher peut-être une misérable paye ; mais celui qui servira sous nos drapeaux courra la chance de devenir chevalier, lord, comte, si la fortune le favorise.

— Avez-vous jamais servi, camarade? lui demanda le capitaine.

— Un peu, monsieur, dans nos troubles intérieurs.

— Mais jamais en Allemagne, jamais dans les Pays-Bas?

— Oh! non, monsieur, répondit Anderson.

— Je vous proteste, milord, dit Dalgetty à lord Menteith, que votre domestique a des idées justes, raisonnables et naturelles sur le service militaire. Peut-être s'y trouve-t-il un peu de légèreté; il me rappelle l'homme qui veut vendre la peau de l'ours avant de se mettre en chasse. Au surplus, je réfléchirai sur cette affaire.

— Faites-le, capitaine, dit lord Menteith; vous aurez toute la nuit pour y réfléchir, car nous voilà près de la demeure de mon ami, où je me flatte que vous serez reçu suivant toutes les lois de l'hospitalité.

— Et c'est ce dont je ne serai nullement fâché, répondit le capitaine; car depuis la pointe du jour je n'ai pris d'autre nourriture qu'un morceau de pain d'avoine que j'ai partagé avec mon cheval, de sorte que j'ai été obligé de resserrer mon ceinturon, par exténuation, de crainte qu'il ne tombât par suite du poids qu'il supporte, et de la faim qui m'a creusé les entrailles.

CHAPITRE IV.

« Un jour, n'importe quand, quelques bons compagnons
« Prirent leur rendez-vous dans un de nos vallons.
« Jamais on n'avait vu, descendant des montagnes,
« De plus fiers maraudeurs inonder nos campagnes;
« Ils étaient tous couverts du tartan montagnard;
« Ils avaient la claymore avec un long poignard,
« Le jupon court, la targe et la toque écossaise. »
MESTON.

Nos voyageurs étaient alors au pied d'une montagne couverte d'une forêt d'antiques pins d'Écosse, dont les cimes étendant leurs rameaux stériles du côté du couchant, étaient encore frappées des derniers rayons du soleil. Au centre de ce bois s'élevaient les tours ou plutôt les cheminées de la maison ou château, comme on l'appelait, qui était le terme du voyage.

Suivant l'usage du temps, quelques bâtiments étroits, se croisant et se coupant les uns les autres, formaient le principal corps de logis. On y avait ajouté, dans les angles, de petites tours qui ressemblaient beaucoup à des poivrières [1], et qui avaient valu à Darlinvarach le titre honorable de château. Il y avait encore les bâtiments destinés aux offices, et le tout était entouré d'un mur de terre très peu élevé.

A mesure qu'ils approchaient, nos voyageurs reconnaissaient divers travaux qu'on avait faits récemment pour ajouter à la force de la place, précaution probablement prise à cause du peu de sécurité qui régnait dans ces temps de troubles. On avait percé dans le mur de clôture et dans différentes parties des bâtiments des meurtrières pour le service de la mousqueterie. Toutes les fenêtres étaient garnies de gros barreaux de fer croisés comme les grilles d'une prison. La porte de la cour était fermée ; et ce ne fut qu'après qu'on eut fait décliner le nom des hôtes qui arrivaient, qu'un des deux battants fut ouvert avec précaution par deux robustes Highlanders armés de toutes pièces, qui, comme Bitias et Pandarus dans l'Énéide, semblaient prêts à défendre l'entrée contre tout ennemi qui tenterait d'y pénétrer.

En entrant dans la cour, ils y remarquèrent encore d'autres préparatifs de défense ; des échafauds avaient été établis le long des murailles, pour faciliter l'usage des armes à feu ; et un de ces petits canons nommés fauconneaux avait été placé sur la plate-forme de chacune des tourelles.

(1) Cette comparaison, que nous avons déjà vue employée dans *Waverley*, mérite une explication ; car les poivrières ne sont pas dans tous les pays, comme en Angleterre, de petites bouteilles de forme ronde et oblongue, avec un couvercle en argent percé de petits trous par où le poivre s'échappe grain à grain. — Éd.

Des domestiques, portant le costume, les uns des Highlands, les autres des Lowlands, sortirent à l'instant de la maison, et s'avancèrent vers les étrangers, soit pour prendre leurs chevaux et les mener à l'écurie, soit pour conduire les nouveau-venus en présence de leur maître. Mais le capitaine Dalgetty refusa de confier à qui que ce fût le soin de son cheval.

— C'est ma coutume, mes amis, de prendre soin moi-même de Gustave (car c'est le nom que je lui ai donné d'après mon invincible maître). Nous sommes de vieux amis, des compagnons de voyage; et, comme j'ai besoin du service de ses jambes, il est juste que je lui prête celui de mes bras quand il lui est nécessaire. — Et sans autre apologie, il prit avec son coursier le chemin de l'écurie.

Ni lord Menteith ni les deux hommes de sa suite n'eurent les mêmes égards pour leurs montures, et, les abandonnant aux domestiques, ils entrèrent dans la maison. Sous la voûte d'un grand vestibule obscur était un énorme tonneau de two-penny-ale[1], devant lequel étaient placés deux ou trois quaighs ou gobelets de bois, au service, à ce qu'il paraissait, de quiconque voudrait en faire usage. Lord Menteith en prit un, tourna le robinet, emplit sa tasse, la vida sans cérémonie, et la passa ensuite à Anderson, qui suivit l'exemple de son maître, mais qui commença d'abord par rincer sa coupe avec quelques gouttes de bière qu'il jeta ensuite.

— Que diable a-t-elle donc[2]? s'écria Donald, vieux montagnard qui était depuis bien long-temps au service de la famille; est-ce qu'elle ne peut pas boire après son maître sans rincer sa tasse et sans perdre ainsi notre bière ? Qu'elle s'en aille au diable !

(1) *Two-penny-ale*, petite bière. — Ed.
(2) *Elle* pour *il*, locution familière des Highlanders, que nous avons plus d'une fois remarquée dans *Rob-Roy*. — Ed.

— J'ai été élevé en France, répondit Anderson, et dans ce pays personne ne boit dans la même coupe après un autre, si ce n'est après une jeune dame.

— Au diable cette délicatesse! répliqua Donald : si la bière est bonne, qu'importe que la barbe d'un autre ait trempé dans le quaigh avant la vôtre?

Le compagnon d'Anderson but sans observer le cérémonial qui avait donné lieu à la boutade de Donald, et tous deux suivirent leur maître dans une grande salle voûtée qui servait en même temps de salle à manger et de salon de compagnie dans une maison des Highlands. Cette pièce était éclairée par un grand feu de bois qui brûlait dans une énorme cheminée au bout de l'appartement, et utile même au cœur de l'été, attendu l'humidité qui y régnait. Vingt ou trente boucliers, autant de claymores, des couteaux de chasse, des fusils, des piques, des haches de Lochaber, des arcs, des casques, des cottes d'armes et des armures de toute espèce garnissaient les murailles auxquelles elles étaient suspendues confusément, et auraient fourni de l'amusement pour un mois aux membres d'une société moderne d'antiquaires. Mais à l'époque dont nous parlons, les yeux étaient trop familiarisés avec ces objets pour qu'on y fît beaucoup d'attention.

Sur une grande table de bois de chêne, grossièrement façonnée, le vieux Donald, après avoir placé, du côté de la cheminée, du lait, du beurre, du fromage de lait de chèvre, un pot de bière et un flacon d'usquebaugh, invita lord Menteith à se rafraîchir en attendant le dîner. Un autre domestique faisait les mêmes préparatifs à l'autre bout de la table pour les deux serviteurs du jeune comte; car à cette époque les domestiques mangeaient à la table de leurs maîtres, quel que pût être le rang de ceux-ci, et la distinction entre eux paraissait suffisamment marquée par le côté de la table qu'ils occupaient. Pendant ce temps lord Menteith s'était approché du feu, et s'était placé sous le manteau de la cheminée, tandis que ses deux domestiques étaient à une distance respectueuse.

— Anderson, dit le comte, que pensez-vous de notre compagnon de voyage?

— Je crois que c'est un homme qui ne manque ni d'expérience ni de bravoure. Je voudrais que nous eussions une vingtaine d'officiers semblables pour les mettre à la tête de nos Hibernois [1].

— Je ne pense pas tout-à-fait comme vous, Anderson; je regarde ce drôle comme une de ces sangsues qui, s'étant gorgées de sang en pays étranger, viennent maintenant pour s'engraisser de celui de leurs concitoyens. Ces soldats mercenaires sont une honte pour la profession des armes. C'est grâce à eux que le nom écossais est déshonoré dans toute l'Europe, qu'on nous considère comme des gens qui n'ont ni honneur ni principes, qui ne songent qu'à la paye qu'ils reçoivent, qui sont toujours prêts à changer de parti suivant que leur intérêt l'exige, et dont la soif pour le pillage est insatiable. C'est à cet esprit que nous devons en partie ces dissensions intestines qui nous font tourner nos armes contre notre propre sein. Je ne sais si, en écoutant l'histoire de ce gladiateur dont le bras est à vendre, je n'avais pas autant de peine à réprimer le mépris qu'il m'inspirait qu'à ne pas rire de son impudence.

— Vous m'excuserez, milord, répondit Anderson, si dans les circonstances présentes, je vous recommande de cacher au moins une partie de cette généreuse indignation. Nous ne pouvons malheureusement venir à bout de notre glorieuse entreprise sans prendre des coopérateurs qui agissent d'après des motifs moins relevés que les nôtres. Nous avons besoin du secours de gens semblables à notre ami le *soldado*; et, pour parler le jargon biblique du par-

---

[1] Pour *Teagues*, sobriquet donné aux Irlandais. On appelle aussi l'Irlande Teagueland. — Ed.

lement anglais, les fils de Zerniah sont trop nombreux pour nous.

—Je continuerai donc à dissimuler autant qu'il me sera possible, et cependant je voudrais du fond du cœur qu'il fût à tous les diables.

— N'oubliez pourtant pas, milord, que pour guérir la blessure faite par un scorpion, il faut en écraser un autre sur la plaie..... Mais chut! on pourrait nous entendre.

On vit alors entrer dans la salle un Highlander armé de toutes pièces, que son air de fierté et la plume qui décorait sa toque annonçaient pour être d'un rang supérieur. Il s'avança lentement vers la table.

—Comment vous portez-vous, Allan? lui demanda lord Menteith.

Allan ne lui fit aucune réponse.

—Il ne faut pas lui parler à présent, dit le vieux Donald à demi-voix.

Le Highlander s'approcha du feu, se laissa tomber sur un banc, fixa les yeux sur le foyer, et parut enseveli dans de profondes réflexions. Ses yeux noirs, ses traits sauvages, son air d'enthousiasme, annonçaient un homme qui, profondément occupé de l'objet de ses méditations, n'accordait que peu d'attention aux objets extérieurs. Son air austère et sombre, qui était peut-être le résultat d'une vie solitaire et ascétique, aurait pu, dans un habitant des Lowlands, être attribué au fanatisme religieux; mais les montagnards écossais, à cette époque, étaient rarement attaqués de cette maladie de l'âme, si commune alors dans toute la Grande-Bretagne. Ils avaient pourtant des superstitions qui leur étaient particulières, et qui, couvrant souvent leur esprit d'un épais brouillard, produisaient sur eux le même effet que le puritanisme sur leurs voisins.

— Il ne faut pas, répéta Donald à lord Menteith à voix basse, que Votre Honneur parle en ce moment à Allan; le nuage est sur son esprit.

Le comte lui fit un signe de tête annonçant qu'il le comprenait, et ne fit plus attention au montagnard.

Tout-à-coup celui-ci se leva; et se tournant vers Donald : — N'ai-je pas dit qu'il viendrait quatre personnes? Pourquoi n'en vois-je que trois?

— Vous l'avez dit, Allan, répondit le vieux domestique, et vous ne vous êtes pas trompé. Le quatrième est arrivé; il est à l'écurie, couvert de fer des pieds à la tête comme une écrevisse de son écaille. Lui préparerai-je une chaise près de lord Menteith, ou à l'autre bout de la table avec ces braves gens?

Le comte répondit lui-même à cette demande en lui faisant signe de le placer près de lui.

— Et la voici justement qui vient, ajouta Donald en voyant Dalgetty entrer dans la chambre. J'espère, messieurs, que vous prendrez un morceau de pain et de fromage pour vous mettre en appétit, comme nous le disons dans nos vallons, en attendant que le dîner soit prêt, et que le Tiernach [1] revienne de la montagne avec ses amis du midi. Alors vous pourrez juger si Dougald-Cook [2] sait apprêter un plat de venaison.

Cependant le capitaine, étant entré dans la salle, s'approcha de lord Menteith, et s'appuya sur le dos de la chaise qui lui avait été préparée près de celle destinée au comte. Anderson et son compagnon, à l'autre bout de la table, attendaient avec respect qu'on leur permît de s'asseoir, et trois ou quatre Highlanders, sous les ordres du vieux Donald, étaient debout, prêts à servir les étrangers.

Au milieu de ces préparatifs, Allan se leva une seconde fois, et prenant une lampe qu'on avait placée sur la table, l'approcha du visage de Dalgetty, et considéra tous ses traits avec la plus grande attention.

---

(1) Titre donné aux chefs de clan chez les montagnards écossais. — Ed.
(2) Dougald-le-Cuisinier. — Ed.

— Sur mon honneur, dit Dalgetty en secouant la tête d'un air mécontent quand Allan eut fini son examen, je réponds que ce gaillard et moi nous nous reconnaîtrons si jamais nous nous revoyons une seconde fois.

Cependant Allan s'avança vers l'autre bout de la table, et ayant, à l'aide de sa lampe, soumis au même examen Anderson et son compagnon, resta un moment comme enseveli dans ses réflexions; puis se frappant le front, il prit Anderson par le bras avant que celui-ci pût lui opposer aucune résistance, le conduisit vers le haut bout de la table, ou plutôt l'y traîna, et lui fit signe de s'asseoir sur la chaise préparée pour Dalgetty; saisissant alors celui-ci par le bras sans plus de cérémonie, il le poussa brusquement vers l'extrémité inférieure.

Le capitaine, irrité de cette conduite, avait voulu résister; mais quoiqu'il fût lui-même vigoureux, sa force n'était pas comparable à celle du géant montagnard, qui le lança en quelque sorte avec tant de violence qu'il tomba sur le carreau, et fit retentir toute la salle du bruit de son armure. Dès qu'il se fut relevé, son premier mouvement fut de tirer son épée et de courir contre Allan, qui, les bras croisés sur sa poitrine, semblait attendre son attaque avec une indifférence dédaigneuse. Les Highlanders qui étaient présents saisirent parmi les armes suspendues le long de la muraille la première qui leur tomba sous la main, et lord Menteith se précipita au-devant du capitaine pour l'arrêter.

— Il est fou, lui dit-il à demi-voix, complètement fou, et vous ne le seriez pas moins si vous vous querelliez avec lui.

— Si vous m'assurez, lui répondit Dalgetty, qu'il n'est pas *mentis compos*, ce que son air et sa conduite semblent prouver, l'affaire en finira là; car un fou ne peut ni faire une insulte ni en donner satisfaction. Mais, sur mon âme, il est heureux pour lui que je n'aie pas eu deux bouteilles de vin du Rhin dans la tête et mes pistolets à ma ceinture. C'est pourtant dommage qu'il ait l'esprit dérangé, car il semble avoir une grande force de corps; il serait en état de manier la pique, le *morgenstern*[1] et toute autre arme que ce puisse être.

La paix étant ainsi rétablie, on se mit à table, et le capitaine reprit la place qui lui avait d'abord été destinée. Allan, retiré sur le banc près du feu, semblait absorbé dans de profondes réflexions, et il ne songea plus à rien changer à cet arrangement. Lord Menteith, voulant écarter le souvenir de ce qui venait de se passer, se hâta de chercher quelque sujet de conversation; et s'adressant au vieux montagnard : — Ainsi donc, Donald, lui dit-il, le laird est dans les montagnes avec quelques amis?

— Oui, Votre Honneur, oui, il est dans les montagnes avec deux cavaliers saxons, c'est-à-dire avec sir Miles Musgrave et Christophe Hall, qui viennent tous deux du Cumraik, comme je crois qu'on appelle ce pays.[2]

— Hall et Musgrave! dit Menteith en jetant un coup d'œil à Anderson; précisément les hommes que nous désirions voir.

— Quant à moi, reprit Donald, je voudrais ne les avoir jamais vus; car ils ne viennent ici que pour la ruine de la maison.

— Que dites-vous donc, Donald? Vous n'avez pas coutume d'être si chiche de votre bœuf et de votre bière.

---

(1) C'était une sorte de massue dont on se servait au commencement du seizième siècle pour la défense des brèches et des murailles. Quand les Allemands insultèrent des soldats écossais, alors assiégés dans Stralsund, en disant qu'ils avaient appris qu'il leur arrivait du Danemarck un vaisseau chargé de pipes, — un de nos soldats, dit le colonel Robert Monro, leur montra de dessus les murailles un morgenstern fait d'un gros bâton cerclé en fer, comme le manche d'une hallebarde, et armé par le bout d'une grosse boule garnie de pointes de fer, en leur disant : — Voici une des pipes avec lesquelles nous vous fendrons le crâne quand vous monterez à l'assaut.

(2) Les Écossais appelaient *Cumraik* le comté de Cumberland.

Tout Anglais qu'ils sont, ils ne vous mangeront pas tous les bestiaux qui paissent sur vos collines.

— Du diable si je m'inquiète de ce qu'ils mangeront! ils avaleraient tout ce que nous possédons, que nous ne mourrions pas de faim ; nous avons ici de braves Highlanders qui ne nous laisseront manquer de rien tant qu'il se trouvera une vache ou un mouton dans le comté de Perth. Ce n'est pas cela, Votre Honneur, c'est bien autre chose, ma foi, ni plus ni moins qu'une gageure.

— Une gageure! répéta lord Menteith d'un ton de surprise.

— Oui, sur ma foi, dit Donald qui n'avait pas moins d'envie de conter ses nouvelles que lord Menteith de les apprendre. Mais, comme Votre Honneur est un ami de la maison, et que d'ici à une heure vous ne l'apprendrez que de reste, autant vaut que je vous le dise d'avance. Vous saurez donc que la dernière fois que le laird alla en Angleterre, ce qui lui arrive plus souvent que ses amis ne le voudraient, il dînait un jour chez ce sir Miles Musgrave, où il y avait sur la table six chandeliers qu'on dit deux fois plus grands que ceux qui sont dans l'église de Dumblane, et ils n'étaient ni de fer ni de cuivre, Votre Honneur, mais de bel et bon argent massif ; si bien qu'ils commencèrent à goguenarder, et à dire au laird que dans son pauvre pays on ne trouverait point de pareilles richesses. Le laird voulut soutenir l'honneur de son pays, et jura en bon écossais que rien que dans son château il y avait plus de chandeliers et des chandeliers plus précieux qu'on n'en avait jamais vu dans une salle du Cumberland, si Cumberland ce pays-là s'appelle.

— C'était du patriotisme, dit lord Menteith.

— Sans doute, Votre Honneur. Mais le laird aurait mieux fait de se mordre la langue et de fermer la bouche ; car il faut que vous sachiez que, si vous dites à un Saxon quelque chose qui soit tant soit peu extraordinaire, une gageure est au bout aussi vite qu'un maréchal des Lowlands attacherait un fer au pied d'un cheval des montagnes. Il fallait donc que le laird se rétractât, ou qu'il acceptât une gageure de deux cents marcs d'argent ; et c'est ce qu'il fit, car il aurait été honteux pour lui de reculer devant des Saxons. Mais à présent comment faire ? c'est là l'embarras, et je crois que c'est ce qui fait que le laird tarde si long-temps à revenir.

— Ma foi, Donald, dit lord Menteith, d'après ce que je connais de l'argenterie de la famille, je crains fort que votre maître ne perde la gageure.

— Vous le craignez ! vous pouvez bien en faire un serment ; mais trouvera-t-il l'argent pour la payer ? Il fouillerait dans vingt bourses, que cela ne lui suffirait pas. Je lui avais conseillé de descendre dans le puits de la tour les deux Saxons et leurs domestiques, et de les y laisser jusqu'à ce qu'ils annulassent la gageure de bonne volonté ; mais il ne veut pas en entendre parler.

Allan se leva tout-à-coup, s'avança vers la table, et interrompit la conversation en disant à Donald d'une voix de tonnerre : — Comment osez-vous donner à mon frère un conseil si déshonorant ? Comment osez-vous dire qu'il perdra cette gageure, ou toute autre qu'il lui plaira de faire ?

— Bien certainement, Allan M'Aulay, répondit le vieux domestique, ce n'est pas au fils de mon père qu'il appartient de contredire le fils du vôtre. Je ne demande pas mieux que le laird gagne sa gageure ; mais tout ce que je sais, c'est que du diable s'il y a dans la maison un chandelier ou quelque chose qui y ressemble, si ce n'est les deux vieilles branches de fer qui sont là à la cheminée depuis le temps du laird Kenneth, et les deux bougeoirs d'étain que votre père a fait faire, il y a près de trente ans, par Willie Winkie le chaudronnier. Quant à l'argenterie, du diable si j'en ai jamais vu une autre pièce dans la maison que la vieille tasse de feu votre mère; encore y manque-t-il l'anse et le couvercle.

— Paix, vieillard! dit Allan d'un air de fierté; et vous, messieurs, si vous avez fini de vous rafraîchir, passez dans un autre appartement, afin que je puisse préparer celui-ci pour la réception de nos hôtes du sud.

— Allons, allons! dit Donald à lord Menteith en le tirant par la manche, et jetant un coup d'œil sur Allan; je vous ai dit que son heure est venue, et il ne faut pas le contrarier.

Lord Menteith se leva de table à l'instant: le capitaine en fit autant, et le vieux Donald les conduisit dans une salle voisine, tandis que les deux domestiques du comte suivirent à la cuisine les autres montagnards.

A peine lord Menteith et son compagnon étaient-ils entrés dans l'appartement où on les avait conduits, que le maître de la maison, Angus M'Aulay, y arriva avec ses deux hôtes anglais. Les démonstrations de joie furent réciproques et générales; car le comte connaissait parfaitement les deux Anglais, et le capitaine Dalgetty, présenté par lord Menteith, fut parfaitement accueilli par le laird. Mais, après que l'enthousiasme du premier moment se fut calmé, le comte ne put s'empêcher de remarquer que le front de son ami des Highlands était couvert d'un nuage.

— Vous avez sans doute appris, dit Christophe Hall, que tous nos beaux projets dans le Cumberland sont à vau-l'eau; nos milices n'ont pas voulu entrer en Écosse, et les partisans du Covenant dans les comtés du midi ont l'oreille trop fine pour qu'on puisse y parler: de sorte que, sachant qu'il y aura ici de la besogne, Musgrave et moi, plutôt que de rester chez nous les bras croisés, nous sommes venus pour faire la campagne avec vous.

— Je me flatte que vous arrivez avec des troupes, des armes, des munitions, et surtout de l'argent, dit lord Menteith en souriant.

— Rien qu'une quarantaine d'hommes que nous avons laissés au village voisin, répondit sir Miles Musgrave, et ce n'est pas sans peine que nous les avons déterminés à nous suivre jusque là.

— Quant à l'argent, dit son compagnon, nous n'en sommes pas très chargés ; mais nous espérons toucher une petite somme de notre cher hôte.

Le rouge monta au visage du laird ; et, tirant à part lord Menteith, il lui dit qu'il était presque honteux d'avoir à lui faire part d'une folle gageure qu'il avait faite. Il allait entrer dans plus de détails, quand le comte, retenant à peine un sourire, lui dit : — Je sais cela ; Donald m'a tout appris.

— Que le diable emporte le vieux bavard ! s'écria Mac-Aulay : il s'agirait de la vie d'un homme, qu'il ne pourrait se taire ; mais je sais, milord, que cette affaire ne sera pas pour vous un sujet de plaisanterie. Je compte sur votre secours, comme ami de notre famille, pour m'aider dans cette circonstance, et me prêter une bonne partie de la somme dont j'ai besoin ; car, pour ne vous rien déguiser, j'aimerais mieux devenir Covenantaire que de me trouver en face de deux Saxons sans les avoir payés. Et, dans tous les cas, je n'en serai pas quitte à bon marché, car il m'en coûtera mon argent pour faire rire à mes dépens.

— Vous pouvez bien croire, cousin, dit lord Menteith, que, dans un moment comme celui-ci, je n'ai pas plus d'argent qu'il ne m'en faut ; soyez pourtant bien assuré que je m'efforcerai de vous aider autant qu'il me sera possible, par égard pour notre parenté, pour notre voisinage, pour notre amitié.

— Je vous remercie, je vous remercie mille fois, dit Angus Mac-Aulay en lui serrant la main ; au surplus, cet argent sera employé pour le service du roi : qu'importe donc qu'il sorte de leur poche, de la vôtre ou de la mienne? Nous sommes tous les enfants d'un même père, à ce qu'il me semble ; mais il faut que vous m'aidiez à sortir d'embarras, sans quoi, comme je vous le disais, je pars à l'instant pour joindre l'armée du Covenant : je ne puis supporter l'idée de m'asseoir au haut bout de ma table pour y être regardé comme un fanfaron ou un mendiant, quand Dieu sait que je n'ai eu d'autre dessein que de soutenir l'honneur de mon pays.

A peine finissait-il de parler, que Donald entra. Bien loin d'avoir l'air triste et sombre qu'aurait dû lui inspirer l'idée de la gageure que son maître allait avoir à payer, sa figure était épanouie, et il semblait triompher. — Messieurs, dit-il, le dîner est servi ; et, ajouta-t-il en élevant la voix avec une emphase gutturale, *les chandeliers sont en place.*

— Que diable veut-il dire? dit Musgrave en regardant son compagnon.

Les yeux de lord Menteith faisaient aussi cette question au même instant à Mac-Aulay, qui n'y répondit qu'en secouant la tête d'un air d'abattement.

Une querelle de politesse sur la préséance les retarda quelques instants. Lord Menteith, attendu qu'il se trouvait dans son pays, chez des amis et presque dans sa famille, insista pour céder la place à laquelle son rang lui donnait droit. Les deux Anglais entrèrent donc les premiers dans la salle du festin, où un spectacle inattendu les surprit. La grande table de chêne était couverte de viandes de toute espèce ; des chaises étaient placées tout autour pour les convives, et derrière chaque siége se tenait debout un Highlander de haute stature, complètement armé et équipé à la mode du pays, tenant de la main droite une claymore nue, la pointe baissée vers la terre, et de la gauche une torche de sapin allumée et jetant une lueur resplendissante. Ce bois, qui croît dans les marais, est si plein de térébenthine, que, lorsqu'il est sec et fendu, les Highlanders s'en servent souvent en guise de chandelles. Ce spectacle imprévu et tout nouveau devenait encore plus imposant à la clarté rougeâtre que répandaient les torches, et qui faisait ressortir la physionomie sauvage, le costume bizarre et les armes étincelantes des montagnards.

Avant que les deux étrangers fussent revenus de leur surprise, Allan Mac-Aulay s'avança vers eux, et leur désignant de la main les porteurs de torches, leur dit d'un ton grave et silencieux : — Vous voyez, messieurs, les chandeliers de la maison de mon frère, ceux qui conviennent à notre antique famille; aucun de ces hommes ne connaît d'autre loi que les ordres de son Chef; oseriez-vous leur comparer l'or le plus précieux qu'on puisse tirer d'une mine? Qu'en dites-vous, messieurs, votre gageure est-elle gagnée ou perdue?

— Perdue, perdue, s'écria gaiement sir Miles Musgrave; mes chandeliers d'argent ont été fondus, ils sont en ce moment à cheval dans le village voisin, et je voudrais que les drôles que j'ai enrôlés avec le prix qu'ils ont produit valussent la moitié de ce que valent ces braves gens. Vous allez être payé à l'instant, ajouta-t-il en s'adressant à Mac-Aulay : ce paiement fera une brèche aux finances de Hall et aux miennes, mais il faut acquitter ses dettes d'honneur.

— Que la malédiction de mon père tombe sur son fils, s'écria Allan, s'il reçoit de vous un seul denier! il suffit que vous reconnaissiez que vous n'avez pas le droit de rien exiger de lui.

Lord Menteith se déclara du même avis. Mac-Aulay dit que toute cette affaire était une folie dont on ne devait pas s'occuper plus long-temps; et les deux Anglais, après avoir insisté quelques instants par politesse, se laissèrent persuader de garder leur argent, et consentirent à regarder la chose comme une plaisanterie.

— Maintenant, Allan, dit Mac-Aulay, faites retirer

vos chandeliers. A présent que ces messieurs les ont vus, ils aimeront probablement mieux dîner à la lueur de nos lampes que de se laisser enfumer comme des jambons.

Allan fit un signe, et les chandeliers vivants, levant leur claymore et l'appuyant sur leurs épaules, se retirèrent en bon ordre, et laissèrent les convives s'occuper de la besogne qui les rassemblait [1].

CHAPITRE V.

« Farouche et téméraire,
« Il faisait devant lui trembler son propre père;
« Amoureux des dangers, il allait dans les bois
« Attaquer le lion, le réduire aux abois.
« Vainement on voulait retenir son courage,
« Et du tigre lui-même il eût bravé la rage;
« On vit plus d'une fois le royal léopard
« Se soumettre et ramper, dompté par son regard. »
SPENCER.

QUOIQUE le bon appétit des Anglais fût alors passé en proverbe en Écosse, le capitaine Dalgetty laissa bien loin derrière lui, par sa prodigieuse voracité, ceux qui se trouvaient en ce moment au château de Darlinvarach, malgré l'attaque assez vive qu'il avait dirigée contre les mets servis lors de son arrivée. Il ne dit pas un seul mot pendant le dîner, et ce ne fut que lorsqu'on commença à desservir qu'il expliqua à la compagnie, qui admirait ses prouesses, pourquoi il mangeait si vite et si long-temps.

— J'ai pris la première habitude, dit-il, au collége de Mareschal à Aberdeen, lorsque j'y occupais une place à la

---

[1] Ceux qui trouveront cet épisode puéril ne doivent pas ignorer qu'il est fondé sur une tradition pour laquelle nous renvoyons le lecteur à la Notice. — ED.

table des boursiers ; car, à moins de remuer les mâchoires aussi vivement qu'une paire de castagnettes, vous risquiez de n'avoir pas un morceau à mettre sous la dent. Quant à la quantité des mets, cette honorable compagnie ne peut ignorer qu'il est du devoir d'un commandant de place d'y faire entrer, quand l'occasion s'en présente, autant de vivres et de munitions que ses magasins peuvent en contenir, afin de se mettre en garde contre le danger d'un siége ou d'un blocus. D'après ce principe, messieurs, quand un soldat trouve abondance de bonne provende, il fait sagement de s'avitailler au moins pour trois jours, afin de se précautionner contre une disette future.

Le laird s'écria que ce raisonnement était des plus justes, et recommanda au vétéran d'ajouter aux provisions substantielles dont il s'était déjà muni une bouteille de vin et quelques verres d'eau-de-vie, proposition que le capitaine se garda bien de rejeter.

Lorsque l'on eut desservi, et que les domestiques se furent retirés, à l'exception du page ou Henchman du laird [1], qui resta derrière sa chaise pour recevoir les ordres des convives, faire venir ce qui pourrait leur manquer, en un mot servir de cordon de sonnette, la conversation tomba sur la politique et sur la situation intérieure du pays. Lord Menteith demanda quels étaient les clans qui pourraient se joindre aux amis du roi.

— Il faut d'abord savoir qui lèvera la bannière, dit Angus ; c'est de là que tout dépend : car vous savez, milord, que nous autres Highlanders nous ne nous soumettons pas aisément, même à un chef choisi parmi nous, ou pour mieux dire à aucun chef. Il est vrai qu'on assure que Colkitto, c'est-à-dire le jeune Colkitto, ou Alaster Mac-Donald, a débarqué d'Irlande à la tête d'un corps de troupes

---

[1] Voyez dans le premier volume de *Waverley* la définition de cet office domestique des Highlands. — Ed.

du comté d'Antrim, et qu'il est déjà arrivé à Ardnamurchan : il devrait être ici à présent, mais je suppose qu'il s'occupe à piller le pays en passant.

— Eh bien ! dit lord Menteith, Colkitto ne pourra-t-il pas être votre chef?

— Colkitto ! s'écria Allan Mac-Aulay d'un air de mépris; qui parle de Colkitto ? Il n'existe qu'un homme que nous puissions reconnaître pour chef, et cet homme est Montrose.

— Mais vous oubliez, monsieur, dit sir Miles Musgrave, qu'on n'a pas entendu parler de Montrose depuis que nous avons échoué dans notre projet d'insurrection dans le Cumberland. On prétend même qu'il est retourné à Oxford pour prendre de nouveaux ordres du roi.

— A Oxford ! dit Allan avec un sourire dédaigneux : je pourrais vous dire où il est en ce moment ; mais on le saura avant peu.

— Sur mon honneur, Allan, dit lord Menteith, vous êtes aujourd'hui dans un accès d'humeur sombre : mais je sais pourquoi, ajouta-t-il en souriant, c'est que vous n'avez pas vu Annette Lyle de la journée.

— Qui dites-vous que je n'ai pas vu? demanda Allan d'un ton brusque.

— Annette Lyle, l'aimable reine du chant et des ménestrels.

— Plût à Dieu que je ne la revisse jamais, à condition que la même sentence fût prononcée contre vous !

— Et pourquoi contre moi ? demanda le comte d'un air d'indifférence.

— Parce qu'il est écrit sur votre front que vous causerez votre ruine réciproque. Et, se levant alors de table, il sortit de l'appartement.

— Y a-t-il long-temps qu'il est dans cette humeur ? demanda lord Menteith à Mac-Aulay.

— Environ trois jours, répondit celui-ci; l'accès est presque passé, il sera mieux demain. Mais allons, messieurs, ne laissez pas les tasses vides. Je vous propose la santé du roi, la santé du roi Charles ; et puisse la Tête-Ronde qui refuse d'y boire s'en aller au diable par la route de Grass-Market [1].

Les tasses furent remplies et vidées à l'instant, et l'on porta d'autres santés, toutes inspirées par l'esprit de parti. Le capitaine Dalgetty n'en oublia pas une, mais il crut à propos de faire une protestation.

— Messieurs les Cavaliers, dit-il, je bois toutes ces santés avec plaisir, d'abord par respect pour cette honorable compagnie et par égard pour l'hospitalité que j'y reçois, et ensuite parce que je pense qu'il est inutile d'être rigoriste *inter pocula;* mais je proteste que, conformément au traité que j'ai conclu avec cet honorable lord, je serai le maître, malgré cet acte de complaisance, de prendre parti demain pour le Covenant, si tel est mon bon plaisir.

Mac-Aulay et les deux Anglais froncèrent le sourcil en entendant cette déclaration, qui aurait pu avoir des suites désagréables si lord Menteith, prenant la parole, n'eût raconté la manière dont il avait rencontré Dalgetty et ce qui s'était passé entre eux. — J'espère pourtant, ajouta-t-il, que nous parviendrons à attacher le capitaine au service de notre parti.

— Et dans le cas contraire, dit Mac-Aulay, je proteste, comme dit le capitaine, que rien de ce qui s'est passé ce soir, ni mon pain et mon sel qu'il a mangés, ni mon eau-de-vie, mon vin et mon usquebaugh qu'il a bus, ne m'empêcheront de lui fendre la tête jusqu'aux épaules.

— Vous y serez le bienvenu, dit le capitaine, pourvu que mon sabre puisse la défendre, comme il l'a fait dans

---

(1) Place des exécutions à Édimbourg. — Éd.

de plus grands dangers que ceux que j'aurai à courir avec vous.

L'intervention de lord Menteith empêcha que la querelle n'allât plus loin, et la concorde s'étant rétablie, non sans difficulté, on la cimenta par de nouvelles libations. Le comte fut le premier à se lever de table, et, prétextant la fatigue du voyage, il demanda à se retirer plus tôt que ce n'était la coutume au château. Le capitaine en fit autant, quoique avec quelque regret; car, parmi les habitudes qu'il avait contractées dans les Pays-Bas, il comptait celle de pouvoir boire une quantité prodigieuse de bière, de vin et de liqueurs spiritueuses, sans s'en trouver incommodé.

Mac-Aulay conduisit lui-même ses hôtes dans une sorte de dortoir en forme de galerie. Il s'y trouvait un lit à quatre colonnes, garni de rideaux de *tartan;* et le mur, dans toute sa longueur, offrait une suite de lits formés par des planches jointes ensemble en forme de caisse, dont trois, remplis de bruyère fraîche, et garnis de draps et de couvertures, avaient été préparés pour le capitaine et les deux domestiques du comte.

— Je n'ai pas besoin de vous instruire de nos usages, dit Mac-Aulay à lord Menteith après l'avoir tiré à part. Je n'aurais pas dû faire coucher vos domestiques dans votre chambre, mais je n'ai pas voulu vous laisser seul avec ce vagabond allemand que personne ne connaît. Sur ma foi, milord, dans le temps où nous vivons, tel qui se couche avec le gosier sain et entier peut l'avoir le lendemain matin échancré et béant comme une huître.

— Je vous remercie, lui dit lord Menteith, vous avez arrangé les choses précisément comme je le désirais. Ce n'est pas que je croie avoir la moindre violence à craindre du capitaine Dalgetty; mais Anderson a toute ma confiance, c'est une espèce de gentilhomme, et j'aime à l'avoir toujours près de moi.

— Je n'ai pas remarqué cet Anderson, dit Mac-Aulay. L'avez-vous pris à votre service en Angleterre?

— Oui, répondit le comte : au surplus vous le verrez demain ; en attendant, je vous souhaite une bonne nuit.

Mac-Aulay lui serra la main, et se tourna vers le capitaine pour lui faire le compliment d'usage en le quittant. Mais celui-ci avait trouvé sur une table un pot d'eau-de-vie qui attirait toute son attention ; et le laird, ne voulant pas le troubler dans cette occupation si louable, se retira sans cérémonie.

Les deux domestiques de lord Menteith arrivèrent à l'instant où Mac-Aulay venait de se retirer. Le vaillant capitaine, un peu surchargé de bonne chère, éprouva quelque difficulté pour détacher les agrafes de son armure, et adressa à Anderson les paroles suivantes, entrecoupées de quelques hoquets :

— Anderson, mon bon ami, vous pouvez lire dans l'Écriture que celui qui ôte son armure ne doit pas se glorifier autant que celui qui la met. Je ne crois pas que ce soit le véritable mot d'ordre. Mais la vérité est qu'il faudra que je dorme dans ma cuirasse, comme l'ont fait tant d'honnêtes gens qui ne se sont jamais réveillés, à moins que vous ne puissiez me desserrer cette boucle.

— Détachez son armure, Sibbald, dit Anderson à l'autre domestique.

— De par saint André ! s'écria le capitaine en regardant lord Menteith d'un air de surprise, voilà un plaisant drôle ! Un gaillard qui porte la livrée, et qui gagne peut-être quatre livres par an, se croit trop grand seigneur pour servir le ritmeister Dugald-Dalgetty de Drumthwacket, qui a fait ses humanités au collége de Mareschal à Aberdeen, et qui a servi presque tous les princes de l'Europe !

— Capitaine, dit le comte, qui semblait toujours destiné à jouer le rôle de pacificateur, il faut que vous sachiez qu'il est convenu qu'Anderson ne doit servir que moi. Mais j'aiderai moi-même Sibbald avec plaisir à détacher votre armure.

— Non, milord, s'écria Dalgetty, je ne souffrirai pas que vous preniez cette peine ; et cependant il n'y aurait pas de mal à ce que vous apprissiez comment on peut mettre et ôter une bonne armure. La mienne me va comme un gant. Je puis y entrer et en sortir avec la plus grande aisance. Seulement ce soir, quoique je ne sois pas *ebrius*, je me trouve, suivant la phrase classique, *vinoque ciboque gravatus* [1].

Pendant ce temps Sibbald l'avait débarrassé de ses armes, et il était devant le feu à réfléchir, avec une gravité d'ivrogne, sur les divers évènements de la soirée. Le caractère d'Allan Mac-Aulay était ce qui l'occupait le plus.

— Il n'est pourtant pas maladroit, dit-il : remplacer six chandeliers d'argent par douze grands gaillards sans culottes ; c'est une bonne ruse de guerre, un excellent tour de passe-passe ! et avec cela être fou : j'ai besoin d'y réfléchir encore, milord ; et, malgré l'honneur qu'il a d'être parent de Votre Seigneurie, il faut que j'examine si une canne peut réparer suffisamment l'insulte qu'il m'a faite, ou si je dois lui proposer les armes d'une personne raisonnable.

— Quoiqu'il soit un peu tard, répondit lord Menteith, si vous voulez écouter une assez longue histoire, je vous ferai voir que les circonstances de la naissance d'Allan suffisent seules pour expliquer son caractère singulier ; et vous conviendrez que vous ne devez exiger de lui aucune espèce de satisfaction.

— Une longue histoire, milord, est, après une bouteille d'eau-de-vie, la meilleure chose du monde pour procurer un excellent sommeil ; et si Votre Seigneurie veut

---

[1] Un peu lourd pour avoir bu et mangé abondamment. — Éd.

prendre la peine de raconter celle dont il s'agit, me voici prêt à vous écouter avec patience et attention.

— Anderson, dit lord Menteith, et vous aussi Sibbald, approchez-vous et asseyez-vous près du feu. Il n'est pas inutile que vous appreniez à connaître Allan, afin que vous sachiez comment vous comporter à son égard dans les différentes relations que vous aurez nécessairement avec lui.

S'étant ainsi assuré d'un auditoire, lord Menteith s'assit sur le bout de son lit, en face de la cheminée, aux deux coins de laquelle ses domestiques s'étaient établis, tandis que le capitaine, ayant essuyé un reste d'eau-de-vie dont ses moustaches étaient encore mouillées, et ayant récité le premier verset du psaume luthérien, *Alle guter geister loben den herrn*, s'enfonça dans un des lits qui étaient préparés, et écouta le comte dans un état de béatitude parfaite, à demi endormi, à demi éveillé.

— Le père des deux frères Angus et Allan Mac-Aulay, dit lord Menteith, était un homme de considération, d'une naissance distinguée, chef d'un des clans des montagnards, et avait épousé une femme d'une famille honorable, s'il m'est permis de parler ainsi, puisqu'elle était ma parente. Le frère de son épouse, jeune homme brave et entreprenant, obtint du roi Jacques VI la conservation des forêts royales dans une étendue de terrain assez considérable tout autour de son château, et dans l'exercice de ses fonctions il eut le malheur d'avoir des querelles avec quelques uns de nos maraudeurs ou caterans highlandais, dont je présume, capitaine, que vous avez entendu parler.

— Bien certainement, dit le capitaine, faisant un effort pour répondre. Avant que je quittasse le collége Mareschal à Aberdeen, Dugald Garr et Farquharson faisaient déjà le diable dans le Garioch et du côté de

Dee ; et les Grants et les Camerons mettaient au pillage les terres des Morays et des Gordons. Depuis ce temps, j'ai vu les Cravates en Pannonie, les Pandours en Transylvanie, les Cosaques sur les frontières de Pologne, des brigands et des bandits dans tous les pays de l'Europe : vous devez donc croire que je puis me faire une idée assez distincte de ce que sont vos montagnards sans culottes.

— Le clan avec lequel l'oncle maternel des Mac-Aulay était en querelle, continua lord Menteith, formait une petite troupe de bandits, surnommés les Enfants du Brouillard, parce qu'ils étaient sans toit et sans asile, et errants continuellement dans les montagnes et les vallons. C'est une race féroce et hardie qui a toutes les passions irritables et sauvages qu'on trouve chez des hommes qui n'ont jamais connu les lois répressives de la civilisation. Ils épièrent toutes les démarches du malheureux conservateur des forêts, le surprirent un soir à la chasse sans aucune suite, et le massacrèrent avec tous les raffinements de la cruauté. Lui ayant ensuite coupé la tête, ils résolurent, par bravade, de la porter au château de son beau-frère. Le laird était absent quand ils s'y présentèrent, et son épouse effrayée, n'osant leur refuser la porte, leur fit servir des rafraîchissements.

La dame étant sortie un instant pendant qu'ils étaient à table, ils prirent la tête de son frère, qu'ils avaient apportée enveloppée dans un plaid, la placèrent sur la table, lui mirent un morceau de pain, en lui disant de manger sur cette table qui avait servi à tant de bons repas ; ce fut le premier objet qu'aperçut sa malheureuse sœur quand elle ouvrit la porte pour rentrer. Elle poussa un cri horrible, s'enfuit avec la rapidité d'une flèche, et disparut au milieu des bois.

Les brigands, satisfaits de leur affreux triomphe, se retirèrent sans commettre d'autres excès; et, dès que les domestiques furent revenus de leur première alarme, ils cherchèrent de tous côtés leur infortunée maîtresse, mais sans réussir à la trouver. Son mari, étant revenu le lendemain, fit de nouvelles recherches avec le plus grand soin, mit en campagne tous ses vassaux, et ne fut pas plus heureux. On crut généralement que, dans le premier moment de terreur et de désespoir, elle s'était jetée du haut des rochers dans un lac profond qui n'était qu'à environ un mille du château. Cette perte était d'autant plus déplorable, qu'elle était alors enceinte de quelques mois; elle avait donné le jour à Angus deux ans auparavant. Mais je vous fatigue, capitaine; vous me paraissez avoir envie de dormir.

— Nullement, répondit-il, nullement. J'entends beaucoup mieux quand j'ai les yeux fermés. C'est une habitude que j'ai prise lorsque j'étais en sentinelle.

— Et je réponds, dit tout bas lord Menteith à Anderson, que la hallebarde du sergent faisant sa ronde les lui a fait ouvrir plus d'une fois.

Mais se trouvant probablement en humeur de raconter, le jeune comte n'en continua pas moins son histoire en adressant la parole à Anderson, sans s'inquiéter si le capitaine veillait ou dormait.

— Tous les chefs du pays jurèrent de tirer vengeance de ce forfait abominable. Ils prirent les armes, ainsi que le frère et les parents du malheureux qui avait été assassiné, et traitèrent, je crois, les Enfants du Brouillard avec autant de barbarie que ceux-ci en avaient montré. Dix-sept têtes, trophées sanglants de vengeance, se distribuèrent entre les alliés, et furent attachées au-dessus de leurs portes pour servir de pâture aux corbeaux. Le reste de ce clan se dispersa, et chercha sa sûreté parmi des rochers inaccessibles dans une contrée plus éloignée.

— Demi-tour à droite, contre-marche et en place! s'écria Dalgetty. Ce que je dis, ajouta-t-il, n'est que pour vous prouver que je vous écoute. Continuez, je ne perds pas un seul mot.

— C'est l'usage en été, continua lord Menteith, de laisser les vaches paître en liberté dans les vallons, et soir et matin les filles du village s'y rendent pour les traire. Quelques mois après le funeste évènement dont je viens de parler, les servantes de cette famille, s'occupant de cette besogne, aperçurent à quelque distance, sur la lisière du bois, une figure pâle et maigre qui semblait épier leurs mouvements. C'était une femme à demi nue, dont les traits leur parurent avoir beaucoup de ressemblance avec ceux de leur maîtresse. La plupart furent saisies d'épouvante, et crurent que c'était son spectre qui leur apparaissait : quelques unes plus hardies s'avancèrent vers elle pour la voir de près; mais, dès qu'elle les vit s'approcher, elle s'enfonça dans le plus épais du bois, où l'on n'osa la suivre.

Le mari, informé de cette apparition, ne douta pas que ce ne fût sa malheureuse femme, et il prit si bien ses mesures que, dès le lendemain, il la découvrit et s'en empara; mais elle avait entièrement perdu la raison. Jamais elle ne put rendre compte comment elle avait vécu pendant quatre mois qu'avait duré son absence. Il est probable qu'elle avait fait sa nourriture de racines et de fruits sauvages, et peut-être du lait des vaches dont elle pouvait approcher pendant la nuit sans être vue de personne; mais le vulgaire supposa qu'elle avait été nourrie par les fées ou de toute autre manière miraculeuse.

Environ un mois après son retour chez son mari, elle donna le jour à un second fils qui fut nommé Allan. Non seulement cet enfant ne paraissait avoir aucunement souffert des maux physiques que sa mère avait eus nécessairement à supporter, mais il annonçait une force et une santé peu communes. Sa malheureuse mère, après ses couches, recouvra la raison en partie, mais jamais la santé et la gaieté. La vue d'Allan pouvait seule lui procurer un sentiment de plaisir ; elle ne le quittait pas un instant, et elle lui communiqua sans doute dès sa plus tendre enfance une partie de ces idées superstitieuses dont son caractère sombre et atrabilaire le rendait naturellement susceptible. Il avait environ dix-sept ans quand elle mourut. Elle voulut, à ses derniers moments, avoir un entretien secret avec lui, et il y a tout lieu de croire que c'était pour lui recommander la vengeance contre les Enfants du Brouillard, injonction à laquelle il n'obéit que trop fidèlement par la suite.

Depuis ce moment, les habitudes d'Allan Mac-Aulay changèrent entièrement. Il avait jusque là été le compagnon fidèle de sa mère, écoutant ses rêves, lui répétant les siens, et son imagination, naturellement un peu dérangée sans doute par les circonstances qui précédèrent sa naissance, le nourrissait de toutes les étranges et terribles superstitions des montagnards auxquelles sa mère s'était livrée avec passion depuis la mort de son frère. Par ce genre de vie, l'enfant avait pris un air timide et distrait ; il aimait à rêver dans les retraites les plus profondes des bois. Il tressaillait et prenait la fuite quand un enfant de son âge voulait approcher de lui. Quoique je fusse plus jeune que lui de quelques années, mon père m'ayant une fois amené ici, je me souviens qu'il rejeta fièrement toutes mes avances, et qu'il me fut impossible de l'engager à prendre part à aucun des jeux si naturels à l'enfance. Il agissait de même avec son frère. Son père se plaignit au mien plus d'une fois du caractère sombre et atrabilaire de son fils ; il sentait que la compagnie habituelle de sa mère contribuait à entretenir en lui ces dispositions ; mais il ne pouvait se résoudre à la priver du seul plaisir qui lui restait, et qui semblait avoir calmé en partie la cruelle maladie dont elle avait été attaquée.

Mais, comme je vous disais tout à l'heure, après la mort de sa mère, il sembla changer tout-à-coup. Il est vrai qu'il resta sérieux et pensif comme auparavant ; il était distrait, souvent rêveur et silencieux, mais quelquefois aussi il recherchait la compagnie de la jeunesse de son clan, qu'il avait évitée jusqu'alors. Il prenait part à tous ses exercices, et sa force extraordinaire, son adresse peu commune, le rendirent bientôt supérieur, même aux jeunes gens d'un âge plus avancé que le sien. Il commença, sinon à se faire aimer, du moins à se faire craindre, par ceux qui l'avaient méprisé jusque là ; et, au lieu de regarder Allan comme un enfant efféminé, faible d'esprit, ses compagnons se plaignirent qu'à la lutte, et dans tous les jeux qui avaient pour objet de développer la force du corps, il oubliait souvent qu'il ne s'agissait que d'un amusement, et y apportait une ardeur qui les faisait dégénérer en véritables querelles.

Mais je parle à des oreilles qui ne m'écoutent pas, dit lord Menteith en interrompant le fil de son récit ; car le capitaine, par le bruit sonore de sa respiration, prouvait sans réplique qu'il était dans les bras de l'oubli.

— Si vous voulez parler des oreilles de ce ronfleur, dit Anderson, elles sont en effet fermées pour tout ce que vous pourriez dire. Cependant ce lieu étant favorable à des entretiens on ne peut plus secrets, veuillez bien, en faveur de Sibbald et de moi, achever une histoire qui m'intéresse vivement.

— Vous saurez donc, poursuivit lord Menteith, que la force et l'activité d'Allan continuèrent à augmenter ainsi jusqu'à sa quinzième année. Son caractère devint alors tout-à-fait indépendant ; il ne pouvait souffrir aucune espèce de contrainte, et ce nouveau changement causa de nouvelles alarmes à son père. Souvent il passait les jours et les nuits dans les bois, sous prétexte d'aller à la chasse, et cependant il n'en rapportait pas toujours du gibier. Son père en était d'autant plus inquiet que plusieurs Enfants du Brouillard avaient reparu dans les environs ; et l'on n'avait pas jugé prudent de les irriter en les attaquant de nouveau. Le risque que courait Allan, dans ses excursions, de rencontrer ces brigands, était une source perpétuelle d'appréhension.

Il se préparait cependant une crise qui ne se fit pas attendre long-temps. Un jour que j'étais au château, j'étais rentré vers le soir, après avoir inutilement cherché Allan dans les bois des environs, où il s'était rendu avant le lever du soleil. La nuit était obscure et orageuse. Son père, véritablement inquiet, parlait d'envoyer à sa recherche un détachement de montagnards, quand tout-à-coup, tandis que nous finissions de souper, la porte s'ouvrit, et Allan entra d'un air radieux, fier et content de lui-même. Son caractère intraitable et l'égarement accidentel de son esprit avaient tant d'influence sur son père, qu'il n'osa lui donner aucune marque de mécontentement. Il se borna à lui dire que je n'avais été que quelques heures dans les bois, où j'avais tué un daim superbe, et que probablement il n'en rapportait rien, lui qui y avait passé toute la journée.

— En êtes-vous bien sûr ? lui demanda Allan d'un air de fierté. J'ai ici quelque chose qui vous prouvera le contraire.

Nous remarquâmes alors que ses mains et ses habits étaient ensanglantés, et nous attendions avec impatience le résultat de cette annonce mystérieuse, quand, ouvrant le pan de son plaid, il fit rouler sur la table la tête d'un homme encore toute sanglante et nouvellement séparée du corps, en disant :—Trouvez-moi un daim qui vaille celui-là !—A sa barbe et à ses cheveux roux, un peu blanchis par l'âge, et à ses traits bien connus, quoique changés par la pâleur de la mort, Angus, son père et quelques amis qui étaient présents, reconnurent cette tête pour celle du chef des Enfants du Brouillard, redoutable par sa force, son courage et sa férocité, qui avait pris la part la plus active au meurtre de l'infortuné conservateur des forêts, et qui avait eu l'adresse d'échapper au massacre de la plus grande partie de ses compagnons. Nous fûmes tous, comme vous pouvez le penser, frappés de surprise; mais Allan refusa de satisfaire notre curiosité, et ne voulut nous donner aucun détail sur ce combat. Il nous fut pourtant facile de juger qu'il n'avait tué son ennemi qu'après une vigoureuse résistance; car nous nous aperçûmes qu'il avait reçu plusieurs blessures, quoique aucune ne fût dangereuse.

On prit toutes les mesures possibles pour le mettre à l'abri de la vengeance de ces bandits; mais ni ses blessures, ni les ordres positifs de son père, ni même la fermeture de la porte de sa chambre, ne purent l'empêcher d'aller chercher encore les gens dont il devait redouter l'animosité. Tous les jours il trouvait quelque nouveau moyen pour se soustraire à la surveillance de son père, et plus d'une fois il sortit du château, au milieu de la nuit, par la fenêtre de sa chambre. Il rapporta encore plusieurs têtes des Enfants du Brouillard, et ces hommes, malgré leur férocité, finirent par être épouvantés de l'audace et de la haine invétérée avec laquelle Allan les cherchait dans leurs retraites les plus cachées. Comme il avait toujours l'avantage dans toutes les rencontres, ces hommes superstitieux finirent par en conclure qu'il possédait un charme qui le rendait invincible, ou que sa vie était protégée par quelque puissance surnaturelle. Ils disaient que ni le fusil, ni le poignard, ne pouvaient rien contre lui. Enfin les choses en vinrent au point que le son de sa voix ou le bruit de son cor aurait suffi pour mettre en fuite une demi-douzaine de ces caterans des Highlands.

Cependant ils avaient repris le cours de leurs déprédations, et les exerçaient principalement contre les Mac-

Aulay, leurs parents et leurs amis, à qui ils faisaient tout le mal dont ils étaient capables; de sorte qu'il fallut faire contre ce clan une nouvelle croisade, à laquelle je pris une part active. Nous nous emparâmes de tous les défilés, et, les ayant ainsi en quelque sorte enfermés, nous les attaquâmes le fer à la main, sans faire aucun quartier : tout fut mis à feu et à sang; les vieillards, les femmes et les enfants n'échappèrent même pas à cette terrible vengeance, et cette tribu fut presque entièrement exterminée.

Seule, une petite fille qui regardait en souriant le glaive nu d'Allan, fut épargnée à mon instante prière. Il l'amena dans le château de son père, où elle fut élevée sous le nom d'Annette Lyle, et jamais plus charmante fée n'a dansé dans une prairie, au clair de la lune. Il se passa quelque temps avant qu'Allan pût souffrir sa vue; mais un beau jour il s'imagina, peut-être d'après ses traits, qu'elle n'était pas issue du sang odieux de ses ennemis, et qu'elle était devenue leur captive dans son enfance dans quelqu'une de leurs excursions; circonstance qui n'est pas impossible, mais qu'il croit aussi fermement que l'Évangile. Depuis ce temps-là il l'a prise en affection; il l'écoute avec ravissement quand elle pince de la harpe; et il est certain qu'elle a tant de talent sur cet instrument, qu'il n'existe personne dans le pays qui puisse lui disputer la palme. Dans les accès de sombre misanthropie auxquels Allan est souvent sujet, le son de la harpe d'Annette suffit pour l'en retirer, et il ressemble en cela à l'ancien monarque célèbre parmi les Juifs. Le caractère de cette jeune fille est si aimable, il y a tant d'attraits dans son innocence et dans sa gaieté, qu'elle est regardée ici plutôt comme la sœur du maître du château que comme l'objet de sa bienfaisance. Il est certain qu'il est impossible de la voir sans prendre à elle le plus tendre intérêt, tant elle a d'ingénuité, de douceur et de vivacité.

— Prenez garde, milord, dit Anderson en souriant, de

tels éloges ne sont pas sans danger. D'après le portrait que vous faites d'Allan Mac-Aulay, ce serait un rival avec lequel on pourrait courir quelque risque.

— Bon! bon! dit lord Menteith en riant et en rougissant en même temps, l'amour est une passion dont le cœur d'Allan n'est pas susceptible ; et quant à moi, ajouta-t-il d'un air plus grave, la naissance inconnue d'Annette Lyle ne me permettant jamais d'avoir sur elle des projets honorables, son innocence et sa vertu m'empêcheront toujours d'en former d'autres.

— C'est parler d'une manière digne de vous, milord. Mais j'espère que vous continuerez cette histoire intéressante.

— Elle est presque achevée : tout ce que j'ai à y ajouter, c'est que la force et le courage d'Allan, son caractère énergique et absolu, l'opinion généralement reçue que, dans ses accès d'humeur sombre, il est inspiré par des êtres surnaturels et qu'il peut prédire l'avenir, font que son clan lui accorde plus de déférence et de respect qu'à son frère même, qui, quoiqu'un fier et vaillant Highlander, n'a pas les qualités qu'il lui faudrait pour obtenir, dans l'esprit de ses vassaux, la supériorité sur lui.

— Un tel caractère, dit Anderson, ne peut manquer de produire beaucoup d'effet sur des hommes ignorants et superstitieux comme les montagnards. Il faut nous assurer sa bonne volonté à tout prix. Sa bravoure d'une part, sa seconde vue de l'autre...

— Paix! dit lord Menteith à demi-voix, voici notre hibou qui s'éveille.

— Ne parlez-vous pas de seconde vue, de *deuteroscopia?* dit Dalgetty. Je me souviens que le major Monro me disait un jour que Murdoch Mackenzie, soldat de son régiment, et bon soldat, ma foi! avait prédit que Donald Tough, du Lochaber, serait tué avec certains autres dans une sortie au siége de Stralsund, et que le major lui-même y serait blessé, ce qui ne manqua pas d'arriver.

— J'ai souvent entendu parler de ce don de seconde vue, dit Anderson, mais j'ai toujours pensé que ceux qui s'en prétendent doués sont des fanatiques ou des imposteurs.

— Je crois qu'Allan Mac-Aulay n'est ni l'un ni l'autre, dit lord Menteith. Il a montré en bien des occasions trop de bon sens et d'adresse, comme vous en avez eu une preuve ce soir, pour pouvoir passer pour fanatique; et il a trop d'honneur et de franchise pour jamais jouer le rôle d'imposteur.

— Ainsi donc, vous croyez à ses inspirations surnaturelles?

— Pas du tout, répondit le jeune comte; mais je crois qu'il se persuade à lui-même que ses prédictions, qui ne sont que le résultat du jugement et de la réflexion, sont des impressions surnaturelles produites sur son esprit, de même que certains fanatiques finissent par croire que les rêves de leur imagination sont des inspirations divines. Au surplus, Anderson, je désire que cette explication vous satisfasse, car je n'en ai pas de meilleure à vous donner, et je crois qu'après une journée si fatigante il est bon que nous pensions à prendre un peu de repos.

CHAPITRE VI.

« L'avenir vient toujours précédé de son ombre. »
CAMPBELL.

Lord Menteith se leva le lendemain de très bonne heure. Le capitaine était déjà debout, et il s'occupait dans un coin de la chambre à frotter toutes les pièces de son armure avec un morceau de peau de chamois, pour les rendre plus brillantes, fredonnant en même temps la vieille chanson qu'on avait faite en l'honneur de Gustave-Adolphe :

>Entendez-vous l'airain mugir ?
>Braves soldats, prenez les armes.
>Celui qui veut l'honneur a-t-il peur de périr ?

Après avoir causé un instant avec Anderson, le comte s'avança vers Dalgetty. — Capitaine, lui dit-il, le moment est arrivé où il faut que nous devenions compagnons d'armes, ou que nous nous séparions.

— Pas avant d'avoir déjeuné, j'espère ? dit Dalgetty.

— Je croyais que vous aviez ravitaillé la place au moins pour trois jours.

— Oh ! il y a encore des magasins réservés pour le bœuf et les gâteaux d'avoine, et je ne manque jamais l'occasion de renouveler mes provisions.

— Mais songez aussi qu'un général prudent ne souffre pas qu'un corps neutre reste dans son camp plus long-temps qu'il n'est absolument nécessaire. Il faut donc que nous sachions précisément quelles sont vos intentions, après quoi vous aurez un sauf-conduit pour vous retirer honorablement en paix, ou vous serez le bienvenu à rester avec nous.

— Vous avez raison, dit le capitaine ; et, cela étant de toute justice, je ne chercherai pas à retarder la capitulation en feignant de parlementer, comme le fit avec beaucoup d'adresse sir James Ramsay au siége d'Hanau, en l'an de grâce 1636. Je conviendrai donc franchement que si votre paye me convient autant que votre compagnie et votre provende, je suis prêt à m'enrôler sous vos drapeaux.

— Nous ne pouvons assurer qu'une paye modique quant à présent, dit lord Menteith, attendu que nous ne possédons d'autres fonds que ceux qui ont été versés dans la caisse commune par chacun de nous, en proportion de ses moyens. Je n'oserais donc, capitaine, vous promettre, avec le grade de major et adjudant, plus d'un demi-dollar par jour.

— Au diable les demis et les quarts! s'écria le capitaine; je n'aime pas à faire les choses à demi. Je vous jure que je ne suis pas plus disposé au partage d'un dollar, que la bonne femme du jugement de Salomon ne l'était à celui de son enfant.

— La comparaison n'est pas juste, capitaine; car je suis convaincu que vous aimeriez mieux partager le dollar avec votre compétiteur, que de le lui abandonner tout entier. Cependant, puisque les divisions ne vous plaisent pas, je puis vous promettre que le second demi-dollar s'accumulera à votre profit, et vous sera payé à la fin de la campagne.

—Ah! encore de l'arriéré! s'écria Dalgetty. En Espagne, en Autriche, en Suède, c'est partout la même chanson : toujours des promesses, jamais d'effets. Vivent les mynheers! Ils ne sont ni officiers ni soldats, mais ils paient avec une régularité!... Et cependant, milord, si je pouvais croire que mon domaine héréditaire de Drumthwacket, ce domaine qui devait naturellement m'appartenir, fût entre les mains d'un de ces coquins du Covenant, dont on pourrait faire un traître si nos armes avaient du succès, j'ai tant d'affection pour cette propriété, que je n'hésiterais pas à faire la campagne avec vous.

— Me permettez-vous de vous demander, capitaine, dit Sibbald, si le domaine dont vous parlez est celui qui est situé à cinq milles au sud d'Aberdeen, et qui porte le même nom?

— Précisément.

— Eh bien! je puis vous informer qu'il a été récemment acheté par Élie Strachan, le rebelle le plus déterminé qu'on puisse trouver dans les rangs des Covenantaires.

— Le voleur! s'écria Dalgetty avec emportement. Comment diable a-t-il osé acheter un domaine qui était dans ma famille depuis plus de quatre cents ans? *Cynthius aurem vellet*, comme nous le disions au collége d'Aberdeen; ce qui veut dire que je le traînerai par les oreilles hors de la maison de mon père. Ainsi, milord, je suis à vous, épée et bras, corps et âme, jusqu'à ce que la mort nous sépare, ou jusqu'à la fin de la campagne, quoi qu'il puisse arriver.

— Et moi, dit le comte, je mets le sceau au marché en comptant un mois de paye d'avance.

— C'est plus qu'il n'était nécessaire, dit Dalgetty en ayant soin d'empocher l'argent. Maintenant il faut que je descende à l'écurie pour mettre en état ma selle, mes harnais et mes armes, voir si Gustave a eu son déjeuner, et l'avertir que nous venons de prendre du service.

— Vous voilà assuré de votre admirable recrue, dit lord Menteith à Anderson lorsque le capitaine fut parti. Je crains qu'il ne vous fasse pas grand honneur.

— C'est un homme comme il nous en faut dans le moment actuel, répondit Anderson. Sans de pareilles gens nous ne pouvons réussir dans notre entreprise.

— Descendons, dit le comte, et voyons s'il nous arrive du monde, car j'entends du bruit dans le château.

Ils trouvèrent Angus et Allan dans la salle où ils avaient dîné la veille. Le premier leur fit les complimens d'usage avec cordialité, tandis que son frère, assis sur le même banc qu'il avait occupé le soir précédent, ne faisait attention à personne et gardait un sombre silence. Les domestiques du comte l'avaient suivi, et se tenaient respectueusement à l'écart.

Le vieux Donald entra presque au même instant, et s'adressant à son maître: — Vich-Alister More, lui dit-il, vient d'envoyer dire qu'il arrivera bien certainement dans la soirée.

— Avec combien de monde?

— Vingt-cinq ou trente hommes, sa suite ordinaire.

— Faites jeter de la paille fraîche dans le fournil.

Un autre domestique entra au même instant, et annonça que sir Hector Mac-Lean allait arriver avec une suite nombreuse.

— Mettez-les dans la grande grange, dit le laird; ils seront loin de la brasserie, où nous avons placé les Mac-Donalds qui sont arrivés ce matin : ces deux clans ne s'aiment pas, et il pourrait survenir quelque querelle entre eux.

Donald revint alors, avec une figure considérablement alongée : — Du diable si toutes les montagnes ne sont pas en marche! dit-il : voilà Evan Dhu de Lochiel qui sera ici dans une heure avec je ne sais combien de soldats.

— Dans la grande grange, avec les Mac-Leans, répondit le Chef.

Pendant plusieurs heures on annonça ainsi successivement l'arrivée d'un grand nombre de chefs avec une suite plus ou moins nombreuse, mais dont le moindre aurait cru déroger à sa dignité s'il n'avait été accompagné de dix ou douze hommes. Chaque fois qu'on annonçait une nouvelle troupe, Angus désignait un endroit pour les placer. L'étable, l'écurie, le grenier à foin, les hangars reçurent ainsi tour à tour des habitans. Mais enfin l'arrivée de Mac-Dougal de Lorn, à la tête de soixante hommes, quand il ne restait plus une pièce vacante dans la maison, le mit dans un grand embarras.

— Il tiendrait cent hommes de plus dans la grange, dit le vieux Donald, s'ils voulaient se coucher les uns dessous et les autres en travers; mais ce seraient des disputes sans fin à qui serait par-dessus, et l'on pourrait bien jouer des couteaux.

— Que signifie tout cela? s'écria Allan d'un ton brusque en se levant tout-à-coup suivant son usage. Le Gaël d'aujourd'hui a-t-il le sang moins rouge, la chair plus délicate que ne l'avaient ses pères? Défoncez un tonneau d'usquebaugh, et avec cela que la terre soit leur lit, leurs plaids leurs couvertures, et le firmament leurs rideaux. Qu'il en vienne encore mille, deux mille, et ils ne manqueront pas de place.

— Allan a raison, dit Angus; et s'approchant de sir Miles Musgrave : — Mon frère, lui dit-il à l'oreille, a souvent un vrai délire, et cependant il semble quelquefois avoir plus de bon sens qu'aucun de nous. Examinez-le en ce moment.

— Oui, dit Allan en roulant de côté et d'autre des yeux égarés, autant vaut qu'ils commencent comme ils doivent finir. Plus d'un homme couchera cette nuit sur la terre, qui, lorsque le vent d'hiver soufflera, en sera couvert à son tour, et ne se plaindra plus du froid.

— Ne parlez pas ainsi, mon frère, lui dit Angus; cela ne porte pas bonheur.

— Et quel est le bonheur que vous espérez? dit Allan, dont les yeux semblaient prêts à sortir de leur orbite. Et au même instant il tomba entre les bras d'Angus et de Donald, saisi d'une violente convulsion. On l'assit sur un banc; et, dès qu'il revint à lui, son frère, qui savait quelle impression ses discours faisaient toujours sur l'esprit des montagnards, lui dit : — Pour l'amour de Dieu, mon frère, ne dites rien qui puisse nous décourager !

— Est-ce moi qui vous décourage? s'écria-t-il en se levant de nouveau. Que chacun combatte aussi courageusement que moi, et que chacun se soumette comme moi à sa destinée. Il faut que ce qui doit arriver arrive, mais nous entendrons encore plus d'un chant de victoire avant l'heure du massacre ou de l'échafaud.

— Quel massacre? quel échafaud? s'écrièrent plusieurs voix; car il existait à peine un montagnard qui ne le regardât comme doué du don de seconde vue.

— Paix! répondit Allan. Vous ne le saurez que trop tôt. Vos questions me fatiguent. Et appuyant la main sur son front et le coude sur son genou, il tomba dans une profonde rêverie.

— Dites à Annette Lyle de venir avec sa harpe, dit Angus à Donald; et vous, messieurs, si un déjeuner des Highlands ne vous effraie point, je vous invite à me suivre.

Toute la compagnie se rendit alors avec lui dans une salle voisine, à l'exception de lord Menteith, qui s'arrêta dans l'embrasure d'une croisée, et d'Allan, qui ne changea pas de position. Quelques instans après Annette Lyle arriva avec sa harpe, et elle ressemblait bien, suivant la description qu'en avait faite le comte, à la plus charmante fée qui eût jamais dansé dans une prairie au clair de la lune : sa taille peu élevée lui donnait un air d'extrême jeunesse; et quoiqu'elle eût alors près de dix-huit ans, on aurait pu croire qu'elle n'en avait que quatorze; sa figure, ses mains et ses pieds étaient dans une si parfaite harmonie avec sa taille légère, que Titania n'aurait pu choisir une mortelle plus digne de la représenter. Ses cheveux blonds et bouclés ajoutaient à l'éclat de son teint et à l'expression aimable et naïve de ses traits. La charmante Annette, quoique orpheline, semblait la plus gaie et la plus heureuse des filles, et inspirait l'intérêt le plus pur à tous ceux qui la voyaient. Il était impossible de trouver un être plus universellement aimé; elle était au milieu des habitants à demi sauvages du château, ainsi que le disait Allan dans ses moments de verve poétique, comme un rayon de soleil sur une mer couverte de nuages ; et elle communiquait aux autres l'enjouement qui faisait le fond de son caractère.

Annette, telle que nous venons de la décrire, entrait dans l'appartement en souriant, quand lord Menteith en la saluant fit naître sur ses joues des roses plus vermeilles.

— Bonjour, milord, lui dit-elle en lui offrant la main,

il y a long-temps qu'on ne vous avait vu, et je crains bien que pour cette fois votre voyage n'ait pas été entrepris dans des vues pacifiques.

— Si mon arrivée est un signal de guerre, dit le comte, elle ne doit pas du moins empêcher l'harmonie de régner en ces lieux : voilà mon cousin Allan qui a besoin du secours de votre voix et de votre harpe.

— Il a bien droit à tout ce que je puis faire pour lui ; et vous aussi, milord, vous avez pris intérêt à mes jours, et ma vie doit être consacrée à mes protecteurs.

En parlant ainsi, elle s'assit sur un banc à quelque distance d'Allan, et se mit à chanter une ancienne mélodie gaëlique dont nous allons donner à nos lecteurs une traduction faite par notre ami M. Secundus Macpherson, esq. de Glenfargen [1], et qu'ils peuvent regarder comme aussi fidèle que celle des poésies d'Ossian par l'illustre Écossais qui porte le même nom, quoique soumis aux entraves du mètre anglais.

LA NUIT.

Noirs oiseaux de sinistre augure,
Cessez de troubler par vos cris
Le seul repos que la nature
Accorde à nos sens assoupis:
Fuyez sur la tour féodale
Que noircit la rouille des temps ;
De l'alouette matinale
La voix a réjoui nos champs.

Fuyez dans vos sombres repaires,
Loups cruels, terreur des troupeaux ;
Déjà les timides agneaux
En bêlant réveillent leurs mères :
Craignez que le bras du pasteur
Ne soit fatal à votre rage ;
Le cor sonore du chasseur
A retenti dans le village.

---

(1) Par Macpherson second. Manière ironique de doubler son anonyme. — Ed.

De la lune sur l'horizon
Déjà pâlit le diadème,
Et bientôt l'aurore elle-même
Va montrer son premier rayon.
Renonce à ton flambeau perfide,
De nos marais méchant lutin,
Toi qui du pèlerin timide
Égarais le pas incertain.

Dissipez-vous, sombres présages,
Spectres, ennemis du sommeil;
Fuyez, semblables aux nuages,
Au retour brillant du soleil.
Monstre hideux, dont la présence
Accable le cœur attristé,
Du jour reconnais l'influence
Qui nous rend la sérénité.

A mesure qu'Annette chantait, Allan semblait recouvrer sa présence d'esprit et donner plus d'attention aux objets qui l'entouraient; les rides dont son front était profondément sillonné s'effacèrent, et tous ses traits, qui étaient comme contractés par une agonie intérieure, reprirent un calme plus naturel : il leva la tête; et, quoique l'expression de son visage fût encore mélancolique, il n'avait plus rien de farouche : sans être doués de beauté, ses traits étaient mâles et pleins de noblesse; un léger espace séparait ses sourcils noirs et épais, qui avaient été jusqu'alors rapprochés l'un de l'autre; ses yeux n'étaient plus égarés ni étincelants, et leur regard était en même temps ferme et tranquille.

— Dieu soit loué! dit-il après avoir gardé le silence quelques instants, lorsque Annette eut cessé de chanter; mon âme n'est plus obscurcie; le brouillard qui couvrait mon esprit s'est dissipé.

— Cousin Allan, dit lord Menteith en s'avançant vers lui, vous pouvez rendre grâce à Annette Lyle et au ciel de cet heureux changement.

— Mon noble cousin Menteith, dit Allan en lui prenant

la main avec une affection respectueuse, vous connaissez depuis si long-temps mon malheureux état, que je n'ai pas besoin de vous faire mes excuses pour ne pas vous avoir exprimé plus tôt le plaisir que j'éprouve en vous voyant dans ce château.

— Nous sommes de trop vieilles connaissances, Allan, et de trop bons amis pour être sur le cérémonial. Mais vous aurez ici aujourd'hui la moitié des chefs montagnards, et vous savez qu'avec eux il ne faut pas négliger l'étiquette. Que donnerez-vous à la petite Annette pour vous avoir mis en état de paraître convenablement devant Evan Dhu, Mac-Dougal, et je ne sais combien d'autres chefs?

— Ce qu'il me donnera? dit Annette en souriant; rien de moins, j'espère, que le plus beau ruban qu'il pourra trouver à la foire de Doune.

— A la foire de Doune, Annette! dit Allan d'un air triste. Il y aura bien du sang de répandu d'ici à cette époque; peut-être ne la verrai-je jamais. Mais vous me rappelez ce que j'ai dessein de faire depuis long-temps.

Après avoir ainsi parlé, il sortit de l'appartement.

— A en juger par la manière dont il parle, ma chère Annette, dit lord Menteith, je crois qu'il ne faut pas vous éloigner, et que vous ferez bien de voir si votre harpe est d'accord.

— J'espère que nous n'en aurons pas besoin, répondit Annette d'un ton qui annonçait qu'elle n'était pas sans inquiétude. L'accès dont il sort a été fort long, et il n'est pas à croire qu'il se renouvelle si promptement. Qu'il est triste de voir un homme naturellement aimant et généreux attaqué d'une maladie si cruelle!

Elle parlait ainsi à voix basse, de crainte qu'Allan ne revînt tout-à-coup et ne l'entendît. Lord Menteith s'était approché d'elle, et s'était penché pour mieux l'écouter. Il était encore dans cette situation quand Allan parut à la porte. Annette et le comte eurent l'air interdit, reculèrent involontairement de quelques pas, comme s'ils eussent craint de lui donner à penser qu'ils étaient en conférence secrète. Allan s'aperçut de leur trouble, il s'arrêta tout-à-coup : ses sourcils se froncèrent, ses yeux roulèrent dans leurs orbites ; mais ce paroxysme ne dura qu'un instant : il passa la main sur son front comme pour en effacer toute trace d'émotion, et s'approcha d'Annette, tenant en main un petit coffre en bois de chêne, dont le couvercle était un ouvrage de marqueterie très bien travaillé.

— Cousin Menteith, dit-il au comte, je vous prends à témoin que je donne à Annette Lyle cette cassette et tout ce qu'elle contient : ce sont quelques ornements qui appartenaient à ma pauvre mère, ornements de peu de valeur, comme vous pouvez le croire ; l'épouse d'un chef montagnard a bien rarement des joyaux précieux.

— Mais ces bijoux, dit Annette en repoussant la cassette avec douceur et timidité, appartiennent à la famille, Allan ; je ne puis ni ne dois.....

— Ils n'appartiennent qu'à moi, Annette, dit-il avec fierté en l'interrompant : c'est un don que ma malheureuse mère m'a fait sur son lit de mort. C'est tout ce qui m'appartient au monde avec mon plaid et ma claymore : prenez-les donc ; ils n'ont aucune valeur pour moi, conservez-les pour l'amour d'Allan, si le sort de la guerre ne lui permet pas de vous revoir.

A ces mots il ouvrit la boîte, et la présenta de nouveau à Annette. — Si ces bijoux ont quelque valeur, lui dit-il, ils pourront vous être utiles quand ce château aura été détruit par le fer et le feu, et que vous vous trouverez sans asile ; mais conservez une bague en souvenir d'Allan, qui a fait, pour mériter votre affection, sinon tout ce qu'il aurait voulu, au moins tout ce qui lui a été possible.

— Je n'accepterai de vous qu'une bague, Allan, dit Annette en s'efforçant en vain de retenir ses larmes, je n'en accepterai qu'une seule, comme une marque de votre amitié pour moi. Ne me pressez pas davantage de recevoir un présent d'une telle valeur : je n'y puis consentir, Allan; en vérité je ne le puis.....

—Eh bien, faites donc votre choix : votre délicatesse est peut-être bien placée; le reste prendra une forme sous laquelle il pourra vous devenir utile.

— Ne pensez pas à cela, dit Annette en choisissant dans la boîte la bague qui lui parut la moins précieuse : gardez ces bijoux pour votre épouse, pour celle de votre frère. Mais, juste ciel! s'écria-t-elle en s'interrompant, quelle bague ai-je donc choisie?

Allan, dont les yeux exprimèrent une sombre appréhension, y jeta un regard empressé : c'était une bague portant une petite plaque en émail représentant une tête de mort placée sur deux poignards croisés. Dès qu'il l'eut aperçue, il poussa un gémissement si profond qu'Annette épouvantée laissa tomber la bague, qui roula sur le plancher : Menteith la lui rendit.

— Je prends Dieu à témoin, milord, s'écria Allan, que c'est votre main, et non pas la mienne, qui lui a rendu ce don de mauvais augure. C'est la bague de deuil que portait ma mère en mémoire de son frère assassiné.

— Je ne crains pas les augures, dit Annette un sourire sur les lèvres, tandis que ses yeux étaient baignés de larmes. Rien de ce qu'elle tient de ses protecteurs (c'était ainsi qu'elle nommait toujours Allan et lord Menteith) ne peut porter malheur à la pauvre orpheline.

Mettant la bague à son doigt en finissant ces paroles, elle prit sa harpe, et chanta sur un air gai les deux couplets suivants d'une chanson à la mode, tirée de quelque Masque [1]

---

(1) Espèce de petit poème dramatique, le plus souvent allégorique, et assez

de la cour, et qui était parvenue jusque dans les solitudes du Perthshire avec le caractère d'hyperbole bizarre qui signale le goût du temps de Charles II.

> O toi qui lis dans le livre des cieux,
> Sage astrologue, hélas ! je plains ta peine ;
> Ces astres-là valent-ils deux beaux yeux ?
> Fais comme moi, consulte ceux d'Hélène.
>
> Mais non, arrête, et craignons, imprudent,
> D'en trop savoir sur le malheur d'un autre ;
> Si nous risquons de faire ainsi le nôtre,
> C'est trop payer ce funeste talent.

— Elle a raison, Allan, dit lord Menteith, et ces couplets valent mieux que tout ce que nous pourrions gagner à la connaissance des choses futures.

— Elle a tort, milord, dit Allan d'un air sombre, elle le reconnaîtra; mais vous, qui traitez avec tant de légèreté les avis que je vous ai donnés plusieurs fois, vous ne vivrez peut-être pas assez pour en être témoin. Ne riez pas d'un air si dédaigneux, ajouta-t-il, ou plutôt riez aussi fort et aussi long-temps que vous le pourrez, car l'instant où vous ne pourrez plus rire n'est pas éloigné.

— Je m'inquiète peu de vos visions, Allan. Quelque courte que puisse être ma carrière, l'œil d'un montagnard, malgré sa seconde vue, ne peut en apercevoir la fin.

— Pour l'amour du ciel ! dit Annette, ne le contrariez pas; vous connaissez sa situation, vous savez qu'il ne peut endurer...

— Ne craignez rien, Annette, dit Allan, mon esprit est calme et tranquille. Quant à vous, cousin Menteith, mon amitié vous a cherché partout dans l'avenir. J'ai vu des champs de bataille jonchés de cadavres en aussi grand

---

analogue à certains opéras comiques ou pièces féeries. Les *Masques* de Ben Johnson eurent surtout le plus grand succès. Le célèbre Inigo Jones était le Cicéri du temps pour les décorations si nécessaires à ces pièces. — Ed.

nombre que les grolles qui couvrent ces vieux arbres. — Il montrait du doigt un bouquet d'arbres qui servait de repaire à une foule de ces corbeaux qu'on appelle aussi freux. — Je vous ai cherché, répéta-t-il, mais je ne vous ai pas trouvé. J'ai vu des foules de captifs blessés, désarmés, sans défense, entraînés dans des cachots et dans des citadelles; vous n'étiez point parmi eux. J'ai vu des tribunaux iniques condamner à être fusillés des hommes qu'ils nommaient des rebelles, j'ai vu partir les éclairs qui lançaient contre eux le feu de la mort; mais vous n'étiez point encore là. J'en ai vu d'autres conduits sur des échafauds, j'ai vu la hache sanglante faire tomber successivement leur tête; mais je n'ai pas reconnu la vôtre.

— C'est donc le gibet qui m'est réservé, dit lord Menteith: j'aurais désiré qu'on m'épargnât la corde, pour l'honneur de mon nom et de ma famille.

Il prononça ces mots d'un ton de plaisanterie, mais non sans désirer involontairement de recevoir une réponse: car le désir de connaître l'avenir exerce souvent quelque influence même sur l'esprit de ceux qui n'admettent pas la possibilité de semblables prédictions.

— Le genre de votre mort, milord, ne sera une tache ni pour votre nom ni pour votre famille. J'ai vu, à trois fois différentes, un Highlander vous plonger son poignard dans le sein, et tel sera votre sort.

— Je voudrais bien que vous m'en fissiez le portrait, je lui épargnerais la peine d'accomplir votre prophétie, si son plaid n'est pas à l'épreuve du sabre ou de la balle.

— Vous ne feriez peut-être qu'avancer votre destin; au surplus je ne puis vous donner les détails que vous désirez, car dans aucune de ces visions il n'a eu le visage tourné vers moi.

— Soit! laissons donc cette affaire dans l'incertitude où votre augure la place; cela ne m'empêchera pas de dîner gaiement aujourd'hui au milieu des montagnards armés de poignards.

— Cela peut être ; il peut se faire aussi que vous ayez raison de jouir des moments qui vous restent, tandis qu'ils sont empoisonnés pour moi par de funestes présages. Mais, je vous le répète, ajouta-t-il en mettant la main sur son poignard, voilà l'instrument qui doit vous donner la mort.

— En attendant, dit lord Menteith, vous avez flétri toutes les roses des joues de notre pauvre Annette. Changeons donc de discours, mon cher Allan, ou plutôt occupons-nous d'affaires que nous entendons tous deux également bien, et allons voir où en sont nos préparatifs de guerre.

Ils allèrent rejoindre Angus, avec lequel ils trouvèrent plusieurs chefs montagnards, les deux Anglais et le capitaine Dalgetty. Dans la discussion qui eut lieu sur les mesures militaires qu'il convenait de prendre, Allan montra une force d'esprit, une clarté de raisonnement, une précision de pensée, qui le plaçaient dans un jour tout différent de celui sous lequel on l'a vu figurer jusqu'ici.

CHAPITRE VII.

« Le signal des combats vient de se faire entendre ;
« Les chefs sont assemblés, Moray, Ranald, Albin,
« Tous vêtus de tartan, la claymore à la main. »
CAMPBELL, *Lochiel.*

Le matin de ce jour, le château de Darnlinvarach offrit un spectacle brillant et animé.

Les différents chefs, arrivant tour à tour avec leur suite, qui, quoique plus ou moins nombreuse, n'était pourtant guère que le cortége qui les accompagnait ordinairement dans les occasions d'apparat, et qui formait leur garde du corps, saluèrent le seigneur du château et se saluèrent les uns les autres avec une affection cordiale ou avec une réserve hautaine, conformément aux relations d'amitié qui existaient entre leurs clans respectifs, ou aux querelles qu'ils avaient pu avoir les uns avec les autres. Chaque Chef, quelque mince que fût son importance, semblait disposé à exiger des autres la déférence due à un prince souverain indépendant, tandis que les plus puissants étaient forcés par la politique d'accorder quelque chose aux prétentions des autres, afin d'en rallier sous leur étendard le plus grand nombre possible en cas de besoin. Cette assemblée de chefs ressemblait assez à ces anciennes diètes de l'empire germanique, où le moindre *Frey-Graf* qui possédait un castel perché sur un rocher stérile, entouré de quelques centaines d'acres de terre, prétendait au rang et aux honneurs de prince souverain, et au droit de siéger parmi les dignitaires de l'Empire.

La suite de chaque Chef avait été logée aussi bien que les circonstances et les localités le permettaient ; mais chacun d'eux avait conservé son Henchman ou page qui le suivait comme son ombre, prêt à exécuter tous les ordres qui pourraient lui être donnés.

L'extérieur du château offrait une scène singulière. Les Highlanders venus d'îles, de vallées et de montagnes différentes, se regardaient d'une certaine distance avec un air de curiosité, de jalousie inquiète ou de malveillance décidée. Mais la classe la plus étourdissante de cette assemblée, au moins pour une oreille qui n'y était pas habituée, c'était celle des joueurs de cornemuse, qui faisaient assaut de talents. Ces ménestrels guerriers, dont chacun avait la plus haute opinion de la supériorité de sa tribu et de l'importance de sa profession, jouèrent d'abord leurs différents pibrocs chacun à la tête de leur clan. Enfin, de même que des coqs, animés de l'ardeur des combats, sont attirés l'un vers l'autre quand ils s'entendent chanter, nos musiciens, secouant leurs plaids et leurs tartans comme ces oiseaux hérissent leurs plumes, commencèrent à s'approcher les uns des autres de manière à donner à leurs confrères un échantillon de leur savoir-faire. S'avançant toujours de plus en plus, et semblant se défier mutuellement, chacun jouait de toutes ses forces son air favori sur son instrument criard, d'où il résultait un tel charivari, que si un musicien italien eût été enterré à dix milles de distance, il serait ressuscité d'entre les morts pour fuir le bruit de cette musique barbare [1].

Cependant les chefs s'étaient assemblés dans la grande salle du château. Parmi eux se trouvaient les personnages les plus importants des Highlands, attirés quelques uns par leur zèle pour la cause royale, le plus grand nombre par leur haine contre le marquis d'Argyle, qui, depuis l'influence qu'il avait obtenue dans l'État, voulait exercer une sorte de suprématie sur les chefs ses voisins. Ce politique, doué de grands talents et jouissant d'une puissance considérable, avait aussi des défauts qui le rendaient impopulaire parmi les autres chefs montagnards. La dévotion dont il faisait profession était d'un caractère sombre et fanatique; son ambition paraissait insatiable, et les chefs inférieurs l'accusaient de n'être ni généreux ni libéral. Il faut ajouter que, quoique Highlander et issu d'une famille où la valeur était héréditaire et où elle s'est conservée depuis ce temps, Gillespie Grumach (nom qu'il portait dans son pays, où les titres sont inconnus) était soupçonné d'être plus habile politique que vaillant guerrier. Lui et son clan étaient surtout l'objet de la haine des Mac-Donalds et des Mac-Leans, les deux tribus les plus

---

(1) Voyez, dans le *Voyage historique et littéraire d'Écosse*, l'opinion du consul français à Édimbourg, en 1822, sur cette musique. — Éd.

puissantes après la sienne, qui, quoique divisées par d'anciennes querelles, étaient réunies par leur aversion contre les Campbells, autrement nommés les Enfants de Diarmid.

Les chefs réunis restèrent quelque temps en silence, attendant que quelqu'un expliquât les motifs de l'assemblée. Enfin, personne ne prenant la parole, un des plus distingués d'entre eux ouvrit la diète en disant :

— Nous avons été convoqués ici, M'Aulay, pour délibérer sur les affaires du roi et sur celles de l'Etat ; nous désirons savoir qui va nous expliquer l'objet de nos délibérations.

Les talents oratoires n'étant pas le côté le plus brillant d'Angus M'Aulay, il pria lord Menteith de répondre, et le jeune comte, y ayant consenti, s'expliqua avec autant de dignité que de modestie.

— J'aurais désiré, messieurs, dit-il, que ce que j'ai à vous dire vous fût adressé par une personne plus connue et d'une réputation mieux établie. Mais puisque je me trouve chargé de porter la parole, j'ai à annoncer aux chefs assemblés que ceux qui désirent secouer le joug déshonorant dont le fanatisme s'efforce de charger leurs têtes n'ont pas un instant à perdre. Les Covenantaires, après avoir fait deux fois la guerre à leur souverain, et en avoir extorqué toutes les concessions raisonnables ou injustes qu'il leur a plu d'exiger, après avoir vu leurs chefs comblés de faveurs et de dignités, après avoir publiquement déclaré, lorsque le roi, ayant fait un voyage en Écosse, était sur le point de repartir pour l'Angleterre, qu'il s'en retournait roi satisfait d'un peuple satisfait ; sans aucun motif de plaintes, sans autre prétexte que des doutes et des soupçons déshonorants pour le roi, et qui n'ont pas en eux-mêmes le moindre fondement, ont envoyé en Angleterre une armée nombreuse au secours de ses sujets révoltés, pour soutenir une querelle qui est aussi étrangère à l'Écosse que les guerres d'Allemagne. Il est heureux pourtant que l'ardeur avec laquelle on s'est porté à cet acte de trahison ait aveuglé les chefs qui ont usurpé le gouvernement de notre patrie sur les dangers auxquels elle les exposait. L'armée qu'ils ont envoyée en Angleterre, sous les ordres du vieux comte de Leven, est composée de ces vieilles troupes levées dans les deux dernières guerres, et qui faisaient la force de l'armée écossaise...

Le capitaine Dalgetty, se levant en ce moment, allait l'interrompre pour dire qu'il était à sa connaissance personnelle qu'un grand nombre de vétérans, formés dans les guerres d'Allemagne, se trouvaient dans l'armée de Leven. Mais Allan, qui était près de lui, le tirant rudement par le bras, le força à se rasseoir, et se mettant un doigt sur les lèvres, lui fit entendre, non sans quelque difficulté, qu'il devait garder le silence. Le capitaine jeta sur lui un regard de mépris et d'indignation, qui ne troubla nullement sa gravité, et lord Menteith continua en ces termes :

— L'instant est donc favorable. Les bons et loyaux Écossais peuvent prouver maintenant que les reproches qu'on a eus à faire récemment à leur patrie ne tombent que sur un petit nombre de séditieux et d'hommes turbulents, dont l'ambition et l'égoïsme ont voulu profiter du fanatisme qui, de la chaire de cinq cents énergumènes, s'est répandu comme un torrent sur l'Écosse. J'ai reçu des lettres du marquis de Huntly dans le nord, et je les montrerai séparément à chacun de vous. Ce noble seigneur, aussi loyal que puissant, est déterminé à faire usage de tous ses moyens pour faire triompher la cause royale, et le comte de Seaforth est prêt à se ranger sous les mêmes étendards. J'ai des nouvelles semblables du comte d'Airly et des O'Gilvies du comté d'Angus, et je ne doute pas qu'ils ne montent bientôt à cheval avec les Hay, les Leith, les Burnets et d'autres gentilshommes loyaux qui formeront un corps plus que suffisant pour tenir en respect les Covenantaires du nord, à qui ils ont déjà donné des preuves de leur valeur en les mettant en déroute dans la fameuse rencontre connue sous le nom de Trot de Turiff. Au sud du Forth et du Tay, le roi compte un grand nombre d'amis qui, mécontents des taxes et des serments qu'on leur impose, et des levées qu'on en exige, n'attendent qu'un signal pour réprimer, les armes à la main, la tyrannie du comité des États et l'insolence inquisitoriale des ministres presbytériens. Douglas, Traquaïr, Roxburgh, Hume, tous dévoués à la cause royale, contre-balanceront dans le sud le crédit des partisans du Covenant, et ces hommes distingués par leur rang et leur naissance, présents en cette assemblée, et venus tout exprès du nord de l'Angleterre, vous répondront du zèle des comtés de Cumberland, de Westmoreland et de Northumberland. Que peuvent opposer les Covenantaires du sud aux efforts de tant de gentilshommes vaillants ? — De nouvelles recrues, les Whigamores[1] des comtés de l'ouest, les laboureurs et les ouvriers des Lowlands aux Highlands de l'ouest. Quel ami y ont les Covenantaires? On ne m'en citera qu'un seul, aussi connu qu'il est odieux. Mais peut-il exister un homme qui, en jetant les yeux autour de cette salle, et en reconnaissant la puissance, la bravoure et la loyauté des chefs qui y sont assemblés, puisse douter un instant que les forces dont peut disposer Gillespie Grumach ne soient promptement anéanties? Je dois vous dire aussi qu'on s'est assuré de l'argent et des munitions nécessaires pour l'armée qu'il s'agit de former, et que des officiers du premier mérite, ayant acquis dans les guerres étrangères une expérience consommée, et dont l'un est en ce moment devant vos yeux, se sont chargés de discipliner les nouvelles recrues qu'il pourra être nécessaire de lever.

---

(1) Des Wighs. Voyez sur ce mot une note du chapitre II de *Waverley*.
Éd.

Ici Dalgetty se redressa et tourna les yeux tout autour de la salle, semblant dire par son attitude et ses regards : Voyez, messieurs, le voici!

— Un corps de troupes auxiliaires d'Irlande, continua lord Menteith, envoyé d'Ulster par le comte d'Antrim, a effectué son débarquement, et s'est emparé du château de Mingarry avec le secours du clan Ronald; en dépit de tous les efforts d'Argyle, ce corps est en ce moment en marche pour se rendre à Darnlinvarach. Il ne me reste plus, messieurs, qu'à engager les nobles chefs qui m'entendent à oublier toutes les considérations secondaires, à réunir leurs efforts pour la cause commune, à donner dans leurs clans respectifs le signal des combats, et à rassembler toutes leurs forces avec une célérité qui ne laisse à nos ennemis ni les moyens de faire des préparatifs contre nous, ni le temps de revenir de la terreur que leur inspirera le premier son de la cornemuse guerrière. Quant à moi, quoique ni ma puissance ni mes richesses ne me mettent au premier rang de la noblesse d'Écosse, je sens ce que je dois à la dignité d'une ancienne et honorable maison, et je dévoue ma vie et ma fortune au succès de la cause que j'embrasse. Que chacun en fasse autant, et nous mériterons les remerciements de notre roi et la reconnaissance de la postérité.

Les applaudissements réitérés qui suivirent ce discours prouvèrent au comte que l'opinion générale était d'accord avec la sienne. Cependant aucun Chef ne prenait la parole, et ils se regardaient les uns les autres, comme s'il fût resté quelque point important à régler. Chacun d'eux causait à voix basse avec ses voisins : enfin un d'entre eux, respectable par ses cheveux blancs, quoiqu'il ne fût qu'un Chef de second rang, se leva, et répondit en ces termes à lord Menteith :

— Thane de Menteith, dit-il, vous avez bien parlé; il n'est aucun d'entre nous dans le cœur duquel les mêmes sentiments ne brûlent comme une flamme inextinguible. Mais ce n'est pas la force seule qui gagne les batailles : la tête du général enfante la victoire aussi bien que les bras du soldat. Qui donc lèvera la bannière autour de laquelle vous nous invitez à nous rallier? Croit-on que nous risquerons la vie de nos enfants, que nous hasarderons la fleur de nos concitoyens, sans savoir sous les ordres de qui ils combattront? Ce serait conduire à la boucherie ceux que les lois divines et humaines nous ordonnent de protéger. Où est la commission du roi en vertu de laquelle ses fidèles sujets sont appelés aux armes? Quelque simples et quelque grossiers qu'on nous suppose, nous connaissons les lois de la guerre comme celles de notre pays, et nous ne nous porterons à aucune démarche qui puisse troubler la paix générale, sans les ordres exprès du roi, et sans avoir un chef qui soit digne de nous commander.

— Et où trouveriez-vous ce chef, s'écria un autre Chef, si ce n'est le représentant des Lords des Iles, dont la famille a toujours joui du droit de commander tous nos clans réunis? et quel est celui qui a droit à ce titre, si ce n'est Vich-Alister More?

— Je conviens, dit un autre Chef avec véhémence, que le représentant des Lords des Iles aurait droit de nous commander; mais je nie que Vich-Alister More soit ce représentant. S'il prétend à être regardé comme tel, qu'il me prouve d'abord que son sang est plus rouge que le mien.

— C'est une chose bien facile, répondit Vich-Alister More en portant la main sur sa claymore.

Lord Menteith se précipita entre eux, et les conjura de ne pas oublier que les intérêts de l'Écosse, la liberté de leur pays, la cause de leur roi, devaient passer avant toutes les querelles sur leur rang et leur noblesse respective. Plusieurs chefs, qui ne se souciaient d'être sous les ordres d'aucun des deux concurrents, joignirent leurs efforts aux siens ; mais personne ne s'expliqua avec plus d'énergie que le célèbre Evan Dhu.

— J'arrive des bords de mes lacs, dit-il, comme le torrent qui descend des montagnes. Il ne remonte pas vers sa source, et je ne prétends point faire un pas rétrograde. Ce n'est point en nous occupant de nos propres prétentions que nous servirons notre patrie et notre roi. Ma voix sera pour le général que le roi aura nommé, et qui possèdera sans doute les qualités nécessaires pour être digne de commander à des hommes comme nous. Il faut qu'il soit d'une haute naissance, ou nous nous dégraderions en servant sous ses ordres; il doit être sage et expérimenté, ou la sûreté de nos concitoyens serait en danger; il faut qu'il soit le plus brave des braves pour que nous lui soyons attachés, et qu'il joigne la fermeté à la prudence pour maintenir l'union parmi nous. Thane de Menteith, pouvez-vous nous dire où nous trouverons un pareil général?

— Il ne faut pas l'aller chercher bien loin, s'écria Allan Mac-Aulay ; il est devant vos yeux : le voici, ajouta-t-il en frappant sur l'épaule d'Anderson, qui était debout derrière lord Menteith.

La surprise de l'assemblée se manifesta par un profond silence; tous les yeux se tournèrent sur Anderson, et celui-ci, jetant un grand manteau qui couvrait en partie sa figure, et s'avançant au premier rang, dit : — Messieurs, je n'avais pas le projet d'être long-temps spectateur silencieux de cette scène intéressante ; mais mon bouillant ami m'oblige de me faire connaître un peu plus tôt que je n'en avais l'intention. Ce que je pourrai faire pour le service du roi, prouvera si je mérite l'honneur qui m'est accordé par cette commission. C'est un ordre revêtu du grand sceau de l'État, chargeant James Graham, comte de Montrose, de prendre le commandement des forces qui doivent s'assembler en Écosse pour le service de Sa Majesté.

Les applaudissements unanimes et prolongés retentirent à l'instant dans toute l'assemblée. Dans le fait le comte de Montrose était peut-être le seul homme auquel ces fiers montagnards auraient consenti à obéir. Sa haine héréditaire et invétérée contre le marquis d'Argyle les assurait qu'il conduirait la guerre contre lui avec énergie, et sa valeur éprouvée leur faisait concevoir les plus flatteuses espérances de succès [1].

CHAPITRE VIII.

« Votre plan est le meilleur de tous les plans. Nos
« amis sont braves et fidèles. Un bon plan, de bons amis
« et de grandes espérances ; un excellent plan, d'excel-
« lens amis. »

SHAKSPEARE, *Henry IV*, part. I.

Après avoir donné quelques moments à une joie bruyante, on demanda le silence pour entendre la lecture de la commission royale ; et tous les chefs, qui avaient jusque là gardé leurs toques surmontées de panaches, probablement parce qu'aucun ne voulait être le premier à ôter la sienne, se découvrirent la tête simultanément par respect pour les ordres du roi. La commission était conçue dans les termes les plus honorables : elle autorisait James Graham, comte de Montrose, à appeler aux armes les sujets du roi en Écosse, pour éteindre le

---

(1) Nous ne pouvons nous empêcher de faire remarquer ici la couleur toute homérique de ce tableau. Peut-être aussi cette assemblée des chefs des Highlands rappelle-t-elle en même temps le fameux conseil des caciques sauvages dans l'Araucana, de Don Alonzo d'Ercilla. — ED.

feu de la rébellion que des traîtres et des séditieux y avaient allumé, ayant par là rompu la pacification conclue entre les deux royaumes, et encouru la forfaiture. Elle enjoignait à toutes les autorités d'obéir à Montrose et de l'aider dans son entreprise ; elle lui donnait le droit de faire des proclamations, de rendre des ordonnances, de récompenser, de punir, de faire grâce, de destituer, et de nommer les gouverneurs et les commandants. Enfin elle lui conférait les pouvoirs les plus étendus qu'un monarque ait jamais pu confier à un de ses sujets.

Dès que cette lecture fut terminée, de nouvelles acclamations annoncèrent l'approbation unanime des chefs et leur entière soumission aux volontés du roi. Après avoir reçu ces honorables témoignages de satisfaction générale, Montrose s'adressa tour à tour à chacun des chefs. Il connaissait déjà personnellement les principaux d'entre eux ; mais il ne négligea pas même de parler à ceux qui n'avaient qu'une importance secondaire, et par la connaissance qu'il leur montra de l'histoire, des intérêts et de la situation de leurs clans, il gagna leur bienveillance, et prouva qu'il s'était préparé depuis long-temps à remplir le poste qu'il occupait alors, en étudiant le caractère et les mœurs de ces montagnards.

Tandis qu'il s'occupait de ces actes de courtoisie, ses traits expressifs et la dignité de son maintien offraient un contraste frappant avec l'humble costume dont il était revêtu. Montrose avait ce genre de physionomie dans laquelle on ne découvre rien d'extraordinaire à la première vue, mais qui fait naître un intérêt de plus en plus vif. Il n'était guère que de moyenne taille ; mais tous ses membres étaient bien proportionnés, pleins de vigueur, et capables d'endurer la fatigue. Il avait une constitution de fer, et il en avait eu besoin dans ses campagnes, où il s'était soumis à tous les devoirs du simple soldat. Tous les exercices militaires lui étaient familiers ; il n'était pas moins habile dans les arts de la paix, et il possédait cette aisance qui, lorsqu'on l'a une fois acquise, se fait remarquer dans toutes les situations de la vie. Ses longs cheveux bruns, séparés sur le sommet de sa tête, suivant l'usage des nobles royalistes, tombaient sur chaque épaule en nombreuses boucles, dont l'une, descendant à deux ou trois pouces plus bas que les autres, prouvait qu'il avait adopté cette mode contre laquelle il avait plu à un ministre puritain, M. Prynne, d'écrire un volumineux traité, intitulé : *La Mode profane des Boucles.*

Ses traits étaient de nature à intéresser plutôt par le caractère de l'homme même que par leur régularité ; mais un nez aquilin, un œil vif et bien fendu, un teint animé, compensaient les défauts qu'on pouvait remarquer dans quelques autres parties de sa figure ; de manière que l'impression qu'il produisait était généralement en sa faveur. Mais ceux qui le voyaient quand son âme tout entière passait dans ses yeux pleins d'énergie et du feu du génie, ceux qui l'entendaient parler avec l'autorité du talent, avec l'éloquence de la nature, prenaient une opinion même de son extérieur beaucoup plus favorable que nous ne serions tentés de le croire à en juger seulement par les portraits qui lui survivent. Tel fut du moins l'effet qu'il produisit sur tous les chefs montagnards, qui, comme tous les hommes à demi civilisés, n'attachaient pas peu d'importance aux avantages extérieurs.

Dans la conversation qui suivit, Montrose raconta les risques qu'il avait déjà courus pour l'entreprise qu'il s'agissait d'exécuter. Il avait d'abord espéré entrer en Ecosse à la tête d'un corps de royalistes qui s'étaient rassemblés dans le nord de l'Angleterre par obéissance pour les ordres du marquis de Newcastle ; mais jamais les Anglais n'avaient voulu passer les frontières, et cette petite armée s'était débandée. Le délai qu'avait éprouvé ensuite le débarquement du corps irlandais du comte d'Antrim avait causé de nouveaux obstacles ; et divers plans qu'il avait conçus ayant successivement échoué, il avait été obligé de se déguiser pour traverser les Lowlanders, et avait été aidé dans ce dessein par son ami et son parent le comte de Menteith. Comment Allan Mac-Aulay l'avait-il reconnu? c'était, dit-il, ce qu'il ne pouvait expliquer. Ceux qui attribuaient à Allan le don de seconde vue sourirent d'un air mystérieux ; mais Allan se contenta de faire observer qu'il n'était pas étonnant que le comte de Montrose fût connu de milliers de personnes qu'il ne connaissait pas.

— Sur l'honneur d'un Cavalier, milord, dit Dalgetty, trouvant enfin l'occasion de prendre part à la conversation, je suis fier et heureux de pouvoir tirer l'épée sous les ordres de Votre Seigneurie. Je bannis de mon cœur toute animosité, tout fiel, toute rancune contre Allan Mac-Aulay; je lui pardonne de m'avoir jeté hier au bas bout de la table. Certes il a si bien parlé aujourd'hui, il a tellement prouvé qu'il est en pleine et entière possession de sa raison, que j'avais résolu de ne pas lui accorder les priviléges qui ne sont dus qu'à la folie ; mais puisqu'il ne voulait me déplacer que par honneur pour le comte de Montrose, pour mon futur général en chef, je reconnais en face de tous que cette préférence était juste, et je salue Allan de tout mon cœur, en homme qui veut être son *buen camarado*.

Après avoir fait ce discours, qui ne fut guère ni écouté ni entendu, il saisit la main d'Allan sans ôter son gantelet, et la pressa fortement; et celui-ci, pour ne pas être en reste de politesse, lui serra la sienne, comme si c'eût été dans la tenaille d'un serrurier, avec une telle force, que le fer du gantelet s'en trouva bossué.

Le capitaine Dalgetty aurait probablement regardé comme un nouvel affront ce signe équivoque d'amitié, si, tandis qu'il soufflait en secouant la main, son attention n'eût été détournée par la voix de Montrose qui l'appelait.

— Capitaine Dalgetty, c'est-à-dire major Dalgetty, j'apprends à l'instant que les Irlandais qui doivent recevoir des leçons de votre expérience ne sont en ce moment qu'à quelques lieues d'ici.

— Les chasseurs que j'ai envoyés dans les bois, dit Angus, pour en rapporter de la venaison pour l'honorable compagnie, ont appris qu'on avait vu en marche une troupe nombreuse d'étrangers qui ne parlent ni notre langue ni celle de l'Ecosse. Ils sont armés et conduits, dit-on, par Alaster Mac-Donald, communément nommé le jeune Colkitto.

— Ce sont certainement nos gens, dit Montrose ; il faut nous hâter de leur envoyer des messagers pour leur servir de guides, et leur fournir ce dont ils peuvent avoir besoin.

— Ce dernier point ne sera pas le plus facile, dit Angus ; car, à ce qu'on m'assure, à l'exception d'un petit nombre de mousquets et de quelques munitions, ils sont dépourvus de tout ce qui est nécessaire à une armée ; ils n'ont ni argent ni souliers, et ils sont à moitié nus.

— C'est ce qu'il était inutile de proclamer si hautement, dit Montrose ; au surplus les tisserands puritains de Glascow nous fourniront d'excellent drap quand nous ferons une descente dans les Lowlands ; et, si les ministres ont pu réussir à persuader aux vieilles femmes des bourgs d'Écosse de donner leur toile pour faire des tentes pour leurs soldats, j'espère que mes talents oratoires pourront les déterminer à renouveler ce don patriotique, et décider leurs Têtes-Rondes de maris à nous ouvrir leurs bourses.

— A l'égard des armes, dit le major Dalgetty, comme nous l'appellerons dorénavant, si Votre Seigneurie permet à un vieux soldat d'exprimer sa façon de penser, il suffit qu'un tiers des soldats porte le mousquet : mon arme favorite pour les autres serait la pique, arme excellente, soit pour soutenir une charge de cavalerie, soit pour enfoncer un bataillon d'infanterie. Tout ouvrier serrurier est en état de fabriquer cent têtes de piques par jour, et il ne manque pas de bois pour faire des manches. Je garantis qu'un bon bataillon de piquiers, formés à la manière du lion du Nord, de l'immortel Gustave, battrait la fameuse phalange macédonienne, dont j'ai lu les exploits quand j'étais au collége de Mareschal à Aberdeen. De plus, je suis en état de vous démontrer....

La dissertation du major sur la tactique fut interrompue en ce moment par Allan Mac-Aulay, qui, étant sorti un instant, rentra en s'écriant : — Silence! place pour un hôte dont la présence n'était ni attendue ni désirée.

A peine avait-il prononcé ces paroles, que la porte de l'appartement se rouvrit, et l'on y vit entrer un homme à cheveux gris, de grande taille, d'un maintien imposant, et dont l'air plein de dignité, avec un mélange de hauteur, annonçait l'habitude du commandement. Il jeta sur les chefs assemblés un regard sévère et presque menaçant. Les principaux d'entre eux le lui rendirent par un coup d'œil d'indifférence méprisante ; mais il était facile de voir que quelques chefs inférieurs, surtout ceux dont les possessions étaient voisines des domaines du marquis d'Argyle, auraient voulu être partout ailleurs dans ce moment.

— A qui de vous, messieurs, dois-je m'adresser comme au chef reconnu par cette assemblée? Peut-être, au surplus, ajouta-t-il d'un air qui touchait à la dérision, n'êtes-vous pas encore d'accord sur le choix de celui qui doit remplir un poste qui sera sans doute aussi honorable que dangereux.

— Adressez-vous à moi, sir Duncan Campbell, dit Montrose en s'avançant vers lui.

— A vous! répondit sir Duncan Campbell d'un air de mépris.

— A moi, répéta Montrose ; au comte de Montrose, si vous l'avez oublié.

— J'aurais eu du moins quelque peine à le reconnaître

sous le déguisement d'un valet ; et cependant j'aurais dû supposer qu'il fallait une mauvaise influence aussi puissante que celle de Votre Seigneurie, d'un homme reconnu comme un des perturbateurs de la paix d'Israel, pour former dans ce château ce rassemblement d'hommes abusés.

— J'emprunterai pour vous répondre, sir Duncan, le jargon de vos puritains. Je n'ai pas troublé la paix d'Israel ; c'est vous et la maison de votre père. Mais laissons cette altercation, qui n'a d'importance que pour nous, et apprenez-nous ce que vous avez à nous dire de la part d'Argyle, dont nous voyons sans doute en vous l'envoyé.

— C'est au nom du marquis d'Argyle, comte Montrose, au nom du parlement d'Écosse, que je demande à connaître les causes qui ont déterminé à tenir cette assemblée. Si elle a pour but de troubler la paix du pays, les relations de voisinage et les lois de l'honneur auraient dû vous engager à nous informer de vos intentions.

— Ainsi donc quelques uns des chefs les plus distingués des montagnes d'Écosse ne peuvent se réunir chez un ami commun, sans être exposés à une visite inquisitoriale, sans qu'on vienne leur demander le motif de leur réunion ? C'est un état de choses aussi nouveau que singulier en Écosse, ajouta-t-il en se tournant du côté des chefs. Il me semble que nos ancêtres étaient accoutumés à se réunir pour des parties de chasse, ou pour tout autre objet, sans en demander la permission au grand Mac-Callum-More, et sans avoir à en rendre compte à aucun de ses émissaires ou de ses subordonnés.

— On a vu en Écosse le temps dont vous parlez, dit un Chef dont les terres touchaient à celles du marquis d'Argyle, — on le reverra encore lorsque les usurpateurs de nos anciennes possessions seront réduits à n'être que lairds de Lochow, comme l'étaient leurs ancêtres, et qu'ils ne s'étendront plus comme une nuée de sauterelles pour dévorer nos possessions.

— Faut-il donc que je croie, dit sir Duncan, que c'est contre mon nom seul, contre le clan des Campbell que se font ces préparatifs, ou devons-nous souffrir en commun avec tous les habitants paisibles de l'Écosse?

— Avant que le laird d'Ardenvohr avance plus loin dans son audacieux catéchisme, s'écria un Chef avec violence, j'ai aussi une question à lui faire. A-t-il apporté plus d'une vie en ce château, pour oser venir nous y braver, nous y insulter?

— Messieurs, dit Montrose, je réclame de vous un peu de patience. Un homme qui vient à nous comme ambassadeur doit pouvoir tout dire, et a droit à un sauf-conduit; mais puisque sir Duncan Campbell est si pressant, je veux bien l'informer qu'il se trouve ici au milieu d'une assemblée de fidèles sujets du roi, convoqués par moi, au nom, sous l'autorité et en vertu des ordres spéciaux de Sa Majesté.

— Nous allons donc, je présume, dit Duncan, avoir une guerre civile dans toutes les formes. J'ai fait trop longtemps le métier de soldat pour apprendre cette nouvelle avec inquiétude; mais il aurait été honorable pour le comte de Montrose de consulter en cette occasion un peu moins son ambition et un peu plus la paix du pays.

— Quels sont ceux qui ont consulté leur ambition et leur intérêt, sir Duncan? Ce sont ceux qui ont réduit l'Écosse à la situation où elle se trouve; c'est à eux qu'il faut s'en prendre si les plaies qu'ils ont faites à leur patrie ont rendu indispensable le remède terrible que nous allons employer à regret.

— Et, parmi ceux dont vous parlez, quel rang assignerons-nous à un noble comte qui a été partisan si outré du Covenant, qu'en 1639 il fut le premier à passer la Tweed pour charger l'armée royale à la tête de son régiment? N'est-ce pas encore lui qui fit ensuite signer le Covenant, à la pointe de l'épée, aux bourgeois de la ville d'Aberdeen?

— Je vous entends, sir Duncan, répondit Montrose

avec modération ; mais si, dans ma première jeunesse, j'ai commis les fautes que vous me reprochez, si je me suis laissé égarer par les discours insidieux d'ambitieux hypocrites, mon repentir peut en avoir acheté le pardon. Me voici, l'épée à la main, prêt à verser tout mon sang pour réparer mes erreurs, et c'est tout ce qu'on peut exiger d'un simple mortel.

— Je suis fâché, milord, d'avoir à faire un tel rapport au marquis d'Argyle ; il m'avait chargé en outre, pour prévenir les maux qui résultent toujours d'une guerre entre montagnards, de vous proposer de conclure une trève pour l'intérieur de nos montagnes. L'Écosse est assez grande pour nous fournir ailleurs des champs de bataille, sans que des voisins aillent ravager leurs territoires respectifs.

— C'est une proposition pacifique, dit Montrose en souriant d'un air ironique, telle qu'on devait l'attendre d'un homme dont les actions ont toujours démontré, plus que ses conseils et ses intentions, qu'il est ami de la paix. Cependant si l'on pouvait fixer avec justice et impartialité les conditions de cette trève, si nous pouvions avoir une garantie, car il nous en faut une, sir Duncan, que le marquis les exécutera fidèlement, je consentirais, quant à moi, à laisser la paix derrière nous, puisque nous ne voulons que porter la guerre en avant. Mais, sir Duncan, vous avez trop d'usage et d'expérience pour croire que nous puissions vous permettre de rester plus longtemps dans ce château, et d'y être témoin de nos opérations. On va vous servir des rafraîchissements, après quoi vous retournerez à Inverary avec un officier que nous chargerons de régler les conditions d'une trève dans nos montagnes, si c'est bien sérieusement que le marquis en fait la proposition.

Sir Duncan ne répondit qu'en saluant.

— Lord Menteith, continua Montrose, voulez-vous

avoir la bonté de suivre sir Duncan Campbell d'Ardenvohr, tandis que nous allons délibérer sur le choix de l'officier qui l'accompagnera? Mac-Aulay me permettra de le prier de donner des ordres pour que sir Duncan soit traité conformément aux lois de l'hospitalité.

— J'y veillerai, dit Allan en s'avançant. J'aime sir Duncan : les mêmes mains nous ont fait souffrir autrefois ; je ne l'ai point oublié.

— Comte de Menteith, dit sir Duncan, j'ai bien du regret de vous voir, à votre âge, engagé dans une entreprise désespérée, et prenant parti pour des rebelles.

— Je suis jeune, répondit Menteith, mais je suis assez âgé pour distinguer la bonne cause de la mauvaise, la loyauté de la rébellion. Quand on entre de bonne heure dans le bon chemin, on a l'espoir d'y marcher plus longtemps.

— Et vous aussi, mon cher Allan ! dit sir Duncan en lui serrant la main. Faut-il que nous levions le sabre l'un contre l'autre, après avoir si souvent combattu ensemble un ennemi commun?

Se tournant alors vers les chefs : — Messieurs, leur dit-il, je reconnais parmi vous bien des gens qui ont toute mon affection, et j'ai le plus vif regret de voir que vous rejetiez toute médiation. Dieu, ajouta-t-il en levant les yeux au ciel, sera juge de nos motifs et de ceux des hommes qui sont les brandons de cette guerre civile.

— Amen, dit Montrose. Nous nous soumettons tous à ce tribunal.

Sir Duncan sortit accompagné d'Allan Mac-Aulay et de lord Menteith.

— Voilà bien un véritable Campbell, dit Montrose en le voyant partir. Il y a long-temps qu'on a dit d'eux : Tout promettre, ne rien tenir.

— Pardonnez-moi, milord, dit Evan Dhu : quoique ennemi héréditaire des Campbell, j'ai toujours connu le laird d'Ardenvohr brave à la guerre, honnête pendant la paix, et sage dans les conseils.

— Je sais, dit Montrose, que son caractère personnel mérite l'éloge que vous en faites ; mais il ne parle ici que comme l'organe et l'interprète de son chef le marquis, qui est le plus faux de tous les hommes qui aient jamais existé. Mac-Aulay, dit-il tout bas à son hôte, de crainte que ses discours artificieux ne fassent quelque impression sur l'inexpérience de Menteith ou sur les dispositions singulières de votre frère, vous ne feriez pas mal d'envoyer des musiciens, afin d'empêcher qu'il ne les engage dans une conférence particulière.

— Des musiciens! répondit Angus; je n'en ai pas d'autre que mon joueur de cornemuse, et à peine peut-il respirer tant il est essoufflé d'avoir fait assaut avec ses confrères; mais je vais y envoyer Annette Lyle avec sa harpe. Et il sortit un instant pour aller donner des ordres à ce sujet.

Pendant ce temps, une discussion assez chaude s'entama sur le choix à faire d'un envoyé pour accompagner sir Duncan à Inverary. On ne pouvait faire cette proposition aux principaux chefs, accoutumés à se considérer comme les égaux de Mac-Callum-More, et ceux qui n'avaient pas le même prétexte n'étaient nullement tentés de se charger de cette mission. On aurait dit qu'Inverary était la vallée de Josaphat, tant chacun montrait de répugnance à en approcher. Il fallut finir, après beaucoup d'hésitation, par en donner la raison ; et l'on déclara que, quel que fût le montagnard qui se chargeât d'une ambassade si peu agréable à Mac-Callum-More, celui-ci conserverait dans son cœur le souvenir de cette offense, et ne manquerait pas de trouver tôt ou tard le moyen de l'en faire repentir.

Dans cet embarras, Montrose, qui ne regardait cette proposition de trêve que comme un stratagème d'Argyle, quoiqu'il n'eût pas osé la rejeter purement et simplement en présence de ceux qui étaient le plus intéressés à ce qu'elle fût acceptée, résolut de confier à Dalgetty cette mission honorable, mais dangereuse; et pour le déterminer à l'accepter, il lui fit observer qu'il n'avait dans les montagnes ni clan ni possessions sur lesquelles Argyle pût faire tomber sa vengeance.

— Mais si je n'ai ni clans ni domaine, dit Dalgetty, j'ai une tête, et je ne me soucie nullement qu'il fasse tomber sa vengeance sur elle. Je connais plus d'un cas où un honorable ambassadeur a été pendu comme espion. Les Romains eux-mêmes ne traitèrent pas fort bien les députés qui leur furent envoyés lors du siége de Capoue, quoique je me rappelle qu'ils se contentèrent de leur couper le nez et les mains, et de leur arracher les yeux.

— Sur mon honneur, major, dit Montrose, si le marquis, au mépris des lois de la guerre, vous faisait quelque insulte, j'en tirerais une vengeance si terrible que le bruit en retentirait dans toute l'Écosse.

— La consolation serait assez mince, répliqua Dalgetty : mais n'importe, *corragio!* comme dit l'Espagnol. Ayant en vue la terre promise, le domaine de Drumthwacket, *mea paupera regna,* comme nous le disions au collége de Mareschal, je me charge de la mission de Votre Excellence, sachant qu'un chevalier d'honneur doit toujours obéir aux ordres de son général, au risque de périr par le sabre ou même par le gibet.

— Bravement résolu! dit Montrose. Maintenant suivez-moi ; je vous remettrai vos instructions, et je vous informerai des conditions auxquelles nous pourrons conclure une trêve pour l'intérieur de nos montagnes.

Nous ne fatiguerons pas nos lecteurs des détails de ces instructions : elles étaient d'une nature évasive, comme semblait le demander une proposition que Montrose jugeait n'avoir été faite que pour gagner du temps. Lorsqu'il eut fini d'expliquer à Dalgetty ses intentions, celui-ci, se retirant, lui rendait le salut militaire à la porte de l'appartement quand Montrose lui fit signe de rentrer.

— Je présume, lui dit-il, que je n'ai pas besoin de rappeler à un officier qui a servi sous le grand Gustave qu'un envoyé, dans le cas où vous allez vous trouver, ne doit pas se borner à exécuter littéralement ses instructions, et que son général s'attend à recevoir de lui, à son retour, quelque rapport sur l'état des affaires dans le camp des ennemis, autant qu'il pourra s'en assurer : en un mot, major, il faut que vous soyez *un peu clairvoyant*.

— Ah, ah, Votre Excellence! répondit Dalgetty en donnant à ses traits durs une expression inimitable de ruse et d'intelligence. Si l'on ne me met pas la tête dans un sac, ce que j'ai vu pratiquer à l'égard d'honorables officiers soupçonnés de venir dans des intentions à peu près semblables, Votre Excellence peut compter sur une relation bien exacte de tout ce que Dugald Dalgetty aura vu et entendu, quand il s'agirait même de vous dire combien d'airs jouent les cornemuses de Mac-Callum-More, et combien il se trouve de raies sur l'étoffe de son plaid et de son jupon, en supposant qu'il s'habille comme tous ces braves chefs.

— Fort bien! répondit Montrose. Adieu, major : on dit que la pensée d'une dame se trouve toujours dans le *post-scriptum* de ses lettres; songez donc que de même la partie la plus importante de votre mission consiste dans les dernières instructions que je viens de vous donner.

Dalgetty lui exprima par un coup d'œil qu'il le comprenait parfaitement, et se retira pour se mettre lui et son cheval en état de commencer leur voyage, en faisant entrer des vivres dans les magasins.

A la porte de l'écurie, car ses premiers soins étaient toujours pour Gustave, il trouva Angus Mac-Aulay et sir Miles Musgrave qui venaient de rendre une visite à son coursier; et, après en avoir fait l'éloge, ils se réunirent pour engager le major à ne pas emmener ce bel animal dans un voyage qui devait être très fatigant.

Angus lui peignit sous les couleurs les plus effrayantes l'état des routes, ou, pour mieux dire, des sentiers presque impénétrables qu'il fallait suivre à travers les bois dans tout le comté d'Argyle, les huttes misérables où il serait obligé de passer la nuit, et où son cheval ne pourrait trouver aucun fourrage, et serait réduit à se repaître de quelques bruyères desséchées; de sorte que, s'il pouvait résister à un pareil pèlerinage, il en reviendrait incapable d'aucun service militaire.

L'Anglais confirma gravement tout ce que son ami venait de dire, et jura qu'il se donnait au diable, corps et âme, s'il ne regardait pas comme un acte de démence presque complète le seul projet d'emmener dans une pareille expédition un cheval auquel on attachait le moindre prix.

Dalgetty les regarda l'un après l'autre, comme s'il eût été indécis. — Que me conseillez-vous donc de faire en pareille circonstance ? leur demanda-t-il.

— Par la main de mon père, dit Angus, si vous voulez me confier la garde de votre cheval, vous pouvez compter qu'il sera nourri et soigné comme il le mérite, et que vous lui trouverez, à votre retour, le crin aussi lisse qu'un ognon cuit dans du beurre.

— Ou bien, dit sir Miles Musgrave, si ce digne cavalier veut s'en défaire à un prix raisonnable, j'ai encore une partie de mes chandeliers d'argent qui danse dans ma bourse, et je suis disposé à la faire passer dans la sienne.

— C'est-à-dire, mes honorables amis, dit Dalgetty en les regardant avec un air de pénétration comique, que vous ne seriez pas fâchés d'avoir quelque souvenir du vieux soldat, dans le cas où il prendrait fantaisie à Mac-Callum-More de le faire pendre devant la porte de son château; et, sans contredit, ce ne serait pas une faible satisfaction pour moi en pareille circonstance de laisser pour mon héritier un noble et loyal Cavalier comme sir Miles Musgrave, ou un digne Chef de clan comme notre excellent hôte.

Tous deux s'empressèrent de protester que rien n'était plus éloigné de leur pensée, et ils insistèrent plus fortement que jamais sur le mauvais état des routes. Angus Mac-Aulay lui cita les noms gaëliques d'une multitude de bois, de rochers et de précipices qu'il rencontrerait en chemin, et le vieux Donald, qui arriva en ce moment, confirma les assertions de son maître en levant au ciel les yeux et les bras, et en secouant la tête à chaque mot que le laird prononçait. Mais rien de tout cela ne fit impression sur l'impassible major.

— Mes dignes amis, leur dit-il, Gustave n'est pas novice en voyage. Il est endurci aux fatigues; il a vu les montagnes de la Bohême, et, n'en déplaise à celles dont M. Angus fait un tableau si affreux, confirmé dans tous les points par sir Miles, qui ne les a jamais vues, elles peuvent le disputer aux plus mauvaises routes de toute l'Europe. Il faut que vous sachiez encore que mon cheval a une excellente qualité, une qualité sociale. Il est vrai qu'il ne peut boire avec moi dans la même coupe; mais nous partageons notre pain ensemble, et partout où il s'en trouvera, je vous réponds qu'il ne souffrira pas de la famine. Mais pour couper court à cette discussion, mes chers amis, faites-moi le plaisir d'examiner le palefroi de sir Duncan qui est là, à côté du mien : voyez comme il est gras et bien portant. Or, pour calmer vos inquiétudes, je vous dirai que, tant que nous suivrons la même route, ce palefroi et son chevalier manqueront de vivres avant Gustave et moi.

A ces mots il remplit une large mesure d'avoine, et la plaça devant son coursier, qui, hennissant, dressant les oreilles et battant du pied en apercevant son maître, fournissait ainsi la preuve des relations amicales qui existaient entre eux, et il ne toucha pas à sa provende avant de lui avoir rendu ses caresses en lui léchant les mains et le visage ; après quoi il se mit à dépêcher son avoine avec une célérité qui était une suite de ses habitudes militaires. Son maître, après l'avoir regardé quelques minutes d'un air de complaisance, lui dit : — Bon appétit, Gustave ; à présent, il faut que j'aille aussi m'avitailler pour la campagne. —

Il se retira alors en saluant gravement Angus et sir Miles, qui, après s'être regardés quelques instants en silence, partirent en même temps d'un grand éclat de rire.

— Le drôle fera son chemin dans le monde, dit sir Miles.

— Oui, répondit Angus, s'il parvient à se retirer des mains de Mac-Callum-More aussi facilement que des nôtres.

— Croyez-vous, dit l'Anglais, que le marquis ne respecte pas en sa personne le droit des gens et les lois de la guerre ?

— Pas plus que je respecterais une proclamation du parlement d'Écosse, répondit Mac-Aulay. Mais rentrons ; il est temps de rejoindre la compagnie.

CHAPITRE IX.

« Quand la guerre civile aiguise ses poignards,
« Chacun pour guide alors ne suit que son caprice,
« Et ce qui lui convient à ses yeux est justice.
« En des temps plus heureux le bon droit a son tour,
« Et nous voyons déchoir ces potentats d'un jour. »
SHAKSPEARE. *Coriolan.*

LORD Menteith et Allan Mac-Aulay avaient conduit sir Duncan Campbell dans un appartement écarté, où on lui servit toutes sortes de rafraîchissements. Sir Duncan commença par rappeler à Allan une campagne ou plutôt une espèce de chasse qu'ils avaient faite ensemble contre les Enfants du Brouillard, auxquels ils portaient l'un et l'autre une haine irréconciliable ; mais il ne tarda point à revenir au point essentiel, et à ramener la conversation sur l'objet de son voyage au château.

— Il était profondément affligé, dit-il, de voir que des amis, des voisins, qui devraient se soutenir mutuellement, allaient tourner les armes les uns contre les autres pour une cause qui les concernait si peu. Qu'importe aux chefs des Highlands, ajouta-t-il, qui triomphe, du roi ou du parlement? Ne valait-il pas mieux les laisser vider entre eux leurs différends sans prendre fait et cause pour aucun parti, tandis que les chefs saisiraient cette occasion pour raffermir leur propre autorité de manière à la mettre à l'abri du parti dominant, quel qu'il fût?

Il rappela ensuite à Allan Mac-Aulay que les mesures prises sous le dernier règne pour établir, disait-on, la paix parmi les Highlanders, étaient dans le fait dirigées uniquement contre le pouvoir patriarcal de leurs chefs; et il cita l'établissement de ces colons qui vinrent se fixer dans le Lewis, comme faisant partie d'un plan délibéré, formé pour introduire des étrangers parmi les tribus celtes, détruire par degrés leurs anciens usages, et les dépouiller de l'héritage de leurs pères; et cependant, ajouta-t-il en s'adressant toujours à Allan, c'est pour donner une autorité despotique au monarque qui a conçu de pareils desseins, que tant de chefs des Highlands attisent le flambeau de la discorde, et sont sur le point de tirer l'épée contre leurs voisins, leurs alliés et leurs anciens compagnons d'armes.

— C'est à mon frère, dit Allan, c'est au représentant de notre famille que le laird d'Ardenvohr doit adresser ces remontrances : je suis, il est vrai, le frère d'Angus ; mais, en cette qualité, je ne suis que le premier homme de son clan, et la première obligation que m'imposent les liens du sang, c'est de donner aux autres l'exemple d'une obéissance aveugle à ses ordres.

— La cause est d'ailleurs beaucoup plus générale que sir Duncan Campbell ne paraît le croire, dit lord Menteith, à qui sa bouillante ardeur ne permettait point de garder le silence dans une pareille occasion : elle ne regarde point tel ou tel clan, telle ou telle peuplade, les Highlands ou les Lowlands ; il s'agit de savoir si nous continuerons à nous laisser gouverner par l'autorité illimitée que s'arroge une secte d'hommes qui ne nous sont supérieurs sous aucun rapport, au lieu de nous soumettre au gouvernement naturel du prince contre lequel ils se sont révoltés. Quant à ce qui regarde l'intérêt des Highlands en particulier, ajouta-t-il, je prie sir Duncan d'excuser ma franchise ; mais il me paraît très clair que le seul avantage qui résultera de l'usurpation actuelle, ce sera l'agrandissement d'un seul clan aux dépens de l'indépendance de tous les chefs de ces montagnes.

— Je ne vous répondrai point, milord, dit sir Duncan, parce que je connais vos préjugés, et que je sais de quelle source ils proviennent ; cependant vous me permettrez de vous dire qu'un comte de Menteith, étant à la tête d'une branche rivale de la famille de Graham, aurait pu, comme l'a fait un de ses ancêtres, dédaigner de se mettre en tutelle, et de n'avoir d'autre opinion que celle qu'on lui veut imposer, et il aurait rougi d'être soumis aux ordres d'un comte de Montrose.

— C'est en vain, sir Duncan, reprit fièrement lord Menteith, que vous chercheriez à soulever ma vanité contre mes principes. Le roi donna à mes ancêtres leur titre et leur rang. Ces distinctions ne m'empêcheront jamais de combattre pour la cause royale sous un homme plus digne que moi d'être commandant en chef. Un vil sentiment de jalousie ne m'empêchera jamais de servir sous les ordres du plus brave, du plus généreux et du plus loyal des Écossais.

— Il est fâcheux, dit le vieux chevalier, que vous ne puissiez ajouter à ces éloges celui de la fermeté et de la persévérance, mais je ne veux point entrer à ce sujet dans une discussion inutile, milord; le sort en est jeté pour vous; je le sais : permettez-moi seulement de déplorer le funeste ascendant qu'Angus Mac-Aulay et Votre Seigneurie exercent sur mon noble ami, le malheureux Allan, que l'impétuosité naturelle de son frère entraîne à sa perte, ainsi que sur le clan de son père et sur tant d'autres braves.

— Le sort en est jeté pour nous tous, sir Duncan, reprit Allan d'un air sombre. La main de fer du destin imprime l'arrêt de notre sort sur notre front avant que nous puissions former un désir ou lever un doigt en notre défense. S'il en était autrement, comment le prophète [1] distinguerait-il l'avenir au milieu de ces présages et de ces ombres qui le poursuivent pendant ses veilles ou pendant son sommeil? On ne peut prévoir que ce qui doit nécessairement arriver.

Sir Duncan Campbell allait répondre, et le point le plus obscur et le plus contesté de la métaphysique allait être l'objet d'une vive discussion entre les deux controversistes highlandais, lorsque la porte s'ouvrit, et Annette Lyle, sa clairshach [2] ou harpe en main, entra dans l'appartement. La liberté d'une jeune Écossaise des montagnes animait son regard et sa démarche. Vivant dans la plus grande intimité avec le laird de Mac-Aulay, son frère, lord Menteith et d'autres jeunes seigneurs qui venaient souvent au château de Darnlinvarach, elle n'avait point cette timidité qu'une femme élevée au milieu des personnes de son sexe

---

(1) *The Seer*, le Voyant. — Ed.
(2) Harpe avec des cordes de métal. — Ed.

eût éprouvée naturellement, ou du moins qu'elle eût cru nécessaire de feindre dans une occasion semblable.

Son costume tenait de l'antique, car les nouvelles modes pénétraient rarement dans les Highlands, et il leur eût été encore plus difficile d'arriver dans un château habité presque exclusivement par des hommes dont la seule occupation était la guerre et la chasse; néanmoins les vêtements d'Annette étaient distingués et même riches; son corset ouvert, avec un collet montant, était d'une étoffe bleue, richement brodée, et avait des agrafes d'argent, au moyen desquelles elle pouvait le fermer à volonté; les manches en étaient larges, ne descendaient que jusqu'au coude, et étaient bordées d'une frange d'or; par-dessous elle portait un second corset de satin bleu, également bordé, mais d'une couleur plus pâle. Ce corset était un *tartan* de soie à grandes raies où le bleu dominait encore; ce qui était de meilleur goût que la forte opposition des couleurs qu'on trouve plus souvent dans les *tartans* ordinaires. Elle avait autour du cou une chaîne d'argent antique, à laquelle était suspendu le *wrest* ou clef qui servait à mettre son instrument d'accord. Au-dessus du collet de sa robe s'élevait une petite fraise qui était attachée sur le devant par une épingle de quelque prix, présent que lord Menteith lui avait fait il y avait déjà long-temps; ses longs cheveux blonds tombaient en boucles jusque sur ses sourcils, qu'ils cachaient en partie, et, le sourire sur les lèvres, une légère rougeur sur les joues, elle annonça qu'elle venait de la part de Mac-Aulay demander si l'on désirait entendre un peu de musique.

Sir Duncan regardait avec autant de surprise que d'intérêt la jeune beauté dont l'arrivée soudaine avait interrompu sa discussion avec Allan Mac-Aulay. — Se peut-il, lui dit-il à l'oreille, qu'une personne aussi charmante, ayant autant de grâces et de noblesse, soit une musicienne aux gages de votre frère?

— Aux gages! répondit Allan avec vivacité; non, non! sir Duncan; c'est une..... (et il parut hésiter un moment) une proche parente de notre famille; et elle est traitée, ajouta-t-il d'un ton plus ferme, comme la fille d'adoption de la maison de notre père.

A peine eut-il dit ces mots qu'il se leva de table, et avec cet air de courtoisie que tous les Highlanders savent prendre lorsqu'ils le veulent, il céda sa place à la jeune Annette, et lui offrit en même temps des rafraîchissements avec un zèle et des attentions dont le motif était sans doute de donner à sir Duncan une idée favorable du rang et de la naissance de sa protégée : si telle était son intention, ces soins n'étaient point nécessaires. Sir Duncan avait les yeux continuellement fixés sur Annette, et il régnait dans ses regards une expression qui annonçait un intérêt beaucoup plus vif que celui qu'eût pu lui inspirer la simple idée que la jolie musicienne était une personne bien née. Annette même éprouvait un certain embarras en se voyant observée aussi attentivement par le vieux chevalier, et ce ne fut pas sans beaucoup d'hésitation qu'après avoir accordé sa harpe et avoir reçu un regard d'encouragement d'Allan et de lord Menteith elle chanta dans la langue celtique la ballade suivante, que notre ami, M. Secundus Macpherson, dont nous avons déjà eu occasion de reconnaître les bons offices, nous a fait l'amitié de traduire :

L'ORPHELINE.

Le vent d'hiver a flétri le feuillage;
L'astre du jour, de ses pâles rayons,
A lentement pénétré le nuage
Qui nous voilait la cime de nos monts.

La châtelaine au pied du chêne antique
Voit l'orpheline : elle gémit tout bas.
Ses pieds sont nus, son air mélancolique,
Et ses cheveux hérissés de frimas.

DE FORTUNE.

— Hélas, dit-elle, ô bonne châtelaine !
Au nom du ciel, au nom de vos enfants,
Daignez venir au secours de ma peine,
Moi qui jamais n'ai connu mes parents.

— Ma pauvre enfant, je plains votre misère,
Répond la dame, et gémis avec vous ;
Mais plus à plaindre est encore la mère
Qui pleure, hélas ! sa fille et son époux.

Voici douze ans que, pour fuir la vengeance,
D'un chef cruel que le ciel a maudit,
J'errais au loin ; et, ma seule espérance,
Dans un torrent ma fille s'engloutit.

— Voici douze ans, dit la pauvre petite ;
C'était le jour que les chrétiens zélés
Ont appelé jour de sainte Brigite ;
Quatre pêcheurs tendirent leurs filets.

La sainte fit que des flots ils sauvèrent
Un pauvre enfant qui s'en allait mourir.
Ces bonnes gens sous leur toit l'élevèrent :
C'est moi, daignez à mes maux compatir.

La châtelaine un seul instant hésite,
Et puis soudain l'embrasse avec transport ;
— Je te bénis, bonne sainte Brigite,
Toi qui sauvas ma fille de la mort.

La châtelaine a retrouvé sa fille,
Riches atours remplacent les haillons :
Dans ses cheveux c'est la perle qui brille,
Ses beaux cheveux qu'hérissaient des glaçons (1).

Tandis qu'Annette chantait cette ballade avec une grâce infinie, lord Menteith remarqua avec quelque surprise

(1) Malgré l'élégance de la traduction ci-dessus, les amateurs de l'antique littérature celtique peuvent être curieux de connaître la version littérale de l'original. Nous la joignons ici, en prévenant le lecteur que ledit original est déposé chez M. Jedediah Cleisbotham.   P. P.

TRADUCTION LITTÉRALE.

La grêle avait volé sur les ailes du vent d'automne ; le soleil brillait entre deux nuages, pâle comme le guerrier qui soulève languissamment sa tête sur la bruyère quand le torrent des batailles a passé sur lui.

Finele, la dame du château, aperçut une jeune orpheline sous le vieux chêne qu'elle paraissait faire sur l'esprit de sir Duncan une impression beaucoup plus vive qu'elle n'aurait dû produire sur un homme de son âge et de son caractère : il savait fort bien que les Highlanders de cette époque écoutaient une ballade ou une romance avec beaucoup plus de sensibilité que leurs voisins des Lowlands ; mais cette raison même ne lui semblait pas suffisante pour expliquer l'embarras avec lequel le vieillard évitait alors de tourner les yeux vers la musicienne, comme s'il eût craint de les laisser reposer sur un objet aussi intéressant. Encore moins devait-on s'attendre qu'une circonstance aussi simple eût causé une altération aussi visible dans des traits où se peignaient ordinairement la fierté la plus austère et une rigide inflexibilité. Il baissa peu à peu ses longues paupières grises jusqu'à ce qu'elles couvrissent presque entièrement ses yeux, dont on voyait s'échapper furtivement une larme. Il resta en silence dans la même position une minute ou deux, après que le dernier accord de la harpe se fut fait

du rendez-vous. Les feuilles flétries tombaient autour d'elle, et son cœur était plus flétri qu'elles.

Le père de la glace (*nom poétique du froid*) gelait les gouttes de pluie dans sa chevelure. Elles ressemblaient à ces taches de cendres blanches sur les rameaux du chêne noirci et presque consumé par le feu.

La jeune fille dit : — Donnez-moi quelque consolation, châtelaine, je suis une orpheline. Et la dame répondit : — Comment puis-je donner ce que je n'ai pas ? Je suis la veuve d'un époux assassiné, la mère d'un enfant qui a péri. Quand je fuyais, tremblante, la vengeance de l'ennemi de mon seigneur, notre barque fut engloutie sous les flots, et ma fille ne se retrouva plus. C'était le jour de sainte Brigite, près du torrent de Campsie. Maudit soit ce triste jour !

Et la jeune fille répondit : — C'était le jour de sainte Brigite, et il y a eu douze moissons depuis ce temps-là ; les pêcheurs de Campsie ne trouvèrent dans leurs filets ni truite ni saumon, mais un enfant à demi mort, qui depuis a vécu dans la misère, et qui va mourir si vous ne le secourez.

Et la dame répondit : — Bénie soit sainte Brigite et le jour qui porte son nom ; car je reconnais les yeux noirs et le regard d'aigle de mon époux, et l'héritage de sa veuve t'appartiendra.

Et elle appela les suivantes, et leur dit de revêtir cette jeune fille d'une robe de soie ; et les perles qu'elles placèrent dans ses cheveux surpassèrent en blancheur les glaçons qui y brillaient naguère.

entendre ; il leva alors la tête, et regarda Annette Lyle comme s'il eût voulu lui parler; puis, changeant tout-à-coup d'idée, il allait adresser la parole à Allan, lorsque la porte s'ouvrit, et le seigneur du château parut.

CHAPITRE X.

« Le chemin était long, pénible, dangereux ;
« Et plus ils approchaient du but de leur voyage,
« Plus le pays était désert, sombre et sauvage. »
Les Voyageurs, romance.

Angus Mac-Aulay était chargé d'un message dont il ne savait trop comment s'acquitter, et son embarras était même assez visible; car ce ne fut qu'après beaucoup de phrases détournées et ambiguës, après avoir retourné sa harangue de mille manières différentes, qu'il parvint à faire comprendre à sir Duncan que l'officier qui devait l'accompagner attendait ses ordres, et que tout était prêt pour son départ. Sir Duncan se leva d'un air indigné, et l'affront qu'il ressentait d'un pareil message fit succéder la colère à l'émotion que la musique avait fait naître.

— Je ne m'attendais guère à une réception semblable, dit-il en jetant un regard irrité sur Angus Mac-Aulay : je n'aurais pas cru qu'il y eût parmi les Highlanders de l'ouest un Chef qui, pour faire sa cour à un Saxon, eût eu la bassesse de venir intimer au laird d'Ardenvohr l'ordre de quitter son château, lorsque le soleil s'éloignait du méridien, et avant que la seconde coupe ait été remplie. Mais adieu, monsieur; je vois à présent comment on remplit ici les devoirs de l'hospitalité; et la première fois que je reviendrai dans le château de Darnlinvarach, ce sera une épée nue dans une main et une torche ardente dans l'autre.

— Venez, dit Angus, et quand vous auriez cinq cents Campbells à votre suite, je m'engage à vous recevoir d'une manière plus convenable, et telle sera la fête qui vous sera préparée, que vous ne vous plaindrez pas une seconde fois de vos hôtes.

— Gens menacés vivent long-temps, reprit le vieux chevalier; vos fanfaronnades sont trop bien connues, laird de Mac-Aulay, pour que des gens d'honneur y fassent attention. Pour vous, milord, et pour Allan, qui avez remplacé mon hôte peu cérémonieux, recevez, je vous prie, mes remerciements. Et vous, charmante fille, ajouta-t-il avec quelque émotion en s'adressant à Annette Lyle, en lui mettant au doigt un petite bague, j'espère que vous ne refuserez point cette légère marque de mon souvenir; vous avez rouvert une source que je croyais tarie depuis long-temps.

A ces mots, il sortit de l'appartement, et fit appeler les gens de sa suite. Angus Mac-Aulay, offensé des reproches qu'il lui avait faits, et en même temps un peu confus, ne songea pas à le suivre. Sir Duncan trouva dans la cour son palefroi et ses domestiques qui étaient prêts à partir. Le noble major Dalgetty l'attendait aussi un pied sur l'étrier; dès que sir Duncan parut, il s'élança sur son cher Gustave, et la cavalcade s'éloigna du château.

Le voyage fut long et ennuyeux, sans être néanmoins aussi pénible que le laird de Mac-Aulay l'avait prédit. A dire vrai, sir Duncan avait grand soin d'éviter ces sentiers secrets par lesquels le comté d'Argyle était accessible du côté de l'ouest, quoiqu'ils eussent abrégé beaucoup le chemin; car son parent et son Chef, le marquis d'Argyle, avait coutume de dire qu'il ne voudrait pas pour cent mille couronnes qu'aucun mortel connût les défilés par lesquels une force armée pouvait pénétrer dans son pays.

Sir Duncan évita donc presque toujours les Highlands, et se dirigea vers le port de mer le plus proche, où il avait plusieurs galères à demi-pont à ses ordres. Ils s'embarquèrent à bord de l'une d'elles, suivis de Gustave, qui était tellement fait aux aventures, qu'aller sur mer ou sur terre lui paraissait tout aussi indifférent qu'à son maître.

Le vent était favorable, et ils poursuivirent rapidement leur route en déployant toutes leurs voiles. La traversée ne fut pas de longue durée; et le lendemain de grand matin on annonça au major Dalgetty, qui était alors dans une petite cabane sous le demi-pont, que la galère était sous les murs du château de sir Duncan Campbell.

Lorsqu'il s'avança sur le tillac, il vit Ardenvohr qui s'élevait presque sur sa tête : c'était un château carré d'un aspect sombre et imposant, d'une étendue considérable et d'une grande hauteur, situé sur un promontoire qui s'avance dans le bras de mer dans lequel ils étaient entrés la veille. Un mur, flanqué de tourelles de chaque côté, entourait le château du côté de la terre ; mais du côté du lac il était bâti si près du bord du roc escarpé, qu'il n'avait été possible d'y établir qu'une batterie de sept canons, destinée à protéger la forteresse, quoiqu'elle fût à une trop grande hauteur pour qu'elle pût être d'une grande utilité contre une attaque dirigée d'après le système militaire moderne.

Le soleil, se levant derrière la vieille tour, en projetait l'ombre sur la surface du lac et sur le tillac de la galère où le major Dalgetty se promenait alors en attendant avec quelque impatience le signal du débarquement. Sir Duncan était déjà, lui dit-on, dans les murs du château, et lorsqu'il demanda de le suivre à terre, on lui répondit qu'il fallait attendre pour cela la permission ou les ordres du laird d'Ardenvohr.

L'ordre désiré arriva bientôt après, et une barque vint

chercher l'envoyé de Montrose pour le conduire au château, tandis qu'un joueur de cornemuse, assis à la proue et portant sur le bras les armes du laird brodées en argent, jouait à perte d'haleine la marche du clan des Campbells. La distance entre la galère et le rivage était si courte, que la barque, conduite par huit rameurs vigoureux, était dans la petite crique où ils étaient dans l'usage de débarquer avant que le major se fût à peine aperçu qu'il avait quitté la galère. Deux des matelots, malgré la résistance de Dalgetty, le chargèrent sur les épaules d'un troisième Highlander, qui, traversant à gué les dernières vagues, déposa son noble fardeau sur le roc escarpé que le château couronnait.

Sur le devant de ce rocher on apercevait comme l'entrée d'une caverne basse et ténébreuse, vers laquelle les montagnards s'apprêtaient à entraîner notre ami Dalgetty, lorsque, se dégageant avec quelque peine d'entre leurs mains, il déclara qu'il ne ferait point un pas de plus, avant d'avoir vu débarquer Gustave, et de s'être assuré qu'il ne lui était point arrivé d'accident. Les montagnards ne pouvaient comprendre ce qu'il voulait dire, lorsqu'un d'eux, qui avait appris quelques mots d'anglais, s'écria : — Dieu me préserve ! je crois qu'il parle de son cheval ; qu'en veut-il faire ?

Le major allait renouveler ses remontrances lorsque sir Duncan parut à l'entrée de la caverne que nous avons déjà décrite, pour inviter son hôte à venir dans son château, lui donnant en même temps sa foi que Gustave serait traité avec tous les égards dus au héros dont il portait le nom, ainsi qu'au personnage important auquel il avait l'honneur d'appartenir. Malgré cette garantie satisfaisante, telle était l'inquiétude du major pour son compagnon Gustave, qu'il hésitait encore, lorsque deux montagnards le saisirent par les bras, et deux autres le poussèrent par-derrière, tandis qu'un cinquième s'écriait dans son jargon : — C'est cela, camarades; courage! Est-il sourd, ce Sassenach? n'entend-il pas que le laird l'appelle? et n'est-ce pas trop d'honneur pour lui d'être admis dans le château du laird d'Ardenvohr?

Ainsi entraîné, le pauvre major ne put que jeter un regard en arrière sur le bâtiment où il avait laissé le compagnon de ses travaux militaires. Au bout de quelques minutes, il se trouva dans une obscurité complète sur un escalier tournant qui était taillé dans le roc, et qui donnait sur la caverne dont nous avons déjà parlé.

— Maudits soient ces sauvages de Highlanders! murmura le major à demi-voix. Que deviendrai-je si mon pauvre Gustave, qui porte le nom du lion invincible de la ligue protestante, est estropié par de pareilles brutes?

— Ne craignez rien, dit sir Duncan, qui était beaucoup plus près de lui que notre major ne le croyait; mes gens sont accoutumés à débarquer et à soigner des chevaux, et vous reverrez bientôt Gustave sain et sauf. En attendant, suivez-moi, et soyez sans inquiétude.

Le major connaissait trop bien le monde pour pousser plus loin les remontrances, quelque anxiété qu'il pût éprouver intérieurement. Dans ce moment, il commença à distinguer une faible clarté qui augmenta de plus en plus jusqu'à ce que, sortant par une porte fermée par une grille de fer, il se trouva sur une galerie taillée sur le devant du roc, et occupant un espace de quatre à cinq toises. Suivant toujours son hôte, il passa sous une autre porte également défendue par une herse de fer.

— Voilà une traverse admirable, dit le major; si elle était commandée par une pièce de campagne, ou même seulement par quelques mousquets, elle suffirait pour mettre la place à l'abri d'un coup de main.

Sir Duncan ne répondit rien dans le moment; mais, lorsqu'ils furent entrés dans la seconde caverne, il frappa, avec la canne qu'il avait à la main, de l'un et de l'autre côté de la grille ; et, au son prolongé qui retentit sous la voûte, le major reconnut qu'il y avait de chaque côté une pièce de canon pointée sur la galerie qu'ils venaient de traverser, quoique les embrasures devant lesquelles elles étaient placées fussent masquées à l'extérieur par des mottes de terre et des pierres détachées. Ayant monté le second escalier, ils se trouvèrent encore sur une plate-forme ouverte ; et ils se seraient vus exposés à un double feu d'artillerie et de mousqueterie, si, venant avec des intentions hostiles, ils avaient fait un pas de plus.

De nouvelles marches, taillées dans le roc comme les précédentes, les conduisirent enfin au pied de la tour. Ce dernier escalier n'était ni moins étroit ni moins perpendiculaire que les autres ; et, sans parler des batteries qui le dominaient, deux hommes déterminés, armés de piques et de haches, auraient pu défendre ce passage contre une armée ; car deux personnes ne pouvaient y marcher de front, et l'escalier n'était bordé d'aucune balustrade du côté où il était comme suspendu sur le précipice, au fond duquel les vagues se brisaient avec un fracas effroyable ; de sorte que, grâce aux précautions prises pour la sûreté de cette ancienne forteresse, une personne sujette à des vertiges, ou d'un caractère un peu timide, eût pu éprouver assez de peine à parvenir jusqu'au château, quand même on ne lui eût opposé aucune résistance.

Dalgetty, trop vieux soldat pour éprouver de semblables terreurs, ne fut pas plus tôt arrivé dans la cour qu'il protesta que, de toutes les places fortes qu'il avait eu le bonheur de défendre dans le cours de ses voyages, il n'y en avait aucune qui ressemblât plus au château de sir Duncan que la célèbre forteresse de Spandaw, dans la marche de Brandebourg. Néanmoins il critiqua fortement la batterie de sept canons qui était devant la tour, et la manière dont ils étaient placés, disant que, lorsque des canons étaient perchés comme des cormorans ou des mouettes, sur le haut d'un rocher, il avait toujours remarqué qu'ils faisaient plus de bruit que de mal.

Sir Duncan ne répondit rien, et conduisit son hôte dans la tour, qui était défendue par une grille et par une grosse porte de chêne doublée en fer. Le major ne fut pas plus tôt arrivé dans une salle dont les murs étaient ornés de tapisseries, qu'il continua ses critiques militaires, et il ne les interrompit qu'à la vue d'un excellent déjeuner auquel il s'empressa de faire honneur avec une avidité qui ne lui permit plus de prononcer un seul mot; mais, dès qu'il eut terminé son repas, il fit le tour de la chambre et examina très attentivement par chaque fenêtre le terrain qui entourait le château. Il retourna alors à sa place; et, se renversant en arrière sur sa chaise, il étendit une jambe, caressa sa grosse botte avec la houssine qu'il tenait à la main, de l'air d'un homme qui veut affecter de l'aisance dans la société de ses supérieurs, et se mit d'un ton doctoral à donner son avis sans qu'on le lui demandât.

— Votre château, sir Duncan, est susceptible d'être mis en état de défense; il en est certainement susceptible; mais permettez-moi de vous dire que, dans son état actuel, il est impossible qu'il résiste long-temps à un assaut bien dirigé; car, sir Duncan, remarquez bien que ses fortifications sont rendues nulles, parfaitement nulles, par cette hauteur qui les commande du côté de la terre : qu'un ennemi glisse une batterie de canons sur cette éminence, et je veux que mille boulets me fracassent la tête si dans les vingt-quatre heures vous n'êtes pas obligé de battre la chamade.

—Il n'y a point de route par laquelle on puisse amener de l'artillerie contre Ardenvohr; reprit le chevalier d'un ton un peu sec. Les environs sont si marécageux, qu'à l'exception de quelques sentiers, qu'il est facile en quelques heures de rendre impraticables, à peine pourriez-vous y passer à cheval.

— Très bien, sir Duncan, très bien ; c'est votre façon de penser : chacun la sienne. Nous autres gens de guerre, nous disons que partout où il y a un rivage il y a un côté découvert; car, lorsque l'artillerie et les munitions ne peuvent être transportées par terre, il est fort aisé de les apporter par eau près de l'endroit où elles sont nécessaires. On ne peut jamais dire non plus, sir Duncan, qu'une citadelle, quelque excellentes que soient sa position et ses défenses, soit à jamais invincible, ou, comme on dit vulgairement, imprenable ; car j'ai vu vingt-cinq hommes, par un coup de main et par une attaque aussi vigoureuse qu'inattendue, emporter à la pointe de l'épée un fort tout aussi bien défendu que celui d'Ardenvohr, et faire mettre bas les armes à une garnison de plus de deux cents hommes.

Malgré l'empire que sir Duncan possédait sur lui-même, et l'art avec lequel il savait cacher ordinairement les sentiments qui l'agitaient, il parut piqué de ces réflexions que le major faisait avec la gravité la plus imperturbable ; car il n'avait choisi ce sujet de conversation que parce qu'il le croyait propre à faire briller ses connaissances militaires, et du reste il ne s'était guère inquiété s'il devait plaire ou non à son hôte.

— Pour couper court à tout ceci, monsieur, dit sir Duncan d'un ton d'aigreur et d'ironie, je sais fort bien, sans que vous me le disiez, qu'on peut prendre d'assaut un château qui n'est pas valeureusement défendu; qu'on peut le surprendre, si la garnison n'est pas toujours sur ses gardes : mais j'espère que, grâce à Dieu, il n'en sera jamais ainsi de ma pauvre maison, quand même le major Dalgetty me ferait lui-même l'honneur de l'assiéger.

— Néanmoins, sir Duncan, reprit le major opiniâtre, je vous conseillerais en ami d'élever une redoute sur l'éminence dont je vous parlais, et de l'entourer d'un large fossé, ce qui est très facile à exécuter en mettant en réquisition les bras des paysans du voisinage. Car, voyez-vous, le grand Gustave-Adolphe devait ses victoires autant à la pelle et à la pioche qu'à l'épée, à la pique et au mousquet. Aussi vous conseillerais-je de fortifier ladite redoute, non seulement comme je vous le disais, par un fossé, mais encore par de nombreuses palissades... (Dans cet endroit, sir Duncan, dont l'impatience était parvenue à son comble, sortit de la chambre, et le major le suivit jusqu'à la porte, élevant la voix à mesure que le vieux chevalier s'éloignait, jusqu'à ce que celui-ci fût hors de vue); lesquelles palissades devront être faites de manière à permettre aux troupes de la garnison de tirer à couvert; de sorte que, lorsque l'ennemi approcherait.... La brute! la vieille brute de montagnard! il est aussi fier qu'un paon et aussi entêté qu'une mule. Voilà qu'il laisse échapper l'occasion de faire de son château le plus joli fort irrégulier... Mais que vois-je? ajouta-t-il en regardant par la fenêtre qui donnait sur la mer, on a enfin débarqué Gustave. Le noble animal! à la manière dont il porte sa tête, je le reconnaîtrais au milieu de tout un escadron. Il faut que j'aille voir un peu comment on le traite.

Il se rendit aussitôt dans la cour, et il s'apprêtait à descendre l'escalier, lorsque deux sentinelles, lui présentant la pointe de leurs piques, lui firent sentir qu'il s'engageait dans une entreprise périlleuse.

— *Diavolo!* s'écria-t-il, et moi qui n'ai pas le mot d'ordre! Quand il s'agirait de demander double paye, ou de me tirer des griffes du grand prevôt, du diable si je pourrais dire une syllabe de leur maudit baragouin.

— Je vous accompagnerai, major, dit sir Duncan, qui s'était approché de nouveau de lui sans qu'il s'en aperçût, et nous irons voir ensemble votre coursier favori.

Ils descendirent ensemble jusque sur le rivage, et sir

Duncan lui fit prendre un petit passage donnant derrière un roc qui cachait les écuries et les autres bâtiments dépendants du château. Dalgetty vit alors que, du côté de la terre, le château était rendu entièrement inaccessible par un profond ravin qu'on ne pouvait traverser que sur un pont-levis. Mais, malgré l'air triomphant avec lequel sir Duncan le lui faisait remarquer, il n'en persista pas moins à soutenir qu'il fallait ériger une redoute sur Drumsnab (c'était ainsi que s'appelait l'éminence en question), parce que, si l'ennemi s'en rendait une fois maître, il pourrait de là lancer sur le château des boulets ardents, vomissant le feu, suivant l'invention curieuse d'Étienne Bathian, roi de Pologne, qui employa ce moyen pour détruire la grande cité de Moscou. J'avoue, ajouta le major, que je n'ai pas encore vu employer cette invention ; mais j'éprouverais une joie infinie à en voir faire l'essai sur Ardenvohr, ou sur tout autre château d'égale force ; et il fit la remarque qu'une épreuve aussi curieuse ne pourrait manquer d'intéresser vivement tous les admirateurs de l'art militaire.

Sir Duncan détourna la conversation en le conduisant dans les écuries, et en le laissant soigner Gustave à sa fantaisie. Après s'être acquitté avec soin de ce devoir, le major proposa de retourner au château, en disant qu'il serait bien aise de polir son armure avant le dîner, qui aurait sans doute lieu vers midi, immédiatement après la parade ; l'humidité de l'air de la mer l'avait un peu ternie, et il désirait qu'elle pût paraître le lendemain devant Mac-Callum-More de manière à lui faire honneur. Mais, tandis qu'ils retournaient au château, il ne manqua pas de faire sentir à sir Duncan tout le tort que pourrait lui faire une invasion soudaine de ses ennemis, qui s'empareraient sans peine de ses bestiaux et de ses provisions ; et il le conjura de nouveau de construire une redoute sur l'éminence appelée Drumsnab, et lui offrit même généreusement ses services pour en tracer l'emplacement.

Sir Duncan ne répondit à cette offre amicale qu'en reconduisant son hôte dans sa chambre, et en lui disant que la cloche du château l'avertirait lorsque le dîner serait servi.

CHAPITRE XI.

  « Est-ce là ton château ? déployant sa bannière,
« L'ennui triste et pensif y tient sa cour plénière :
« Des oiseaux de la nuit c'est le digne séjour ;
« Les ténèbres jamais n'y font place au grand jour.
« Le plus vil paysan, dans son humble chaumière,
« Voit au moins les rayons du Dieu qui nous éclaire. »
BROWN.

Notre brave ritmeister aurait volontiers employé ses moments de loisir à examiner l'extérieur du château de sir Duncan, et à reconnaître s'il avait bien jugé la nature de ses fortifications ; mais un robuste montagnard, qui montait la garde à la porte de sa chambre avec une hache de Lochaber, lui fit comprendre par des gestes très expressifs qu'il était dans une espèce de captivité honorable.

— Il est étrange, pensa le major, que ces sauvages entendent si bien les règles et la pratique de la guerre. Qui se serait jamais imaginé qu'ils connaissaient la maxime du grand et du divin Gustave-Adolphe, qu'un ambassadeur doit être tout à la fois messager et espion ! Et, ayant fini de polir ses armes, il s'assit tranquillement pour calculer combien un demi-dollar par jour produirait au bout de six mois de campagne. Lorsqu'il eut résolu ce problème, il se mit à faire des calculs plus abstraits pour ranger en bataille un corps d'armée de deux mille hommes sur le principe de l'extraction de la racine carrée.

Il fut agréablement tiré de ses méditations par le son de la cloche qui annonçait le dîner ; et le montagnard qui gardait sa porte, de sentinelle devint son introducteur, et le conduisit dans une salle où une table à quatre couverts, magnifiquement servie, offrait une preuve irrécusable de l'hospitalité des maîtres du château. Sir Duncan entra accompagné de son épouse, femme grande et maigre, vêtue d'habits de deuil, et paraissant livrée à une profonde mélancolie. Ils étaient suivis d'un prêtre presbytérien, portant son manteau de Genève, et sa calotte de soie noire qui couvrait de si près ses cheveux courts, qu'on ne pouvait en apercevoir une seule mèche; de sorte que les oreilles, qui jouissaient de toute leur liberté, s'élevant fièrement à côté de la calotte, formaient le point dominant dans sa physionomie. Cette mode, peu élégante, était générale à cette époque, et donna lieu en partie aux surnoms de Têtes rondes, de chiens aux oreilles dressées, et autres sobriquets que l'insolence des Cavaliers ou royalistes prodiguait libéralement à leurs ennemis politiques.

Sir Duncan présenta le major à son épouse, qui répondit à son salut militaire par une révérence froide et silencieuse à laquelle on n'aurait pas su dire si l'orgueil ou la tristesse présidait davantage. Le ministre, auquel il le présenta ensuite, l'examina d'un air de dédain et en même temps de curiosité. Dalgetty, accoutumé à se voir regarder de plus mauvais œil par des personnes plus dangereuses, s'inquiétait fort peu des regards du ministre et de la dame; toutes ses facultés étaient occupées d'un superbe morceau de bœuf qui fumait à l'un des bouts de la table, qu'il dévorait des yeux et qu'il brûlait d'attaquer. Il se vit obligé de différer l'assaut jusqu'à la fin d'une très longue prière, entre chaque partie de laquelle il maniait son couteau et sa fourchette, comme il eût pris sa lance ou son épée pour se préparer au combat; mais chaque fois il lui fallait déposer les armes à la voix du chapelain diffus qui commençait un autre verset. Sir Duncan l'écoutait avec une attention révérencieuse, quoiqu'on pensât qu'il s'était joint aux partisans du Covenant plutôt par dévouement pour son Chef que par un zèle véritable pour la cause soit de la liberté soit du presbytérianisme. Son épouse seule écoutait la prière avec le maintien de la véritable piété.

Le dîner se passa dans un silence presque pythagorique; car ce n'était point l'usage du major d'exercer sa langue lorsque ses dents étaient occupées, et de sacrifier l'utile à l'agréable. Sir Duncan ne fut pas moins silencieux, et son épouse et le ministre se dirent seulement quelques mots à voix basse pendant le cours du repas.

Mais lorsqu'on eut desservi et qu'on eut placé les liqueurs sur la table, le major, qui n'avait plus les mêmes raisons pour garder le silence, commença à s'ennuyer de celui de la compagnie; et pour animer la conversation il en revint à son sujet favori, et dirigea une nouvelle attaque sur son hôte.

— Savez-vous bien, sir Duncan, s'écria-t-il, que cette éminence de Drumsnab qui commande votre château me tient furieusement au cœur? Il faudra que nous ayons une conversation ensemble sur la nature de la redoute qu'il faudrait y construire, et que nous voyions si les angles devront en être aigus ou obtus. Je suis sûr que vous entendrez avec plaisir les arguments dont le grand feld-maréchal Bannier se servit à ce sujet contre le général Tiefenbach pendant une suspension d'armes.

— Major, répondit le vieux chevalier du ton le plus sec, ce n'est point notre usage, à nous autres Highlanders, d'entrer dans des discussions militaires avec des étrangers. Ce château, tel qu'il est, résisterait à des forces plus considérables que les malheureux que nous avons laissés à Darnlinvarach ne pourront jamais en mettre en campagne.

La dame laissa échapper un profond soupir en entendant cette réponse, qui semblait lui rappeler quelque douloureuse circonstance.

— Celui qui avait donné a repris, madame, dit le prêtre en lui adressant la parole d'un ton solennel. Puissiez-vous dire long-temps : Son nom soit béni !

A cette exhortation, qui paraissait n'être que pour elle, la dame répondit par une inclination de tête plus humble que Dalgetty ne lui en avait encore vu faire. Supposant qu'il la trouverait alors d'une humeur plus causeuse, il résolut de tenter l'entreprise, et de chercher à lier conversation avec elle.

— Il est certainement très naturel, lui dit-il, que madame prenne l'alarme au seul mot de préparatifs militaires ; et j'ai remarqué qu'il produisait le même effet chez les femmes de toutes les nations et presque de toutes les conditions. Néanmoins Penthésilée chez les anciens, et plus récemment Jeanne d'Arc, et autres, étaient d'un tout autre calibre ; et je me rappelle avoir appris, pendant que j'étais au service des Espagnols, qu'autrefois le duc d'Albe avait dans son armée un bataillon de femmes qui avaient des officiers de leur sexe, et dont le commandant en chef s'appelait en allemand *hure-weibler*, c'est-à-dire, en bon français, capitaine des filles. Il est vrai que ce n'étaient pas des personnes à comparer sous aucun rapport à madame, car c'étaient de ces créatures *quæ quæstum corporibus faciunt*, comme nous disions de Jeanne Drochiels au collège de Mareschal, les mêmes que les Français appellent *courtisanes*, et que nous, en écossais, nous nommons....

— Mon épouse vous dispense de pousser plus loin vos explications, major, lui dit sèchement son hôte ; et le ministre ajouta que de pareils discours, tout au plus tolérables dans un corps-de-garde occupé par une soldatesque profane, étaient souverainement déplacés à la table d'un homme respectable, et surtout en présence d'une dame de qualité.

— Je vous demande pardon, *domine*, ou docteur, *aut*

quocumque alio nomine gaudes (car il est bon que vous sachiez que j'ai étudié les belles-lettres), reprit l'envoyé intrépide en se versant un grand verre de vin ; mais je ne vois pas que vos reproches soient fondés, attendu que je ne parlais point de ces *turpes personæ* comme si leurs occupations ou leur caractère étaient un sujet de conversation convenable pour madame, mais seulement *per accidens*, ou, si vous voulez, *per confirmationem* de ce que je vous disais ; c'est-à-dire que leur courage et leur audace naturelle, augmentés sans doute beaucoup par le genre de vie de ces....

— Je vous prie de m'excuser, major, dit sir Duncan en l'interrompant encore, mais j'ai quelque affaire à régler ce soir afin de pouvoir vous accompagner demain à Inverary ; ainsi donc j'espère....

— Demain ! répéta son épouse d'un ton plaintif; ce ne peut être votre intention, sir Duncan, ou il faut que vous ayez oublié que demain est un lugubre anniversaire, et consacré à une solennité non moins lugubre.

— Je ne l'avais point oublié, répondit sir Duncan ; hélas ! est-il possible que je l'oublie jamais ! Mais la nécessité des temps exige que cet officier parte sans retard pour Inverary.

— Oui, mais non pas que vous l'accompagniez en personne.

— Il vaudrait mieux que je le fisse ; cependant je puis écrire au marquis et le rejoindre le jour suivant. Major, je vous remettrai une lettre qui expliquera au marquis d'Argyle l'objet de votre mission et le caractère dont vous êtes revêtu ; vous voudrez bien vous préparer à partir demain matin, et une escorte sera chargée de vous accompagner.

— Sir Duncan, reprit Dalgetty, vous êtes assurément le maître de prendre sur cet article telles mesures qu'il vous plaira; néanmoins je vous prie de ne pas oublier quelle tache ce serait pour votre nom, s'il arrivait qu'un plénipotentiaire éprouvât la moindre insulte, *clam, vi, vel precariò;* je ne dis point par l'effet de votre volonté, mais faute d'avoir pris toutes les précautions dictées par la prudence.

— Vous êtes sous la sauvegarde de mon honneur, monsieur, dit sir Duncan, et c'est une sûreté plus que suffisante. A présent, ajouta-t-il en se levant, voilà l'heure où nous sommes dans l'habitude de nous retirer, et je vais vous en donner l'exemple.

Dalgetty, se voyant dans la nécessité de lever promptement le siége, sut du moins, en général habile, mettre à profit le peu d'instants qui lui restaient. — Sous la garantie de votre parole, dit-il en remplissant son verre, je bois à votre santé, sir Duncan, et à la durée de votre honorable famille. Le vieux chevalier ne répondit qu'en poussant un profond soupir. Vidant son verre, et le remplissant de nouveau avec une promptitude incroyable, le major ajouta : — Je bois aussi à la vôtre, madame, et à l'accomplissement de tous vos nobles désirs; et à vous, *mi padre*, en s'adressant au ministre : je remplis cette coupe à votre intention. Et il n'oublia pas de joindre l'action aux paroles. — Puisse s'y noyer toute rancune entre vous et le major Dalgetty! Et, attendu que le flacon ne contient plus qu'un verre, je bois à la santé des braves et vaillants soldats et officiers de tous les partis. Maintenant que la bouteille est vide, je suis prêt, sir Duncan, à suivre votre factionnaire ou sentinelle, et à retourner dans mon camp.

Il reçut la permission formelle de se retirer, et de plus l'assurance que, comme le vin semblait être de son goût, on lui en porterait dans un instant une autre bouteille de la même espèce pour charmer les moments de sa solitude.

A peine le major était-il rentré dans son appartement, que cette promesse fut accomplie; et, quelque temps après, l'arrivée d'un pâté de venaison lui fit supporter très patiemment sa retraite et le manque de société. Le même domestique qui lui apporta cette petite collation lui remit un paquet scellé, entouré d'un fil de soie, suivant l'usage des temps, et adressé avec beaucoup de formules de respect au Très haut et Très puissant prince Archibald, marquis d'Argyle, seigneur de Lorne et autres lieux, etc., etc., etc. Ce domestique lui apprit en même temps que son escorte serait prête à partir de grand matin pour Inverary, où les dépêches de sir Duncan lui serviraient tout à la fois de lettres d'introduction et de passe-port.

N'oubliant pas qu'il était dans ses instructions de recueillir tous les renseignements possibles, et curieux d'ailleurs de connaître les raisons qui empêchaient sir Duncan de l'accompagner, le major, avec toute la circonspection que lui suggérait son expérience, demanda au domestique quelle circonstance retenait son maître au château le lendemain. Celui-ci, qui était des basses terres, et qui par conséquent parlait écossais, répondit que c'était l'usage de sir Duncan et de son épouse d'observer comme un jour de jeûne et d'humiliation solennelle l'anniversaire du jour où leur château avait été pris par surprise, et où leurs enfants, au nombre de quatre, avaient été cruellement massacrés par une bande de montagnards, pendant que sir Duncan était allé combattre avec le marquis d'Argyle les Mac-Leans de l'île de Mull.

— Diable! reprit Dalgetty, votre maître et votre maîtresse ont en effet quelque sujet de jeûner et de s'humilier, quoiqu'il me semble que le dernier suffirait. Néanmoins j'affirmerais presque que ce malheur ne lui serait pas arrivé, s'il avait pris l'avis de quelque capitaine expérimenté versé dans l'art de défendre les places, et s'il eût fait bâtir une redoute sur la hauteur qui est à gauche du pont-levis, et je puis aisément vous le prouver. Supposons que ce pâté soit le château... Comment vous appelez-vous, mon ami?

— Lorimer, monsieur.

— A votre santé, honnête Lorimer. Comme je vous disais donc, mon ami, supposons que ce pâté soit la citadelle que nous avons à défendre, et que cette bouteille...

— Je suis fâché, monsieur, dit Lorimer en l'interrompant, de ne pouvoir rester pour entendre le reste de votre démonstration ; mais la cloche va sonner. Comme le digne M. Graneangowl, chapelain du marquis d'Argyle, va dire le service et prêcher dans la chapelle du château, et que de soixante personnes dont se compose la maison, nous ne sommes que sept qui entendions l'écossais, ce serait un grand scandale que l'un d'eux n'y assistât point, et mon absence me nuirait beaucoup dans l'esprit de ma maîtresse. Voilà des pipes et du tabac, monsieur ; et, si vous désirez quelque autre chose, on vous l'apportera dans deux heures, dès que les prières seront terminées. Et à ces mots il quitta la chambre.

A peine fut-il parti, que la cloche du château annonça par ses sons monotones qu'il était temps de se rendre à la chapelle. Le major entendit aussitôt les voix glapissantes des femmes, et les voix plus dures mais non moins aigres des hommes qui parlaient erse du fond du gosier, tout en courant de différents côtés par une galerie longue, mais étroite, qui servait de communication à beaucoup de chambres, et entre autres à celle de Dalgetty. — Les voilà tous qui courent comme si l'on battait le rappel, se dit-il à lui-même ; s'ils vont tous à la parade, je prendrai un peu l'air, et je ferai mes observations sur les côtés faibles de la place.

En conséquence, lorsque tout fut tranquille et qu'il n'entendit plus le moindre bruit, il ouvrit la porte de sa chambre, et il avait déjà fait quelques pas lorsqu'il vit son ami à la hache s'avancer vers lui, du bout de la galerie, en sifflant entre ses dents un air gaëlique. Avoir paru déconcerté en pareille circonstance, c'eût été à la fois impolitique et indigne de son caractère militaire; aussi le major ne fit-il pas sur-le-champ volte-face, mais il se mit à siffler sur un ton beaucoup plus haut que la sentinelle; et se retirant ensuite pas à pas les bras croisés derrière le dos, d'un air d'indifférence, comme s'il n'avait eu d'autre but que de respirer un peu l'air, il rentra dans ses quartiers; et voyant le factionnaire à quelques pas de lui, il lui ferma la porte au nez.

Forcé de rester prisonnier, grâce à la vigilance de son gardien, notre ritmeister passa la soirée à faire des calculs sur la tactique, calculs qu'il interrompit de temps en temps pour attaquer le pâté et dire deux mots à la bouteille, jusqu'à ce qu'enfin il fût temps de prendre quelque repos. Le lendemain il fut réveillé à la pointe du jour par Lorimer, qui lui dit que lorsqu'il aurait déjeuné, et il lui apportait pour cela les provisions nécessaires, ses guides étaient prêts à l'accompagner. Après avoir loué beaucoup le conseil de Lorimer, qu'il s'empressa de suivre, le major se disposa à partir. En traversant les appartements, il remarqua que les domestiques étaient occupés à tendre le grand vestibule en noir, cérémonie que, dit-il, il avait vu observer lorsque l'immortel Gustave-Adolphe était étendu sur son lit de parade, dans le château de Wolgast, ce qui le portait à croire que c'était la marque du deuil le plus strict et le plus profond.

Lorsque Dalgetty fut monté à cheval, il se vit entouré de cinq à six Campbells bien armés, qui devaient l'accompagner ou plutôt le garder, et commandés par un homme qui, au bouclier qu'il portait sur l'épaule, à la plume de coq qui surmontait son bonnet, à son air d'importance, et surtout à la dignité de son maintien, ne devait pas être moins que le cousin de sir Duncan au dixième ou au douzième degré tout au moins. Mais il lui fut impossible d'obtenir aucun renseignement positif sur ce sujet ni sur aucun autre, attendu que ni le commandant ni aucun de ses soldats ne parlaient anglais.

Quoique Dalgetty fût à cheval et que ses guides fussent à pied, telle était leur activité, et tels étaient les obstacles que la nature de la route opposait à chaque instant à son malheureux coursier, que, loin d'être retardé par la lenteur de leur pas, il avait plutôt de la peine à les suivre. Il vit qu'ils avaient toujours l'œil sur lui, comme s'ils eussent craint qu'il ne fît quelque tentative pour s'échapper; et une fois qu'il était resté un peu en arrière en traversant un ruisseau, l'un de ses aimables compagnons de voyage se mit à amorcer son fusil, ce qui lui fit comprendre qu'il courait quelque danger s'il essayait de faire bande à part.

Dalgetty n'augurait pas très bien de la vigilance avec laquelle on gardait sa personne; mais c'était un mal sans remède : car chercher à s'échapper dans un pays inconnu et presque inaccessible, c'eût été le comble de la folie. Il continua donc à traverser patiemment des déserts sauvages et stériles, par des sentiers qui n'étaient connus que des bergers et des conducteurs de bestiaux. Il remarquait à peine ces successions sublimes de sites pittoresques, qui font accourir de toutes les parties de l'Angleterre de nombreux admirateurs pour charmer leurs yeux du spectacle imposant des Highlands, et mortifier leurs palais en partageant la maigre chère des Highlanders. Enfin ils arrivèrent sur le bord de ce beau lac près duquel Inverary est situé. Le Dunniwassel, chef de l'escorte, sonna du cor; et à ce signal, dont les rochers retentirent, une chaloupe bien équipée sortit d'une crique où elle était cachée, et reçut à bord le major et ses compagnons, sans excepter Gustave, qui, voyageur expérimenté tant sur mer que sur terre, entra dans la barque avec le sang-froid d'un chrétien.

Embarqué sur le Loch-Fine, Dalgetty eût pu admirer l'un des plus nobles tableaux de la nature. Deux rivières rivales, l'Aray et le Schiray, sortaient l'une et l'autre du sein de leur retraite, du milieu de sombres forêts, pour venir porter au lac le tribut de leurs eaux. Sur la petite pente douce et graduelle du rivage s'élevait le château avec ses murs crénelés et ses tours, monument d'une simplicité noble et gothique, et présentant un coup d'œil bien plus pittoresque que le palais massif et uniforme qui l'a remplacé. Des bois épais entouraient cette auguste demeure pendant plusieurs milles à la ronde, et le pic de Duniquoich, semblant sortir du sein du lac et s'élançant jusqu'aux nues, dominait majestueusement le paysage, tandis qu'un fanal solitaire, couronnant son sommet, rendait le tableau plus imposant en éveillant une idée de danger.

Telle était une partie du noble spectacle que Dalgetty eût pu admirer s'il l'avait voulu. Mais, à dire le vrai, le major, qui n'avait rien pris depuis la pointe du jour, contemplait avec plus d'intérêt la fumée des cheminées du château, qui semblait lui annoncer les apprêts d'un excellent dîner.

La chaloupe approcha bientôt de la jetée qui séparait le lac de la petite ville d'Inverary. Ce n'était alors qu'un assemblage grossier de cabanes, entremêlées de quelques maisons de pierre, mais en très petit nombre, et s'étendant depuis les bords du lac jusqu'à la principale porte du château, devant laquelle nos voyageurs aperçurent un spectacle capable de faire impression sur des nerfs plus délicats et sur une âme moins intrépide que celle du ritmeister Dugald Dalgetty, titulaire de Drumthwacket.

CHAPITRE XII.

> « Actif et turbulent, non moins qu'ambitieux,
> « Son esprit se nourrit de projets tortueux;
> « Il change à chaque instant de principe et de place,
> « Et ne sait supporter ni succès, ni disgrâce. »
> *Absalon et Achitophel.*

INVERARY, aujourd'hui jolie ville de province, rappelait alors l'époque où il avait été bâti, par l'apparence chétive des maisons et par l'irrégularité des rues, qui n'étaient point pavées. Mais ce qui signalait d'une manière plus frappante et plus terrible le caractère du siècle, c'était le spectacle qu'offrait la place du marché, qui était à moitié chemin entre le port ou la jetée, et la porte du château, dont la sombre arcade, la herse de fer et les murs massifs terminaient de ce côté la perspective. Au milieu de cette place vaste et irrégulière, s'élevait un gibet où étaient suspendus cinq infortunés, dont deux semblaient être des Lowlanders, et les trois autres étaient couverts du plaid des montagnards. Deux ou trois femmes, assises sous la potence, semblaient pleurer leur mort et chanter à voix basse leur coronach. Mais ce spectacle se renouvelait trop souvent pour avoir beaucoup d'intérêt pour les habitants en général, qui, tandis qu'ils se pressaient en foule autour de Dalgetty pour examiner son uniforme, sa brillante armure et son cher Gustave, semblaient ne faire aucune attention à la scène effrayante qu'ils avaient sous les yeux.

L'envoyé de Montrose ne partageait pas tout-à-fait leur indifférence, et, entendant un ou deux mots d'anglais s'échapper de la bouche d'un Highlander qui avait assez bonne apparence, il fit halte aussitôt, et lui dit : — Il paraît que le grand-prevôt a eu de l'ouvrage ici, mon ami ? Puis-je vous demander pour quel crime ces malheureux ont été exécutés ?

Il montra de la main le gibet en parlant, et le Gaël, comprenant ce qu'il voulait dire plutôt par son geste que par ses paroles, répondit sur-le-champ : — Oh! ce sont trois gentilshommes caterans, Dieu leur fasse grâce! et deux Sassenachs, qui ne voulaient point faire quelque chose que Mac-Callum-More leur commandait. Et il continua son chemin d'un air d'indifférence, sans écouter aucune autre question.

Dalgetty haussa les épaules et se remit en route, car le cousin au dix ou douzième degré de sir Duncan Campbell commençait à montrer quelques signes d'impatience.

Un autre exemple du pouvoir féodal les attendait à la porte du château. Dans l'enceinte d'une palissade qui semblait n'avoir été construite que récemment, et protégée par deux pièces d'artillerie légère, était un énorme billot sur lequel on voyait une hache; elle était teinte de sang, et une quantité de sable répandu tout autour ne cachait qu'en partie les traces d'une exécution récente.

Pendant que Dalgetty regardait ce nouvel objet de terreur, le chef de ses guides le tira par le pan de son habit, et lui montra du doigt un poteau, fixé sur la palissade, dont la pointe soutenait une tête d'homme, sans doute celle du malheureux dont le sang couvrait encore l'instrument de mort. Le Highlander, en lui faisant remarquer cet horrible spectacle, semblait retenir un sourire malin, qui ne parut pas de très bon augure à son compagnon de voyage.

Dalgetty descendit de cheval à la porte, et Gustave fut emmené sans qu'on lui permît de l'accompagner jusqu'à l'écurie, suivant son usage. Cette circonstance fit plus d'impression sur notre ritmeister que toutes ces affreuses images de mort et de destruction.

— Pauvre Gustave! se dit-il, que deviendra-t-il s'il m'arrive quelque malheur? Je commence à croire que j'aurais mieux fait de le laisser à Darnlinvarach, car ces maudits sauvages savent à peine distinguer la tête d'un cheval de sa queue. Mais à la voix du devoir un guerrier doit abandonner tout ce qu'il a de plus cher :

> Entendez-vous le bronze des batailles?
> Déployez donc vos nobles étendards;
> Allons chercher d'illustres funérailles,
> Le roi du Nord partage nos hasards!

Ayant ainsi fait taire ses craintes par le refrain d'une ballade guerrière, il suivit son guide dans une espèce de corps-de-garde qui était rempli de soldats highlanders. On lui fit alors entendre qu'il devait y rester jusqu'à ce que son arrivée eût été annoncée au marquis. Pour s'assurer une réception plus favorable, le major remit à l'aimable parent du laird d'Ardenvohr le paquet que celui-ci lui avait confié, et lui témoigna de son mieux, par signes, qu'il désirait qu'il fût remis au marquis en mains propres. Son guide, se servant du même langage muet, lui répondit qu'il se conformerait à ses ordres, et se retira.

Le major resta environ une demi-heure dans ce corps-de-garde, exposé aux regards insolents et scrutateurs des soldats, pour lesquels son air et son costume n'étaient pas moins un objet de curiosité que sa personne et son pays en semblaient un d'aversion. Dalgetty, voyant une chaise, s'établit tranquillement, et, sans faire attention à leur impertinence, se mit à siffler une marche, jusqu'à ce qu'enfin un homme, ayant un costume de velours noir et portant une chaîne d'or comme un magistrat moderne d'Édimbourg, mais qui n'était que l'intendant de la maison du marquis d'Argyle, vint, avec une gravité solennelle, inviter le major à le suivre, en lui annonçant que son maître était prêt à le recevoir.

Les nombreux appartements qu'on lui fit traverser étaient remplis de domestiques, de gardes et d'officiers de tout genre, disposés peut-être avec quelque ostentation pour donner à l'envoyé de Montrose une haute idée de la puissance de la maison d'Argyle, et lui prouver combien elle était supérieure en pouvoir et en magnificence à celle de Montrose. Une antichambre était remplie de laquais en superbe livrée, qui, rangés sur une double file, regardaient en silence le major passer entre leurs rangs; une autre salle était occupée par des chefs des Highlands, qui jouaient aux échecs, au trictrac et à d'autres jeux, qu'ils interrompaient à peine pour jeter un regard de hauteur sur l'étranger; un troisième appartement était rempli d'officiers et de gentilshommes des Lowlands; enfin, dans la salle d'audience, le marquis était entouré d'une cour brillante destinée à faire ressortir encore davantage sa dignité et sa puissance.

Cet appartement, dont les portes battantes furent ouvertes pour la réception du major Dalgetty, était une longue galerie ornée de tapisseries et de portraits de famille, et dont le plafond voûté se composait de lambris dorés à jour. Il était éclairé par de longues fenêtres gothiques, dont les vitraux peints admettaient à peine les rayons du soleil à travers les têtes de sanglier, les galères, les bâtons et les épées dont elles étaient couvertes, armes de la maison d'Argyle, et emblème des hautes fonctions héréditaires de justicier d'Écosse et de grand-maître de la maison du roi, qu'elle posséda long-temps. Au bout de cette galerie magnifique était le marquis lui-même, entouré de seigneurs tous richement vêtus, parmi lesquels étaient deux ou trois membres du clergé, appelés peut-être pour être témoins de son zèle pour le Covenant.

Le marquis était habillé suivant la mode du temps, que

Van Dyck a si souvent peinte ; mais son habit, quoique riche, était d'une couleur sombre et uniforme. A son air préoccupé, à son front sillonné de rides et à ses yeux continuellement fixés à terre, on reconnaissait un homme plongé souvent dans de profondes méditations, et qui avait acquis par une longue habitude un air de gravité et de mystère qu'il ne pouvait quitter, même lorsqu'il n'avait rien à cacher. Il était grand et maigre, mais sa taille n'ôtait rien à la dignité de ses manières. Il y avait quelque chose de froid dans son abord et de sinistre dans son regard, quoiqu'il parlât avec la grâce et l'aisance d'un homme de haut rang. Adoré de son clan, dont il cherchait continuellement à augmenter la puissance et les priviléges, il était vu de mauvais œil par les autres tribus de montagnards, dont il avait déjà dépouillé les unes de leurs possessions, tandis que les autres craignaient d'éprouver le même sort et ne voyaient qu'avec envie la hauteur à laquelle il s'était élevé.

Nous avons déjà dit qu'en se montrant au milieu de ses conseillers, des officiers de sa maison et de sa nombreuse suite d'alliés et de vassaux, le marquis d'Argyle voulait sans doute faire impression sur le système nerveux de l'envoyé de Montrose ; mais Dalgetty, tout en courant de parti en parti, avait fait la plus grande partie de la guerre de trente ans en Allemagne, époque où un brave soldat était le compagnon des princes. Le roi de Suède et, d'après son exemple, les fiers princes de l'Empire eux-mêmes, s'étaient souvent vus dans la nécessité de composer avec leur dignité, et, lorsqu'ils ne pouvaient payer leurs soldats, de les retenir en flattant leur orgueil, en leur accordant des priviléges extraordinaires et en vivant avec eux dans la plus grande familiarité. Le major pouvait se vanter d'avoir dîné avec les plus grands princes ; il n'était donc pas homme à se laisser intimider par la pompe dont s'entourait Mac-Callum-More. De plus, Dalgetty n'était pas naturellement l'homme le plus modeste du monde ; au contraire, il avait si bonne opinion de lui-même, que, dans quelque compagnie qu'il se trouvât, il se croyait toujours à sa place, s'élevant toujours en idée au niveau des personnes près desquelles il était admis ; en sorte qu'il était aussi à son aise dans la plus haute société qu'au milieu de ses compagnons ordinaires. Ce qui le fortifiait considérablement dans la haute opinion qu'il avait de lui-même, c'était ses idées sur la profession militaire, grâce à laquelle, disait-il, un preux cavalier pouvait marcher de pair avec un empereur.

Nous ne serons donc pas surpris de le voir entrer dans la galerie sans le moindre embarras, la traverser avec plus de confiance que de grâce, et s'approcher si près d'Argyle pour lui parler, que le marquis recula de quelques pas, afin de laisser entre l'envoyé de Montrose et lui une distance convenable. Le major fit son salut militaire avec beaucoup d'aisance, puis, s'adressant au marquis, — Bonjour, milord, s'écria-t-il, quoique je ne sache trop si je dois dire bonjour ou bonsoir à présent ; *beso á usted lás manos* [1], comme disent les Espagnols.

— Qui êtes-vous, monsieur, et quelle affaire vous amène ici? demanda le marquis d'un ton qu'il croyait propre à réprimer la familiarité offensante de l'envoyé.

— Voilà deux questions fort justes et bien naturelles, milord, reprit Dalgetty, et je vais y répondre comme il convient à un brave cavalier, et cela *peremptoriè*, comme nous avions coutume de dire au collége de Mareschal.

— Voyez ce qu'est cet homme et ce qu'il veut, Neal, dit le marquis d'un ton ferme à l'une des personnes de sa suite.

---

[1] Un ancien voyageur en Espagne dit plaisamment de la langue des Espagnols qu'ils n'ont point de mot pour signifier remerciement ou rendre grâces, toute leur gratitude consistant en un *beso os lás manos*, je vous baise les mains. Il est certain que cette formule est la plus fréquente pour saluer. — Ed.

— Je prie l'honorable cavalier de ne pas se donner la peine de se déranger, milord; je vais vous le dire, reprit le major avec le plus grand sang-froid. Cet homme est Dugald Dalgetty, de Drumthwacket, anciennement ritmeister au service de différentes puissances, et aujourd'hui major de je ne sais quel régiment irlandais : je viens en qualité d'envoyé extraordinaire de haut et puissant seigneur James, comte de Montrose, et d'autres nobles seigneurs maintenant sous les armes pour Sa Majesté; et ainsi, vive le roi Charles!

— Savez-vous où vous êtes et à qui vous parlez, monsieur, demanda de nouveau le marquis, pour oser me répondre comme si j'étais un enfant ou un insensé? Le comte de Montrose est avec les mécontents anglais, et je soupçonne que vous êtes un de ces vagabonds irlandais qui sont venus dans ce pays pour mettre tout à feu et à sang, comme ils l'ont fait sous sir Phelim O'Neale.

— Milord, reprit Dalgetty, quoique major d'un régiment irlandais, je ne suis point ce que vous supposez, et j'ai pour garants de mon honneur l'invincible Gustave-Adolphe, le Lion du nord, Bannier, Oxenstiern, le duc de Saxe-Weimar, Tilly, Wallenstein, Piccolomini et d'autres grands capitaines, tant morts que vivants; et quant au noble comte de Montrose, je prie Votre Seigneurie de jeter les yeux sur les pleins pouvoirs dont je suis revêtu pour traiter avec vous au nom de cet illustre commandant.

Le marquis regarda légèrement le papier signé et scellé que Dalgetty lui présentait, et, le jetant dédaigneusement sur une table, il demanda aux personnes qui l'entouraient ce que méritait celui qui venait comme l'agent déclaré de traîtres qui avaient pris les armes contre l'État.

— Un gibet bien élevé, et deux minutes pour se confesser, répondit aussitôt l'un des officiers.

— Je prierais l'honorable cavalier qui a parlé le dernier, reprit Dalgetty, de prendre un peu plus de temps avant de donner ses conclusions, et Votre Seigneurie de réfléchir mûrement avant de les adopter, attendu que de pareilles menaces ne doivent être faites qu'à de vils espions, et non à des hommes de cœur, qui sont tenus d'exposer leur vie aussi bien dans ces sortes de missions que dans les combats, à l'assaut ou dans une sortie. Il est vrai que je n'ai ni trompette, ni drapeau blanc, attendu que notre armée n'est pas encore entièrement équipée; mais Votre Seigneurie et les honorables cavaliers de sa suite conviendront que le caractère d'un envoyé qui vient proposer une trêve ou une suspension d'armes, doit être reconnu sans qu'il ait besoin de faire entendre une fanfare, qui n'est qu'un vain son, ou de déployer un drapeau, qui n'est quelquefois qu'un vieux lambeau de linge : son titre repose sur la confiance que le parti qui députe et le député ont en l'honneur de ceux à qui le message doit être porté, et dans leur ferme persuasion qu'ils respecteront le *jus gentium*, aussi bien que les lois de la guerre, dans la personne de l'ambassadeur.

— Vous n'êtes pas venu ici, monsieur, dit le marquis, pour nous apprendre les lois de la guerre, qui ne peuvent jamais s'appliquer à des rebelles et à des insurgés, mais pour subir la punition due à votre insolence pour avoir osé apporter le message d'un traître au lord justicier d'Écosse, dont le devoir exige qu'il punisse de mort une pareille offense.

— Messieurs, dit le major qui commençait à être assez mécontent de la tournure que prenait son ambassade, je vous prie de ne pas oublier que le comte de Montrose vous rendra responsables, vous et vos biens, de tout ce qui pourra m'arriver, soit à moi, soit à mon cheval, par suite de ces procédés inouïs, et qu'il sera en droit d'exercer sur vous une vengeance éclatante.

Cette menace fut reçue avec un sourire dédaigneux, et l'un des Campbells répondit : — Il y a loin jusqu'à Lochow ; expression proverbiale, signifiant que leurs domaines héréditaires étaient hors de la portée des invasions d'un ennemi.

— Mais, monsieur, reprit encore l'infortuné major, qui ne voulait pas se laisser condamner sans avoir épuisé du moins tous ses moyens d'éloquence, quoique ce ne soit point à moi à décider s'il y a loin ou non jusqu'à Lochow, attendu que je ne connais pas cet endroit, j'espère que vous me permettrez de vous faire une observation qui intéresse particulièrement l'honneur de votre famille, c'est que je suis ici sous la protection spéciale d'un noble seigneur de votre nom, de sir Duncan Campbell d'Ardenvohr, qui s'est porté garant de ma sûreté ; et je vous prie d'observer qu'en manquant à la parole qu'il a donnée, vous porterez une atteinte irréparable à son honneur et à sa réputation.

La plupart des personnes présentes paraissaient n'en avoir rien su jusqu'alors : on s'agitait ; on se parlait à l'oreille, les Campbells surtout semblaient se concerter entre eux ; et le marquis, malgré l'empire qu'il exerçait sur lui-même, laissa percer sur sa figure des marques d'impatience et d'emportement.

— Est-ce que sir Duncan d'Ardenvohr répond sur son honneur de la sûreté de cet homme, milord ? dit une personne de la compagnie en s'adressant au marquis.

— Je ne le crois pas, répondit celui-ci ; mais je n'ai pas encore eu le temps de lire sa lettre.

— Nous prierons Votre Seigneurie de le faire, dit l'un des Campbells ; il ne faut pas que notre honneur souffre la moindre atteinte pour un pareil compagnon.

— Une mouche morte, dit un prêtre, donne une mauvaise odeur au baume de l'apothicaire.

— Révérend père, reprit le major, je vous pardonne

le peu de délicatesse de votre comparaison, attendu qu'après tout elle m'est favorable; et, par la même raison, je ne relèverai point l'épithète méprisante de *compagnon* dont l'honorable cavalier à la toque rouge a jugé à propos de me qualifier, quoique je veuille bien lui dire qu'elle ne me convient nullement, si ce n'est dans le sens que lui donnait Gustave-Adolphe, le Lion du nord, et d'autres grands capitaines, tant en Allemagne que dans les Pays-Bas, lorsqu'ils m'appelaient leur compagnon d'armes. Quant à ma déclaration positive que sir Duncan s'est rendu garant de ma sûreté, j'engage ma vie qu'il la confirmera lui-même lorsqu'il viendra demain.

— Si le chevalier est attendu si tôt, dit l'un des intercesseurs, il serait fâcheux d'expédier trop vite l'affaire de ce pauvre homme.

— Du moins, dit un autre, Votre Seigneurie pourrait avant tout consulter la lettre du chevalier d'Ardenvohr, et voir en quels termes il parle de ce major Dalgetty.

Ils se rangèrent alors autour du marquis, et parlèrent entre eux à voix basse, tant en anglais que dans la langue erse. La puissance patriarcale des chefs de clans était très grande; et celle du marquis d'Argyle, armée de tous ses priviléges de juridiction héréditaire, était surtout absolue; mais il existe toujours quelque frein à l'ambition ou à la tyrannie même dans les gouvernements les plus despotiques. Celui qui modérait le pouvoir des chefs celtes, c'était la nécessité de se concilier les petits seigneurs qui, sous leurs ordres, conduisaient au combat les soldats de leur clan, et qui formaient le conseil de la tribu en temps de paix. Le marquis, dans cette occasion, ne put se dispenser de céder aux remontrances de ce sénat du nom de Campbell, et, s'avançant hors du cercle, il ordonna de conduire le prisonnier en lieu de sûreté.

— Prisonnier! s'écria Dalgetty en se débattant comme un lion au milieu de deux vigoureux Highlanders qui depuis quelques minutes s'étaient approchés de lui pour le saisir. Il fut un moment si près de se dégager d'entre leurs mains, que le marquis d'Argyle changea de couleur, et recula de deux pas en portant la main sur son épée, tandis que plusieurs membres de son clan, prêts à se sacrifier pour leur Chef, se précipitèrent entre lui et le prisonnier, dont ils craignaient la vengeance.

Mais les deux montagnards étaient trop robustes pour laisser échapper leur proie ; et le malheureux major, après s'être vu dépouillé de ses armes offensives, fut entraîné hors de la galerie. Ses gardes lui firent traverser plusieurs sombres passages, et s'arrêtèrent devant une grille de fer que le capitaine de la troupe ouvrit lui-même. Une seconde porte en bois laissa voir au pauvre Dalgetty un escalier étroit et rapide qui conduisait dans une espèce de souterrain. Les gardes le poussèrent rudement pour lui faire descendre deux ou trois marches ; puis, lui lâchant le bras, ils le laissèrent gagner à tâtons le bas de l'escalier, entreprise qui ne fut ni facile ni sans danger lorsque les deux portes, successivement refermées, laissèrent le prisonnier dans une obscurité complète.

CHAPITRE XIII.

« Malheur à l'étranger qui pénètre en ces bois,
« Si du despote duc qui se dit rois des rois
« Il ne vient humblement adorer la puissance. »
Burns. *Épigramme sur un voyage à Inverary.*

Le major, privé de lumière et placé dans une position assez dangereuse, se mit à descendre l'escalier en ruines avec toute la circonspection possible, espérant trouver en bas quelque endroit pour se reposer ; mais, malgré tous ses soins, il ne put éviter à la fin de faire un faux pas, qui lui fit descendre les quatre à cinq dernières marches un peu trop vite pour qu'il lui fût facile de garder son équilibre; et, pour comble de malheur, son pied heurta contre une substance douce et arrondie, qui s'annonça aussitôt pour être un corps organisé en poussant un gémissement. Ce choc accéléra tellement sa marche, qu'au bout de quelques pas il roula au fond d'un cachot humide et pavé en pierres.

Lorsque Dalgetty fut parvenu, non sans peine, à se relever, sa première question fut de demander sur quoi il avait roulé.

— Sur ce qui était un homme il y a un mois, répondit une voix sourde et entrecoupée.

— Et qu'est-il donc à présent, demanda Dalgetty, pour s'aviser de se tapir comme un hérisson sur la dernière marche de l'escalier, et exposer les honorables cavaliers qui viennent lui rendre visite à se rompre le cou en heurtant contre lui?

— Ce qu'il est à présent, reprit la même voix, c'est un misérable tronc dont les branches ont été élaguées une à une, et qui s'inquiète peu si la hache doit bientôt l'abattre et finir ses tourments.

— Je vous plains, camarade, dit Dalgetty; mais *patienza*, comme dit l'Espagnol; et permettez-moi de vous dire que si vous n'aviez pas plus remué qu'une souche, pour me servir de votre comparaison, vous m'auriez épargné quelques égratignures aux mains et aux genoux.

— Vous êtes militaire, reprit son compagnon d'esclavage, et vous vous plaignez d'une chute à laquelle un enfant ne penserait point.

— Militaire! dit le major; et comment pouvez-vous voir que je le suis, au milieu des ténèbres de cette maudite caverne?

— J'ai entendu résonner votre armure lorsque vous êtes

tombé, et maintenant je la vois parfaitement. Lorsque vous serez resté aussi long-temps que moi dans ces ténèbres, vos yeux distingueront le plus petit insecte qui rampe sur le plancher.

— Que le diable me les arrache plutôt! s'écria Dalgetty. S'il fallait rester plus d'un jour dans ce cachot infernal, je demanderais à faire la prière d'un soldat, à monter à l'échelle, et je bénirais la corde qui m'en tirerait. Mais, à propos, quelle sorte de provisions avez-vous ici, mon frère en affliction?

— Du pain et de l'eau une fois par jour, reprit la voix.

— J'ai une faim du diable, camarade; et, quoique votre chère soit assez maigre, je suis prêt à y faire honneur, si vous me le permettez. J'espère que nous vivrons bons amis tant que nous habiterons ensemble ce paradis souterrain.

— Le pain et la cruche d'eau sont dans le coin, à deux pas, à votre main droite; prenez-les : quant à moi, je n'aurai plus long-temps besoin de nourriture ici-bas.

Dalgetty ne se le fit pas répéter deux fois, et, après avoir cherché les provisions en tâtonnant, il se mit à mordre dans un pain d'avoine aussi dur que la pierre sur laquelle il était tombé, avec autant d'avidité que nous lui en avons vu déployer sur des mets plus succulents.

— Ce pain, dit-il sans perdre pour cela un seul coup de dent, n'est certainement pas très savoureux; cependant je ne le crois pas beaucoup plus mauvais que celui que nous mangeâmes au fameux siége de Werben, où le valeureux Gustave rendit vains tous les efforts du célèbre Tilly, ce héros terrible, devant lequel deux rois s'étaient vus obligés de fuir; savoir, Ferdinand de Bohême et Christian de Danemarck ; et, quoique cette eau ne soit pas des plus douces, je bois à votre prompte délivrance, camarade, sans oublier la mienne, et je voudrais de tout mon cœur que ce fût du vin du Rhin, ou au moins de la bière mousseuse de Lubeck, ne fût-ce que pour rendre le toast plus solennel.

Tandis que Dalgetty babillait de cette manière, ses dents n'allaient pas moins vite que sa langue, et il eut bientôt achevé les provisions que la bienveillance ou plutôt l'indifférence de son compagnon avait abandonnées à sa voracité. Lorsque son repas fut terminé, il s'enveloppa dans son manteau, et, s'asseyant dans un coin où il pouvait s'appuyer de chaque côté, attendu, dit-il, que depuis son enfance il avait toujours beaucoup aimé les fauteuils, il se mit à questionner son compagnon d'esclavage.

— Puisque nous voilà compagnons de lit et de table, camarade, lui dit-il, il est juste que nous nous connaissions un peu mieux l'un et l'autre. Je suis Dugald Dalgetty de Drumthwacket, etc., etc., major dans un régiment de fidèles Irlandais, et envoyé extraordinaire de très haut et très puissant seigneur James, comte de Montrose. Et vous, quel est votre nom, je vous prie?

— Il vous servira peu de le savoir, reprit son compagnon plus taciturne.

— Que j'en sois juge moi-même, répondit le major.

— Eh bien donc, je m'appelle Ranald Mac-Eagh, c'est-à-dire Ranald Enfant du Brouillard.

— Enfant du Brouillard! répondit Dalgetty; dites enfant des ténèbres; mais, Ranald, puisque c'est votre nom, comment diable êtes-vous tombé entre les mains du grand-prevôt? quelle est la cause de votre emprisonnement?

— Ma mauvaise étoile, répondit Ranald. Connaissez-vous le laird d'Ardenvohr?

— Si je le connais? parfaitement, camarade.

— Mais savez-vous où il est à présent?

— Dans son château, jeûnant dévotement aujourd'hui pour mieux se régaler demain à Inverary; et Dieu veuille qu'il n'éprouve point d'accident en route, car s'il n'arrivait point, je courrais quelque risque de ne pas jouir long-temps de mon brevet d'existence.

— Dites-lui donc, lorsque vous le verrez, qu'un homme réclame son intercession, un homme qui est à la fois son ennemi mortel et son meilleur ami.

— De bonne foi, je désirerais lui porter un message un peu moins obscur, répondit le major: de quoi diable vous avisez-vous de vouloir donner des énigmes à un homme tel que sir Duncan? Pendant qu'il se creusera la tête, oubliez-vous qu'on vous coupera la vôtre?

— Saxon peureux, reprit le prisonnier, dites-lui que je suis le corbeau qui s'est abattu autrefois sur sa tour et sur les enfants qu'il y avait laissés; je suis le loup qui a découvert sa tanière et détruit ses petits; le chef de la bande qui, il y a aujourd'hui quinze ans, surprit Ardenvohr, et passa ses enfants au fil de l'épée.

— En vérité, mon honnête ami, reprit Dalgetty, si ce sont là vos seuls titres à la bienveillance de sir Duncan, je vous prierai de me dispenser de les faire valoir. La brute même est exaspérée contre ceux qui lui ravissent ses petits, à plus forte raison un animal raisonnable, un chrétien. Mais dites-moi, je vous prie, si pour attaquer le château vous avez profité d'une éminence appelée Drumsnab, que je soutiens être le véritable point d'attaque, tant qu'on n'y aura point construit une redoute.

— Nous gravîmes le rocher, dit le prisonnier, au moyen d'échelles de cordes qui nous furent jetées par un complice de notre clan, qui avait servi pendant six mois dans le château, pour s'assurer cette seule nuit de vengeance. Le hibou faisait entendre autour de nous ses cris lugubres, pendant que nous étions suspendus entre le ciel et la terre; les vagues se brisaient en mugissant contre la base du rocher, et brisèrent notre barque; néanmoins le cœur ne manqua à personne. Le matin suivant il n'y avait plus que du sang et des cendres dans ces lieux où la paix et la joie régnaient la veille au coucher du soleil.

— Ce fut sans doute une très jolie camisade, Ranald, une attaque bien conçue et bravement exécutée; cependant, à votre place, j'aurais dirigé mes batteries de cette petite hauteur dont je vous parlais, qu'on appelle Drumsnab. Du reste, votre plan était fort bon; c'était une petite attaque irrégulière à la Scythe, ressemblant beaucoup à celles des Turcs, des Tartares et autres peuples asiatiques. Mais la raison, mon ami, la cause de cette guerre, la *teterrima causa*, si vous savez le latin, vous ne me l'avez point encore apprise?

— Nous avions été harcelés par les Mac-Aulay, d'autres tribus de l'ouest, dit Ranald, repoussés de bois en bois sans avoir de refuge...

— Ah, ah! dit Dalgetty, j'ai quelque idée d'avoir entendu parler de cette affaire. Ne mîtes-vous pas du pain dans la bouche d'un homme qui n'avait plus d'estomac auquel il pût le transmettre?

— Vous savez donc quelle vengeance nous tirâmes du fier conservateur des forêts?

— Oui, oui, j'en ai entendu parler, et il n'y a pas long-temps, je vous assure. Mais quelle diable d'idée avez-vous eue là d'aller fourrer du pain dans la bouche d'un homme mort? Mauvaise plaisanterie, très mauvaise, sur ma parole : à quoi bon, je vous le demande, cette dilapidation d'aliments? J'ai vu dans un siége, Ranald, plus d'un soldat vivant qui eût payé bien cher cette croûte de pain que vous donniez à une tête de mort.

— Nous fûmes attaqués par sir Duncan, continua Mac-Eagh, et mon frère fut massacré; sa tête fut ignominieusement suspendue sur les créneaux que nous avons escaladés. Je jurai de me venger; et c'est un serment que je n'ai jamais violé.

— Très bien, dit Dalgetty, tout franc soldat sait que la vengeance est une douce chose : mais comment cette histoire portera-t-elle sir Duncan à intercéder pour vous? Voilà, je l'avoue, ce qui passe ma compréhension; à moins que vous n'espériez qu'il sollicite le marquis de changer le genre de mort; et au lieu d'une pendaison pure et simple, de vous faire expirer sur la roue ou de vous infliger quelque autre genre de torture dont le dénouement serait semblable. Si j'étais à votre place, Ranald, je voudrais garder mon secret, et, sans m'inquiéter de sir Duncan, finir tranquillement ma vie, *suspenso pede*, entre le ciel et la terre, comme vos ancêtres avant vous.

— Écoutez, étranger, dit le montagnard : sir Duncan d'Ardenvohr avait quatre enfants; trois périrent sous nos coups, mais le quatrième vit encore, et sir Duncan donnerait plus pour serrer ce quatrième enfant dans ses bras que pour faire torturer ces vieux os qui défient toutes ses fureurs. Je n'ai qu'à dire un mot, et son jour de jeûne et d'humiliation en deviendra un de fête et d'actions de grâces. Oh! je le sais par expérience, et Kenneth, le seul enfant qui me reste, qui à présent poursuit les papillons sur les rives de l'Aven, est plus cher à mon cœur que dix fils qui ne sont plus que poussière, ou devenus la pâture des vautours affamés.

— Je présume, Ranald, dit Dalgetty, que les trois pauvres diables que j'ai vus au gibet dans la place du marché étaient de votre connaissance.

Le montagnard garda un moment de silence, puis il s'écria d'une voix profondément émue :—Ils étaient mes fils, étranger! — mes fils! — le sang de mon sang! — les os de mes os! — Légers à la course, — vaillants aux combats, — invincibles jusqu'au moment où les fils de Diarmid les écrasèrent par leur nombre; pourquoi veux-je leur survivre? qu'importe que le vieux tronc soit déraciné, lorsqu'il ne lui reste plus qu'un seul des rameaux qui faisaient son orgueil? Mais il faut faire passer dans l'âme de Kenneth la soif de la vengeance; il faut que l'aiglon apprenne de son père à fondre sur sa proie; c'est pour lui, pour lui seul que je veux acheter ma vie et ma liberté en découvrant mon secret au laird d'Ardenvohr.

— Vous parviendrez plus aisément à votre but en me le confiant, dit une troisième voix se mêlant à la conférence.

Tout Highlander est superstitieux. — L'ennemi du genre humain est parmi nous! s'écria Ranald Mac-Eagh en sautant sur ses pieds. Le bruit de ses chaînes retentit sous la voûte, et il se retira aussi loin qu'elles le permettaient de l'endroit d'où la voix semblait partir. Ses craintes se communiquèrent jusqu'à un certain point au major Dalgetty, qui commença à répéter dans une espèce de jargon polyglotte tous les exorcismes qu'il avait entendu prononcer, sans pouvoir se rappeler plus d'un mot ou deux de chacun.

— *In nomine Domini*, comme nous disions au collége de Mareschal; *santissima madre de Dios*, comme disent les Espagnols; *alle guten geister loben den Herrn*, dit le psalmiste dans la traduction du docteur Luther....

— Trève à vos exorcismes, dit la voix qu'ils avaient déjà entendue; quoique vous puissiez avoir peine à comprendre comment je suis venu ici, je suis mortel comme vous, et mes secours peuvent vous être utiles dans la position critique où vous vous trouvez, si vous n'êtes point trop fiers pour recevoir des conseils.

En disant ces mots, l'étranger ouvrit une lanterne sourde; et, à la faible lueur qui en sortait, Dalgetty put seulement distinguer que celui qui s'était introduit si mystérieusement dans leur compagnie, et avait pris part à la conversation, était un homme de grande taille, et portant la livrée du marquis. Son premier mouvement fut de regarder ses pieds; mais il ne vit ni le pied fourchu que les légendes écossaises assignent au noir démon, ni le sabot de cheval par lequel on le distingue en Allemagne. Sa première question fut pour savoir comment ce nouveau venu avait pu entrer; — Car, dit-il, si l'on avait ouvert la grille, nous l'aurions entendue crier sur ses gonds rouillés; et, si vous avez passé par le trou de la serrure, franchement, monsieur, dites ce que vous voudrez, vous n'êtes pas de nature à être enrôlé dans un régiment d'hommes vivants.

— Je garde mon secret, répondit l'étranger, jusqu'à ce que vous méritiez que je vous le découvre en me communiquant quelques uns des vôtres; peut-être alors me déciderai-je à vous laisser sortir par où je suis entré moi-même.

— Ce ne peut être alors par le trou de la serrure, dit le major, car du diable si vous êtes capable de m'y faire passer, qui que vous soyez, démon ou honnête homme. Quant à mes secrets, je n'en ai point de personnels, et j'en ai très peu qui appartiennent à d'autres; mais dites-nous ce que vous désirez savoir, ou, comme disait notre professeur Snufflegreek[1] au collége de Mareschal à Aberdeen, parle pour que je te connaisse.

— Ce n'est point à vous que j'ai affaire en ce moment, reprit l'étranger en tournant la lanterne sur les traits sauvages et livides et sur les membres robustes du Highlander Ranald Mac-Eagh, qui, collé contre le mur, semblait encore douter si son nouvel hôte était d'os et de chair comme lui.

— Je vous ai apporté quelque nourriture, mon ami, dit l'étranger d'une voix plus douce; si vous devez mourir demain, ce n'est pas une raison pour ne point vivre aujourd'hui.

(1) Reniflegrec, nom classique s'il en fut jamais. Les Anglais aiment beaucoup ces noms significatifs. — Ed.

— Non, sans doute; au contraire, reprit le major, qui se mit aussitôt à examiner le contenu d'un petit panier que l'étranger avait apporté sous son manteau, tandis que le Highlander, soit par méfiance, soit par dédain, ne faisait aucune attention aux instances de Dalgetty, qui l'invitait à l'imiter.

— Comme vous voudrez, camarade, s'écria celui-ci qui avait déjà expédié une énorme tranche de jambon, et qui s'arma alors d'une bouteille de vin; je vais boire à votre meilleur appétit : ah çà, il ne faut pas oublier non plus celui qui régale. Ami, je vide ce second verre à ton intention : à propos, comment t'appelles-tu donc?

— Murdoch Campbell, monsieur, répondit le domestique; je suis un vassal du marquis d'Argyle, et remplissant parfois les fonctions de porte-clefs.

— Eh bien! encore une fois à ta santé, Murdoch, dit Dalgetty, car la première fois je ne l'ai point portée dans les règles, faute de savoir ton nom. Je présume que ce vin est du Calcavella. Ma foi, brave Murdoch, je prendrai sur moi de dire que tu mérites d'être geôlier en chef; car tu parais connaître la manière dont on doit ravitailler d'honnêtes gentilshommes qui sont dans le malheur; mais pour ton supérieur, on dirait qu'il nous prend pour de la canaille; du pain et de l'eau! en vérité, Murdoch, c'était assez pour perdre d'honneur les cachots du Marquis. Mais je vois que vous désirez causer avec mon ami Ranald; que je ne vous gêne point, je vais me retirer dans ce coin avec le panier, et je vous réponds que mes dents feront assez de bruit pour empêcher mes oreilles de vous entendre.

Malgré cette promesse, notre major écouta avec toute l'attention possible; et, comme le cachot était fort étroit, il n'eut pas de peine à entendre le dialogue suivant :

— Savez-vous, Enfant du Brouillard, dit Murdoch, que vous ne quitterez ce cachot que pour monter au gibet?

— Ceux qui m'étaient chers, répondit Mac-Eagh, m'en ont montré le chemin.

— Vous ne feriez donc rien pour éviter de les suivre?

Le prisonnier se tordit les mains dans ses chaînes avant de répondre.

— Je ferais beaucoup, au contraire, dit-il à la fin; non pas que je tienne à la vie, mais à cause de l'enfant qui court dans la vallée de Strath-Aven.

— Et que feriez-vous pour détourner le coup qui vous menace? demanda de nouveau Murdoch. Peu m'importe d'ailleurs le motif qui vous fait désirer de l'éviter.

— Je ferais.... tout ce qu'un homme peut faire sans cesser de mériter le nom d'homme.

— Mériter le nom d'homme! croyez-vous le mériter, vous qui vous êtes toujours conduit en loup féroce?

— Oui, répondit le Highlander, je suis un homme comme mes ancêtres. Tant que nous fûmes enveloppés du manteau de paix, nous étions des agneaux; il nous fut arraché, et vous nous appelez des loups. Rendez-nous les cabanes que vous avez brûlées, nos enfants que vous avez massacrés, nos femmes que vous nous avez ravies : cherchez sur les gibets, sur les créneaux de vos murailles les cadavres mutilés et les crânes blanchis de nos parents, réunissez-les, dites-leur de vivre pour notre bonheur, et nous serons vos vassaux et vos frères. Jusqu'alors, que la mort, le sang et la vengeance tirent entre nous un sombre voile de division.

— Vous ne voulez donc rien faire pour obtenir votre liberté? dit le Campbell.

— Tout... si ce n'est de me dire l'ami de votre tribu, répliqua Mac-Eagh.

— Nous méprisons l'amitié de bandits et de vagabonds, reprit Murdoch, et nous ne nous abaisserions point à l'accepter. Ce que je vous demande, pour prix de votre liberté, c'est de me dire où est la fille et l'héritière du chevalier d'Ardenvohr.

— Pour que vous puissiez la marier à quelque parent sans fortune de votre grand maître, n'est-ce pas? dit Ranald; je sais que c'est l'usage des enfants de Diarmid. La vallée de Glenorquhy ne crie-t-elle pas encore aujourd'hui vengeance pour la violence faite sur une jeune fille que ses parents conduisaient à la cour de leur souverain? Ne furent-ils pas obligés de la cacher sous une chaudière autour de laquelle ils combattirent en désespérés, et périrent tous, jusqu'au dernier, de la mort des braves! et la jeune fille ne fut-elle pas amenée dans ce château, et mariée ensuite au frère de Mac-Callum-More, et tout cela parce qu'elle possédait de grands biens?

— Et quand cette histoire serait vraie, dit Murdoch, elle fut élevée à un rang plus distingué que celui qu'elle eût pu obtenir à la cour du roi d'Écosse. Mais tout cela n'a rien de commun avec le sujet qui nous occupe. La fille de sir Duncan d'Ardenvohr n'est pas une étrangère, elle est du sang des Campbells; et qui a plus de droit à connaître son sort que Mac-Callum-More, le Chef de son clan?

— C'est donc de sa part que vous me faites cette question? demanda Ranald.

Le domestique inclina la tête en signe d'assentiment.

— Et vous ne ferez aucun mal à la pauvre fille? Moi-même je lui en ai déjà fait assez.

— Aucun, sur mon honneur.

— Et vous me promettez pour récompense la vie et la liberté?

— Telle est notre convention, reprit Murdoch.

— Sachez donc que l'enfant que je sauvai par compassion, lorsque nous attaquâmes le château de son père, fut élevée comme la fille d'adoption de notre tribu, jusqu'au moment où nous fûmes vaincus, au détroit de Ballenduthil, par le démon incarné et l'ennemi mortel de notre clan, Allan Mac-Aulay à la main sanglante, et par les cavaliers de Lennox, commandés par l'héritier de Menteith.

— Elle tomba au pouvoir d'Allan à la main sanglante, et elle passait pour une fille de la tribu! dit Murdoch : point de doute alors que son sang n'ait coulé, et tu n'as rien dit pour racheter ta vie!

— Si ma vie dépend de la sienne, dit Ranald, je n'ai rien à craindre; mais elle repose sur une base plus fragile... la promesse trompeuse d'un fils de Diarmid.

— Cette promesse sera scrupuleusement accomplie, si vous pouvez m'assurer qu'elle respire, et me dire où elle est à présent.

— Dans le château de Darnlinvarach, sous le nom d'Annette Lyle. J'en ai bien des fois entendu parler par mes compagnons, qui se sont souvent rapprochés des bois d'où nous avions été chassés, et il n'y a pas long-temps que je l'ai vue moi-même.

— Vous! dit Murdoch d'un air surpris, vous, l'un des chefs des Enfants du Brouillard, vous vous êtes hasardé si près de votre ennemi mortel?

— Fils de Diarmid, j'ai fait plus, reprit l'Outlaw des Highlands; je me suis introduit dans la cour même du château, déguisé en joueur de harpe. Mon dessein était de plonger mon poignard dans le sein de Mac-Aulay à la main sanglante, devant lequel notre race tremble, et de me soumettre ensuite au sort que Dieu m'aurait réservé. Je tenais déjà en main l'arme fatale lorsque je vis Annette Lyle : elle chanta sur son clairshach un air des Enfants du Brouillard, qu'elle avait appris parmi nous. Les bois que nous avions habités ensemble agitaient leur feuillage hospitalier dans sa chanson, nos ruisseaux coulaient avec un doux murmure : il me semblait que je me retrouvais enfin dans ma patrie. Je ne pus résister à mon attendrissement, ma main laissa échapper le poignard, et l'heure de la vengeance se passa. A présent, fils de Diarmid, n'ai-je point payé ma rançon?

— Oui, reprit Murdoch, si ce que vous dites est vrai ; mais quelle preuve en pouvez-vous donner ?

— Sois témoin, ô ciel, s'écria l'Outlaw, que le parjure cherche déjà quelque subterfuge pour manquer à sa parole !

— Non, reprit Murdoch, je remplirai ma promesse dès que je serai certain que vous avez dit la vérité. Mais il faut que je parle à votre compagnon d'esclavage.

— Tout promettre, ne rien tenir, voilà comme ils sont, murmura le prisonnier en se jetant de nouveau sur le plancher de sa prison.

Pendant ce temps le major, qui n'avait point perdu un seul mot de ce dialogue, faisait ses réflexions à part. — Que diable ce rusé drôle peut-il avoir à me dire ? Je n'ai point d'enfants, du moins que je sache ; je n'en ai jamais enlevé au sujet desquels je puisse lui raconter quelque histoire. Mais n'importe, voyons-le venir. Il ne sait pas à quel vieux renard il a affaire, et je lui réponds qu'il lui faudra plus d'une manœuvre pour prendre en flanc le major Dalgetty.

Il se tint donc sur ses gardes, et on eût dit que, la pique en main, il se préparait à défendre une brèche tandis qu'il attendait avec précaution, mais sans crainte, le commencement de l'attaque.

— Vous êtes citoyen du monde, major, dit Murdoch, et vous ne pouvez ignorer notre vieux proverbe, *donnant donnant* ; il se retrouve chez toutes les nations et dans toutes les langues.

— Alors je dois le connaître en effet, dit Dalgetty, car, à l'exception des Turcs, il y a peu de puissances en Europe au service desquelles je ne sois entré ; et j'ai eu parfois quelque idée d'aller faire une campagne avec les janissaires.

— Un homme de votre expérience, entièrement dépourvu de préjugés, me comprendra donc aisément, reprit Murdoch, lorsque je lui dirai que, pour obtenir sa liberté, il ne s'agit que de répondre franchement et sans détour à quelques questions sans importance concernant les chefs qu'il a laissés à Darnlinvarach, leurs préparatifs de défense, le nombre de leurs soldats, et ce que vous pouvez savoir de leur plan d'opérations.

— Uniquement pour satisfaire votre curiosité, dit Dalgetty, et sans aucun autre motif?

— Aucun au monde. Quel intérêt un pauvre diable comme moi pourrait-il prendre à leurs opérations?

— Interrogez donc, reprit le major, et je vous répondrai *peremptoriè*.

— Combien d'Irlandais sont en marche pour se joindre à James Graham le rebelle?

— Probablement dix mille, dit le major.

— Dix mille! s'écria Murdoch avec emportement, nous savons qu'il débarqua à peine deux mille hommes à Ardnamurchan.

— Alors vous en savez plus que moi sur leur compte, répondit Dalgetty avec un grand sang-froid; je ne les ai pas encore passés en revue, et je ne les ai même jamais vus sous les armes.

— Et combien croyez-vous que les clans fourniront de soldats? demanda Murdoch.

— Autant qu'ils le pourront, répliqua le major.

— Vous vous écartez de la question, monsieur, dit Murdoch; parlez clairement : y aura-t-il bien cinq mille hommes?

— Oui, plus ou moins, répondit Dalgetty.

— Savez-vous, monsieur, que c'est jouer avec votre vie que de me répondre sur ce ton? reprit le questionneur; je n'ai qu'à siffler, et dans dix minutes votre tête sera suspendue au-dessus du pont-levis.

— Mais, à parler franchement, M. Murdoch, dit le major, croyez-vous qu'il soit raisonnable de me demander les secrets de notre armée, lorsque je me suis engagé à servir pendant toute la campagne? Si je vous apprenais les moyens de vaincre Montrose, que deviendraient ma paye, les arrérages qui me sont dus, et ma part du butin?

— Je vous dis, reprit Murdoch, que si vous vous obstinez à ne point répondre directement à mes questions, votre campagne ne sera pas longue, et le billot qui est à la porte du château, prêt à punir les espions et les traîtres, m'aura bientôt vengé de votre impertinence; mais si vous répondez fidèlement à mes questions, je vous recevrai à mon...... au service de Mac-Callum-More.

— Est-ce qu'il paie bien ses officiers? demanda le major.

— Il doublera votre paye, si vous voulez retourner auprès de Montrose et faire ce qu'il vous dira.

— Diable! je suis fâché de ne vous avoir pas vu avant de m'engager avec lui, dit Dalgetty en paraissant réfléchir.

— Au contraire, dit Murdoch, je puis vous offrir des conditions plus avantageuses à présent, en supposant toujours que vous soyez fidèle.

— Fidèle? c'est-à-dire à votre parti, mais traître envers Montrose.

— Fidèle à la cause de la religion et du bon ordre, qui sanctifie tous les artifices que vous pouvez employer pour la servir, répondit le Campbell.

— Et le marquis d'Argyle..... Si j'étais tenté d'entrer à son service, est-ce un bon maître?

— Il n'en est point de meilleur.

— Libéral envers ses officiers?

— Sa bourse est la leur.

— Sincère, et fidèle à tenir ses promesses?

— Le plus loyal des Écossais comme il en est le plus grand.

— Voilà la première fois que j'en entends dire tant de bien, dit Dalgetty; il faut que vous soyez son ami, ou plutôt vous êtes le marquis lui-même. Marquis d'Argyle, ajouta-t-il en se jetant tout-à-coup sur le lord déguisé, je vous arrête au nom du roi Charles comme un traître. Si vous vous avisez d'appeler du secours, je vous tords le cou sans miséricorde; ainsi prenez-y garde.

L'attaque de Dalgetty sur la personne d'Argyle fut si soudaine et si inattendue, qu'il le terrassa sans peine, et lui appuyant un genou sur la poitrine, d'une main il le tenait en respect, tandis que de l'autre, serrant le cou du marquis, il était prêt à l'étrangler au moindre mouvement qu'il ferait.

— Marquis d'Argyle, ajouta-t-il, c'est maintenant à mon tour de vous proposer des termes de capitulation. Si vous consentez à me montrer la porte secrète par laquelle vous êtes entré, je vous laisserai la vie, à condition que vous serez mon *locum tenens*, comme nous disions au collége de Mareschal, c'est-à-dire que vous prendrez ma place jusqu'à ce que votre geôlier vienne visiter ses prisonniers; sinon je commencerai par vous étrangler: je sais la manière, je l'ai apprise d'un Polonais qui avait été esclave dans le sérail ottoman. Puis, après avoir expédié votre affaire, je chercherai quelque moyen d'opérer ma retraite.

— Traître! oubliez-vous que je venais pour vous sauver? Voulez-vous me faire périr à cause de ma bonté? murmura faiblement Argyle.

— Non pas à cause de votre bonté, milord, reprit Dalgetty, mais d'abord pour apprendre à Votre Seigneurie à respecter le *jus gentium* à l'égard des cavaliers qui viennent lui apporter des messages sous la protection d'un sauf-conduit, et ensuite pour vous avertir du danger auquel on s'expose en faisant des propositions déshonorantes à un brave militaire, pour l'engager à trahir ceux qui le paient pendant la durée de son service.

— Epargnez ma vie, dit Argyle, et je ferai tout ce que vous exigerez.

Dalgetty continua à tenir la main sur la gorge du marquis, la lui serrant de près pendant qu'il lui adressait ses questions, et ne lui laissant ensuite que le degré de respiration strictement nécessaire pour qu'il lui fût possible d'y répondre.

— Où est la porte secrète de la prison? demanda-t-il.

— Levez la lanterne vers le coin de la chambre, à votre droite; vous distinguerez le fer qui couvre le ressort.

— Bon. Où conduit le passage?

— Dans mon cabinet particulier, derrière la tapisserie.

— Et de là comment pourrai-je gagner la porte du château?

— En traversant la grande galerie, l'antichambre, le corps-de-garde...

— Et partout des laquais, des soldats, des factionnaires? non, non, milord, ce n'est point cela qu'il me faut. N'y a-t-il point quelque passage secret qui conduise à la porte, de même que vous en avez pour vos cachots? J'en ai vu de cette sorte en Allemagne.

— Il y en a un, dit le marquis, qui donne de mon cabinet sur la chapelle, et qui conduit ensuite jusqu'à la porte du château. Mais, si vous voulez vous fier à ma parole, je vous accompagnerai, et vous donnerai un passe-port en règle, qui lèvera toutes les difficultés.

— Un moment, milord, s'il vous plaît. Il se pourrait que j'eusse la bonhomie de me fier à vous, si votre cou ne portait pas déjà les marques de mes doigts: mais à présent, *beso las manos á usted*, comme dit l'Espagnol. Cependant vous pouvez m'accorder un passe-port; cela vaudra beaucoup mieux, et je vous remercie de m'en avoir donné l'idée. Y a-t-il une plume, de l'encre dans votre chambre?

— Sans doute, et des passe-ports en blanc auxquels je n'ai besoin que d'apposer ma signature. Je vais vous y suivre sur-le-champ.

— M'y suivre? Non, non, ce serait trop d'honneur pour moi ; Votre Seigneurie restera sous la garde de mon honnête ami Ranald Mac-Eagh; ainsi donc permettez-moi, je vous prie, de vous traîner à la portée de sa chaîne. Honnête Ranald, vous voyez où en sont les choses entre nous. Je trouverai moyen, n'en doutez pas, de vous rendre la liberté. En attendant, veillez sur milord. Attendez, que je vous montre comment il faut vous y prendre. Votre genou sur la poitrine du marquis: bien, c'est cela. Maintenant, votre main droite sur le cou de ce haut et puissant prince, sous sa fraise ; voyez-vous, de cette manière; et, s'il fait un cri, un seul geste, ne manquez point, mon digne Ranald, de serrer vertement, quand ce serait *ad deliquium*, Ranald, c'est-à-dire au point de le faire tomber en syncope. Il n'y aurait point grand mal à cela, attendu, mon ami, qu'il nous en ménageait bien davantage.

— S'il fait seulement mine de vouloir parler ou se débattre, dit Ranald, il meurt de ma main.

— C'est cela, Ranald, vous me comprenez: un ami intelligent en vaut mille.

Dalgetty poussa alors le ressort que le marquis lui avait indiqué, et la porte secrète s'ouvrit aussitôt, quoique les gonds en fussent si bien polis, si soigneusement frottés d'huile, qu'en tournant ils ne faisaient pas le moindre bruit ; des barres de fer et de nombreux verrous la fermaient en dehors, et dans le passage étaient suspendues deux ou trois clefs qui paraissaient destinées à ouvrir les cadenas des prisonniers. Un escalier étroit, creusé dans l'épaisseur du mur du château, conduisait, comme le marquis l'avait dit, derrière la tapisserie de son cabinet. Ces communications étaient fréquentes dans les anciennes forteresses, parce qu'elles fournissaient au maître du château les moyens d'écouter, comme un autre Denys, la conversation de ses prisonniers, ou même, s'il le voulait, de les visiter sous quelque déguisement, épreuve qui, cette fois, avait eu des suites si désagréables pour Mac-Callum-More.

Après avoir examiné s'il n'y avait personne dans l'appartement, le major y entra, prit vite un des passe-ports en blanc qui se trouvaient sur la table, se munit de plumes et d'encre, détacha des rideaux un grand cordon de soie, et s'emparant aussi du poignard du marquis, il redescendit aussitôt dans la caverne, où, écoutant un moment à la porte, il entendit la voix étouffée du noble seigneur, qui faisait de grandes offres à Mac-Eagh s'il voulait lui laisser donner l'alarme.

— Vous m'offririez une forêt de daims, répondit le montagnard, les plus beaux troupeaux, toutes les terres qui reconnurent jamais pour maître un fils de Diarmid, que je ne manquerais pas à la parole que j'ai donnée au brave à la jaquette de fer.

— Bien répondu, camarade, dit Dalgetty en entrant : le brave à la jaquette de fer ne manquera pas non plus à ce qu'il t'a promis. Mais ne faisons pas attendre le noble marquis; il faut qu'il commence par remplir sur ce passe-port les noms du major Dugald Dalgetty et de son guide, ou bien je lui en expédierai un pour l'autre monde.

Le marquis écrivit, à la lueur de la lanterne sourde, tout ce que le major lui dicta.

— A présent, Ranald, ôte ton plaid, mon ami; je vais en affubler Mac-Callum-More, et en faire pour un moment un Enfant du Brouillard. Oh! milord', vous avez beau dire, il faut que je vous le mette par-dessus la tête, de manière à ce que vous ne puissiez jeter un seul cri. Là, le voilà suffisamment emmitouflé. Baissez les bras, ou, de par ma barbe! je vous plonge votre propre poignard dans le cœur. Vous voyez que j'ai tous les égards possibles pour votre rang, et que j'ai eu soin de me munir d'un beau cordon de soie pour lier Votre Seigneurie. Bon, voilà qui est fait. Il peut attendre à présent que quelqu'un vienne à son secours : s'il n'a commandé notre dîner que pour le soir, Ranald, ce sera lui qui en souffrira. A quelle heure le geôlier vient-il ordinairement, camarade?

— Jamais avant le coucher du soleil, dit Mac-Eagh.

— Alors, mon ami, nous aurons trois bonnes heures devant nous, dit le prudent major. Allons, travaillons vite à notre délivrance.

Examiner la chaîne de Ranald fut son premier soin; il l'ouvrit au moyen de l'une des clefs qui étaient suspendues derrière la porte secrète, sans doute afin que le marquis pût, s'il le voulait, donner la liberté à un prisonnier ou le transférer ailleurs, sans être obligé d'appeler le geôlier. Le Highlander étendit ses bras engourdis, et bondit de joie d'avoir recouvré sa liberté.

— Endossez la livrée du noble prisonnier et suivez-moi, lui dit le major.

Ranald obéit. Ils commencèrent par fermer la porte derrière eux au moyen des verrous et des barres de fer, montèrent l'escalier secret, et arrivèrent sans danger dans le cabinet du marquis.

CHAPITRE XIV.

« Le chemin m'est ouvert... mais où pourrai-je fuir ?
« Qu'importe ? Quand sur terre on est sûr de périr,
« On peut sur l'Océan, sans carte ni boussole,
« Confier son destin à la moindre gondole. »
Tragédie de Brennovalt.

— Cherchez le passage secret qui conduit à la chapelle, Ranald, dit Dalgetty, pendant que je jette un coup d'œil sur ce secrétaire.

En disant ces mots, il saisit d'une main une liasse de papiers, les plus importants d'Argyle, et de l'autre une bourse pleine d'or, qui était placée dans un tiroir ouvert dans la position la plus attrayante. — Nouvelles et butin, dit le major en fourrant dans ses poches les dépouilles ; c'est ce que tout brave cavalier doit toujours chercher à obtenir, les unes pour son général, et les autres pour lui-même.

Il ne négligea pas non plus de s'approprier une poire à poudre, une épée et des pistolets suspendus au-dessus du secrétaire. — Ma foi, ajouta-t-il, cette épée est de la meilleure trempe, et les pistolets valent mieux que les miens. Un échange n'est pas un vol ; et vous apprendrez qu'on ne se joue pas impunément des gens d'honneur, lord Argyle. Mais que vois-je ! Ranald, Ranald, où courez-vous donc comme cela ?

Il était temps que sa voix arrêtât Mac-Eagh ; car, ne trouvant point le passage secret, et impatient de se voir hors du château, le montagnard avait saisi une épée et une targe, et se préparait à entrer dans la grande galerie, dans le dessein sans doute de s'y frayer un chemin de vive force.

— Arrêtez, si vous tenez à la vie, lui dit Dalgetty en

lui mettant la main sur l'épaule. Il faut nous sauver s'il est possible sans coup férir, autrement nous serions perdus. Ainsi, commençons par barricader cette porte, afin qu'on puisse croire que Mac-Callum-More ne veut pas être dérangé. Maintenant je vais faire à mon tour une reconnaissance, et voir si je ne pourrai pas découvrir le passage en question.

En regardant derrière la tapisserie en différents endroits, le major finit par découvrir une porte secrète donnant sur un corridor en zigzag, terminé par une autre porte, celle de la chapelle. Mais quelle fut sa surprise, en arrivant au bout du corridor, d'entendre la voix sonore d'un ministre en train de prêcher!

— Ce fut pour cela, dit-il, que le double traître nous indiqua ce passage. Je serais presque tenté de retourner pour lui couper la gorge.

Il ouvrit alors tout doucement la porte qui donnait sur une galerie fermée par un treillis du côté de la chapelle, et qui était réservée pour le marquis. Les rideaux en étaient fermés, peut-être pour faire croire qu'il assistait au service divin, tandis que, dans le fait, il travaillait dans son cabinet. Il n'y avait personne dans le banc; car telle était la rigidité de l'étiquette observée alors, que la famille du marquis occupait pendant le service une autre galerie située un peu plus bas que celle du grand homme. Après s'en être assuré, le capitaine se hasarda à se glisser avec son compagnon dans la galerie, dont il eut soin de fermer la porte.

Jamais, — quoique assurément ce soit avancer beaucoup, — jamais sermon ne fut écouté avec plus d'impatience et moins d'édification, de la part du moins de deux membres de la congrégation. Le major entendit *seizièmement, dix-septièmement, dix-huitièmement*, et *concluons*, avec une impatience qui tenait de l'agonie. On eût dit que le prêtre se faisait un plaisir de prolonger son martyre, car il conclut plus de dix fois avant de quitter la chaire. Mais personne ne peut prêcher éternellement, et le ministre se tut enfin en faisant un profond salut du côté de la galerie, ne soupçonnant guère à qui il rendait cet honneur.

A en juger d'après l'empressement avec lequel ils se dispersèrent, les domestiques du marquis n'étaient guère plus fâchés que le major de voir arriver la fin de cet éternel sermon. Il est vrai que la plupart, étant des Highlanders, avaient pour excuse qu'ils n'entendaient pas un seul mot de ce que disait le ministre, quoiqu'ils assistassent régulièrement à ses instructions par l'ordre exprès de Mac-Callum-More, et ils en auraient fait autant quand c'eût été un Iman turc.

Mais, quoique les fidèles se fussent dispersés rapidement, le ministre resta dans la chapelle, et, se promenant en long et en large, il semblait ou méditer sur ce qu'il venait de dire, ou préparer un nouveau sermon. Malgré toute son audace, Dalgetty ne savait trop ce qu'il devait faire. Cependant les moments étaient précieux ; le geôlier pouvait se rendre dans le cachot un peu plus tôt que de coutume, et tout découvrir. Enfin il prit son parti ; il dit tout bas à Ranald, qui épiait tous ses mouvements, de le suivre, et de prendre garde de ne point se trahir ; puis il se mit à descendre d'un air fort grave un escalier qui conduisait de la galerie dans le bas de l'église.

Un novice sans expérience eût essayé de passer rapidement derrière le digne ministre, dans l'espoir de s'échapper sans être aperçu ; mais le major, qui voyait le danger manifeste d'échouer dans une pareille entreprise, s'avança gravement au milieu de la chapelle, son chapeau à la main ; et, en passant devant le chœur, il s'apprêtait à saluer profondément le ministre et à continuer son chemin. Mais quelle fut sa surprise de reconnaître dans le prédicateur le même homme avec lequel il avait dîné la veille au château d'Ardenvohr ! Néanmoins sa présence d'esprit ne l'abandonna point; et, avant que le ministre pût lui parler, il lui dit avec le plus grand sang-froid :

— Je n'ai pu me résoudre à quitter le château, monsieur, sans vous témoigner en particulier mes humbles remerciements pour l'excellente homélie dont vous avez bien voulu nous honorer.

— Je n'ai point remarqué, monsieur, que vous fussiez dans la chapelle, répondit le ministre.

— L'honorable marquis a daigné m'offrir une place dans sa galerie particulière, reprit le major avec modestie. A ces mots, le ministre s'inclina profondément; car il savait que c'était un honneur que le marquis n'accordait qu'à des personnes d'un rang très élevé.

— Dans l'espèce de vie errante que j'ai menée, ajouta le major, j'ai entendu bien des prédicateurs de différentes religions, des luthériens, des catholiques, des calvinistes, et mille autres; mais jamais je n'ai entendu une homélie telle que la vôtre.

— Dites instruction, mon digne monsieur, dit le ministre, telle est la phrase de notre église.

— Instruction ou homélie, c'était un superbe morceau; je n'ai pas voulu partir sans vous faire connaître l'impression profonde qu'elle m'a fait éprouver, et vous exprimer en même temps tous mes regrets d'avoir paru hier, pendant le dîner, manquer au respect dû à une personne telle que vous.

— Hélas! mon bon monsieur, dit le ministre, nous nous rencontrons dans ce monde comme dans la vallée des ténèbres, sans savoir auprès de qui le hasard nous place. Il n'est donc pas étonnant que nous heurtions parfois ceux à qui, si nous les connaissions, nous ne témoignerions que du respect. Moi-même, monsieur, je vous aurais pris pour un pécheur endurci, plutôt que pour un homme rempli de piété et de ferveur, qui respecte le grand maître jusque dans le dernier de ses serviteurs.

— C'est toujours mon usage, répondit Dalgetty; car étant au service de l'immortel Gustave... — Mais je vous détourne de vos méditations, dit-il en s'interrompant, son désir de parler du roi de Suède cédant pour cette fois à la nécessité des circonstances.

— Aucunement, monsieur, reprit le ministre. Qu'alliez-vous dire, je vous prie, de ce grand prince dont la mémoire est si chère à tout bon protestant?

— Par son ordre, monsieur, les tambours appelaient matin et soir à la prière, aussi régulièrement qu'à la parade; et, si un soldat passait devant le chapelain sans le saluer, il était mis pour une heure sur le cheval de bois. Mais, monsieur, c'est à regret que je me vois forcé de vous quitter. Le marquis d'Argyle vient de me donner un passe-port, et il faut que je parte sur-le-champ pour remplir une mission importante. Je vous souhaite bien le bonsoir.

— Arrêtez un instant, monsieur, dit le prédicateur; n'y aurait-il rien que je pusse faire pour témoigner mon respect pour l'élève du grand Gustave, et pour un juge aussi éclairé de l'éloquence de la chaire?

— Rien, monsieur, dit le major, que de me montrer le chemin le plus court pour arriver à la porte du château; et, si j'osais vous prier, ajouta-t-il avec beaucoup d'effronterie, de dire à un domestique d'y conduire mon cheval, je vous serais infiniment obligé; car je ne sais pas où les écuries sont situées; et mon guide, ajouta-t-il en regardant Ranald, ne sait pas un mot d'anglais. — C'est un cheval bai-brun; on n'a qu'à l'appeler Gustave, on le verra dresser aussitôt les oreilles.

— Je vais faire sur-le-champ ce que vous demandez, dit le ministre; ce passage vous conduira dans la cour.

— Que le ciel bénisse votre vanité! dit le major en lui-même. Je craignais d'être obligé de partir sans mon Gustave.

Le chapelain s'employa en effet si efficacement en faveur

d'un si bon juge de la littérature sacrée, que tandis que Dalgetty était en pourparler avec les sentinelles qui gardaient le pont-levis, et leur montrait son passe-port, un domestique lui amena son cheval, tout sellé pour le voyage. En tout autre lieu, le major, paraissant tout-à-coup en liberté, après avoir été envoyé publiquement en prison, aurait pu exciter des soupçons qui eussent conduit à la découverte de la vérité ; mais les officiers et les domestiques du marquis étaient accoutumés à la politique mystérieuse de leur maître ; et ils supposèrent que Dalgetty avait été délivré et chargé de quelque mission secrète par Mac-Callum-More. Dans cette persuasion, que la vue du passe-port rendait vraisemblable, ils le laissèrent passer librement ainsi que son guide.

Dalgetty traversa lentement la ville d'Inverary, accompagné de Ranald, qui le suivait comme un valet de pied. En passant devant le gibet, le vieillard regarda les cadavres et se tordit les mains. Le regard, le geste, furent l'affaire d'un moment, mais ils exprimaient la douleur la plus amère. Il sut la maîtriser presque au même instant ; et en passant il dit tout bas quelques mots à l'une des femmes qui semblaient occupées à garder et à pleurer les victimes de la barbarie féodale. La femme tressaillit au son de sa voix, mais, se remettant aussitôt, elle répondit par une légère inclination de tête.

Dalgetty sortit de la ville sans savoir s'il devait prendre une barque et traverser le lac, ou s'enfoncer dans le bois et s'y cacher. Dans le premier cas, il s'exposait à être poursuivi immédiatement par les chaloupes du marquis, qui étaient prêtes à mettre à la voile, leurs longues vergues étant tournées dans la direction du vent, et quel espoir qu'une simple barque de pêcheur pût leur échapper ? Dans le second, il courait grand risque de s'égarer et de mourir de faim dans ces déserts sauvages et inconnus, sort tout aussi fâcheux que d'être pendu ou décapité.

La ville était alors derrière lui ; cependant il ne savait quel parti prendre, ni de quel côté chercher son salut, et il commençait à sentir qu'en s'échappant de prison il n'avait accompli que la partie la plus facile d'une entreprise très périlleuse. S'il retombait jamais entre les mains du marquis d'Argyle, son sort était maintenant certain ; car la manière un peu leste dont il avait traité un homme aussi vindicatif, et l'affront personnel qu'il lui avait fait, étaient de ces injures que sa mort seule pouvait expier. Tandis qu'il se livrait à ces réflexions peu riantes, et qu'il regardait autour de lui d'un air qui exprimait clairement son indécision, Ranald Mac-Eagh lui demanda tout-à-coup quelle route il comptait prendre.

— Ma foi, camarade, reprit Dalgetty, c'est une question à laquelle il m'est vraiment impossible de répondre ; et je commence à croire, Ranald, que nous aurions mieux fait de nous en tenir au pain noir et à la cruche d'eau de notre prison, jusqu'à l'arrivée de sir Duncan, qui, ne fût-ce que pour son honneur, n'eût pu se dispenser de s'escrimer un peu en ma faveur.

— Saxon, dit Mac-Eagh, ne regrettez point d'avoir échangé l'air empesté d'un cachot pour l'air pur et libre du ciel ; surtout ne vous repentez pas d'avoir rendu service à un Enfant du Brouillard. Prenez-moi pour guide, abandonnez-vous à mes soins, et je réponds de votre sûreté sur ma tête.

— Pouvez-vous me conduire à travers ces montagnes, sans que nous courions le danger d'y être poursuivis, et me fournir ensuite les moyens de rejoindre l'armée de Montrose ?

— Oui, reprit le montagnard. Il n'y a personne qui connaisse mieux les défilés des montagnes, les antres, les buissons, les précipices, que les Enfants du Brouillard. Nous n'habitons point sur le bord des lacs ou des rivières, au milieu de plaines fertiles et cultivées ; des rochers inaccessibles, des cavités profondes, où les torrents du désert prennent leur source, voilà nos demeures, voilà nos retraites. Tous les limiers d'Argyle ne pourront découvrir nos traces à travers les sentiers presque impénétrables par lesquels je vais vous conduire.

— En vérité, mon cher Ranald? reprit Dalgetty : eh bien, soyez mon guide, car si je m'avisais de vouloir être le pilote, du diable si notre barque arriverait jamais au port.

Le montagnard, suivi du major, s'enfonça aussitôt dans les bois qui entouraient le château plusieurs milles à la ronde; il marchait avec tant de vitesse que Gustave en allant au trot avait assez de peine à le suivre, et il changeait si souvent de route, prenait un si grand nombre de sentiers qui se croisaient les uns les autres, que le major se trouva bientôt complètement désorienté. Jusqu'alors il faisait assez bonne contenance, quoique le chemin fût devenu de plus en plus difficile et raboteux; mais tout-à-coup il ne vit plus de sentier, et ne fut plus entouré que de buissons et de broussailles. Le bruit d'un torrent qui roulait avec fracas dans le fond d'un précipice troublait seul le silence de ces lieux sauvages, et il semblait impossible de pénétrer plus avant.

— Où diable me conduisez-vous donc, camarade? s'écria Dalgetty. Voudriez-vous, par hasard, vous enfoncer dans ces broussailles, ou vous laisser rouler au fond de ce précipice? Dans tous les cas, que deviendra mon pauvre Gustave?

— Ne soyez pas inquiet de votre cheval, dit le Highland, il vous sera bientôt rendu.

A ces mots il siffla doucement, et un garçon de seize ans, à moitié nu, dont les cheveux étaient noués avec une petite courroie, et retombaient sur sa figure de manière à la garantir du soleil, sortit, en se traînant comme une bête sauvage, du milieu d'un buisson de ronces et d'épines. Il était maigre et décharné, et de grands yeux gris, d'une expression farouche, semblaient occuper une place dix fois plus grande que celle qui leur est ordinairement assignée dans la figure humaine.

— Donnez-lui votre cheval, dit Ranald au major; votre vie en dépend.

— Hélas! s'écria Dalgetty désespéré; *Eheu!* comme nous disions au collége de Mareschal, faut-il donc que je laisse Gustave en de pareilles mains?

— Êtes-vous donc fou de perdre ainsi des moments aussi précieux? lui dit son guide. Sommes-nous sur une terre hospitalière, hors de tout danger, pour que vous fassiez pour vous séparer de votre cheval autant de difficulté que si c'était votre frère? Je vous dis que vous le reverrez; mais quand même il ne devrait jamais vous être rendu, la vie ne vaut-elle pas mieux que le plus beau poulain que jamais cavale ait mis bas?

— La vie est quelque chose sans doute, mon honnête ami, dit Dalgetty en soupirant; cependant, si vous connaissiez tout le prix de Gustave, si vous saviez tout ce que nous avons fait, tout ce que nous avons souffert ensemble! Voyez, il se retourne pour me regarder! Ayez-en bien soin, mon garçon, et je vous paierai bien. En disant ces mots, il détourna les yeux d'un spectacle aussi déchirant, et sifflant une marche pour charmer sa douleur, il se mit en devoir de suivre son guide.

Mais suivre son guide n'était pas chose facile, et il fallut bientôt pour cela plus d'agilité que le pauvre major n'en avait. A peine avait-il quitté son cheval, qu'en passant sur le bord d'un précipice, un faux pas lui fit perdre l'équilibre, et il fût infailliblement tombé au fond de l'abîme, si quelques branches protectrices ne l'avaient heureusement arrêté au milieu de la descente rapide qu'il commençait à faire. — L'Enfant du Brouillard vint aussitôt à son secours, et parvint à le tirer d'embarras; mais ce n'était que le commencement de nouvelles infortunes ; il fallait à chaque instant escalader des rochers énormes, se traîner à travers des buissons de ronces et d'épines, gravir avec beaucoup de peine des montagnes escarpées, qu'il était ensuite plus difficile de descendre, enfin surmonter une foule d'obstacles qui se présentaient à chaque pas. Le Highlander agile semblait à peine y faire attention : tous les obstacles étaient franchis par lui avec une facilité qui excitait la surprise et l'envie de Dalgetty. Embarrassé de son casque et de son armure, sans parler de ses lourdes bottes qui retardaient essentiellement sa marche, il se trouva bientôt tellement excédé de fatigue, qu'il fut obligé de s'asseoir sur une pierre pour reprendre haleine, tandis qu'il expliquait à Ranald Mac-Eagh la différence qu'il y avait entre voyager *expeditus* et voyager *impeditus* [1], deux termes militaires dont son professeur lui avait souvent fait remarquer la justesse et l'élégance au collége de Mareschal à Aberdeen.

Le montagnard, pour toute réponse, frappa doucement Dalgetty sur l'épaule, et, étendant la main dans la direction contraire au vent, il semblait vouloir fixer son attention sur le côté d'où il soufflait. Dalgetty regarda, mais ne put rien voir, car le jour commençait à tomber. Au même instant il entendit distinctement le son lointain d'une cloche.

— Diable! mais il me semble que c'est le tocsin, dit-il ; *der sturm*, comme disent les Allemands.

— Il sonne l'heure de votre mort, répondit Ranald, si vous n'avez point le courage de m'accompagner plus loin.

— Le courage, Ranald! croyez-vous que ce soit le courage qui me manque? non, ce sont les jambes, de par tous les diables! et je ferai bien de me coucher au milieu d'un

---

[1] Avec bagage ou sans bagage. — Tr.

de ces buissons, et d'y attendre tranquillement le sort qu'il plaît à Dieu de me réserver. Quant à vous, Ranald, sauvez-vous, je vous en prie, et abandonnez-moi à ma fortune, comme le Lion du Nord, l'immortel Gustave-Adolphe, dont il est impossible que vous n'ayez jamais entendu parler, dit à François-Albert, duc de Saxe-Lauenbourg, lorsqu'il fut blessé mortellement dans les plaines de Lutzen. Ne désespérez cependant pas de mon salut, Ranald; car, voyez-vous, je me suis souvent trouvé dans des positions tout aussi critiques que celle-ci en Allemagne. Je me rappelle, entre autres, qu'à la fatale bataille de Nerlingen—après laquelle je changeai de service...

— Si, au lieu d'épuiser votre haleine pour me conter des histoires dont je n'ai que faire, vous la gardiez pour vous tirer d'embarras, dit le montagnard qui commençait à s'impatienter du bavardage de Dalgetty, ou si vos jambes pouvaient aller aussi vite que votre langue, il vous serait encore possible de dormir tranquille cette nuit dans un endroit où vous n'auriez rien à craindre de Mac-Callum-More.

— Il y a de l'énergie dans cette apostrophe, reprit le major, quoiqu'elle sorte un peu du respect dû à un officier de distinction; mais, comme chez toutes les nations il est d'usage de passer bien des choses aux troupes lorsqu'elles sont en marche, je veux bien tolérer ces petites libertés. Et, maintenant que j'ai repris haleine, je vous réinstalle dans vos fonctions, Ranald, ou, pour m'expliquer plus clairement, *I præ, sequar* [1], comme nous disions au collège de Mareschal.

Comprenant ce qu'il voulait dire plutôt par ses gestes que par ses expressions, l'Enfant du Brouillard le guida de nouveau, avec une précision qui tenait de l'instinct, à travers les sentiers les plus inégaux et les plus raboteux.

---

(1) Marche devant, et je te suivrai. — Tr.

Malgré ses lourdes bottes, ses cuissarts, ses gantelets et sa cuirasse, le justaucorps de buffle qu'il portait sous son armure, et tout en racontant ses anciens exploits, quoique Ranald ne lui prêtât pas la moindre attention, le major parvint à suivre son guide pendant une distance considérable, lorsque les aboiements prolongés d'un chien de chasse se firent entendre dans l'éloignement, comme s'il eût commencé à sentir sa proie.

— Eh quoi! limier de malheur, dont la voix prédit toujours l'infortune aux Enfants du Brouillard, dit Ranald, as-tu déjà découvert nos traces? Mais tu arrives trop tard, le daim a rejoint son troupeau.

En disant ces mots, il donna avec beaucoup de précaution un léger coup de sifflet, qui fut répété avec la même prudence du haut d'un sentier escarpé qu'ils gravissaient depuis quelque temps. Ils doublèrent le pas, et arrivèrent au haut de cette espèce de défilé, où la lune, qui brillait alors de tout son éclat, permit au major de voir un petit groupe de dix à douze Highlanders et environ autant de femmes et d'enfants, qui, à l'aspect de Ranald Mac-Eagh, firent éclater de si grands transports de joie, que son compagnon devina aisément que ceux qui l'entouraient étaient des Enfants du Brouillard. Ce lieu de refuge était en harmonie avec leur nom et leur manière de vivre : c'était la pointe d'un rocher escarpé, autour duquel serpentait un sentier étroit et inégal, qui en était dominé de tous côtés.

Ranald dit précipitamment quelques mots aux enfants de sa tribu, et les hommes vinrent l'un après l'autre prendre la main à Dalgetty, tandis que les femmes, pour témoigner plus éloquemment leur reconnaissance, se pressaient autour de lui, et cherchaient même à baiser le bord de sa cuirasse.

— Ils vous engagent leur foi, dit Mac-Eagh, en considé-

ration du service que vous avez rendu aujourd'hui à tout le clan.

— C'est assez, Ranald, répondit le major, c'est assez. Dites-leur que je n'aime point qu'on me prenne ainsi les mains : cela confond les rangs et les grades dans le service militaire ; et quant à ces femmes qui veulent baiser mes gantelets et ma cuirasse, je me rappelle que l'immortel Gustave, à qui la populace voulait rendre le même honneur pendant qu'il traversait les rues de Nuremberg, dit à ceux qui se précipitaient à ses pieds pour baiser les pans de son habit : Si vous m'adorez ainsi comme un Dieu, qui vous dit que la vengeance du ciel ne prouvera pas bientôt que je suis mortel? Ah çà, Ranald, je suppose que vous comptez faire halte ici, et attendre l'ennemi de pied ferme. Très bonne position, *voto à Dios*, comme disent les Espagnols ; charmant poste pour un petit peloton : l'ennemi ne saurait en approcher sans être exposé au feu du canon et de la mousqueterie. Mais le diable, camarade, c'est que je parierais que vous n'avez point de canons, et je ne vois même pas que vos troupes aient des mousquets. Quels moyens vous proposez-vous donc d'employer pour défendre le passage avant d'en venir aux mains? Voilà, Ranald, ce qui passe ma compréhension.

— Les armes et le courage de nos ancêtres, dit Mac-Eagh ; et il fit remarquer au capitaine que ses compagnons étaient armés d'arcs et de flèches.

— Des arcs et des flèches ! s'écria Dalgetty ; ah! ah! ah! très comique en vérité. Eh quoi! voilà cent ans qu'on n'en a vu dans une armée civilisée : combattre avec des arcs et des flèches! Et pourquoi pas avec des frondes, comme du temps de Goliath? Qui eût jamais pensé que Dugald Dalgetty de Drumthwacket vivrait pour voir des hommes se servir de pareilles armes! l'immortel Gustave ne l'aurait jamais cru—ni Wallenstein, ni Butler, ni le vieux Tilly. Eh bien! Ranald, après tout un chat ne peut avoir que

ses griffes ; puisque des arcs et des flèches sont vos seuls moyens de défense, tirons-en du moins le meilleur parti possible; seulement, comme je n'entends rien à la disposition et à l'arrangement d'une artillerie aussi gothique, dirigez vous-même les opérations; car, que je prenne le commandement, ce que j'aurais fait avec plaisir si vous aviez dû combattre avec des armes chrétiennes, c'est ce qu'il m'est impossible de faire lorsque vous devez combattre comme des Numides. Comptez cependant qu'à défaut de ma carabine qui est restée malheureusement attachée à la selle de Gustave, mes pistolets ne dormiront point pendant la mêlée. Non, non! je vous remercie, mon ami, ajouta-t-il en s'adressant à un montagnard qui lui offrait un arc, Dugald Dalgetty peut dire de lui-même ce qu'il a lu dans quelque auteur au collége de Mareschal,

> Non eget Mauris jaculis, neque arcu,
> Nec venenatis gravidâ sagittis,
> Fusce, pharetrâ (1).

Ce qui veut dire —
Ranald Mac-Eagh imposa une seconde fois silence au major incorrigible, en lui montrant du doigt le pied du rocher. Les aboiements du limier se faisaient entendre alors avec plus de force, et l'on pouvait même distinguer la voix de plusieurs hommes qui accompagnaient l'animal, et qui s'appelaient les uns les autres, dans la crainte de s'égarer, tandis qu'ils visitaient avec soin tous les buissons qui se trouvaient sur la route. Il était évident qu'ils approchaient de plus en plus du rocher. Mac-Eagh proposa au major de se débarrasser de son armure, et lui dit que les femmes la transporteraient en lieu de sûreté.

— Je vous demande pardon, dit Dalgetty, mais c'est

(1)   Il n'a besoin sur eux ni des traits du Numide,
> Ni de son arc, ni du fatal carquois
> Dont un venin perfide
> Rend la flèche mortelle à l'habitant des bois.

contre les règles du service militaire. Je me rappelle que Gustave-Adolphe réprimanda les cuirassiers du régiment de Finlande, et leur ôta leurs timbales, parce qu'ils s'étaient permis de se mettre en marche sans leurs corselets, et de les laisser avec le bagage; jamais timbales ne se firent entendre à la tête de ce fameux régiment qu'après la bataille de Leipsick, où il se conduisit d'une manière si mémorable; c'est une leçon qu'un brave militaire ne doit jamais oublier, non plus que cette exclamation de l'immortel Gustave : — C'est maintenant que mes officiers doivent mettre leur armure pour me prouver qu'ils m'aiment; car, s'ils sont blessés, qui conduira mes soldats à la victoire? — Je ne m'oppose pas néanmoins, mon ami Ranald, à ce qu'on me débarrasse de ces bottes un peu pesantes, pourvu que vous puissiez me fournir quelque autre chaussure; car je doute que la plante de mes pieds soit assez dure pour pouvoir courir sur les ronces et sur les caillous avec autant de facilité que vos compagnons semblent le faire.

Oter au major ses lourdes bottes, et lui mettre à la place des brogues ou sandales de peau de daim dont un montagnard se dépouilla pour les lui donner, ce fut l'affaire d'un moment, et Dalgetty se trouva beaucoup plus à son aise. Il allait recommander à Mac-Eagh d'envoyer deux ou trois de ses soldats reconnaître le défilé, et en même temps d'étendre un peu son front en plaçant deux archers détachés à chaque flanc, comme des espèces de postes d'observation, lorsque les aboiements du limier leur apprirent que ceux qui les poursuivaient étaient au pied du rocher. Tout rentra dans un profond silence; car, malgré sa loquacité ordinaire, le major savait bien qu'il est indispensable qu'une embuscade se tienne à couvert.

La lune répandait une faible clarté sur le sentier inégal et sur les saillies du rocher autour duquel il serpentait. Sa lumière n'était interceptée qu'en quelques endroits par les broussailles et les arbres nains qui, sortant des crevasses des rochers, ombrageaient une partie de la perspective; plus bas un taillis épais, couvert d'une obscurité profonde, ressemblait en quelque sorte aux vagues d'une mer qu'on n'aperçoit qu'à demi. Du sein des ténèbres et sur le bord du précipice, le limier faisait entendre par intervalles ses affreux aboiements, que répétaient les échos des bois et des montagnes environnantes; parfois ils cessaient tout-à-coup, et le silence qui leur succédait n'était interrompu que par le murmure d'un petit ruisseau qui, se frayant un passage le long du rocher, allait se perdre au fond du précipice. On distinguait aussi des voix d'hommes qui semblaient se consulter entre eux au bas du rocher; on eût dit qu'ils n'avaient pas encore découvert l'étroit sentier qui conduisait sur la montagne; ou que, l'ayant trouvé, la difficulté de le gravir, la lumière imparfaite qui les éclairait, et la crainte qu'il ne fût défendu, les faisaient hésiter à le suivre.

A la fin Dalgetty aperçut comme une ombre qui sortait du milieu des ténèbres, et qui commença à monter lentement et avec beaucoup de précaution le sentier fatal; la lune l'éclairait alors si parfaitement que le major put distinguer non seulement la personne d'un montagnard, mais même le long fusil qu'il portait à la main, et les plumes qui décoraient son bonnet. — *Tausend teiflen!* nous sommes perdus, dit-il entre ses dents; que deviendrons-nous s'ils attaquent nos archers avec de la mousqueterie?

Mais au moment où le soldat se retournait pour faire signe à ses compagnons de le suivre, une flèche partit en sifflant de l'arc d'un des Enfants du Brouillard, et lui fit une blessure si fatale, que, sans faire un seul effort pour sauver sa vie, il perdit l'équilibre et tomba, la tête la première, du rocher sur les buissons épais qui bordaient l'abîme. Le craquement des branchages qui le reçurent

d'abord dans sa chute, et le bruit avec lequel il roula ensuite dans le précipice, furent suivis d'un cri d'horreur et de surprise que jetèrent ses compagnons.

Les Enfants du Brouillard, encouragés par la terreur que ce premier succès semblait répandre parmi les ennemis, y répondirent par de bruyantes acclamations de joie, et, se montrant tout-à-coup sur le bord du rocher, en prenant les attitudes les plus menaçantes, ils s'efforcèrent de redoubler leur effroi en leur faisant voir qu'ils étaient sur leurs gardes et préparés à se défendre ; la prudence même du major et son expérience militaire ne l'empêchèrent point de se lever et de crier à Ranald, d'une voix de tonnerre : — *Caracco*, camarade, comme disent les Espagnols ; ma foi, vivent l'arc et les flèches ! Je crois que si vous faisiez avancer un peloton pour prendre position de ce côté...

— Le Sassenach ! s'écria une voix qui partait du pied du rocher : visez le Sassenach ! je vois briller sa cuirasse ! Trois coups de mousquet partirent au même instant ; et tandis qu'une balle venait frapper en vain sa cuirasse à l'épreuve du fusil, à la force de laquelle le brave major avait dû plus d'une fois la vie, une autre pénétra l'armure qui couvrait le devant de sa cuisse gauche, et l'étendit sur la terre. Ranald le saisit aussitôt dans ses bras pour le transporter plus loin, tandis que Dalgetty murmurait d'une voix plaintive : — J'ai toujours dit à l'immortel Gustave, à Wallenstein, à Tilly et à d'autres guerriers célèbres, que, suivant moi, les cuissarts devraient être faits à l'épreuve du mousquet.

Mac-Eagh recommanda le blessé aux soins des femmes qui étaient à l'arrière-garde de sa petite troupe, et il se préparait à retourner au combat, lorsque Dalgetty le retint en saisissant le bout de son plaid. — Je ne sais pas comment ceci finira, camarade, lui dit-il ; mais si je meurs, je vous prie de dire à Montrose que je suis mort

glorieusement, et comme il convenait à un soldat de l'immortel Gustave. Écoutez, prenez bien garde de quitter votre position actuelle, quand même ce serait pour poursuivre l'ennemi, si vous aviez l'avantage, et, et...

Dans cet endroit l'haleine commença à lui manquer, et sa vue s'obscurcit par l'effet de la perte de son sang; Mac-Eagh, profitant de cette circonstance, dégagea le bout de son plaid et y substitua celui d'une femme, que le major tint fortement, croyant s'assurer ainsi l'attention du montagnard, auquel il continua à débiter ses instructions militaires, quoique ses expressions devinssent de plus en plus incohérentes. — Hé! camarade, ayez soin de placer vos fusiliers en avant; puis, formez derrière, pour les soutenir, une petite phalange macédonienne : ferme, dragons, sur le flanc gauche!... Où en étais-je? Ah! Ranald, si vous songiez à battre en retraite, laissez quelques mèches allumées sur les branches des arbres, l'ennemi croira que ce sont des batteries, et il n'osera approcher. — Mais j'oubliais. — Vous n'avez point de mousquets, — point de mousquets ni d'épées, — rien que des arcs et des flèches! ah! ah! ah!

Tout en riant ainsi de ces anciennes armes de guerre, le major tomba dans un état d'épuisement complet, et il finit par s'évanouir; il fut long-temps avant de reprendre connaissance; et en attendant qu'il la recouvre, nous l'abandonnerons aux soins des Filles du Brouillard, garde-malades aussi douces, aussi attentives qu'elles semblaient farouches et sauvages.

CHAPITRE XV.

« Mais si, fidèle à ma mémoire,
« Tu sais défier les revers,
« Je te chanterai dans mes vers,
« Je t'illustrerai par ma gloire.

« Jamais plus nobles serviteurs
« N'auront mieux servi leur amie;
« J'ornerai ta tête de fleurs,
« Et t'aimerai toute ma vie. »
Vers de Montrose.

Quelques regrets que nous en éprouvions, il faut à présent que nous laissions notre brave major se rétablir de ses blessures, si toutefois, comme nous l'espérons, elles ne sont point mortelles, pour retracer brièvement les opérations militaires de Montrose, quoiqu'elles méritent un livre plus grave et un meilleur historien. A l'aide des chefs dont nous avons parlé, et surtout grâce à l'arrivée des Murrays, des Stewarts et des autres clans d'Athol, qui, pleins de zèle pour la cause royale, vinrent se ranger sous ses drapeaux, il se trouva bientôt à la tête d'une armée de deux à trois mille Highlanders, auxquels il parvint à réunir les Irlandais sous les ordres de Colkitto.

Ce dernier chef, Écossais de naissance [1], était parent du comte d'Antrim, et c'était à sa protection qu'il devait le

---

(1) Le véritable nom de ce chef était Alister ou Alexandre Macdonnell. Il est cité dans un des sonnets de Milton, au grand embarras des commentateurs de ce poète.

Il paraît que le livre de Milton, intitulé *Tetrachordon*, avait été tourné en ridicule par les théologiens assemblés à Westminster, à cause de son titre barbare; Milton, dans son sonnet, se venge sur les noms encore plus durs des Écossais, que la guerre civile avait rendus familiers aux oreilles anglaises.

— Eh! messieurs, ce mot est-il plus dur, s'écrie-t-il, que Gordon, Colkitto, commandement qu'il avait obtenu des troupes irlandaises. Il méritait à plusieurs égards cette distinction : d'une bravoure à toute épreuve, d'une force et d'une activité incroyables, excellant dans tous les exercices militaires, il était toujours prêt à donner l'exemple à ses troupes, en se précipitant le premier au milieu des dangers.

Pour contre-balancer ces bonnes qualités, nous devons dire aussi qu'il était sans expérience, sans aucune idée de la tactique militaire, et d'un caractère jaloux et présomptueux qui fit souvent perdre à Montrose les avantages qu'il eût pu retirer de sa bravoure. Cependant telle est la prééminence qu'un peuple sauvage et peu civilisé donne naturellement aux qualités physiques, que la force et l'activité que Colkitto déploya en plusieurs occasions, les traits de bravoure et d'intrépidité par lesquels il se signala, firent une impression plus forte sur l'esprit des Highlanders que les talents militaires et l'esprit chevaleresque du comte de Montrose. Ils conservent encore un grand nombre de traditions relatives à Colkitto, et le nom de Montrose est rarement prononcé parmi eux.

Le point sur lequel Montrose assembla définitivement sa petite armée fut Strathearn, sur les confins du comté de Perth, dont il menaçait ainsi la capitale.

Ses ennemis étaient assez bien préparés à le recevoir. Argyle, à la tête des montagnards de son parti, harcelait les Irlandais en les suivant de près. Et en employant tour à tour la force, les menaces et la persuasion, il était parvenu à rassembler une armée presque suffisante pour at-

---

Macdonald ou Gallasp ? Ces noms barbares coulent naturellement de nos lèvres, ils auraient effrayé Quintilien.

« Nous devons croire, dit l'évêque Newton, que ces personnages étaient remarquables parmi les ministres écossais partisans du Covenant ; tandis que Milton veut seulement ridiculiser tous les noms écossais sans distinction. C'était celui de Gillespie, un des apôtres de la révolution, à côté de ceux de Colkitto et de Macdonnell, qui appartiennent à un même homme servant sous les bannières du roi. »

taquer celle qui était sous les ordres de Montrose. Les Lowlands étaient aussi préparés à se défendre, par les raisons que nous avons assignées au commencement de cette histoire. Un corps de six mille hommes d'infanterie et de six à sept mille de cavalerie, qui, par une profanation sacrilége, prenait le titre d'armée de Dieu, avait été levé à la hâte dans les comtés de Fife, d'Angus, de Perth, de Stirling, et dans les provinces voisines. Autrefois, et même sous le règne précédent, une force beaucoup moins considérable eût suffi pour mettre les Lowlands à l'abri d'une invasion plus formidable que celle dont Montrose les menaçait; mais il s'était opéré de grands changements depuis un demi-siècle.

Avant cette époque les Lowlanders étaient aussi constamment en guerre que les Highlanders, et étaient infiniment mieux disciplinés; leur ordre de bataille favori avait quelque ressemblance avec la phalange macédonienne. Leur infanterie, armée de longues lances, formait un corps impénétrable même à la cavalerie d'alors, quoique bien montée et revêtue d'armures à l'épreuve. A plus forte raison les rangs de cette phalange ne pouvaient-ils être rompus par la charge irrégulière d'une infanterie qui n'avait pour toutes armes que des épées, point d'armes de trait et pas la moindre artillerie.

L'introduction des armes à feu dans les armées écossaises changea en grande partie cette manière de combattre; mais comme la baïonnette n'était pas encore en usage, le mousquet, qui de loin était formidable, n'était plus une défense lorsqu'on en venait aux mains. La pique n'était pas, il est vrai, entièrement bannie de l'armée écossaise, mais ce n'était plus l'arme favorite, et ceux qui s'en servaient encore n'avaient plus en elle la même confiance qu'autrefois, au point que Daniel Lupton, grand tacticien du temps, composa un ouvrage uniquement pour démontrer la supériorité du mousquet.

Ce changement s'effectua dès les guerres de Gustave-Adolphe, dont les marches étaient si rapides, que la pique fut bientôt abandonnée pour les armes à feu; et la conséquence nécessaire de cette innovation, ainsi que de l'établissement d'armées régulières et permanentes par lequel la guerre devint un métier, fut l'introduction d'un système de discipline laborieux et compliqué, qui combine une quantité de mots de commandement avec des opérations et des manœuvres correspondantes dont il suffirait qu'un seule manquât pour que tout ne fût plus que trouble et confusion.

La guerre, telle qu'elle se faisait alors chez la plupart des nations de l'Europe, avait pris la forme d'une profession dans laquelle une longue pratique et beaucoup d'expérience étaient indispensables; c'était un métier qu'il fallait apprendre long-temps avant de l'exercer, et en quelque sorte un mystère auquel il fallait être initié. Telle fut, comme nous le disions, la conséquence naturelle de la création d'armées permanentes qui, presque partout, et particulièrement dans les longues guerres d'Allemagne, avaient succédé à ce qu'on pourrait appeler la discipline naturelle de la milice féodale.

Les soldats de la milice des Lowlands avaient donc un double désavantage lorsqu'ils combattaient les montagnards. Ils n'avaient plus la lance, cette arme avec laquelle leurs ancêtres avaient si souvent repoussé les attaques impétueuses de leurs ennemis, et ils étaient soumis à une espèce de discipline nouvelle et compliquée qui pouvait convenir à des troupes régulières, auxquelles on avait le temps de l'apprendre complètement, mais qui ne servait qu'à jeter de la confusion dans les rangs de citoyens-soldats qui, loin de pouvoir s'y conformer, la comprenaient à peine. On s'est appliqué de nos jours avec tant de succès à ramener la tactique à ses premiers principes, et à secouer en quelque sorte le pédantisme de la guerre, qu'il

nous est facile d'apprécier les désavantages auxquels était exposée une milice à peine formée, instruite à regarder le succès comme dépendant de la précision avec laquelle elle suivrait un système qu'elle n'entendait sans doute qu'autant qu'il le fallait pour découvrir lorsqu'elle faisait mal, sans savoir pour cela comment s'y prendre pour faire mieux. On ne peut non plus disconvenir que, pour l'esprit guerrier et l'expérience militaire, les Lowlanders du dix-septième siècle ne fussent retombés infiniment au-dessous des montagnards.

Depuis l'époque la plus reculée jusqu'à l'union des couronnes, tout le royaume d'Écosse, les Lowlands comme les montagnes, avait été le théâtre de guerres continuelles, étrangères ou domestiques ; et à peine y avait-il un seul de ses habitants, depuis l'enfant de quinze ans jusqu'au vieillard de soixante, qui ne fût prêt, autant par goût que par devoir, à prendre les armes au premier appel de son seigneur suzerain ou d'une proclamation royale : ce que la loi les obligeait à faire, ils le faisaient aussi par inclination.

La loi était la même en 1645 que cent ans auparavant, mais la race de ceux qui y étaient soumis avait été élevée dans des sentiments bien différents. Ils étaient restés tranquillement assis à l'ombre de leur vigne et de leur figuier [1], et c'était pour eux un changement de vie aussi nouveau que désagréable que de prendre les armes. Ceux d'entre eux qui demeuraient plus près des Highlands ne regardaient qu'avec la plus grande terreur leurs habitants inquiets et turbulents qui enlevaient leurs troupeaux, pillaient leurs demeures, les accablaient d'outrages, et qui avaient obtenu sur eux cette supériorité que donne un système constant d'agression. Les autres, plus éloignés, et par conséquent à l'abri de ces incursions, n'en étaient pas

---

(1) En aucun pays du monde la vigne et le figuier ne pourraient être employés dans un sens plus rigoureusement figuré qu'en Écosse. — Ed.

moins intimidés par les rapports exagérés qu'ils entendaient faire sur les montagnards, qui, différant entièrement d'eux par les lois, par la langue, par les usages et par l'habillement, leur semblaient un peuple de sauvages, étranger à tout sentiment de crainte ou d'humanité.

Ces différents préjugés, joints aux mœurs plus pacifiques des habitants des Lowlands, et à leur connaissance imparfaite du nouveau système de discipline qu'ils avaient adopté, leur donnaient un grand désavantage, lorsque sur le champ de bataille ils se trouvaient opposés aux Highlanders. Ceux-ci, au contraire, avaient, avec les armes et le courage de leurs pères, leur méthode simple et naturelle, et ils se précipitaient avec la plus grande confiance sur un ennemi qu'ils se croyaient sûrs de vaincre; assurance qui leur donnait presque toujours la victoire.

Ce fut avec tant d'avantages pour balancer la supériorité du nombre et compenser le manque d'artillerie et de cavalerie, dont au contraire ses ennemis étaient parfaitement pourvus, que Montrose attaqua l'armée de lord Elcho dans les plaines de Tippermuir. Le clergé presbytérien n'avait épargné ni harangues ni exhortations pour exciter l'enthousiasme de ses partisans; et l'un de ses membres, qui harangua les troupes le jour même de la bataille, n'hésita point à dire que Dieu lui-même parlait par sa bouche, et qu'il leur promettait en son nom qu'ils remporteraient ce jour-là une grande victoire. La cavalerie et l'artillerie étaient aussi regardées comme de sûrs garants du succès; d'autant plus que les ravages qu'elles avaient causés dans des rencontres précédentes avaient paru répandre le découragement et la consternation parmi les montagnards. Une plaine fut le lieu du combat, et elle offrait peu d'avantages à l'un ou à l'autre des deux partis, si ce n'est qu'elle permettait à la cavalerie des défenseurs du Covenant de s'y développer sans obstacles.

Jamais bataille, dont l'issue fut si importante, ne fut

décidée plus aisément. La cavalerie presbytérienne fit une charge; mais, soit que le feu de la mousqueterie la mît en désordre, soit que, comme d'autres le présumèrent, elle ne combattît qu'avec répugnance pour la cause qu'elle servait, elle se retira bientôt en désordre, d'autant plus que l'infanterie n'avait ni piques ni baïonnettes pour la soutenir.

Montrose sut aussitôt mettre à profit cette circonstance, et il ordonna à toute son armée de charger en même temps l'ennemi; ce qu'elle fit avec cette intrépidité audacieuse et comme désespérée qui caractérise les Highlanders. Un officier du Covenant, qui avait servi dans les guerres d'Italie, fut le seul qui fit une résistance opiniâtre à l'aile droite. Sur tous les autres points, les rangs des ennemis furent enfoncés au premier choc; et, cet avantage une fois obtenu, leur déroute fut bientôt complète. Beaucoup de soldats furent tués sur le champ de bataille, et il en périt un si grand nombre dans la déroute, que les presbytériens perdirent plus d'un tiers de leur armée. Il est vrai qu'il faut compter dans ce nombre beaucoup de gros bourgeois qui coururent dans leur fuite jusqu'à perdre haleine, et qui, faute de pouvoir respirer, moururent sans avoir reçu la moindre blessure [1].

Les vainqueurs s'emparèrent de Perth, et y trouvèrent des sommes d'argent considérables, ainsi que beaucoup d'armes et de munitions; mais ces avantages étaient plus que balancés par l'inconvénient qui a toujours été inséparable de toute armée de montagnards. Les clans ne voulaient sous aucun rapport se regarder comme des troupes réglées, ni agir comme elles.

En l'année 1745-6, lorsque le chevalier Charles-Edward,

---

[1] Nous sommes bien aises de citer notre autorité pour un fait aussi singulier. — Un grand nombre de bourgeois furent tués; plusieurs perdirent haleine en fuyant, et ils périrent ainsi sans coup férir. — Voyez les Lettres de BAILLIE, vol. II, pag. 92.

pour faire un exemple, fit fusiller un soldat qui avait déserté, les Highlanders qui composaient son armée firent éclater hautement leur indignation. Ils ne pouvaient concevoir sur quel principe de justice on ôtait la vie à un homme, uniquement parce qu'il retournait chez lui lorsqu'il ne lui convenait pas de rester plus long-temps à l'armée. Tel avait été constamment l'usage de leurs ancêtres. Lorsqu'une bataille était terminée, il leur semblait que la campagne devait finir : vaincus, ils cherchaient un refuge dans leurs montagnes; vainqueurs, ils allaient y déposer leur butin. Ou bien c'étaient leurs bestiaux qu'ils avaient à surveiller, c'étaient leurs champs qu'il leur fallait ensemencer ou moissonner, s'ils ne voulaient voir leurs familles périr de besoin. Dans l'un comme dans l'autre cas, ils quittaient sans scrupule le service. Il est vrai qu'il était facile de les faire revenir, en leur offrant la perspective de nouvelles aventures à tenter et de nouvelles dépouilles à recueillir ; mais alors l'occasion était perdue, et le vainqueur ne pouvait retirer aucun fruit de sa victoire. Cette circonstance seule, quand même l'histoire ne nous eût point démontré le fait même, suffirait pour prouver que les montagnards n'avaient jamais combattu dans la vue de faire des conquêtes durables, mais seulement dans l'espoir d'en retirer des avantages momentanés. Elle explique aussi pourquoi Montrose, malgré tous ses brillants succès, ne put jamais s'établir dans les Lowlands, et pourquoi ceux des seigneurs de cette contrée, bien disposés pour la cause royale, montraient de la répugnance à joindre une armée si irrégulière et si sujette à se dissoudre d'elle-même, craignant à chaque instant que, tandis que les Highlanders se mettraient à l'abri de tous dangers en se retirant dans leurs montagnes, ils ne les laissassent à la merci d'un ennemi puissant et offensé.

La même considération expliquera encore les marches soudaines que Montrose était obligé de faire pour aller

recruter son armée dans les montagnes, et ces changements rapides de fortune qui le forçaient souvent de faire retraite devant ces mêmes ennemis qu'il venait de vaincre. S'il est quelques personnes qui cherchent dans la lecture de cet ouvrage quelque chose de plus qu'un simple amusement, elles ne trouveront point ces remarques indignes de leur attention.

Ce fut par ces causes, c'est-à-dire la méfiance des royalistes des basses terres, et la désertion momentanée d'une partie des montagnards, que Montrose, même après la victoire décisive de Tippermuir, ne se trouva pas en état de faire face à la seconde armée avec laquelle Argyle vint de l'ouest à sa rencontre. Dans cette conjoncture, remplaçant par l'agilité les troupes qui lui manquaient, il se dirigea tout-à-coup de Perth sur Dundee : et, voyant qu'on refusait de lui ouvrir les portes de cette ville, il s'avança vers le nord, jusqu'à Aberdeen, où il s'attendait à être joint par les Gordons et d'autres royalistes. Mais le zèle de ces braves était pour le moment comprimé par un corps nombreux de presbytériens commandé par lord Burleigh, et qu'on supposait au moins de trois mille hommes. Montrose l'attaque hardiment avec la moitié de ses forces. La bataille est livrée sous les murs de la ville, et la valeur intrépide des soldats de Montrose triomphe de nouveau malgré l'inégalité du nombre.

Mais il était dans la destinée de ce grand capitaine de se couvrir toujours de gloire sans jamais pouvoir recueillir les fruits de ses succès. A peine sa petite armée avait-elle joui de quelques instants de repos dans Aberdeen, qu'il apprit, d'un côté, que les Gordons ne viendraient probablement pas se joindre à lui, tant par les raisons que nous avons données que par quelques autres qui étaient particulières à leur Chef, le marquis d'Huntly ; d'un autre côté, Argyle, auquel plusieurs seigneurs des basses terres venaient encore de se joindre avec leurs vassaux, s'avan-

çait contre Montrose à la tête d'une armée beaucoup plus formidable qu'aucune de celles que ce capitaine avait encore eues à combattre. Ces troupes ne s'approchaient, il est vrai, qu'avec une lenteur proportionnée au caractère timide et circonspect de leur Chef; mais, pour quelqu'un qui connaissait Argyle, il était évident que, puisqu'il cherchait à rencontrer l'ennemi, il se trouvait à la tête d'une armée trop supérieure en nombre pour qu'il fût possible de lui résister.

Il ne restait à Montrose qu'une seule manière d'effectuer sa retraite, et il l'adopta. Il se jeta dans les montagnes, où il pouvait braver toutes les poursuites, et où, à chaque pas, il était sûr d'être rejoint par des recrues composées de ceux même qui avaient quitté ses étendards pour aller déposer leur butin dans leurs retraites inaccessibles : ainsi donc, si d'un côté le caractère singulier de l'armée que commandait Montrose rendait ses succès en quelque sorte illusoires, de l'autre elle lui facilitait les moyens, même dans la position la plus critique, d'assurer sa retraite, de recruter ses forces, et de se rendre plus formidable que jamais à l'ennemi devant lequel il n'avait pu tenir quelques jours auparavant.

Cette fois, il se jeta dans le Badenoch; et traversant rapidement ce district, ainsi que le comté d'Athol, il répandit l'alarme parmi les défenseurs du Covenant, en les attaquant à l'improviste et à plusieurs reprises sur les points où ils étaient le moins sur leurs gardes. Telle fut en un mot la consternation générale qu'il causa, que le parlement envoya au marquis d'Argyle l'ordre réitéré d'en venir à une bataille générale avec Montrose, et de disperser son armée à tout prix.

Ces ordres ne convenaient ni à l'esprit hautain ni à la politique circonspecte du seigneur auquel ils étaient adressés. Il n'y eut donc aucun égard, et se borna à faire jouer les ressorts de l'intrigue pour détacher de l'armée

ennemie le peu de chefs des Lowlands qui craignaient de s'engager dans les Highlands, et de s'exposer ainsi à des fatigues insupportables, tandis que leurs biens resteraient à la merci des partisans du Covenant.

Il réussit en partie, et plusieurs de ces chefs quittèrent en effet le camp de Montrose. Mais ce grand capitaine avait à peine eu le temps de s'apercevoir de leur absence, qu'il lui arriva un corps de troupes dont le caractère, la résolution et l'intrépidité convenaient bien mieux à la position dans laquelle il se trouvait. Ce renfort consistait en un corps nombreux de montagnards que Colkitto, dépêché à cet effet, avait levé dans le comté d'Argyle. Parmi les plus illustres étaient John de Moidart, appelé le capitaine du clan Ranald, les Stuarts d'Alpin, le clan Gregor, le clan Mac-Nab, et d'autres tribus inférieures.

L'armée de Montrose se trouva alors si formidable, qu'Argyle ne fut pas jaloux de commander plus longtemps celle qui lui était opposée. Il retourna à Édimbourg, et y donna sa démission, sous prétexte que son armée ne recevait pas les renforts et les provisions qu'on aurait dû lui accorder. D'Édimbourg le marquis retourna à Inverary, où, dans une sécurité complète, il se mit à gouverner despotiquement ses vassaux, se reposant sur la foi du proverbe que nous avons déjà eu occasion de citer : — Il y a loin jusqu'à Lochow.

CHAPITRE XVI.

« Vous voyez, leur dit-il, des montagnes sauvages,
« D'impénétrables bois, d'horribles marécages.
« Pourrons-nous surmonter ces dangers réunis? »
Poème de Flodden-Field.

Montrose avait alors une brillante carrière devant lui, pourvu qu'il pût se faire suivre par ses troupes, braves mais toujours près de lui échapper, et par leurs chefs indépendants. La basse Écosse lui était ouverte, il n'y avait plus d'armée en état de l'arrêter dans sa course. Les partisans d'Argyle s'étaient retirés dès qu'ils avaient vu leur maître donner sa démission; et plusieurs autres corps, fatigués de la guerre, avaient saisi la même occasion pour se débander. En descendant Strath-Tay, l'un des défilés les plus favorables, Montrose n'avait qu'à se présenter dans les Lowlands pour y ranimer l'esprit chevaleresque et l'ardeur généreuse des partisans que la cause royale y avait encore. Il se verrait alors en possession, peut-être même sans livrer bataille, de l'une des parties du royaume les plus riches et les plus fertiles, qui lui fournirait les moyens d'accorder une paye régulière à ses troupes; de les retenir ainsi plus aisément sous ses drapeaux, et de pénétrer jusqu'à la capitale, peut-être de là jusqu'aux frontières, où il n'était pas sans espoir de pouvoir se concerter avec les troupes du roi Charles, qu'on n'avait pas encore pu réduire.

Tel était sans contredit le plan d'opération le plus propre à couvrir de gloire ceux qui l'exécuteraient, et le plus efficace pour la cause royale. Il ne put donc échapper aux vues pénétrantes et ambitieuses de celui que ses services firent ensuite surnommer le Grand Marquis. Mais d'autres motifs animaient la plupart des chefs de son armée, et ces motifs n'étaient peut-être pas sans avoir aussi quelque influence secrète dans son propre cœur.

Presque tous les chefs des montagnes de l'ouest, dans l'armée de Montrose, regardaient le marquis d'Argyle comme le but contre lequel il convenait le plus de diriger toutes les hostilités. Presque tous avaient éprouvé quel était son pouvoir; presque tous, en retirant de leurs habitations tous les hommes en état de porter les armes, laissaient leurs familles et leurs biens exposés à sa vengeance;

tous sans exception désiraient diminuer son autorité, et la plupart étaient si près de ses domaines, qu'ils pouvaient raisonnablement espérer de profiter de ses dépouilles et de s'agrandir à ses dépens. Pour ces chefs, la possession d'Inverary et de sa forteresse était un évènement beaucoup plus important et plus désirable que la prise d'Édimbourg. Ce dernier évènement ne promettait à leurs soldats qu'un pillage momentané ou une légère gratification; l'autre assurait aux chefs eux-mêmes indemnité pour le passé et sûreté pour l'avenir.

Indépendamment de ces raisons personnelles, les chefs qui soutenaient cette opinion faisaient une remarque assez plausible; c'était que, quoique Montrose pût être supérieur à l'ennemi dans le premier moment de son invasion sur les basses terres, plus ensuite il s'éloignerait des montagnes, plus ses forces diminueraient, tandis qu'au contraire l'armée ennemie se grossirait de toutes les garnisons voisines. Mais si, au lieu de s'exposer à ces dangers, il dirigeait ses efforts contre Argyle, et parvenait à mettre un frein à sa puissance, non seulement ses amis de l'ouest pourraient alors mettre en campagne cette partie de leurs troupes qu'autrement ils étaient obligés de laisser dans leurs foyers pour la protection de leurs familles, mais il verrait encore accourir sous ses drapeaux plusieurs tribus qui favorisaient secrètement sa cause, mais qui n'osaient se joindre à lui, de peur d'attirer sur elles la vengeance de Mac-Callum-More.

Ces arguments étaient appuyés dans l'esprit de Montrose par un sentiment intime et involontaire qui ne s'accordait point parfaitement avec l'héroïsme et la générosité de son caractère. Les maisons d'Argyle et de Montrose avaient été autrefois opposées l'une à l'autre à plusieurs reprises, soit dans la guerre, soit dans les conseils; et les avantages que celle d'Argyle avait obtenus l'avaient rendue l'objet de l'envie et de la haine de la famille rivale, qui, se croyant les mêmes droits aux faveurs de la fortune, n'en avait pas été aussi bien traitée.

Ce n'était pas tout. Les deux chefs actuels de ces familles s'étaient toujours trouvés ensemble dans l'opposition la plus marquée depuis le commencement des troubles. Montrose, en raison de la supériorité reconnue de ses talents, et des grands services que dans le principe il avait rendus aux partisans du Covenant, s'était attendu à occuper la première place dans leurs conseils, et à être mis à la tête de leur armée; mais ils jugèrent plus prudent de décerner ces honneurs à son rival Argyle, qui avait moins de talents mais plus de puissance. Cette préférence fut un affront que Montrose ne pardonna jamais aux presbytériens, et il était encore moins disposé à pardonner au rival qu'on lui avait préféré.

Tous les sentiments de haine qui pouvaient irriter un caractère naturellement fougueux au milieu de ces guerres de parti l'excitaient donc à chercher à se venger de l'ennemi de sa famille, de son ennemi personnel; et il est probable que ces motifs particuliers ne furent pas sans influence sur son esprit lorsqu'il vit la plus grande partie de ses officiers plus portés à attaquer Argyle au milieu de ses domaines, qu'à prendre la mesure bien plus décisive d'entrer sur-le-champ dans les basses terres.

Cependant, quelque tenté qu'il fût d'attaquer le comté d'Argyle, ce n'était pas sans peine qu'il renonçait au projet bien plus noble et plus glorieux qu'il avait d'abord formé. Il tint plus d'une fois conseil avec les principaux chefs, et combattit leurs raisonnements, contre sa propre inclination. Il leur représenta combien il était difficile de pénétrer par l'est dans le comté d'Argyle; qu'ils auraient à traverser des défilés à peine praticables pour les bergers qui les habitaient, et à gravir des montagnes que les clans même les plus voisins ne connaissaient pas parfaitement. La saison ajoutait encore à la difficulté d'exécuter cette entreprise, car on approchait du mois de décembre, où la neige accumulée les rendrait sans doute entièrement inaccessibles.

Ces objections ne satisfirent pas les chefs, et ne leur parurent pas de nature à détruire la force de leurs arguments. Ils voulaient, disaient-ils, en revenir à leur ancienne manière de faire la guerre, en enlevant les troupeaux, qui, suivant l'expression gaëlique, se nourrissaient de l'herbe de leurs ennemis. Le conseil ne se sépara le soir que fort tard, et rien ne fut encore arrêté, si ce n'est que les chefs qui soutenaient qu'on devait attaquer Argyle promirent de chercher si parmi leurs soldats il s'en trouvait qui pussent entreprendre de guider l'armée à travers les montagnes.

Montrose s'était retiré dans la cabane qui lui servait de tente, et il s'était étendu sur un lit de fougères sèches, seule couche qui s'y trouvât. Mais il appelait en vain le sommeil; les visions de l'ambition assiégeaient seules ses pensées. Tantôt il lui semblait qu'il déployait la bannière royale du haut de la citadelle reconquise d'Édimbourg; il envoyait des secours au monarque dont la couronne dépendait de ses victoires : et il recevait, en récompense, tous les honneurs qu'un roi prodigue à celui qu'il veut combler de ses grâces. Tantôt ces illusions, toutes brillantes qu'elles étaient, s'évanouissaient devant celle qui lui représentait sa vengeance satisfaite et son ennemi tremblant à ses genoux. Surprendre Argyle dans son château fort d'Inverary; écraser en lui tout à la fois un rival odieux, l'ennemi de sa famille et le principal soutien des Convenantaires; montrer à ces derniers, par les faits les plus éclatants, quel était celui auquel ils avaient préféré Argyle : c'étaient des images trop flatteuses, trop douces pour la vengeance, pour ne point faire une vive impression sur l'imagination ardente de Montrose.

Pendant qu'il était plongé dans ces réflexions contradictoires, le soldat qui veillait à sa porte vint annoncer au comte que deux hommes désiraient parler à Son Excellence.

— Leurs noms, demanda Montrose, et le motif de leur visite à pareille heure?

Le soldat, qui était un des Irlandais de Colkitto, ne put répondre que très vaguement aux questions de son général ; et Montrose, qui dans de pareilles circonstances n'osait refuser audience à personne, de peur de négliger des avis importants, prit seulement la précaution de faire mettre sa garde sous les armes, et se prépara alors à les recevoir. A peine était-il levé et son valet de chambre avait-il allumé deux torches, que deux hommes entrèrent ; l'un, habillé comme les habitants des basses terres, avait un vêtement de peau de buffle qui tombait presque en lambeaux ; l'autre était un vieux montagnard d'une taille élevée, d'un teint qu'on aurait pu appeler gris de fer, et dont le regard avait quelque chose de sombre et de sauvage.

— Que demandez-vous, mes amis? dit Montrose en portant presque involontairement la main sur ses pistolets; car dans ces temps de troubles, à une pareille heure, il était permis de concevoir des soupçons que la bonne mine des étrangers n'était aucunement faite pour détruire.

— Veuillez me permettre, mon très noble général, dit le compagnon du vieux montagnard, de vous féliciter des grandes victoires que vous avez remportées depuis que j'eus le malheur de vous quitter. J'ai entendu parler de l'affaire de Tippermuir ; ce fut une très jolie petite mêlée assurément : cependant, s'il m'était permis de donner un conseil...

— Avant de le faire, dit Montrose, voudriez-vous bien me dire quelle est la personne qui a la bonté de m'honorer de ses avis?

— En vérité, milord, je n'aurais jamais cru qu'il fût

nécessaire de vous décliner mon nom, après la commission plus que délicate dont vous avez bien voulu me charger, moi à qui vous avez daigné promettre un brevet de major, avec un demi-dollar de paye par jour, et un demi-dollar d'arriéré payable à la fin de la campagne! Et puis-je espérer que Votre Seigneurie n'a pas oublié ma paye aussi bien que ma personne?

— Mon bon ami, mon cher major, dit Montrose, qui reconnut alors parfaitement son homme, pardonnez si, préoccupé comme je le suis en ce moment, je ne me suis pas rappelé immédiatement vos traits; d'ailleurs ces torches répandent si peu de lumière... Mais toutes nos conditions seront strictement observées. Eh bien! major, quelles nouvelles apportez-vous du comté d'Argyle? En vérité, nous commencions à désespérer de jamais vous revoir; et je m'apprêtais à tirer la vengeance la plus signalée du vieux renard qui violait les lois de la guerre dans la personne de mon ambassadeur.

— Ma foi, milord, reprit Dalgetty, tout ce que je souhaite, c'est que mon retour n'apporte aucun obstacle à l'exécution d'un projet aussi juste et aussi louable; car je vous assure que ce n'est point la faute du marquis d'Argyle si vous me voyez devant vous; et du diable si j'intercède jamais en sa faveur. Si je me suis échappé d'entre ses mains, c'est, après Dieu, et sans parler de l'adresse supérieure que j'ai déployée, comme vous le verrez bientôt, c'est, dis-je, après ces puissants auxiliaires, à ce vieux montagnard que je le dois; et je prendrai la liberté de le recommander à la faveur spéciale de Votre Seigneurie, comme l'instrument du salut de votre tout dévoué Dugald Dalgetty, titulaire de Drumthwacket.

— C'est un service, dit gravement Montrose, qui sera récompensé comme il le mérite.

— Un genou en terre, Ranald, dit le major, et baisez la main de Son Excellence.

Comme la manière dont il voulait que Ranald témoignât sa reconnaissance n'était pas conforme à l'usage du pays du vieux montagnard, celui-ci se contenta de croiser les bras sur sa poitrine et d'incliner profondément la tête.

— Ce pauvre homme, milord, ajouta Dalgetty en prenant un air de protection à l'égard de Ranald; ce pauvre homme a fait réellement tous ses efforts pour me défendre contre mes ennemis, sans avoir d'autres armes que des arcs et des flèches, ce que Votre Seigneurie aura peine à croire.

— Aucunement, major, reprit Montrose; au contraire, vous en verrez beaucoup dans mon camp, et nous les trouvons d'un grand secours.

— D'un grand secours, milord! s'écria Dalgetty; excusez ma surprise... Des arcs et des flèches! Je prendrai la liberté de vous recommander d'y substituer des mousquets à la première occasion. Mais non seulement cet honnête montagnard m'a défendu, comme je vous le disais, mais encore il a eu l'adresse de me guérir d'une blessure que j'avais reçue dans ma retraite, et c'est par cette double raison que je le recommande particulièrement à Votre Seigneurie.

— Quel est votre nom, mon ami? dit Montrose en se tournant vers le montagnard.

— On peut le taire, reprit celui-ci.

— Il veut dire, interpréta le major, qu'il désire cacher son nom, attendu que jadis il a pris un château, égorgé certains enfants, et fait d'autres gentillesses qui, comme milord le sait fort bien, se pratiquent souvent en temps de guerre, mais qui ne font pas voir très favorablement ceux qui les ont commises des amis de ceux aux dépens de qui elles ont été faites. Je sais cela par expérience; combien de fois n'ai-je pas vu de braves cavaliers mis à mort par les paysans, simplement pour les avoir traités militairement!

— Je comprends, dit Montrose ; cet homme a quelque ennemi parmi nos officiers. Qu'il se retire dans le corps-de-garde, et nous aviserons ensemble aux meilleurs moyens de le protéger.

— Vous entendez, Ranald, dit le major d'un air de supériorité ; Son Excellence désire tenir un conseil privé avec moi ; il faut, en attendant, que vous alliez au corps-de-garde... Il ne sait pas où cela est, le pauvre diable ! il est encore si jeune en fait d'art militaire ! Je vais dire à la sentinelle de le conduire, et je reviendrai aussitôt auprès de Votre Seigneurie.

Dès qu'il fut rentré, la première question de Montrose fut relative à l'ambassade du major à Inverary ; et il écouta attentivement la narration de Dalgetty, malgré la prolixité du ci-devant ritmeister. Ce n'était pas une petite affaire, car le major fut encore plus prodigue de digressions que de coutume ; mais personne ne savait mieux que Montrose que, lorsqu'il y a quelques renseignements à recueillir du récit d'agents tels que Dalgetty, le seul moyen de les obtenir est de les laisser conter leur histoire à leur manière.

Il n'eut pas à se repentir de sa patience. Parmi les dépouilles que le major avait pris la liberté de s'adjuger à Inverary, était une liasse de papiers secrets d'Argyle. Il les remit entre les mains de son général, en lui disant la manière dont il s'en était rendu maître ; mais il ne poussa pas plus loin les explications ; du moins je n'ai pas entendu dire qu'il ait parlé de la bourse d'or qu'il s'était appropriée en même temps que les papiers.

Cependant Montrose lisait avidement, à la lueur d'une torche, ces documents précieux dans lesquels il semblait trouver de nouvelles raisons propres à redoubler encore le ressentiment qu'il nourrissait contre Argyle. — Il ne me craint pas ! eh bien, il sentira mon bras. — Il veut mettre le feu à mon château de Mugdoch ! Qu'il voie auparavant Inverary en cendres. — Oh ! que n'ai-je un guide qui puisse me conduire à travers les montagnes !

Dalgetty connaissait assez bien son affaire pour deviner à ces mots l'intention de Montrose. Il interrompit donc sa narration prolixe de l'escarmouche qui avait eu lieu et de la blessure qu'il avait reçue dans sa retraite, et il se mit aussitôt à parler du sujet qui paraissait intéresser Montrose.

— Si Votre Excellence, dit-il, désire faire une invasion dans le comté d'Argyle, Ranald, ce pauvre homme que je vous ai présenté, ainsi que ses enfants et ses compagnons, connaissent tous les sentiers, tous les défilés des montagnes qui y conduisent, soit par l'est, soit par le nord.

— Se peut-il? dit Montrose; quelles raisons avez-vous de croire leurs connaissances aussi étendues?

— Je ferai observer à Votre Excellence que pendant les semaines que je passai avec eux pour la guérison de ma blessure, ils étaient obligés à chaque instant de changer de quartier, à cause des tentatives réitérées d'Argyle pour s'emparer de la personne d'un officier qui était honoré de votre confiance; et j'eus occasion d'admirer l'adresse singulière avec laquelle ils effectuaient toujours leur retraite par ces sentiers qu'on aurait crus impraticables. Lorsque enfin je fus en état de venir auprès de Votre Excellence, ce Ranald Mac-Eagh me conduisit par des chemins si sûrs, que mon cheval Gustave, que Votre Seigneurie n'a sans doute pas oublié, ne broncha pas une seule fois en route; et je fis la réflexion que si jamais on avait besoin de guides, d'espions ou d'éclaireurs au milieu de ces montagnes, on n'en pourrait désirer de meilleurs ni de plus adroits que Ranald et ses compagnons.

— Et pouvez-vous répondre de sa fidélité? demanda Montrose; quel est son nom, sa profession?

— C'est un Outlaw, milord, un voleur de profession ;

il s'appelle Ranald Mac-Eagh, ce qui signifie l'Enfant du Brouillard.

— Je crois me rappeler ce nom, dit Montrose en paraissant réfléchir. Ces Enfants du Brouillard n'ont-ils pas commis quelque acte de cruauté envers les Mac-Aulays?

Le major lui cita le meurtre du conservateur des forêts, et la mémoire active de Montrose lui rappela aussitôt toutes les circonstances de cet acte barbare.

— C'est un malheur, un grand malheur, reprit-il, qu'il existe entre ces gens et les Mac-Aulays une source d'animosité que rien ne saurait tarir. Allan s'est conduit bravement dans cette guerre, et par le sombre mystère de sa conduite et de son langage il possède tant d'influence sur l'esprit de ses compatriotes, qu'il pourrait être dangereux de lui donner quelque sujet de mécontentement. D'un autre côté, ces hommes qui peuvent nous rendre des services essentiels, et sur lesquels vous dites qu'on peut entièrement se reposer...

— Je réponds de lui, milord; ma paye et mes arrérages, mon cheval et mes armes, ma tête et mon cou, je suis prêt à perdre tout s'ils trahissent votre confiance; et Votre Excellence sait qu'un militaire n'en pourrait pas dire davantage pour son propre père.

— Il est vrai; mais, comme ce point est de la plus grande importance, je désirerais savoir quelles raisons vous avez pour être aussi sûr de leur fidélité.

— Je vais vous le dire en deux mots, milord; non seulement ils dédaignèrent de mériter une récompense qu'Argyle me fit l'honneur de promettre pour ma pauvre tête, mais ils ne touchèrent pas à ma bourse, qui était cependant assez bien garnie pour tenter des soldats réguliers de quelque armée que ce soit. Ils me rendirent même mon cheval, qui, comme Votre Excellence doit se le rappeler, est d'un certain prix; mais ce qui passe toute croyance, c'est que je ne pus jamais leur faire accepter la moindre bagatelle, pas même un stiver, un doit ou un maravédis, pour les soins qu'ils m'avaient rendus pendant ma maladie. Oui, milord, ils refusèrent mon argent lorsque je le leur offris. C'est un refus qu'on éprouve rarement dans un pays chrétien.

— Je conviens, dit Montrose après un moment de réflexion, que leur conduite à votre égard fait assurément leur éloge ; mais comment empêcher qu'il n'éclate quelque querelle... ? Il s'arrêta un instant, puis il ajouta tout-à-coup :

— J'oubliais que vous avez voyagé toute la nuit, major, et que vous devez avoir besoin de prendre quelque chose.

Il donna ordre qu'on lui servît à souper, et le major, qui avait l'appétit d'un convalescent revenu des montagnes, ne se fit pas prier pour faire honneur au repas, et se mit à dévorer avec tant de célérité, que le comte, remplissant un verre de vin, et buvant à sa santé, ne put s'empêcher de faire l'observation que, quelque grossières que fussent les provisions de son camp, il craignait que le major n'eût fait encore plus mauvaise chère pendant son excursion dans le comté d'Argyle.

— Votre Excellence a deviné juste, dit Dalgetty en parlant la bouche pleine, car la nourriture qu'ont pu me donner ces Enfants du Brouillard, pauvres créatures ! était si peu substantielle, et m'a tellement maigri, que, lorsque j'étais enfermé dans mon armure, dont j'ai été obligé de me dépouiller dans ma retraite, je dansais dedans comme l'amande sèche d'une vieille noix.

— Il faut aviser aux moyens de réparer ces pertes, mon cher major.

— Ma foi, milord, je vous avouerai que ce ne sera pas une chose facile, à moins que l'arriéré qui doit m'être payé à la fin de la campagne ne soit métamorphosé par vos ordres en paye régulière, car je vous proteste que j'ai déjà perdu à votre service le peu d'embonpoint que j'avais gagné à celui des États de Hollande, qui payaient leurs troupes avec une régularité que je n'oublierai de ma vie.

— Allons, allons, mon cher major, ne désespérons de rien; remportons seulement la victoire, et alors vos désirs, tous vos désirs seront comblés. En attendant, remplissez votre verre et réparez le temps perdu.

— A la santé de Votre Excellence, dit le major en se versant une rasade pour montrer le zèle avec lequel il portait ce toast, et puisse-t-elle triompher de tous ses ennemis, et particulièrement d'Argyle. La fine mouche! je lui ai déjà tiré une fois la barbe, et ce ne sera pas la dernière.

— Fort bien! reprit Montrose; mais, pour en revenir à ces Enfants du Brouillard, vous entendez, Dalgetty, que leur présence en ces lieux et le motif pour lequel nous les employons est un secret entre vous et moi.

Charmé, comme Montrose l'avait prévu, de cette marque de confiance de son général, le major leva un doigt sur le bout de son nez, et remua la tête en signe d'intelligence.

—Combien Ranald peut-il avoir de compagnons? ajouta Montrose.

— Mais, autant que je sache, ils ne sont plus guère que huit à dix hommes, sans compter les femmes et les enfants.

— Où sont-ils à présent?

— Dans une vallée, à trois milles de distance, en attendant les ordres de Votre Excellence. Je n'ai pas cru devoir les amener au camp avant de vous avoir consulté.

— Vous avez très bien fait; il serait bon qu'ils restassent où ils sont, ou même qu'ils se retirassent dans quelque refuge encore plus éloigné. Je leur enverrai de l'argent, quoique ce soit un article dont je ne suis pas très bien pourvu à présent.

— Oh, mon Dieu! milord, il n'est pas nécessaire de leur rien envoyer; Votre Excellence n'a qu'à leur faire entendre que les Mac-Aulays vont marcher dans cette direction, et mes amis du Brouillard feront aussitôt volteface et battront en retraite.

— Ce serait en agir un peu trop cavalièrement avec eux, reprit Montrose en souriant; il vaut mieux leur envoyer quelques dollars, afin qu'ils puissent acheter des bestiaux pour la subsistance de leurs enfants.

— Allez, milord, ils savent s'en procurer à beaucoup meilleur marché, s'écria Dalgetty; mais que Votre Excellence fasse, du reste, ce qu'elle jugera convenable.

— Écoutez, Dalgetty; que Ranald Mac-Eagh choisisse un ou deux de ses compagnons, des hommes dont il puisse répondre et qui soient capables de garder un secret; ils seront nos guides. Qu'ils soient demain dans ma tente à la pointe du jour, et tâchez, s'il est possible, qu'ils ne devinent point mes projets, et qu'ils n'aient point d'entretiens secrets entre eux. Ce vieillard a-t-il des enfants?

— Ils ont été tués ou pendus, au nombre, je crois, d'une douzaine, reprit le major; mais il lui reste encore un garçon, jeune gaillard qui, ma foi, promet beaucoup, et qui ne fait point un pas sans avoir un caillou dans le coin de son plaid, afin de pouvoir le lancer contre le premier qui voudrait lui faire quelque insulte; ce qui prouve que, semblable à David, qui avait l'habitude de lancer de petites pierres qu'il ramassait dans les ruisseaux, il deviendra peut-être un grand guerrier.

— Je garderai cet enfant auprès de moi, major, dit le comte; je présume qu'il aura assez de présence d'esprit pour taire son nom.

— Votre Excellence n'a rien à craindre sous ce rapport ; ces petits drôles de montagnards, à peine ont-ils brisé leur coquille...

— Eh bien ! reprit Montrose, cet enfant me répondra de la fidélité de son père ; et si Ranald remplit bien son devoir, l'avancement de son fils sera sa récompense. Mais il est bien temps, major, que vous alliez goûter quelques instants de repos ; demain vous me présenterez ce Mac-Eagh sous tel nom et en telle qualité qu'il lui plaira. Dans la vie errante qu'il mène, il doit être accoutumé à prendre toutes sortes de déguisements ; et, dans cette circonstance, il sentira de quelle importance il est pour lui-même qu'il ne soit pas reconnu.

Le major Dalgetty prit congé du comte, très fier de la réception qu'il avait éprouvée, et fort content des manières de son nouveau général, qui, comme il l'expliqua très longuement à Ranald Mac-Eagh, lui rappelaient sous plus d'un rapport celles de l'immortel Gustave-Adolphe, le lion du Nord et le boulevard de la foi protestante.

CHAPITRE XVII.

« Le signal des combats vient de se faire entendre :
« Tous les bras sont levés, que faut-il en attendre ?
« La famine au teint pâle agrandit les déserts ;
« Le deuil, l'effroi, la mort, parcourent l'univers. »
Vanité des désirs humains.

A la pointe du jour Montrose reçut dans sa cabane le vieux Mac-Eagh, et lui fit les questions les plus détaillées sur les chemins qu'il fallait suivre pour approcher du comté d'Argyle. Il prit note de ses réponses et les compara à celles de deux des compagnons de Ranald, que celui-ci lui présenta comme des hommes sûrs et remplis de prudence. Elles s'accordaient parfaitement ensemble; cependant le comte, ne croyant pas pouvoir prendre trop de précautions, interrogea encore les chefs qui demeuraient le plus près du lieu qu'il se proposait d'envahir, et ce ne fut qu'après avoir éclairci jusqu'au moindre doute qu'il se décida à combiner ses plans d'après les renseignements qu'il avait obtenus.

Il n'y eut qu'un point sur lequel Montrose crut devoir changer de projet. Il lui sembla qu'il serait impolitique de prendre Kenneth, le fils de Ranald, auprès de sa personne; parce que, si sa naissance venait à être découverte, ce procédé serait regardé comme une offense par les clans nombreux qui entretenaient une haine mortelle contre les Enfants du Brouillard; il pria donc le major de le prendre lui-même à son service; et comme il accompagna cette prière d'un joli présent, sous prétexte qu'il serait nécessaire de fournir des vêtements convenables au jeune Kenneth, Dalgetty ne fit pas la moindre difficulté de se prêter à cet arrangement.

Le major, après avoir eu une nouvelle conférence avec Montrose, se mit à chercher ses anciennes connaissances, lord Menteith, Angus Mac-Aulay et son frère, auxquels il brûlait de raconter ses aventures, et de qui il désirait aussi apprendre les détails de la dernière campagne. On peut croire qu'il fut reçu avec des transports de joie par des hommes qui, livrés depuis quelque temps à l'uniformité d'une vie militaire, saisissaient avec empressement la moindre occasion de se procurer quelques moments de distraction. Allan Mac-Aulay fut le seul qui parut ne revoir le major qu'avec une sorte d'horreur; et lorsque son frère lui en demanda la cause, il ne put expliquer sa conduite qu'en l'attribuant à sa répugnance à traiter familièrement un homme qui avait été si récemment dans la société de ses ennemis, et notamment d'Argyle. Le major prit d'abord un peu l'alarme en voyant l'instinct avec lequel Allan semblait deviner l'espèce de compagnie dans laquelle il s'était trouvé récemment ; mais il se convainquit bientôt que, quoique Allan fût doué de seconde vue, ses pressentiments ne l'avaient pas très bien servi cette fois.

Comme Ranald Mac-Eagh devait être placé sous la protection spéciale du major Dalgetty, celui-ci ne pouvait se dispenser de le présenter au moins à ceux des chefs avec lesquels il était le plus intimement lié. Le costume du vieillard avait été changé dans l'intervalle, et il avait quitté l'habillement de son clan pour prendre celui qui était particulier aux habitants des îles, et qui consistait en une sorte de gilet à manches et en un jupon, le tout d'une seule pièce. Ce vêtement était galonné du haut en bas par-devant, et avait quelque ressemblance avec ce qu'on appelle une polonaise, vêtement que les enfants en Écosse portent encore aujourd'hui. Il avait, pour compléter le costume, les bas et le bonnet de *tartan* qui distinguaient encore les habitants des îles lorsqu'ils vinrent se ranger sous les étendards du comte de Mar en 1715.

Le major, tenant ses regards fixés sur Allan tandis qu'il parlait, présenta Ranald Mac-Eagh à ses amis sous le nom emprunté de Ranald Mac-Gillihuron de Benbecula, qui s'était, leur dit-il, échappé avec lui des prisons d'Argyle. Barde et joueur de harpe, son compagnon d'esclavage était aussi, ajouta-t-il, doué de seconde vue.

En leur donnant ces détails, le major, qui n'était pas ordinairement remarquable par son embarras et par sa timidité lorsqu'il contait quelque histoire, hésita, se reprit, et balbutia tellement qu'il n'eût pu manquer d'inspirer des soupçons à Allan Mac-Aulay, si toute l'attention de celui-ci n'avait pas été concentrée sur le vieux montagnard, qu'il examinait avec une sorte de curiosité sauvage. Son regard fixe et pénétrant embarrassa tellement Ranald, que, s'attendant à chaque instant à voir son ennemi s'élancer sur lui, sa main commençait à chercher son poignard, lorsque Allan, qui jusqu'alors s'était tenu à l'autre bout de la tente, la traversa tout-à-coup, et lui tendit la main en signe d'amitié. Ils s'assirent alors à côté l'un de l'autre, et causèrent à voix basse et d'un air mystérieux. Menteith et Angus Mac-Aulay n'en furent point surpris, car il existait parmi les montagnards qui se prétendaient doués de seconde vue une sorte de franc-maçonnerie qui les portait généralement à conférer ensemble, lorsqu'ils se rencontraient, sur la nature et l'étendue de leurs pouvoirs en ce genre.

— La vision descend-elle en traits sombres sur votre esprit? demanda Allan à sa nouvelle connaissance.

— En traits aussi sombres que les ténèbres dont se couvre la lune lorsqu'elle est obscurcie au milieu de son cours dans le ciel, et que les prophètes prédisent d'affreux désastres.

— Venez ici, reprit Allan, venez plus près de moi; je voudrais vous parler en particulier; car on dit que dans vos îles éloignées la vision descend avec plus de puissance et plus de clarté que sur nous qui demeurons près du Sassenach.

Tandis qu'ils étaient occupés de leur conférence mystique, les deux officiers anglais dont nous avons parlé dans le commencement de cette histoire entrèrent de l'air le plus joyeux, et annoncèrent à Angus que Montrose venait de donner ordre que toutes les troupes se tinssent prêtes à marcher au premier moment vers l'ouest. Après avoir débité leurs nouvelles avec beaucoup de gaieté, ils firent leurs compliments à leur vieille connaissance, le major Dalgetty, qu'ils reconnurent à l'instant, et ils s'informèrent de la santé de son cheval Gustave.

— Je vous remercie humblement, messieurs, répondit le major; Gustave se porte parfaitement ainsi que son maître, quoiqu'il ait, comme lui, les côtes un peu plus maigres que lorsque vous offrîtes obligeamment de m'en débarrasser à Darnlinvarach ; et permettez-moi de vous assurer qu'avant que vous ayez fait une ou deux de ces marches auxquelles vous semblez songer d'avance avec tant de plaisir, vous laisserez derrière vous quelques bonnes livres de graisse, et probablement une couple de vos chevaux anglais.

Ils s'écrièrent tous deux à la fois que tout cela leur était fort égal, pourvu qu'ils cessassent d'arpenter en long et en large les comtés d'Angus et d'Aberdeen, toujours à la poursuite d'un ennemi qui ne voulait ni combattre ni mettre bas les armes.

— S'il en est ainsi, dit Angus, il faut que j'aille donner des ordres en conséquence, et que je prenne aussi des arrangements pour qu'Annette Lyle puisse nous suivre sans danger ; car il n'est pas aussi facile de pénétrer dans le pays de Mac-Callum-More que ces braves cavaliers semblent se le figurer. Et à ces mots il sortit de la tente.

— Annette Lyle ! répéta Dalgetty, est-ce qu'elle accompagne l'armée ?

— Parbleu, reprit sir Miles Musgrave en regardant tour à tour et d'un air de malice Allan Mac-Aulay et lord Menteith, pourrions-nous marcher ou combattre, avancer ou reculer, sans être soutenus par l'influence de la princesse de la harpe ?

— Dites la princesse des Claymores et des Targes, reprit son compagnon, car l'épouse même de Montrose ne pourrait être entourée de plus d'honneurs : elle a quatre jeunes filles des Highlands toujours prêtes à exécuter ses ordres, sans parler de quatre vassaux à pieds nus.

— Et qu'auriez-vous fait à ma place, messieurs ? dit Allan en s'éloignant tout-à-coup du Highlander avec lequel il était en conversation : vous-mêmes auriez-vous laissé une jeune fille remplie de candeur et d'innocence, l'amie de votre famille, la compagne de votre enfance, exposée à la cruauté et aux outrages d'un ennemi impitoyable, peut-être même à périr de besoin? Au moment où je vous parle, il n'y a plus de toit sur l'habitation de mes pères; nos moissons ont été détruites, nos bestiaux nous ont été ravis. Bénissez Dieu, messieurs, vous qui, venant d'un pays plus doux et plus civilisé, n'exposez que vos jours dans cette guerre implacable, sans avoir à craindre que vos ennemis fassent tomber leur vengeance sur les vieillards, les femmes et les enfants sans défense que vous pouvez avoir laissés derrière vous.

Les Anglais convinrent franchement que sous ce rapport ils avaient l'avantage; et la compagnie se dispersa, chacun pour se rendre à son poste ou pour vaquer à ses occupations.

Allan se leva pour en faire autant; mais il semblait être retenu par un sentiment qu'il ne pouvait vaincre, et il revint s'asseoir auprès de Ranald, qu'il continua à interroger sur un point de ces visions supposées qui le jetait dans la plus grande perplexité.—Maintes fois, lui dit-il, j'ai vu un Gaël qui semblait plonger son poignard dans le corps de Menteith, de ce jeune seigneur au manteau écarlate qui vient de sortir à l'instant de ce bothy [1]. J'ai tenu les yeux fixés sur lui jusqu'à ce qu'ils sortissent presque de leur orbite; mais ce fut inutilement, je ne pus voir sa figure ni découvrir qui ce pouvait être, quoique sa personne et son air ne me parussent pas inconnus.

— Avez-vous retourné votre plaid, dit Ranald, comme nos règles l'ordonnent en pareil cas?

— Oui, répondit Allan à voix basse et en frémissant comme s'il éprouvait une agonie intérieure.

— Et sous quel costume le fantôme vous apparut-il alors? demanda Ranald.

---

[1] *Bothy*, cabane écossaise, tente. — Ed.

— Avec son plaid aussi retourné, reprit Allan d'une voix sourde et entrecoupée, tandis qu'une sueur froide lui couvrait le front.

— Alors soyez certain que c'est votre main, votre propre main qui commettra l'acte que vous peignait la vision.

— C'est ce que mon âme inquiète a cent fois murmuré à mon oreille; mais c'est impossible! Quand je le lirais dans le livre éternel du destin, je répèterais encore que c'est impossible! Nous sommes unis par les liens du sang, par des liens, s'il est possible, encore plus indissolubles... Nous avons combattu l'un près de l'autre; nos épées se sont teintes du sang des mêmes ennemis. Encore une fois, il est impossible que je puisse jamais lever la main sur lui!

— Tel est cependant l'arrêt immuable du destin, répondit Ranald; et vous l'accomplirez, quoique les ténèbres de l'avenir nous en cachent encore la cause. Vous dites, ajouta-t-il en ayant peine lui-même à réprimer les sentiments tumultueux qui l'agitaient, vous dites que vous avez poursuivi ensemble votre proie comme les limiers altérés de sang?... N'avez-vous jamais vu de ces limiers tourner l'un contre l'autre leurs dents meurtrières, et s'attaquer, se déchirer mutuellement sur le corps d'un daim expirant?

— C'est faux, s'écria Mac-Aulay en s'élançant à l'autre bout de la tente; ce ne sont point là les prédictions du destin, mais les insinuations perfides de quelque esprit malfaisant sorti du noir abîme pour m'y entraîner avec lui. Et, à ces mots, il sortit brusquement.

— Le coup est porté! dit l'Enfant du Brouillard en le suivant avec un regard de triomphe et d'enthousiasme; le trait empoisonné est dans ton cœur. Ames de mes enfants massacrés, réjouissez-vous! vos meurtriers vont bientôt se plonger dans le sang l'un de l'autre.

Le lendemain matin, tout étant prêt pour le départ, Montrose s'avança rapidement dans la direction qu'il s'était tracée, en suivant le fleuve du Tay, et déploya sa petite armée dans la vallée romantique qui entoure la tête du lac de ce même nom. Les habitants étaient des Campbells, non pas vassaux d'Argyle, mais ses alliés et du clan de Glenurchy, qui porte aujourd'hui le nom de Breadalbane. Attaqués à l'improviste, et hors d'état d'opposer la moindre résistance, ils furent obligés d'être spectateurs passifs des ravages qui se commettaient, et de se laisser enlever tous leurs troupeaux. Ce fut de cette manière que Montrose arriva jusque sur les bords du lac Dochart, ravageant tout sur son passage, enlevant les bestiaux; et il se vit alors au point le plus difficile et le plus périlleux de son entreprise.

Même aujourd'hui qu'une bonne route conduit de Teinedrum jusqu'à la source du lac Awe, une armée aurait encore quelque peine à franchir ces déserts; mais alors il n'existait aucune espèce de route ni de sentier; et, pour ajouter encore aux obstacles, les montagnes étaient déjà couvertes de neige. C'était un spectacle sublime que ces masses irrégulières qui s'élevaient l'une sur l'autre; celles qui étaient sur le premier plan frappaient l'œil par leur blancheur éblouissante, tandis que les derniers rayons du soleil d'automne jetaient un reflet rougeâtre sur les plus éloignés de ces monts. Ben Cruachan, le plus élevé de tous, semblait en quelque sorte la citadelle du génie des Highlands, et son sommet inaccessible se distinguait de plusieurs milles à la ronde.

Les soldats de Montrose n'étaient pas de ces hommes que pût effrayer le spectacle imposant, mais terrible, qu'ils avaient sous les yeux. La plupart étaient de cette ancienne race des Highlanders qui non seulement se couchaient volontiers au milieu de la neige, mais qui regardaient même comme un luxe efféminé de la rouler en forme de traversin pour reposer leur tête. L'espoir du pillage et de la vengeance brillait à leurs yeux derrière ces montagnes glacées; dès lors tous les obstacles disparaissaient pour eux.

Montrose ne laissa pas à leur enthousiasme le temps de se refroidir. Il donna ordre aux joueurs de cornemuse de marcher en avant, et de jouer la marche guerrière des Mac-Farlanes [1], dont les sons perçants avaient souvent glacé de terreur les vallées du Lennox. Les troupes s'élancèrent sur leurs pas avec une agilité incroyable, et Ranald, qui les guidait, marchait en avant avec un corps d'élite pour reconnaître le chemin.

Jamais le pouvoir de l'homme ne paraît plus méprisable que lorsqu'il se trouve placé en contraste avec le spectacle des terreurs et de la majesté de la nature. L'armée victorieuse de Montrose, dont les exploits avaient jeté l'alarme dans toute l'Écosse, s'efforçant de gravir ces montagnes terribles, semblait une misérable poignée de maraudeurs que d'affreux précipices menaçaient à chaque instant d'engloutir. Montrose lui-même se repentit presque de son entreprise audacieuse, lorsque, du sommet du rocher sur lequel il parvint, il examina l'état de sa petite armée. Telle était la difficulté de pénétrer plus avant, qu'il commençait à se faire de grands vides entre les rangs; l'espace qui séparait l'avant-garde du centre et le centre de l'arrière-garde, s'agrandissait à chaque instant d'une manière effrayante, ce qui les eût exposés aux plus grands périls s'ils avaient été attaqués.

Montrose ne pouvait s'empêcher de frémir en considérant toutes les positions avantageuses qu'offraient les montagnes, dans la crainte qu'elles ne fussent occupées par un ennemi prêt à se défendre; on l'entendit souvent par la suite déclarer que, si les défilés de Strath-Fillan eussent été défendus par deux cents hommes déterminés, il eût été arrêté dans sa marche, et que toute son armée eût pu

---

(1) *Hoggal nam bo*, etc., etc., c'est-à-dire — nous accourons à travers les frimas pour saisir notre proie.

C'est le chant de guerre de Mac-Farlanes, clan renommé par ses exploits et ses habitudes de maraudeurs. Ils habitaient les rives occidentales du lac Lomond.

être aisément détruite. Mais la sécurité, ce fléau funeste qui causa la prise de tant de châteaux forts, le ravage de tant de contrées, livra en cette occasion le comté d'Argyle à ses ennemis. Ils n'eurent à lutter que contre les obstacles que la nature leur opposait, et heureusement la neige n'était pas encore tombée en très grande quantité. A peine les troupes furent-elles arrivées sur le sommet des rochers qui séparaient le comté d'Argyle du district de Breadalbane, qu'elles se précipitèrent sur les vallées qui les entouraient avec une fureur sauvage, qui exprimait les motifs qui les avaient déterminées à hasarder une entreprise aussi périlleuse.

Montrose divisa son armée en trois corps, afin de répandre plus au loin la terreur, et d'attaquer plusieurs points en même temps; l'un fut commandé par le Chef du clan Donald, le second par Colkitto, et il se mit lui-même à la tête du troisième. Cette triple invasion ne fut qu'une marche triomphante; nulle part on n'opposa de résistance. Les bergers, en s'enfuyant des montagnes, avaient d'abord annoncé cette irruption formidable; et si, dans quelques endroits, quelques fidèles Highlanders du clan d'Argyle voulaient prendre les armes, ils étaient dispersés, mis à mort ou désarmés au même instant par un ennemi qui semblait deviner tous leurs mouvements.

Le major Dalgetty, qui avait été envoyé en avant contre Inverary avec le peu de cavalerie qui se trouvait dans l'armée, prit si bien ses mesures, que peu s'en fallut qu'il ne surprît Argyle, comme il le dit lui-même, *inter pocula*, et ce ne fut qu'en se jetant précipitamment dans une chaloupe, et en faisant force de rames, que ce Chef parvint à échapper à la mort, ou du moins à l'esclavage. Mais, si Argyle échappa personnellement au châtiment qui lui était réservé, ses domaines et son clan payèrent chèrement pour leur maître: tout ne fut bientôt que deuil et que désolation; et les ravages commis par Montrose sur ce malheureux comté, quoiqu'ils ne fussent que trop d'accord avec l'esprit du siècle dans ces contrées barbares, ont été regardés comme une tache que ses plus beaux exploits ne sauraient effacer.

Cependant Argyle s'était enfui à Édimbourg pour porter ses plaintes devant la Convention des États. Le général Baillie, officier presbytérien, rempli de zèle et d'expérience, fut chargé de lever une armée considérable, et on lui donna pour adjoint sir John Urrie, officier de fortune comme Dalgetty, qui avait déjà changé deux fois de parti pendant la guerre civile, et destiné à en changer encore une fois avant qu'elle fût terminée. Argyle, transporté d'indignation, voulut aussi rassembler ses troupes, afin de se venger de son ennemi mortel. Il établit son quartier-général à Dumbarton, où les membres de son clan et un grand nombre de ses alliés vinrent bientôt le rejoindre. Baillie et Urrie s'y étant rendus également avec une armée considérable, entièrement composée de troupes réglées, il se prépara à rentrer dans le comté d'Argyle, et à exterminer les téméraires qui avaient osé envahir ses domaines.

Mais tandis que ces deux armées formidables opéraient leur jonction, Montrose se voyait menacé du côté opposé par une troisième armée; c'était celle qu'avait rassemblée dans le nord le comte de Seaforth. Après quelque hésitation, ce seigneur avait embrassé le parti des Covenantaires, et, à la tête de troupes nombreuses auxquelles s'étaient jointes les garnisons de plusieurs villes, lui fermait la retraite du côté d'Inverness.

On aurait cru que la destruction de l'armée de Montrose était inévitable, menacé comme il était de tous côtés par des forces supérieures qui s'avançaient à marches forcées contre lui. Mais c'était précisément dans ces moments critiques et désespérés que le génie actif et entreprenant du comte brillait de tout son lustre, et excitait l'admiration et l'enthousiasme de ses partisans, tandis qu'il répandait la terreur et le découragement parmi ses ennemis. Il rassembla comme par magie ses troupes éparses sur la vaste étendue de pays qu'elles avaient ravagé ; et à peine étaient-elles réunies, qu'Argyle apprit que les royalistes avaient disparu tout-à-coup de son comté, et s'étaient retirés vers le nord, parmi les montagnes sombres et impénétrables de Lochaber.

Les généraux opposés à Montrose conjecturèrent aussitôt que son projet était de combattre Seaforth, et, s'il était possible, de tailler son armée en pièces avant qu'ils pussent venir à son secours. Ils s'empressèrent donc de changer leurs plans d'opérations. Urrie et Baillie séparèrent de nouveau leurs troupes de celles d'Argyle, et comme leurs forces consistaient principalement en cavalerie, ils côtoyèrent les montagnes qu'il leur eût été difficile de gravir, et s'avancèrent du côté de l'est vers le comté d'Angus, d'où ils se proposaient de passer dans celui d'Aberdeen, afin de couper l'armée de Montrose s'il tentait de s'échapper dans cette direction.

Argyle, à la tête de ses propres troupes, entreprit de suivre la marche de Montrose, afin que, s'il en venait aux mains soit avec Seaforth, soit avec les deux autres généraux, il se trouvât placé entre deux feux par cette troisième armée, qui, le suivant de loin, pourrait harceler son arrière-garde.

Dans ce dessein, Argyle se dirigea vers Inverary, et à chaque pas il eut lieu de déplorer les affreux ravages que les clans ennemis avaient commis sur son territoire. Quelques nobles qualités que possédassent les Highlanders, la clémence n'était pas du nombre, et le comté d'Argyle en fournissait alors de déplorables preuves ; mais ces ravages même contribuèrent à grossir les rangs d'Argyle. C'est encore aujourd'hui un proverbe dans les Highlands, que celui dont la maison est brûlée doit se faire soldat. La plupart des habitants de ces malheureuses vallées n'avaient plus d'autres moyens de subsistance que d'exercer sur d'autres clans les déprédations dont ils avaient été eux-mêmes les victimes ; ils n'avaient plus de ressource que le pillage, d'espoir que la vengeance. La désolation du pays d'Argyle fut donc la principale cause de l'augmentation de son armée, et il se vit bientôt à la tête de trois mille hommes déterminés, d'un courage et d'une fidélité à toute épreuve.

Il confia, sous ses ordres, le principal commandement de ses troupes à sir Duncan Campbell, chevalier d'Ardenvohr, et à un autre sir Duncan Campbell d'Auchenbreck, vieux militaire rempli d'expérience, qu'il avait rappelé exprès d'Irlande, où il faisait la guerre. La circonspection timide d'Argyle l'emporta sur l'intrépidité plus audacieuse de ses généraux, et il fut résolu que, malgré l'augmentation de leurs forces, ils observeraient le même plan d'opérations, et suivraient Montrose, de quelque côté qu'il se dirigeât, en évitant avec soin un engagement, jusqu'à ce que l'occasion se présentât de tomber sur son arrière-garde lorsqu'il serait occupé à se défendre contre l'une ou l'autre des deux armées qui allaient bientôt se trouver devant lui.

CHAPITRE XVIII.

> « Pibroch de Donald le Noir,
> « Pibroch de Donald le Noir,
> « Retentis sur nos montagnes,
> « Retentis sur nos montagnes,
> « Et bientôt nous allons voir
> « Inonder les campagnes
> « Par les guerriers, notre espoir.
> « Levez la bannière,
> « Voici l'ennemi ;
> « Levez la bannière :
> « La voix de la guerre
> « Pour rendez-vous indique Inverlochy.
> « Levez la bannière.
> « ....»

La route militaire qui unit, comme on dit, la chaîne des forts, et pratiquée dans la direction générale du canal Calédonien, a maintenant ouvert complètement la grande vallée qui traverse presque toute l'île, et dont les cavités, remplies sans doute par la mer, fournissent encore des bassins à cette longue suite de lacs au moyen desquels l'art est parvenu à joindre l'Océan germanique à l'Océan atlantique. Avant la construction de cette route, les habitants suivaient des sentiers étroits et inégaux pour traverser cette vallée étendue. Quelque mauvais qu'ils fussent, comme il n'existait pas d'autres moyens de communication entre les différents clans, ils étaient assez fréquentés, et ce fut une raison pour Montrose de les éviter. Il conduisit son armée comme un troupeau de daims sauvages, de montagnes en montagnes et de forêts en forêts, dérobant ainsi la connaissance de sa marche à ses ennemis, tandis qu'il apprenait tous leurs mouvements par les clans de Cameron et de Mac-Donnell, ses alliés, dont il traversait alors le pays. Il avait donné les ordres les plus sévères pour qu'on épiât continuellement la marche d'Argyle, et qu'on vînt lui communiquer à l'instant même tous les renseignements qu'on aurait pu se procurer.

Une nuit que Montrose, accablé de fatigue, après une marche longue et pénible, s'était jeté sous une espèce de mauvais hangar pour y goûter quelques moments de sommeil, à peine venait-il de fermer les yeux que quelqu'un lui frappa doucement sur l'épaule. Il se leva aussitôt, et, à la taille athlétique, à la voix retentissante de celui qui l'appelait, il reconnut aisément le Chef des Camerons.

— Je vous apporte des nouvelles qui valent la peine que vous les écoutiez, lui dit celui-ci.

— Mac-Ilduy n'en peut apporter d'autres, reprit Montrose appelant le Chef par son nom patronimique. Sont-elles bonnes ou mauvaises?

— Cela dépend du parti que vous prendrez.

— Sont-elles certaines?

— Oui, ou ce ne serait pas moi qui vous les apporterais. Sachez que, las d'accompagner ce Dalgetty, qui, chargé de faire une reconnaissance avec sa petite troupe de cavaliers, s'avançait aussi lentement que s'il craignait à chaque pas de rencontrer quelque embuscade, je me séparai de lui; et avec six de mes hommes je me dirigeai du côté d'Inverlochy. Argyle s'en approche en ce moment à la tête de trois mille hommes d'élite, commandés par la fleur des enfants de Diarmid. Telles sont mes nouvelles, elles sont certaines; c'est à vous à juger si elles sont bonnes ou mauvaises.

— Elles sont excellentes, s'écria Montrose; la voix de Mac-Ilduy est toujours agréable à l'oreille de Montrose; à plus forte raison lorsqu'elle annonce quelque occasion d'acquérir de la gloire. Combien nous reste-t-il de soldats?

Il demanda de la lumière, parcourut les rôles de ses troupes, et reconnut sans peine qu'une grande partie s'étant dispersée, suivant l'usage, pour porter le butin dans les montagnes, il n'avait pas alors avec lui plus de douze à quatorze cents hommes.

— Ce n'est guère plus du tiers des forces d'Argyle, dit Montrose d'un air pensif. Highlander contre Highlander..... avec la protection de Dieu qui veille sur les intérêts de la cause royale, je n'hésiterais pas si nous étions seulement un contre deux.

— Eh bien, n'hésitez point, s'écria Cameron ; car, lorsque vos cornemuses donneront le signal de l'attaque contre Mac-Callum-More, il n'est pas un homme dans ces vallées qui restera sourd à l'appel. Glengary, Keppoch, moi-même, nous immolerions le misérable qui resterait en arrière sous quelque prétexte que ce fût. Demain ou le surlendemain sera un jour de bataille pour tous ceux qui portent le nom de Cameron ou de Mac-Donnell, quelle que doive être l'issue du combat.

— C'est parler en brave, mon noble ami, dit Montrose en lui serrant la main, et il faudrait que je fusse un lâche pour ne pas rendre justice à d'aussi généreux guerriers, et pour douter un seul instant de la victoire. Nous tomberons sur ce Mac-Callum-More, qui nous suit, comme un corbeau affamé, pour dévorer les restes de notre armée si nous rencontrions des ennemis plus braves qui parvinssent à l'affaiblir et à la vaincre. Que les chefs, que les officiers se rassemblent avec toute la promptitude possible ; et vous qui nous avez apporté la première nouvelle de cet heureux évènement, car c'en est un que de se trouver près d'un ennemi qu'on brûle de combattre, vous nous guiderez à la victoire, et vous nous mettrez à portée de l'obtenir en nous conduisant par la route la plus courte en présence de l'ennemi.

— Reposez-vous sur moi, dit Mac-Ilduy ; si je vous ai

montré les passages où vous pouviez effectuer votre retraite à travers ces déserts sauvages, avec combien plus de joie et d'empressement ne vous guiderai-je point lorsqu'il s'agit d'aller combattre Mac-Callum-More !

Tout fut bientôt en mouvement et en agitation dans le camp, et les chefs, convoqués par Montrose, quittèrent tous la couche grossière sur laquelle ils avaient cherché un repos momentané.

— Je n'aurais jamais cru, dit le major Dalgetty en secouant son habit auquel s'étaient attachées une partie des branches sèches sur lesquelles il s'était couché, je n'aurais jamais cru quitter avec autant de peine un lit si peu attrayant. A peine avais-je fermé l'œil, que déjà le comte m'appelle. Il est vrai que, n'ayant dans son armée qu'un homme qui ait de l'expérience et qui connaisse la tactique, il est tout simple que Son Excellence ait sans cesse besoin de moi.

En disant ces mots, il se rendit au conseil, où, malgré sa pédanterie et ses airs d'importance, Montrose paraissait toujours l'écouter avec beaucoup d'attention, tant parce que le major possédait réellement des connaissances militaires et donnait parfois des conseils qui n'étaient pas sans utilité, que parce qu'ils servaient en quelque sorte de contre-poids lorsque les chefs des Highlanders ouvraient un avis auquel le comte ne voulait pas déférer.

Dans cette occasion, Dalgetty approuva vivement le projet de faire volte-face et de tomber sur Argyle, projet qu'il comparait à l'action héroïque du grand Gustave, lorsque, menacé du côté du nord par l'armée nombreuse que Wallenstein avait rassemblée en Bohême, il marcha contre le duc de Bavière, et enrichit ses troupes par le pillage de cette contrée fertile.

Les chefs de Glengary, de Keppoch et de Lochiel, dont les clans habitaient les vallées et les montagnes voisines, et ne le cédaient à aucun autre ni pour le courage ni pour l'ardeur guerrière, sommèrent tous ceux de leurs vassaux qui étaient en état de porter les armes de joindre l'armée du lieutenant du roi, et de se ranger sous les étendards de leurs chefs respectifs lorsqu'ils marcheraient sur Inverlochy. Jamais ordre ne fut exécuté avec plus de promptitude et d'empressement. Leur passion naturelle pour la guerre, leur zèle pour la cause royale (car ils regardaient le roi comme un chef que les hommes de son clan avaient abandonné) et leur obéissance aveugle aux ordres de leurs chefs firent accourir dans l'armée de Montrose non seulement tous les Highlanders des environs qui étaient en état de servir, mais même plusieurs qui, du moins par leur âge, auraient pu sembler incapables de supporter les fatigues de la guerre.

Le jour suivant, tandis qu'il traversait les montagnes du Lochaber, sans que l'ennemi eût le moindre soupçon de sa marche, Montrose vit encore sortir de toutes les cavernes des hommes qui venaient se ranger spontanément sous les bannières de leurs différents chefs. Cette circonstance redoubla l'ardeur et l'enthousiasme du reste de l'armée, qui, comme l'avait prédit le vaillant Chef des Camerons, était augmentée de près d'un tiers lorsqu'elle se trouva près de l'ennemi.

Tandis que Montrose exécutait cette contre-marche, Argyle, à la tête de son armée, s'était avancé jusque sur les bords du Lochy, rivière qui unit le lac de ce nom à celui d'Eil. L'ancien château d'Inverlochy, autrefois forteresse royale et encore alors place de quelque importance, fut l'endroit qu'Argyle choisit pour y établir son quartier-général ; et son armée campa autour du château, dans la vallée spacieuse où les deux lacs se réunissent. Plusieurs chaloupes chargées de provisions étaient aussi arrivées. Enfin, les troupes étaient sous tous les rapports campées aussi commodément qu'elles pouvaient le désirer.

Le marquis, se consultant avec Auchenbreck et Ardenvohr, leur manifesta la conviction intime que Montrose était alors sur les bords du précipice qui devait l'engloutir à jamais : ses troupes, disait-il, devaient diminuer à mesure qu'il traversait ces pays incultes et barbares. S'il se dirigeait vers l'est, il rencontrerait Urrie et Baillie ; s'il suivait la direction du nord, il tomberait entre les mains de Seaforth ; ou s'il s'arrêtait dans quelque lieu, il s'exposait à être attaqué par trois armées à la fois.

— Ce ne serait point, milord, un spectacle agréable pour moi, dit Auchenbreck, que de voir James Graham terrassé par d'autres mains que les nôtres, ou d'avoir à partager avec des étrangers l'honneur de la victoire. C'est nous qu'il a outragés dans tout ce que nous avions de plus cher, c'est notre comté qu'il a ravagé ; c'est donc avec nous qu'il a un compte terrible à régler, et je brûle de m'acquitter personnellement de ce que je lui dois ; ce sont de ces dettes dont je n'aime point à laisser le paiement à un tiers.

— Vous êtes trop scrupuleux, dit Argyle ; qu'importe par quelles mains le sang des Graham soit répandu ! il est temps que celui des enfants de Diarmid cesse de couler. Quel est votre avis, Ardenvohr ?

— Moi, milord, reprit sir Duncan, je pense que les souhaits d'Auchenbreck seront bientôt comblés, et qu'il aura l'occasion de régler personnellement ses comptes avec Montrose. Nos avant-postes viennent d'apprendre que les Camerons s'assemblent dans les défilés du Ben-Nevis : il faut donc que Montrose s'avance de ce côté, et qu'ils veuillent se joindre à lui ; car ce n'est assurément point pour couvrir sa retraite qu'ils prennent les armes.

— Quelque projet de pillage, sans doute, inventé par la haine invétérée de Mac-Ilduy, dit Argyle. Il ne peut tout au plus que méditer une attaque sur nos avant-postes, ou projeter de nous harceler demain pendant notre marche.

— J'ai envoyé des éclaireurs dans toutes les directions, dit sir Duncan, et nous saurons bientôt si les Camerons rassemblent réellement des troupes, et, dans ce cas, quels sont leurs projets et sur quels points ils se portent.

Les éclaireurs furent long-temps sans revenir; ce ne fut qu'après le lever de la lune qu'une agitation considérable, qui se manifesta au château et dans le camp, annonça l'arrivée de quelque nouvelle importante. Des soldats envoyés par Ardenvohr à la découverte, quelques uns étaient revenus sans avoir pu recueillir de renseignements positifs ni d'autres détails que quelques bruits vagues sur les mouvements qui se manifestaient dans le pays des Camerons. Des cris de guerre et de vengeance retentissaient jusqu'aux extrémités de leurs montagnes; on eût dit que des cavernes du Ben-Nevis sortaient ces sons prophétiques et inexplicables par lesquels elles annoncent quelquefois l'approche d'un orage. D'autres, que leur zèle avait entraînés trop loin, avaient été surpris et faits prisonniers par les habitants des défilés dangereux dans lesquels ils avaient tenté de pénétrer. Enfin, l'armée de Montrose continuant toujours à avancer rapidement, son avant-garde et les premiers postes d'Argyle se trouvèrent en présence : après avoir échangé quelques coups de mousquet, ils se replièrent chacun sur le centre de leur armée pour annoncer la présence de l'ennemi et prendre les ordres de leurs chefs.

Sir Duncan d'Ardenvohr et Auchenbreck s'élancèrent aussitôt sur leurs chevaux pour faire la visite des différents postes, et le marquis d'Argyle se montra digne du titre de commandant en chef par la manière dont il sut disposer ses forces dans la plaine, pour éviter toute surprise; car il s'attendait à être attaqué pendant la nuit, ou au plus tard le lendemain matin.

Montrose avait caché si soigneusement ses troupes dans les défilés des montagnes, qu'Auchenbreck et Ardenvohr ne purent réussir dans les tentatives que la prudence leur permit de faire pour reconnaître le nombre des troupes qui leur étaient opposées. Ils se convainquirent néanmoins qu'en supposant les forces de l'ennemi deux fois plus nombreuses qu'elles n'étaient, ils auraient toujours l'avantage du nombre.

Lorsqu'ils revinrent communiquer au marquis le résultat de leurs observations, Argyle ne voulut jamais croire que ce fût Montrose dont il allait avoir à combattre l'armée. — Ce serait, dit-il, un acte de frénésie dont James Graham lui-même, malgré toute sa présomption et toute son extravagance, est incapable. Et il ne doutait pas que ceux qui cherchaient à arrêter leur marche ne fussent leurs anciens ennemis les Glenco, les Keppoch et les Glengary, et peut-être Mac-Vourigh avec ses Macphersons, dont les troupes devaient être fort inférieures en nombre, et qui se verraient bientôt obligés de capituler.

Les troupes d'Argyle étaient remplies d'enthousiasme; et, brûlant de se venger des désastres que leur pays venait d'éprouver, elles attendaient le lever de l'aurore avec une vive impatience. Les avant-postes de chaque armée furent toute la nuit sur leurs gardes, et les soldats d'Argyle dormirent dans l'ordre de bataille dans lequel ils devaient combattre.

A peine une pâle clarté commençait-elle à colorer les sommets des montagnes immenses qui les entouraient, que les chefs des deux armées s'apprêtèrent au combat. C'était le 2 février 1645-6. Les troupes d'Argyle étaient rangées sur deux lignes, à partir de l'angle que formaient la rivière et le lac, et la nuit n'avait pas diminué leur ardeur. Auchenbreck aurait voulu engager aussitôt le combat en attaquant les avant-postes de l'ennemi; mais

Argyle, avec sa circonspection ordinaire, préféra rester sur la défensive.

Ils entendirent bientôt des signaux qui les convainquirent qu'ils n'attendraient pas long-temps l'attaque de l'ennemi. Ils pouvaient reconnaître dans les gorges des montagnes les marches guerrières des différents clans, à mesure qu'ils approchaient de la vallée. Celle des Camerons, distinguée par ces mots remarquables, adressés aux loups et aux corbeaux : — Venez à moi, je vous donnerai de la pâture, — retentissait avec un bruit terrible dans leurs vallées natales. Pour parler le langage des bardes des montagnes, la voix de guerre de Glengary ne gardait pas le silence; et les airs particuliers des autres tribus se distinguaient aisément, à mesure qu'elles arrivaient à l'extrémité des collines d'où elles devaient descendre dans la plaine.

— Vous voyez, dit Argyle à ses capitaines, que, comme je vous le disais, nous n'avons affaire qu'à nos voisins; James Graham n'a pas osé déployer devant nous sa bannière.

Au moment même une fanfare éclatante de cavalerie résonna dans les montagnes, et les chefs reconnurent l'air par lequel on avait coutume, en Écosse, de saluer l'étendard royal.

— Voilà un signal, milord, dit sir Duncan, qui annonce que celui qui prétend être le lieutenant du roi est en personne dans cette armée.

— Et qu'il a probablement de la cavalerie avec lui, ajouta Auchenbreck, ce que je n'aurais jamais présumé. Mais faut-il pour cela prendre l'alarme, milord? faut-il paraître abattu et consterné, lorsque nous avons des ennemis à combattre et des torts à venger?

Argyle ne répondit rien, et ses yeux se fixèrent sur son bras, qu'il était obligé de porter en écharpe depuis quelques jours par suite d'une chute de cheval.

— Il est vrai, dit vivement Ardenvohr; ce malheureux accident vous met hors d'état, milord, de manier l'épée ou le pistolet; retirez-vous à bord d'une chaloupe; nous avons besoin de votre tête comme chef, et non de votre bras comme soldat.

— Non, dit Argyle, dont l'orgueil repoussait une idée que d'autres sentiments approuvaient peut-être au fond de son cœur, il ne sera pas dit que j'ai fui devant Montrose; si je ne puis combattre, je veux du moins mourir aux milieu de mes enfants.

Plusieurs capitaines se réunirent pour conjurer leur Chef de laisser pour ce jour-là le commandement aux lairds d'Ardenvohr et d'Auchenbreck, et de regarder de loin le combat. Nous n'osons pas accuser ouvertement Argyle de poltronnerie; car, quoique sa vie n'ait été marquée par aucune action de bravoure, cependant il se conduisit avec tant de calme et de dignité dans ses derniers moments, que sa conduite en cette occasion et dans plusieurs autres doit être attribuée plutôt à l'indécision qu'à un manque de courage. Mais lorsque la voix secrète qui dit tout bas au cœur d'un homme que sa vie lui est précieuse est secondée par celle des personnes qui l'entourent, et qui l'assurent qu'elle n'est pas moins précieuse pour le public, l'histoire offre maint exemple d'hommes, d'un caractère habituellement plus ferme et plus entreprenant que le marquis d'Argyle, qui en pareille occasion ont consulté avant tout l'amour de la vie, lorsqu'ils avaient des excuses aussi plausibles à faire valoir.

— Conduisez-le à bord si vous voulez, sir Duncan, dit Auchenbreck à son parent; pour moi, il faut que j'empêche cet esprit funeste de faire plus de progrès parmi nous.

A ces mots il se jeta au milieu des rangs, priant, conjurant les soldats de se rappeler leur ancienne gloire et leur supériorité actuelle, les torts qu'ils avaient à venger s'ils triomphaient, et le sort qu'ils avaient à craindre s'ils étaient vaincus; enfin, par ses discours, par ses exhortations, il parvint à faire passer dans tous les cœurs l'enthousiasme qui l'animait.

Pendant ce temps, Argyle, quoique avec une répugnance apparente, se laissait entraîner vers les rives du lac, et il fut transporté à bord d'une chaloupe, de laquelle il regarda le combat, sauvant ainsi sa vie, mais non son honneur.

Sir Duncan Campbell d'Ardenvohr, malgré son impatience de rejoindre l'armée, resta un instant les yeux attachés sur la barque qui emmenait son Chef loin du champ de bataille. Il s'élevait dans son âme des sentiments qu'il s'efforçait de combattre, mais qu'il ne pouvait vaincre. Un Chef était un père pour son clan, et le membre de sa tribu n'osait condamner ses faiblesses avec la même sévérité que celles des autres hommes : d'ailleurs Argyle, naturellement dur et sévère, était généreux et libéral envers ses vassaux. Le noble cœur d'Ardenvohr était plongé dans une douleur amère, lorsqu'il songeait aux interprétations malignes et outrageantes auxquelles la conduite d'Argyle pourrait donner lieu.

— Il vaut mieux qu'il en soit ainsi, se dit-il à lui-même en dévorant son inquiétude ; mais de tous ses nobles ancêtres je n'en connais aucun qui eût voulu se retirer tant que la bannière de Diarmid flottait dans la plaine !

Des cris de guerre se firent alors entendre, et sir Duncan, oubliant tout à la voix de l'honneur, courut aussitôt à son poste, qui était sur le flanc droit de l'armée d'Argyle.

La retraite du marquis n'avait pas échappé à l'attention de l'ennemi, qui, occupant une hauteur, pouvait voir tout ce qui se passait dans la plaine. Comme ceux qui se retiraient vers l'arrière-garde étaient à cheval, cette circonstance prouvait que c'étaient des chefs de l'armée.

—Les voilà, dit Dalgetty, les voilà qui, en prudents cavaliers, vont mettre leurs chevaux à l'abri du danger. Voilà sir Duncan sur son cheval bai-brun sur lequel j'avais jeté les yeux pour tenir compagnie à Gustave.

— Vous vous trompez, major, dit Montrose avec un sourire ironique ; ils conduisent hors de la mêlée leur précieux Chef ! Donnez sur-le-champ le signal de l'attaque.

— Faites passer le mot dans tous les rangs. — Glengary, Keppoch, Mac-Vourigh, fondez sur eux à la tête de vos braves ! — Major Dalgetty, courez dire à Mac-Ilduy de charger au nom de son amour pour le Lochaber. — Revenez sur-le-champ ranger votre corps de cavalerie autour de mon étendard, il servira de corps de réserve avec les Irlandais. — Mes amis, en avant !

CHAPITRE XIX.

« Tel qu'un rocher qui résiste à mille vagues, Inisfait
« rencontre Lochlin. »

OSSIAN.

Les trompettes et les cornemuses, ces avant-coureurs bruyants du carnage, donnèrent en même temps le signal de l'attaque ; les cris de plus de deux mille guerriers leur répondirent, mêlés à la voix sonore des échos des montagnes. Divisés en trois corps ou colonnes, les Highlanders de l'armée de Montrose s'élancèrent hors des défilés qui les avaient jusqu'alors cachés à leurs ennemis, et se précipitèrent avec fureur sur les Campbells, qui les attendaient avec la plus grande fermeté. Derrière ces colonnes, chargées de l'attaque, marchait le corps de réserve, composé des Irlandais commandés par Colkitto. Au milieu d'eux était l'étendard royal et Montrose lui-même, et sur les flancs, sous les ordres de Dalgetty, étaient une cinquantaine de cavaliers, qu'avec des peines infinies on était parvenu à équiper d'une manière assez passable.

L'aile droite des royalistes était commandée par Glengary, la gauche par Lochiel, et le centre par le comte de Menteith, qui, au lieu de rester avec la cavalerie, préféra combattre à pied dans le costume des Highlanders.

Les Highlanders, après s'être précipités dans la plaine avec la fureur qui les caractérise, s'arrêtèrent à quelques pas de l'ennemi pour tirer leurs flèches et décharger leurs mousquets. Les Campbells reçurent l'attaque avec courage. Mieux pourvus d'armes à feu, immobiles, et par conséquent visant avec plus de justesse, ils firent un feu roulant bien plus terrible que celui de leurs ennemis. Pour parer à ce désavantage, les clans franchirent tout-à-coup l'espace qui les séparait encore des troupes d'Argyle, et, les attaquant corps à corps, parvinrent sur deux points à jeter le désordre et la confusion dans leurs rangs. Avec des troupes réglées, c'en eût été assez pour décider la victoire; mais ici Highlanders combattaient contre Highlanders, et la nature des armes, et l'agilité de ceux qui les maniaient, étaient égales des deux côtés.

Le combat fut opiniâtre; au cliquetis des claymores et au bruit des haches qui se croisaient ou tombaient sur les boucliers, se mêlaient les cris sauvages et entrecoupés dont les Highlanders accompagnent toujours toute action violente. Un grand nombre de soldats se connaissaient particulièrement, et ils se cherchaient l'un l'autre, soit par des motifs de haine ou de vengeance, soit par un sentiment plus noble d'émulation. Aucun des deux partis ne voulait céder un pouce de terrain, et la place de ceux qui succombaient était aussitôt remplie par d'autres soldats qui brûlaient de combattre au premier rang. Une vapeur épaisse, semblable à celle qui s'élève d'une chaudière bouillante, était suspendue sur la tête des combattants.

Au centre et sur l'aile droite, l'avantage était à peu près égal des deux côtés; mais le laird d'Ardenvohr eut un instant le dessus sur l'aile gauche de Montrose, à cause de ses talents militaires et de la supériorité du nombre. Il avait étendu obliquement le flanc de sa ligne au moment où les royalistes se préparaient à fondre sur ses troupes, de sorte qu'ils se virent exposés à un double feu de mousqueterie en avant et sur le côté; et, malgré tous les efforts de leur chef, la confusion commença à se mettre dans leurs rangs. Au même instant sir Duncan donna le signal de charger l'ennemi, et commença inopinément l'attaque où les Campbells s'attendaient au contraire à être eux-mêmes attaqués.

Les changements imprévus, lorsqu'on se voit forcé de passer de l'attaque à la défensive, sont toujours décourageants et souvent funestes. Mais le désordre fut réparé par l'approche de la réserve irlandaise, dont le feu constant et soutenu força le chevalier d'Ardenvohr à céder son avantage, et à se contenter de repousser son ennemi. Pendant ce temps Montrose, profitant de quelques bouleaux qui masquaient la vue, ainsi que de la fumée produite par les décharges continuelles de la mousqueterie irlandaise, qui cachait ses mouvements, dit à Dalgetty de le suivre avec ses cavaliers; et, faisant un long circuit de manière à prendre en flanc l'aile droite de l'ennemi, il donna l'ordre à ses six trompettes de sonner la charge.

Les fanfares éclatantes de la cavalerie et le bruit du galop des chevaux produisirent sur la colonne commandée par sir Duncan un effet que nous aurions peine à concevoir, si nous n'en recherchions pas la cause. Les Highlanders d'alors avaient, comme les Péruviens, une crainte superstitieuse du cheval de guerre, et les idées les plus étranges sur la manière dont on dressait cet animal au combat. Lorsqu'ils virent donc tout-à-coup au milieu d'eux les objets de leur plus grand effroi, une terreur panique les saisit, et, malgré les efforts de sir Duncan pour en arrêter les progrès, elle se communiqua bientôt à tous les rangs. La vue du major Dalgetty couvert de la tête aux pieds de son armure impénétrable, et faisant bondir et caracoler son coursier de manière à donner un nouveau poids à chaque coup qu'il portait, était seule une nouveauté suffisante pour frapper de terreur des gens qui n'avaient jamais vu d'autre cavalier qu'un Highlander faisant plier, sous le poids de son corps, un de ces bidets des montagnes moins gros que lui.

Les royalistes repoussés revinrent alors à la charge, et les Irlandais continuèrent à faire un feu roulant qui, éclaircissant de plus en plus les rangs de l'ennemi, l'empêcha d'opposer une plus longue résistance. Les soldats d'Argyle commencèrent à plier et à prendre la fuite, la plupart vers le lac, les autres dans différentes directions. La défaite de l'aile droite, décisive par elle-même, fut rendue irréparable par la mort d'Auchenbreck, qui reçut une balle dans le cœur tandis qu'il s'efforçait de rétablir l'ordre.

Le chevalier d'Ardenvohr, avec deux ou trois cents hommes, tous d'une naissance noble et d'un courage éprouvé, s'efforça, avec un héroïsme inutile, de couvrir la retraite de ses troupes. Ils furent les victimes de leur zèle ; attaqués de toutes parts en même temps, rompus et séparés les uns des autres, ils virent que tous leurs efforts seraient inutiles ; mais ils n'en continuèrent pas moins à se battre en désespérés, n'ayant plus d'autre but que de mourir honorablement en combattant jusqu'au dernier soupir.

— Rendez-vous, sir Duncan, s'écria le major Dalgetty,

apercevant son ancien hôte qui se défendait contre plusieurs montagnards ; et, pour lui faire accepter quartier, il courut sur lui l'épée à la main. Sir Duncan ne répondit qu'en lui lâchant un coup de pistolet ; la balle épargna le cavalier, mais pénétra dans le cœur de son noble cheval, du pauvre Gustave, qui tomba mort sur le champ de bataille. Ranald Mac-Eagh, qui était parmi ceux qui pressaient sir Duncan de plus près, profita du moment où celui-ci se détournait pour tirer sur Dalgetty, et l'abattit d'un coup de claymore.

Une demi-douzaine de montagnards s'empressèrent aussitôt de dépouiller le chevalier grièvement blessé, dont les armes et les vêtements étaient de la plus grande magnificence. Allan Mac-Aulay arriva dans ce moment.

— Traîtres ! s'écria-t-il, qui de vous a osé porter la main sur le chevalier d'Ardenvohr, lorsque j'avais donné l'ordre formel qu'on le prît vivant?

Les Highlanders, qui, à l'exception de Ranald, se trouvaient être tous du clan de son frère, s'excusèrent aussitôt en rejetant le blâme sur l'homme de l'île de Skye : c'est ainsi qu'ils désignaient Ranald Mac-Eagh.

— Maudit habitant des Iles ! dit Allan, oubliant dans sa colère leur fraternité prophétique, poursuis les ennemis, et ne fais plus le moindre mal à ce vieillard, si tu ne veux mourir de ma main. Ils se trouvaient alors presque seuls ; car les menaces d'Allan avaient forcé son clan à s'éloigner, et tous les soldats se pressaient en foule vers le lac, portant devant eux la terreur et la confusion, et ne laissant derrière que des morts et des mourants.

C'était une occasion trop favorable pour Mac-Eagh, qui depuis long-temps nourrissait en secret son ressentiment et son désir de vengeance, pour qu'il la laissât échapper.

— Moi mourir de ta main, encore teinte du sang de mes proches ! s'écria-t-il en répondant aux menaces du guerrier d'un ton non moins menaçant ; c'est toi qui vas mourir de la mienne! A ces mots il lui porta un coup avec tant de promptitude, qu'Allan eut à peine le temps de le parer avec son bouclier.

— Traître! dit-il en se mettant sur ses gardes, qu'est-ce que cela veut dire?

— Je suis Ranald du Brouillard ! s'écria son ennemi en lui portant un nouveau coup, et alors commença le combat le plus terrible et le plus acharné. Mais il semble que le destin avait suscité dans Allan Mac-Aulay le vengeur de sa mère outragée sur cette tribu sauvage, comme semblent le prouver les combats précédents et l'issue de ce dernier. Ranald reçut dans le crâne une profonde blessure qui l'étendit à côté de sir Duncan ; et Mac-Aulay, lui mettant un pied sur le ventre, s'apprêtait à lui passer sa claymore au travers du corps, lorsque la pointe en fut détournée par un tiers, qui intervint tout-à-coup dans le combat.

Ce n'était rien moins que le major Dalgetty, qui, étourdi par la chute de son cheval, et par la sienne qui en avait été la conséquence, venait de parvenir à se dégager lui et sa pesante armure : — Relevez votre épée, dit-il à Mac-Aulay, et ne faites aucun mal à ce brave homme qui est au service de Son Excellence, et qui est ici sous ma protection spéciale. Oubliez-vous que la loi martiale ne permet à aucun cavalier de venger ses injures personnelles, *flagrante bello , multò magis flagrante prælio* [1]?

— Insensé! dit Allan, tenez-vous à l'écart, et ne vous mettez point entre le tigre et sa proie.

Mais, loin de quitter sa position, Dalgetty se mettant devant Ranald, fit entendre à Allan que si le tigre cherchait à tomber sur sa proie, il pourrait bien trouver un lion sur son passage. Il ne fallait que le regard de défi que

---

(1) En temps de guerre, et encore plus dans l'action même. — Tʀ.

notre major jeta sur Mac-Aulay pour que celui-ci tournât toute sa rage sur le téméraire qui osait arrêter le cours de sa vengeance; et sans plus de cérémonie, ils commencèrent ensemble un combat singulier.

Montrose, qui était revenu sur ses pas pour rassembler son petit corps de cavalerie, et se remettre ensuite à la poursuite des vaincus, aperçut de loin les deux combattants. Sachant quelles conséquences fatales la moindre dissension dans ses troupes pourrait entraîner, il dirigea aussitôt son cheval vers le lieu du combat, et, voyant Mac-Eagh étendu à terre, et Dalgetty occupé à le protéger contre Allan, il devina au même instant la cause de la querelle, et imagina tout aussi promptement les moyens de les séparer. — Fi! messieurs, s'écria-t-il; se quereller ainsi sur le champ de victoire! Êtes-vous fous, ou bien êtes-vous enivrés de la gloire que vous venez tous deux d'acquérir?

— Je prie Votre Excellence d'observer que je ne suis pas dans mon tort, dit Dalgetty; au service de quelque puissance que je me sois trouvé, j'ai toujours été *bonus socius, buen camarado;* mais celui qui touche un homme placé sous ma sauvegarde...

— Et celui, dit Allan, qui ose arrêter le cours de ma juste vengeance...

— Fi! messieurs, répéta Montrose; lorsque j'ai besoin de vous, vous vous amusez à vider vos querelles particulières! Vous trouverez sans peine un moment plus convenable pour régler vos différents; mais si nous laissons échapper l'occasion de mettre à profit notre victoire, quand la retrouverons-nous? J'ai les ordres de la plus grande importance à vous donner à tous deux. Major Dalgetty, mettez un genou en terre.

— Un genou en terre! répéta le major; c'est un ordre auquel je n'ai pas encore appris à obéir, à moins qu'il n'émane de la chaire. Dans la discipline suédoise, le premier rang met un genou en terre, mais seulement lorsque le régiment est rangé sur six lignes de profondeur.

— Quoi qu'il en soit, reprit Montrose, pliez le genou au nom du roi Charles et de son représentant.

Lorsque Dalgetty eut enfin obéi, quoique avec beaucoup de répugnance, Montrose le frappa légèrement du plat de son épée, en disant : — En récompense de tes nobles et signalés services dans cette journée, et au nom et sous l'autorité du roi Charles, notre souverain, je te fais chevalier. Sois brave, loyal et heureux. Et maintenant, sir Dugald-Dalgetty, à votre poste! Rassemblez vos cavaliers, et poursuivez ceux des ennemis qui fuient du côté du lac. Ayez soin que votre petite troupe reste toujours réunie, et ne vous laissez pas entraîner trop loin à leur poursuite. L'essentiel est de les empêcher de se rallier. Montez donc à cheval, sir Dugald, et faites votre devoir.

— Que je monte à cheval, reprit le nouveau chevalier en soupirant; hélas! le pauvre Gustave est mort au lit d'honneur, ainsi que le héros dont il porte le nom! et je suis fait chevalier précisément au moment où je n'ai plus de cheval.

— Il n'en sera pas ainsi, dit Montrose; je vous fais présent du mien, dont je crois que vous ne serez pas mécontent. Allons, sir Dugald, hâtez-vous maintenant de rassembler votre corps et de poursuivre les fuyards.

Après avoir remercié vivement le comte, sir Dugald monta sur le superbe coursier qui venait de lui être si généreusement donné; et priant Son Excellence de se rappeler que Mac-Eagh était sous sa sauvegarde, il alla aussitôt exécuter les ordres du comte avec beaucoup de zèle et d'empressement.

— Et vous, Allan Mac-Aulay, dit Montrose en s'adressant au Highlander, qui, appuyant la pointe de son sabre contre terre, avait regardé la cérémonie de l'installation du nouveau chevalier avec un sourire de dédain et de mépris, vous, supérieur à ces hommes ordinaires qui ne sont guidés que par de vils motifs de pillage, de paye et de distinctions personnelles, vous que vos profondes connaissances rendent si précieux dans les délibérations importantes, est-ce vous que je trouve en dispute avec un homme tel que Dalgetty ? Est-ce vous qui mettez l'épée à la main pour obtenir le privilége d'ôter un reste de vie à un ennemi aussi méprisable que celui qui est étendu à vos pieds ? Allons, allons, mon ami, oubliez de vaines animosités, et écoutez-moi. Cette victoire, si nous savons en profiter, doit attirer Seaforth dans notre parti. Ce n'est point par déloyauté, c'est parce qu'il désespérait de la cause royale, qu'il s'est laissé entraîner à prendre les armes contre nous. Le moment est favorable, et je ne doute pas qu'il ne soit facile de le décider à joindre ses troupes aux nôtres. Dans cette espérance je lui envoie, de ce champ même de bataille, mon brave ami le colonel Hay ; mais il faut qu'il soit accompagné d'un chef des Highlands dont le rang soit égal à celui de Seaforth, et qui ait les talents et l'adresse nécessaires pour conduire avec succès une négociation aussi délicate. J'ai jeté les yeux sur vous ; non seulement vous êtes sous tous les rapports l'homme le plus en état de remplir cette mission importante, mais, n'ayant point de commandement immédiat, votre présence n'est pas aussi indispensable que celle d'un Chef dont les vassaux sont dans l'armée. Vous connaissez tous les sentiers, tous les défilés des montagnes, ainsi que les mœurs et les usages de chaque tribu. Allez donc rejoindre le colonel ; il a ses instructions, et il vous attend. Soyez tout à la fois son guide, son interprète et son collègue.

Allan Mac-Aulay jeta sur le grand marquis un regard sombre et pénétrant, comme pour découvrir s'il n'avait point quelque raison secrète, et qu'il ne lui expliquait point, pour lui confier cette mission soudaine. Mais Montrose, habile à pénétrer les motifs des autres, ne l'était pas moins à cacher les siens. Il regardait comme de la dernière importance dans ce moment d'effervescence et d'inattention, d'éloigner Allan de son camp pour quelques jours, afin de pouvoir dans l'intervalle prendre des mesures convenables pour la sûreté de ceux qui, se confiant en son honneur, avaient consenti à lui servir de guides. Quant à sa querelle avec Dalgetty, il ne doutait point qu'il ne fût facile de les réconcilier.

Allan Mac-Aulay, en partant, recommanda le pauvre sir Duncan aux soins de Montrose, et celui-ci fit transporter aussitôt le vieux chevalier en lieu de sûreté. Il prit la même précaution à l'égard de Mac-Eagh, qu'il remit entre les mains de quelques Irlandais, en leur recommandant d'avoir pour lui tous les soins qu'exigeait sa situation, et de ne permettre sous aucun prétexte à aucun montagnard de l'approcher.

Le marquis monta alors sur un cheval de main que tenait un de ses domestiques, et parcourut le théâtre de sa victoire, qui était plus décisive qu'il n'avait osé s'en flatter. Des trois mille hommes qui composaient l'armée d'Argyle, plus de la moitié étaient morts sur le champ de bataille ou dans la déroute; les autres avaient été repoussés principalement sur cette partie de la plaine où la rivière forme un angle avec le lac, de sorte qu'il n'y avait aucun passage par où ils pussent s'échapper. Un grand nombre d'entre eux se jetèrent dans le lac et s'y noyèrent; d'autres, plus heureux, traversèrent la rivière à la nage, ou parvinrent à se sauver dans une autre direction. Le reste des troupes se jeta dans le vieux château d'Inverary; mais dénuées de provisions, et sans espoir de secours, elles furent obligées de se rendre, à condition qu'on leur permettrait de retourner tranquillement dans leurs montagnes : armes, bagages, munitions, étendards, tout devint la proie des vainqueurs.

Ce fut le plus grand désastre qu'éprouva jamais la race de **Diarmid**, nom qu'on donnait aux Campbells dans les montagnes d'Écosse. Au nombre des morts étaient près de cinq cents gentilshommes descendants de familles connues et honorées; mais aux yeux de la plupart des membres du clan, cette perte, toute terrible qu'elle était, n'était rien auprès de la conduite honteuse de leur Chef, dont la chaloupe leva l'ancre dès que la bataille fut perdue, et descendit le lac avec toute la vitesse que les voiles et les rames pouvaient lui donner.

CHAPITRE XX.

« Les vents portent partout le bruit affreux des armes;
« Ils sèment en avant la terreur, les alarmes,
« Et laissent derrière eux et le sang et la mort. »
PENROSE.

La brillante victoire que Montrose remporta sur l'armée de son rival ne fut pas obtenue sans qu'il eût aussi à regretter la mort de quelques braves; mais néanmoins la perte qu'il essuya n'approcha pas du dixième de celle de l'ennemi. Le nombre des blessés était plus considérable, et parmi eux était le jeune comte de Menteith, qui avait commandé le centre : heureusement sa blessure était légère; et Montrose même ne s'en aperçut point lorsque le jeune guerrier vint présenter à son général l'étendard d'Argyle, qu'il avait enlevé lui-même après avoir immolé de sa main l'officier qui le portait.

Montrose aimait tendrement son noble parent, dont le caractère généreux, romanesque, désintéressé, rappelait l'esprit de chevalerie des temps héroïques, bien différent de l'esprit de calcul, d'égoïsme et de cupidité que l'usage d'entretenir des troupes mercenaires avait introduit dans presque toutes les parties de l'Europe; et que l'Écosse avait surtout contribué à répandre en fournissant des soldats de fortune à presque toutes les nations. Montrose animé des mêmes sentiments que Menteith, quoique l'expérience lui eût appris à tirer aussi parti des motifs qui faisaient agir les autres, n'employa point dans cette occasion le langage de la flatterie; il ne fit à Menteith ni compliments ni promesses; mais il le serrait avec enthousiasme contre son cœur en s'écriant : — Mon brave parent! — et ces seuls mots, accompagnés d'un geste aussi expressif, firent tressaillir le cœur du jeune héros d'une joie plus vive et plus pure que s'il eût vu son nom cité de la manière la plus honorable dans une relation de la bataille envoyée directement à son souverain.

— Maintenant qu'il ne reste plus d'ennemis ni à combattre ni à poursuivre, lui dit-il, permettez-moi, milord, de remplir un devoir d'humanité. Je viens d'apprendre que le chevalier d'Ardenvohr est votre prisonnier, et qu'il est grièvement blessé.

— Et il le méritait bien, dit sir Dugald-Dalgetty, qui les rejoignit en ce moment avec un surcroît prodigieux d'importance; il le méritait bien pour avoir tué mon noble cheval au moment où je lui offrais une capitulation honorable; ce qui au surplus est bien l'action d'un Highlander ignorant, qui n'a pas l'esprit d'ériger une redoute pour la défense de son vieux château.

— Avons-nous donc à déplorer la perte du fameux Gustave? demanda lord Menteith.

— Hélas! oui, milord, répondit sir Dugald avec un profond soupir : *Diem clausit supremum* [1], comme nous disions au collége de Mareschal. Encore est-il plus honorable pour lui d'être mort au champ d'honneur que de tomber dans quelque précipice, ou d'être enterré

---

(1) Il a terminé son dernier jour. — Tr.

dans quelque marais bourbeux, ce qui lui serait probablement arrivé si cette campagne d'hiver eût duré plus long-temps. Mais il a plu à Son Excellence (et il inclina la tête en regardant Montrose) de me donner à la place un superbe coursier que j'ai pris la liberté de nommer *Récompense de loyauté*, en mémoire de cette bataille mémorable.

— J'espère, dit Montrose, que vous trouverez *Récompense de loyauté* au fait de toutes les évolutions militaires. Cependant, sir Dugald, n'oublions pas qu'aujourd'hui un licou est souvent, plus qu'un cheval, la récompense de la loyauté en Écosse.

— Votre Excellence a toujours le mot pour rire, milord : quant à Récompense de loyauté, c'est un superbe animal ; il fait tous ses exercices aussi bien que Gustave, et il est d'une plus belle encolure. Il est fâcheux seulement que ses qualités sociales soient moins cultivées, ce qui provient de ce que jusqu'à présent il n'a vécu qu'en assez mauvaise compagnie.

— Oubliez-vous que c'était le cheval de Son Excellence? dit lord Menteith. — Fi donc! sir Dugald.

— Milord, répondit gravement le chevalier, je n'oublie rien, je suis incapable d'aucun propos inconvenant; et, si vous voulez bien me prêter votre attention, vous verrez que ce que j'avance est de la plus stricte vérité. Il en est du cheval de Son Excellence comme des soldats qu'elle commande; chacun apprend son service, se forme à la manœuvre, et alors on n'a qu'à parler pour se faire obéir ; mais c'est le commerce intime de la vie privée qui forme le caractère social : or, si le soldat gagne peu de chose à la conversation de son caporal et même de son sergent, que peut gagner un noble animal dans la compagnie de ses palefreniers? au lieu d'en recevoir des caresses, il n'en obtient que des coups; il les entend jurer du matin au soir ; c'est ainsi qu'un généreux quadrupède devient misanthrope, et qu'il est plus porté à mordre son maître, et à l'accueillir avec des ruades, qu'à l'aimer et à l'honorer.

— C'est parler comme un oracle, dit Montrose : s'il y avait au collége de Mareschal à Aberdeen une chaire pour l'éducation des chevaux, sir Dugald devrait la remplir.

— Et maintenant, dit le nouveau chevalier, avec la permission de Votre Excellence, je vais rendre ma dernière visite à mon ancien compagnon d'armes.

— Avez-vous dessein de célébrer ses funérailles? dit Montrose ne sachant pas jusqu'où l'enthousiasme du major pourrait le conduire; faites pourtant attention que nous avons perdu bien des braves gens qu'il faudra ensevelir sans cérémonie.

— Votre Excellence me pardonnera, répondit Dalgetty : mon projet est moins romanesque; je veux partager les restes de mon pauvre Gustave avec les oiseaux du ciel; je leur abandonne la chair, mais je m'en réserve le cuir; et je veux, en signe de souvenir d'amitié, m'en faire faire un justaucorps et des culottes pour porter sous mon armure, à la manière des Tatars, d'autant plus que je me suis aperçu que mes vêtements actuels commencent à avoir besoin de substituts. Hélas! pauvre Gustave, que n'as-tu vécu au moins une heure de plus, pour avoir l'honneur de porter un chevalier!

Il se disposait à partir, quand Montrose l'arrêta : — Sir Dugald, lui dit-il, comme il n'est pas probable que personne vous prévienne dans la dernière preuve d'amitié que vous avez dessein de donner à votre ancien compagnon, je présume que vous ne refuserez pas de nous aider d'abord à juger si le vin et les provisions d'Argyle, que nous avons trouvés en abondance au château, sont de bonne qualité.

— Non, bien certainement, dit le major; ni une messe

ni un repas ne nuisent aux affaires, disent les Espagnols. D'ailleurs, je ne crains pas que les loups et les aigles attaquent Gustave cette nuit, attendu qu'ils trouveront des mets plus attrayants pour eux. Mais, milord, ajouta-t-il, je ne dois pas oublier l'honneur dont vous venez de me décorer : je vais me trouver à votre table avec sir Miles Musgrave et d'autres chevaliers; je vous prie donc de leur expliquer que comme chevalier banneret, c'est-à-dire revêtu de cette dignité sur le champ de bataille, je dois avoir la préséance sur eux dès à présent et à l'avenir.

— Que le diable le confonde! dit tout bas Montrose à Menteith ; il va mettre le feu aux étoupes quand je viens à peine de l'éteindre. Sir Dugald, dit-il en se tournant vers le major, la question de la préséance est un point que je dois laisser à la considération de Sa Majesté. Dans mon camp tous les officiers sont sur le pied de l'égalité, comme les chevaliers de la Table-Ronde, et j'entends qu'ils prennent place à ma table, en vrais guerriers, d'après le principe : *Premier venu, premier servi.*

— En ce cas, dit lord Menteith à part à Montrose, j'aurai soin qu'elle ne soit pas aujourd'hui pour Dalgetty. Sir Dugald, lui dit-il, puisque vous dites que vos vêtements ont besoin de substituts, que n'allez-vous au camp d'Argyle? On s'est emparé de tous les équipages, et vous y trouveriez bien certainement quelque chose qui pourrait vous convenir. J'ai vu tout à l'heure un superbe justaucorps en peau de buffle brodé en soie et en argent.

— *Voto a Dios!* comme dit l'Espagnol, s'écria le major; et quelque misérable coquin peut y mettre la main pendant que je suis ici à babiller !

L'idée du butin s'étant alors emparée de son esprit, en chassa le souvenir de Gustave, et lui fit même oublier le repas qui lui avait été proposé. Il donna un coup d'éperon à Récompense de loyauté, et courut au grand galop vers le camp d'Argyle.

— Voilà le limier parti, dit Menteith, foulant aux pieds les malheureux restes de bien des braves gens qui va aient mieux que lui, et aussi avide d'un vil butin qu'un vautour acharné sur sa proie. Voilà pourtant ce que le monde appelle un soldat! Et vous, milord, vous élevez un pareil homme aux honneurs des chevaliers, s'ils peuvent être encore désignés ainsi : c'est faire du collier de la chevalerie la décoration d'un limier.

— Et que pouvais-je faire? Je n'avais pas d'os à lui jeter, et je ne puis suivre le gibier seul. D'ailleurs, le limier nous a été utile et a de bonnes qualités.

—Si la nature lui en a donné, l'habitude les a fondues toutes dans un égoïsme sans bornes. Il peut être pointilleux sur sa réputation, brave dans l'action, exact à tous ses devoirs, parce qu'il sait que c'est le seul moyen de faire son chemin. Il défendra courageusement son camarade tant qu'il le verra sur ses pieds; mais s'il le voit frappé de mort, il le débarrassera de sa bourse avec le même sang-froid qu'il va prendre la peau de son cher Gustave pour s'en faire un justaucorps.

— Quand tout cela serait vrai, mon cher cousin, savez-vous bien qu'il est assez heureux d'avoir à commander à des soldats dont les ressorts qui les font agir peuvent se calculer avec une certitude mathématique? Un cœur comme le vôtre est susceptible de mille sensations auxquelles celui du major est aussi impénétrable que sa cuirasse, et il faut que votre ami ne l'oublie pas quand il vous donne un avis. Changeant alors de ton tout-à-coup, il lui demanda depuis quand il avait vu Annette Lyle.

— Pas depuis hier soir, répondit le jeune comte en rougissant. Et il ajouta en hésitant : A l'exception d'un instant ce matin, une demi-heure avant la bataille.

— Mon cher Menteith, dit Montrose avec amitié, si

vous étiez un de nos cavaliers petits-maîtres de White-Hall, qui, à leur manière, sont tout aussi égoïstes que notre ami Dalgetty, je ne vous tourmenterais pas en vous faisant des questions sur une amourette semblable : ce serait une intrigue dont il ne faudrait que rire. Mais nous sommes dans le pays des enchantements : les dames y font avec les tresses de leurs cheveux des filets aussi durables que l'acier, et votre cœur est de ceux qui s'y laissent facilement prendre. Les charmes et les talents de cette jeune fille occupent votre imagination un peu romanesque : cependant réfléchissez-y bien. J'ai trop bonne opinion de vous pour croire que vous voudriez la séduire, et vous ne pouvez songer à l'épouser.

— Je ne puis regarder ce que vous me dites, milord, que comme une plaisanterie ; mais vous la répétez bien souvent. Vous savez que la naissance d'Annette Lyle est inconnue ; elle doit tout aux bontés des Mac-Aulays ; elle est sans doute la fille de quelque obscur Highlander : vous savez qu'elle a été faite captive.

— Quoique vous n'ayez pas été élevé au collége de Mareschal, mon cher Menteith, vous connaissez et aimez les classiques : ne vous souvenez-vous pas d'avoir lu dans Horace :

> Movit Ajacem Telamone natum
> Forma captivæ ; dominum, Tecmessæ (1) ?

En un mot, ajouta-t-il d'un ton plus grave, cette fantaisie de votre cœur me donne des inquiétudes sérieuses. Peut-être cependant m'appesantirais-je moins sur ce sujet si vous et Annette y étiez seuls intéressés ; mais vous avez en Allan Mac-Aulay un rival dangereux ; et qui sait à quoi son ressentiment peut le porter ? Je regarde donc comme un devoir pour moi de vous représenter que le service du

(1) Une jeune captive a séduit autrefois
Le fils de Télamon, Ajax du sang des rois.   Tr.

roi pourrait souffrir beaucoup des dissensions qui s'élèveraient entre vous et lui.

— Je suis convaincu, milord, répondit Menteith, que ce langage ne vous est inspiré que par l'amitié; mais j'espère que vos craintes se calmeront quand je vous aurai dit que j'ai eu avec Allan une explication à ce sujet, et qu'il sait que, d'une part, rien n'est plus éloigné de mon caractère que de concevoir des vues injurieuses à l'honneur d'une jeune fille vertueuse et sans protection; et que, de l'autre, l'incertitude et l'obscurité probable de sa naissance ne me permettent pas de songer à en faire mon épouse. Je ne vous dissimulerai pourtant pas ce que je n'ai pas même cherché à cacher à Allan, que si Annette Lyle eût été d'une condition égale à la mienne, la différence de fortune ne m'aurait pas empêché de lui offrir de partager mon nom et mon rang; mais dans l'état où sont les choses, je ne puis y songer. J'espère que cette explication vous satisfera, milord, puisqu'elle a satisfait un homme moins raisonnable.

— Et comme deux véritables rivaux de roman, dit Montrose en levant les épaules, vous êtes convenus d'adorer tous deux la même maîtresse, et de borner là tous deux vos prétentions?

— Je n'ai pas été si loin, milord; j'ai seulement dit que, dans les circonstances où se trouve Annette, et il n'y a aucune apparence qu'elles puissent changer, je ne pouvais, par égard pour ma famille et pour moi-même, être autre chose pour elle qu'un ami et un frère. Mais vous m'excuserez, milord, ajouta-t-il en montrant son bras gauche enveloppé de son mouchoir, j'ai une légère blessure à faire panser.

— Une blessure! dit Montrose avec une tendre inquiétude; montrez-la-moi. — Hélas! ajouta-t-il, je n'en aurais pas entendu parler si je n'avais voulu en sonder une autre plus profonde et plus cuisante. — Menteith, je vous plains.

— Moi aussi j'ai connu....— Mais à quoi bon réveiller des peines assoupies depuis long-temps!

A ces mots, il serra la main de son noble parent, et rentra dans le château.

Annette Lyle, comme c'était assez l'usage dans les montagnes calédoniennes, avait quelques connaissances en médecine et même en chirurgie. On croira facilement que ces deux professions, considérées comme arts, étaient inconnues aux Highlanders, et le peu de règles qu'on observait étaient confiées à la pratique des femmes ou des vieillards, qui n'avaient que trop d'occasions d'acquérir de l'expérience dans les fréquentes guerres de clan contre clan.

Les soins d'Annette Lyle avaient donc été très utiles pendant cette courte campagne, et elle avait prodigué ses secours sans distinction à tous ceux qui avaient pu en avoir besoin, amis ou ennemis. Elle était alors dans l'un des appartements du château, préparant des vulnéraires pour les blessés, et donnant des instructions aux femmes qui travaillaient sous ses ordres, et qui cherchaient comme elle à soulager l'humanité souffrante. Tout-à-coup Allan Mac-Aulay parut devant elle. Elle tressaillit de surprise, car elle avait entendu dire qu'il avait quitté le camp pour s'acquitter d'une mission lointaine dont il avait été chargé. Quoiqu'elle fût accoutumée à son air morne, elle remarqua que son front était couvert d'un nuage encore plus sombre qu'à l'ordinaire. Il s'arrêta devant elle, et, comme il gardait le silence, elle se vit obligée de parler la première.

— Je croyais, lui dit-elle en faisant un effort sur elle-même, que vous étiez déjà parti.

— Mon compagnon m'attend, répondit Allan, et je pars à l'instant.

Cependant il restait dans la même attitude, et lui prenant le bras, il le serra, non de manière à lui faire mal, mais assez pour lui prouver que son esprit était vivement agité.

— Prendrai-je ma harpe? lui demanda-t-elle avec timidité; l'ombre descend-elle sur vous?

Au lieu de lui répondre, Allan l'entraîna vers une fenêtre d'où l'on voyait le champ de bataille et toutes ses horreurs. La campagne était couverte de morts et de mourants que des soldats avides s'occupaient à dépouiller avec la même indifférence que si ces êtres infortunés n'eussent pas appartenu à la nature humaine, et que si ceux qui les traitaient avec cette brutale cupidité n'eussent pas été exposés, peut-être dès le lendemain, à subir le même sort.

— Cette vue vous plaît-elle? lui demanda Allan.

— Elle est affreuse! dit Annette en se couvrant les yeux des deux mains : comment pouvez-vous fixer mes regards sur un tel spectacle?

— Vous devriez y être habituée. Si vous restez dans ce camp, c'est sur un pareil champ de bataille que vous aurez bientôt à chercher le corps de mon frère, celui de Menteith, le mien.... Mais cette dernière tâche vous sera la moins pénible.... vous ne m'aimez pas!

— Voilà la première fois que vous me parlez avec tant de dureté, dit Annette en pleurant; n'êtes-vous pas mon frère, mon sauveur, mon protecteur? Comment pourrais-je ne vous pas aimer? Mais je vois que votre esprit est troublé; permettez-moi d'aller chercher ma harpe.

— Restez! dit Allan la tenant toujours par le bras. Que mes visions me soient inspirées par le ciel ou par l'enfer; qu'elles viennent de la sphère intermédiaire des esprits, ou qu'elles ne soient, comme le prétendent les Saxons, que les illusions d'une imagination exaltée, je ne suis pas en ce moment sous leur influence. Je vous parle la langue du monde visible, celle de la nature. Vous ne m'aimez pas, Annette; vous aimez Menteith; vous en êtes aimée, et Allan vous est aussi indifférent qu'un de ces cadavres qui sont devant vos yeux.

On ne peut supposer que cet étrange discours apprît quelque chose de nouveau à celle à qui il s'adressait. Il n'existe pas une femme qui, dans les circonstances où Annette s'était trouvée, n'eût reconnu depuis long-temps la passion dont elle était l'objet. Mais, quelque léger que fût le voile qui la couvrait encore, Allan, en le déchirant tout-à-coup, lui fit craindre qu'il n'en résultât des conséquences terribles avec un caractère aussi violent que le sien. Elle fit donc un effort pour repousser cette espèce d'accusation.

— Vous oubliez ce que vous vous devez à vous-même, lui dit-elle, en parlant ainsi à une fille infortunée que son destin a mise entièrement en votre pouvoir. Vous savez qui je suis; comment puis-je donc croire que vous ou Menteith puissiez avoir pour moi d'autres sentiments que ceux de l'amitié? Vous savez de quelle race malheureuse j'ai probablement reçu l'existence.

— Il n'en est rien, répondit Allan avec impétuosité. Jamais une goutte de cristal n'est sortie d'une source impure.

— Mais le doute seul devrait suffire pour vous empêcher de parler ainsi.

— Je sais qu'il élève une barrière entre nous, mais je sais aussi qu'elle n'est pas aussi insurmontable à l'égard de Menteith. Écoutez-moi, ma chère Annette, quittez cette scène de terreur et de danger; suivez-moi dans le Kintail; je vous confierai aux soins de la noble lady de Seaforth ou je vous conduirai en sûreté à Icolmkill[1], où de dignes femmes se dévouent encore au service de Dieu, suivant l'usage de nos ancêtres.

—Vous ne songez pas à ce que vous me proposez, Allan.

---

(1) L'île d'Iona. — Ed.

Entreprendre un pareil voyage seule avec vous, ce serait montrer pour ma réputation moins de soin que n'en doit prendre une jeune fille. Je resterai ici sous la protection du noble Montrose, et quand son armée approchera des Lowlands, je chercherai quelque moyen de vous délivrer de ma présence, Allan, puisque, je ne sais pourquoi, elle paraît vous être devenue désagréable.

Allan restait immobile, comme s'il n'eût su s'il devait avoir pitié de sa douleur, ou se livrer à la colère que lui inspirait sa résistance.

— Annette, lui dit-il enfin, vous savez trop bien que vos discours ne conviennent pas à mes sentiments pour vous; mais vous profitez de votre pouvoir, vous vous réjouissez de mon départ, vous en aurez plus de liberté dans vos liaisons avec Menteith. Mais prenez garde, prenez bien garde l'un et l'autre, et songez que jamais Allan Mac-Aulay n'a souffert une injure sans en tirer une triple vengeance.

A ces mots il lui serra violemment le bras, enfonça sa toque sur son front, et sortit à grands pas de l'appartement.

CHAPITRE XXI.

« Après votre départ, j'interrogeai mon cœur;
« J'ouvris enfin les yeux, j'appris à me connaître.
« L'amour, à mon insu, s'en était rendu maître;
« Mais un amour si pur, qu'il bornait tous ses vœux
« A ne voir que l'objet qui pût le rendre heureux. »
PHILASTER.

ANNETTE Lyle avait alors à contempler le gouffre terrible que venaient d'ouvrir autour d'elle l'amour et la jalousie d'Allan Mac-Aulay. Il lui semblait qu'elle chancelait sur le bord d'un abîme, et qu'elle n'avait à espérer ni refuge ni secours humain. Depuis long-temps son cœur lui disait qu'elle aimait Menteith plus qu'un frère : eh, quoi de plus naturel ! N'était-ce pas lui dont les instances avaient autrefois désarmé le bras d'Allan levé contre elle? D'ailleurs elle l'avait vu fréquemment depuis son enfance; elle n'avait pu fermer les yeux sur son mérite personnel, sur ses attentions assidues, sur les grâces et l'amabilité d'un caractère qui le rendait un être bien différent des guerriers à demi sauvages avec lesquels elle vivait. Mais son affection était douce, timide et réfléchie ; elle la portait à souhaiter le bonheur de celui qui en était l'objet, plutôt qu'à concevoir des espérances hardies et présomptueuses. Elle exprima ses sentiments dans une petite chanson gaëlique, qui a été traduite par le malheureux Alexandre Mac-Donald, dont nous allons transcrire les vers :

>Tous deux dans la même chaumière
>Si nous avions reçu le jour,
>Je n'aurais d'autres vœux à faire
>Que de mériter ton amour.
>Mais du destin puisque la loi suprême
>Ne me permet pas d'être à toi,
>Pleurer, prier pour le héros que j'aime,
>Ce sera le bonheur pour moi.

>Quand je perdrai toute espérance,
>Mon faible cœur pourra souffrir;
>Mais s'il jouit de ta présence,
>On ne l'entendra pas gémir.
>On me verra, malgré mon deuil extrême,
>M'oublier pour songer à toi :
>Prier, pleurer pour le héros que j'aime,
>Ce sera le bonheur pour moi.

La déclaration furieuse d'Allan venait de renverser le plan romanesque qu'elle avait formé de nourrir en secret une tendresse rêveuse, sans chercher à être payée de retour. Depuis long-temps elle craignait ce fier montagnard autant que le lui permettaient la reconnaissance et la certitude qu'il adoucissait pour elle un caractère indomptable. Mais alors elle ne pensait à lui qu'avec terreur, et elle n'y était que trop autorisée par la connaissance qu'elle avait de ses dispositions vindicatives et implacables, aigries encore par la cruelle maladie dont il était attaqué. Quoique susceptible de grandeur d'âme et de générosité, jamais il n'avait su résister à la fougue de ses passions. Dans la maison et dans le pays de ses pères, c'était un lion apprivoisé que personne n'osait contrarier, de peur de réveiller son naturel farouche. Il s'était écoulé tant d'années depuis qu'il n'avait éprouvé une contradiction ou un reproche, que s'il n'était pas devenu la terreur et le fléau de tous les environs, il fallait en rendre grâce à son jugement sain, dont la seule faiblesse était de croire à l'infaillibilité de ce qu'on appelait sa seconde vue. Mais Annette n'eut pas le temps de se livrer en ce moment à ses craintes, l'arrivée de sir Dugald Dalgetty ayant interrompu le cours de ses réflexions.

On peut croire aisément que les scènes dans lesquelles le major avait passé sa vie ne l'avaient pas rendu propre à briller dans la société des dames : il sentait lui-même comme par instinct que le langage du corps-de-garde, de la caserne et de la parade, n'était pas fait pour les amuser. La seule portion de sa vie qui avait été consacrée à la paix, était celle qu'il avait passée au collège de Mareschal à Aberdeen, et il avait oublié le peu qu'il y avait appris, si ce n'est l'art de savoir au besoin raccommoder ses bas, et celui de dépêcher un repas avec une célérité peu ordinaire; talents qu'il avait conservés parce qu'il avait eu souvent occasion de les exercer. C'était pourtant dans le souvenir imparfait de ce qui lui avait été enseigné à cette époque qu'il puisait ses sujets de conversation quand il se trouvait en société avec des dames, et son langage ne cessait d'être militaire que pour devenir pédantesque.

— Miss Annette Lyle, lui dit-il en arrivant, je suis précisément en ce moment comme la demi-pique ou l'esponton d'Achille, qui, après avoir fait une blessure, avait le don de pouvoir la guérir : qualité que ne possèdent ni la pique espagnole, ni la pertuisane, ni la hallebarde, ni la hache d'armes de Lochaber, ni aucune autre arme des temps modernes.

Annette l'ayant à peine entendu, il répéta deux fois son compliment; et comme elle ne le comprit pas mieux la seconde fois que la première, il fut obligé de s'expliquer.

— Je veux dire, miss Annette Lyle, qu'ayant été la cause qu'un honorable chevalier a reçu aujourd'hui une blessure dangereuse, attendu que pendant le combat il avait, un peu contre les lois des armes, tué d'un coup de pistolet mon cheval, auquel j'avais donné le nom de l'immortel roi de Suède, je désire lui procurer le soulagement que vous pouvez lui donner, vous qui êtes comme le dieu païen Esculape (il voulait probablement dire Apollon), c'est-à-dire non seulement savante en musique, mais encore versée dans l'art bien plus noble de guérir : *Opiferque per orbem dicor* [1].

— Si vous vouliez avoir la bonté de m'expliquer ce que vous voulez dire, monsieur, vous m'obligeriez, lui répondit Annette, dont le cœur était alors rempli de trop d'inquiétude et de tristesse pour qu'elle pût s'amuser de la galanterie pédantesque du digne major.

— Cela ne me sera peut-être pas très facile, répondit Dalgetty; car, pour dire la vérité, je ne suis plus trop dans l'habitude de faire la construction d'une phrase; cependant je vais essayer. *Dicor*, sous-entendu *ego*, c'est-à-dire je suis nommé : *opifer... opifer...* Je me souviens de *furcifer* et de *signifer;* mais *opifer...* Ah! j'y suis : ce mot signifie docteur en médecine ; *per orbem...*

---

[1] Je suis un opérateur connu dans ce canton. — Tr.

— Ce jour est pour nous tous un jour de grande occupation, dit Annette ; je vous prie donc de me dire tout simplement ce que vous désirez de moi.

— Que vous veniez voir le chevalier blessé, et que vous lui donniez les secours qui peuvent être nécessaires à sa blessure, qui menace d'être ce que les savants appellent *damnum fatale*.

Jamais Annette n'hésitait quand il s'agissait de soulager l'humanité souffrante. Elle demanda à la hâte quelle était la nature de la blessure ; et, redoublant d'empressement quand elle eut appris que le blessé était le vieillard qu'elle avait vu à Darnlinvarach, et dont l'air de dignité l'avait frappée, elle oublia un instant ses propres chagrins pour ne songer qu'à lui porter des secours.

Sir Dugald Dalgetty introduisit Annette dans la chambre du malade avec tout le cérémonial qu'il jugea convenable. Elle fut un peu surprise d'y trouver lord Menteith, et ne put s'empêcher de rougir beaucoup en l'apercevant. Pour cacher son trouble elle se mit sur-le-champ à examiner la blessure de sir Duncan, et reconnut avec regret qu'elle était de nature à ne pas laisser grand espoir de guérison.

Pendant qu'elle s'occupait de ce soin charitable, Dalgetty était retourné dans une grange où l'on avait déposé le vieux Ranald ainsi que plusieurs autres blessés.

— Mon vieil ami, lui dit-il, je vous ai dit qu'attendu la blessure que vous avez reçue tandis que vous aviez de moi un sauf-conduit, je ferais tout ce qui dépendrait de moi pour vous obliger : j'ai donc, conformément à la demande que vous m'en avez faite avec tant d'instances, conduit miss Annette Lyle près du chevalier d'Ardenvohr pour panser sa blessure, quoique je ne puisse concevoir quel intérêt vous pouvez y prendre. Il me semble que je vous ai entendu parler de quelque relation de parenté qui existe entre eux, mais un soldat comme moi a autre chose à penser qu'à se charger la tête de toutes les généalogies de vos montagnes.

Et pour rendre au digne major la justice qui lui est due, nous devons dire ici que jamais il ne s'inquiétait, ne s'informait ni ne se souvenait des affaires des autres, à moins qu'elles n'eussent rapport à l'art militaire ou à son intérêt personnel ; et dans ces deux cas il avait une mémoire extraordinairement fidèle.

— Et maintenant, mon brave ami du Brouillard, dites-moi donc ce qu'est devenu votre aimable fils ; je ne l'ai pas revu depuis qu'il m'a aidé à me désarmer après la bataille : savez-vous qu'une telle négligence mériterait l'estrapade ?

— Il n'est pas loin d'ici, répondit le blessé : mais ne levez pas la main sur lui, car il est garçon à payer une aune de courroie avec douze pouces de fer bien affilé.

— Ce ton de menace n'est pas convenable, Ranald, mais je n'y fais pas attention, attendu les services que vous m'avez rendus.

— Si vous croyez m'en devoir quelque reconnaissance, vous pouvez vous en acquitter, en me promettant de m'accorder une demande que j'ai à vous faire.

— Ami Ranald, répondit Dalgetty, j'ai lu dans je ne sais quels livres des histoires de ces sottes promesses qui ont fini par mettre dans l'embarras les chevaliers imprudents qui les avaient faites. C'est pourquoi je me suis fait une loi de ne jamais rien promettre sans savoir bien précisément à quoi je m'engage, afin de ne pas me trouver obligé de faire quelque chose qui pourrait être contraire à mon intérêt. Vous désirez peut-être que j'engage notre chirurgien femelle à venir visiter vos blessures ? La seule difficulté, Ranald, c'est que le salon dans lequel on vous a déposé n'est pas de la plus grande propreté ; et vous pouvez avoir remarqué que les femmes sont particulièrement soigneuses de leurs vêtements. Je perdis autrefois les bonnes grâces de l'épouse du grand-pensionnaire d'Amsterdam, pour avoir essuyé les semelles de mes bottes sur la queue de sa robe de velours noir, parce que, le bout en étant à dix ou douze pieds de sa personne, je l'avais pris pour un tapis à s'essuyer les pieds.

— Il ne s'agit pas d'amener ici Annette Lyle, dit Ranald; tout ce que je vous demande, c'est de me faire transporter dans l'endroit où elle se trouve avec le laird d'Ardenvohr; j'ai à leur dire des choses qui sont de la plus grande importance pour tous deux.

— Il n'est pas trop dans l'ordre, dit Dalgetty, de conduire un Outlaw blessé en présence d'un chevalier. Le grade d'un chevalier était autrefois et est encore aujourd'hui à quelques égards le plus haut point d'honneur auquel puisse prétendre un militaire. Cependant, puisque telle est votre demande, je ne vous la refuserai point.

Il donna ordre alors à quatre soldats de transporter Mac-Eagh dans l'appartement où était sir Duncan Campbell, et partit lui-même pour y aller annoncer son arrivée et la cause qui y donnait lieu; mais telle fut l'activité des soldats chargés d'exécuter ses ordres, qu'ils y arrivèrent en même temps que lui, et ils déposèrent sur-le-champ le blessé au milieu de la chambre sur le plancher. Les traits de Mac-Eagh, naturellement difformes, étaient décomposés par les souffrances qu'il éprouvait, et ses mains et ses vêtements teints de son propre sang et de celui des autres; car personne n'avait songé à en effacer les traces, quoiqu'on eût mis un bandage sur sa blessure.

— Est-ce vous, dit-il en levant péniblement la tête, et en la tournant vers le lit sur lequel était couché son ancien ennemi; est-ce vous qui êtes le laird d'Ardenvohr?

— Moi-même, répondit sir Duncan; que voulez-vous d'un homme dont les heures sont comptées?

— Et moi je ne compte plus que par minutes, répondit Ranald; on doit m'en savoir d'autant plus de gré si je les emploie à rendre service à l'homme dont la main a toujours été levée contre moi, et sur qui la mienne s'est appesantie encore bien plus fortement.

— Ta main s'est appesantie sur moi, misérable vermisseau ! dit sir Duncan en lui jetant un regard de mépris.

— Oui, mon bras a été plus fort ; il t'a fait de profondes blessures, quoique celles que j'ai reçues de toi n'aient pas été légères. Je suis Ranald Mac-Eagh, je suis Ranald du Brouillard. Te souviens-tu du jour où ton château fut livré aux flammes, où tes enfants furent égorgés? Mais songe aussi aux maux que tu avais faits à ma tribu. Personne ne l'a persécutée comme toi, à l'exception d'un seul homme que sa destinée met, dit-on, à l'abri de notre vengeance, ce que l'on saura d'ici à quelques jours.

— Lord Menteith, s'écria sir Duncan se soulevant sur son lit, cet homme est un scélérat, ennemi en même temps du parlement et du roi, de Dieu et des hommes ; un Outlaw qui a mérité mille morts; le fléau de ma famille, de celle de Mac-Aulay et de la vôtre. J'espère que vous ne souffrirez pas que mes derniers moments soient empoisonnés par son barbare triomphe.

— Il va être traité comme il le mérite, dit lord Menteith ; qu'on l'emmène à l'instant.

— Un moment, s'écria Dalgetty, un moment, s'il vous plaît. Il ne faut pas oublier les services qu'il a rendus à l'armée en qualité de guide ; et d'ailleurs il est ici sous ma sauvegarde.

Ranald parlait en même temps, et sa voix forte couvrait celle du major. — Non, non, dit-il, qu'ils se satisfassent : qu'on prépare la corde et le gibet : que mon corps serve de pâture aux faucons et aux aigles du Ben-Nevis, et par ce moyen ce laird orgueilleux et ce fier comte ne sauront jamais le secret que je puis seul leur apprendre; secret qui ferait tressaillir de joie le cœur d'Ardenvohr, fût-il à l'agonie de la mort; secret que le comte Menteith voudrait connaître au prix de tout ce qu'il possède. Approchez, Annette Lyle, dit-il en se mettant à son séant, avec une force dont on ne le croyait pas capable; ne craignez pas la vue de l'homme qui a pris soin de votre première enfance. Dites à ceux qui vous méprisent comme étant issue de mon ancienne race, qu'une seule goutte de notre sang ne coule pas dans vos veines; que vous êtes née dans la demeure des grands, et que votre berceau a été aussi doux qu'aucun de ceux où dorment les fils de leur orgueil.

— Au nom du ciel, s'écria Menteith tremblant d'émotion, si vous savez quelque chose sur la naissance de cette jeune fille, hâtez-vous de nous en faire part; faites ainsi la paix avec votre conscience, et...

— Et bénissez vos ennemis à votre dernier soupir, me direz-vous aussi, dit Ranald en fixant sur lui des yeux où brillait un sinistre plaisir. Telles sont les maximes que vous prêchent vos prêtres : mais quand y conformez-vous votre conduite? Que je sache d'abord ce que peut valoir mon secret, avant de le laisser échapper. Laird d'Ardenvohr, que donneriez-vous pour avoir la preuve qu'il existe encore un rejeton de votre famille? J'attends votre réponse; sans cela, je ne dis plus un mot.

— Je pourrais, dit sir Duncan en proie tour à tour au doute, à l'espérance, à l'inquiétude et à la haine...; mais non, je connais ta race; elle n'est composée que de menteurs et d'assassins. Si pourtant tu disais la vérité en ce moment, je crois que je pourrais te pardonner tous les maux que tu m'as faits.

— Vous l'entendez, dit Ranald; c'est en dire beaucoup pour un fils de Diarmid. Et vous, comte, le bruit général du camp est que vous achèteriez au prix de tous vos biens et de tout votre sang la certitude qu'Annette Lyle n'est pas sortie d'une race proscrite ; que sa naissance est aussi noble que la vôtre. Si je vous l'apprends, ce n'est point par affection pour vous; il fut un temps où j'aurais échangé ce secret pour ma liberté ; je l'échange en ce moment pour ce qui m'est plus cher que la liberté et la vie. Sachez donc qu'Annette Lyle est la plus jeune fille du comte d'Ardenvohr, la seule qui fut épargnée lorsque tout fut mis à feu et à sang dans son château.

— Cet homme dit-il la vérité ? s'écria Annette ; l'ai-je bien entendu ? n'est-ce pas une illusion ?

— Jeune fille, dit Ranald, si vous aviez vécu plus long-temps avec nous, vous auriez appris à mieux connaître les accents de la vérité. Mais je donnerai au laird d'Ardenvohr et à ce comte saxon des preuves capables de convaincre l'incrédulité même. Quant à présent, retirez-vous. J'ai aimé votre enfance, je ne hais pas votre jeunesse : l'œil ne se détourne pas de la rose, quoiqu'elle fleurisse sur une épine. Ce n'est que pour vous que j'ai quelque regret de ce qui ne tardera pas à arriver. Mais celui qui, pour goûter le plaisir de la vengeance, veut écraser son ennemi, ne doit pas s'inquiéter si l'innocent est enseveli sous les ruines.

— Il a raison, Annette, s'écria lord Menteith ; au nom du ciel, retirez-vous. Il faut d'abord que nous voyions si l'on peut ajouter foi au témoignage de cet homme.

— Si j'ai retrouvé mon père, s'écria Annette, je ne m'en séparerai pas. Comment pourrais-je le quitter dans l'état où je le vois ?

— Qui que vous puissiez être, mon enfant, dit sir Duncan en lui tendant la main, vous trouverez toujours un père en moi.

— Alors, dit Menteith, je vais faire transporter Mac-Eagh dans un autre appartement, où je recevrai moi-même sa déclaration. Sir Dugald Dalgetty voudra bien sans doute en être témoin ?

— Avec plaisir, milord. Je serai son confesseur, votre assesseur ; l'un ou l'autre, ou tous les deux, comme vous le voudrez. Personne n'est plus propre que moi à cette besogne, car j'ai déjà entendu quelque chose de cette histoire au château d'Inverary, il y a environ un mois. Mais des prises de châteaux comme celui d'Ardenvohr se confondent dans ma mémoire, qui est occupée de choses plus importantes.

En entendant cette déclaration franche que Dalgetty fit en sortant de l'appartement, le comte jeta sur lui un regard de colère et de mépris, auquel le digne major, bien pénétré de son propre mérite, ne fit aucune attention.

CHAPITRE XXII.

« Je suis libre, je suis ce qu'étaient nos aïeux ;
« Habitant des forêts quand le noble sauvage
«Ne portait pas encor le joug de l'esclavage. »
DRYDEN. *La prise de Grenade.*

Le comte de Menteith, comme il s'en était chargé, interrogea Ranald sur l'histoire qu'il venait de raconter, et la lui fit répéter avec plus de détails. Il fit ensuite venir les deux autres Enfants du Brouillard qui avaient servi avec leur chef en qualité de guides, et toutes les déclarations de Mac-Eagh furent confirmées par leur témoignage. Il compara soigneusement leur récit avec toutes les circonstances de l'incendie du château de sir Duncan et de l'assassinat de ses enfants, dont celui-ci n'avait que trop fidèlement conservé le souvenir ; et tout se trouva parfaitement d'accord. On sent qu'il était important de s'assurer que les aveux de cet Outlaw n'étaient pas une imposture imaginée pour faire passer à l'enfant de quelque misérable de sa tribu toutes les richesses et les propriétés de la famille d'Ardenvohr.

On dira peut-être que Menteith, personnellement intéressé à ajouter foi aux déclarations de Ranald, ne pouvait être un juge assez impartial pour qu'on dût lui confier l'examen de cette affaire. Mais les deux autres Enfants du Brouillard, interrogés séparément, s'expliquèrent avec tant de simplicité, et furent tellement d'accord dans leurs déclarations, que les esprits les plus prévenus n'auraient pu conserver l'ombre d'un doute. La nature d'ailleurs avait pris soin d'imprimer sur l'épaule gauche d'Annette Lyle une marque qu'on se rappela que portait la fille de sir Duncan. Enfin on se souvint qu'après l'incendie du château on avait trouvé les corps de trois enfants, mais qu'on avait inutilement cherché les restes du quatrième. Toutes ces circonstances, et d'autres qu'il est inutile de rapporter ici, convainquirent non seulement sir Duncan et Menteith, mais même le marquis de Montrose, entièrement désintéressé dans cette affaire, que dans Annette Lyle, élevée comme par charité dans la famille de Mac-Aulay, et n'ayant pour elle que ses charmes et ses talents, on devait respecter à l'avenir la fille de sir Duncan Campbell et l'héritière de toute sa fortune.

Tandis que Menteith allait communiquer à sir Duncan et à sa fille le résultat des informations qu'il venait de prendre, le vieux Outlaw demanda à parler à son fils.

— Vous le trouverez, dit-il, dans un coin de la grange, où l'on m'avait d'abord placé.

On y trouva effectivement le jeune sauvage blotti dans un coin sous la paille; on l'amena à son père, et on les laissa ensemble.

— Kenneth, lui dit Mac-Eagh, écoute bien les dernières paroles de ton père. Un soldat saxon et Allan à la main sanglante sont partis du camp il y a quelques heures pour se rendre dans le pays de Caberfae; poursuis-les comme le limier poursuit le daim sur nos montagnes; passe à la nage les lacs et les torrents, gravis les rochers, traverse les bois, ne t'arrête que lorsque tu les auras rejoints.

Le jeune homme prenait un air plus sombre et plus farouche à mesure que son père parlait, et il jeta sur lui un regard expressif en portant la main sur un poignard passé dans la ceinture de cuir qui attachait le plaid en lambeaux dont il était couvert.

— Non, dit le vieillard, ce n'est pas de ta main qu'il doit périr. Il te demandera des nouvelles du camp. Dis-lui qu'on a découvert qu'Annette Lyle est la fille de Duncan d'Ardenvohr, que le thane de Menteith va l'épouser en face du prêtre, et que tu vas inviter leurs amis à venir à leurs noces. N'attends pas sa réponse, mais disparais avec la rapidité de l'éclair qui vient de sortir d'un noir nuage. Pars à l'instant, mon enfant chéri; pour moi, je ne reverrai pas tes traits, je ne reconnaîtrai plus le bruit de ta course légère. Encore un moment pourtant; écoute les derniers avis de ton père. Souviens-toi du destin de notre race, et sois fidèle aux anciennes mœurs des Enfants du Brouillard. Nous ne sommes plus qu'une bande éparse, chassée de toutes les vallées par les clans qui se sont emparés des collines où leurs ancêtres fendaient du bois et portaient l'eau pour les nôtres. Mais au milieu des déserts, sur le sommet des rocs les plus arides, Kenneth, ne fais jamais rien qui souille la liberté que je te laisse pour héritage. Ne l'échange ni pour de riches vêtements, ni pour des lambris dorés, ni pour une table bien servie. Sur les montagnes et dans les vallons, dans l'abondance et dans la disette, au milieu de la verdure de l'été ou parmi les glaçons de l'hiver, Enfant du Brouillard, sois libre comme tes pères. Ne reconnais point de maître, ne reçois la loi de personne, ne te mets aux gages de qui que ce soit.

Ne bâtis point de maison, ne cultive pas la terre, que les daims des montagnes soient tes troupeaux, et, quand tu en manqueras, fais ta proie de ce que possèdent les Saxons, ou ces Highlanders qui, Saxons au fond du cœur, estiment leurs bœufs et leurs moutons plus que l'honneur et la liberté; mais nous devons nous en réjouir, nous n'en avons que plus de moyens de vengeance. N'oublie pas ceux qui se sont montrés amis de notre race, et paie leurs services de tout ton sang si l'occasion s'en présente. Si un Mac-Ian vient à ta rencontre, la tête du fils du roi à la main, donne-lui une retraite, protége-le, combats pour lui, quand même toute une armée serait à sa poursuite : ce clan a été l'ami du nôtre de temps immémorial. Les enfants de Diarmid, la race de Darnlinvarach, tout ce qui porte le nom de Menteith,—que ma malédiction tombe sur toi, Enfant du Brouillard, si tu en épargnes un seul quand le moment de les attaquer sera arrivé; et il arrivera; car ils tireront l'épée les uns contre les autres, et ils se dévoreront mutuellement; ils prendront la fuite vers le séjour du Brouillard, et tomberont alors sous les coups de ses enfants. Encore une fois, pars; secoue la poussière de tes pieds contre les habitations des hommes, qu'ils soient en guerre ou en paix. Adieu, enfant bien-aimé : puisses-tu mourir comme tes ancêtres, avant que les infirmités, les maladies et la vieillesse t'aient privé des forces du corps et de l'énergie de l'âme. Pars! pars! mais conserve ta liberté, et n'oublie jamais ni un service ni une injure.

Le jeune sauvage se pencha sur son père, le baisa au front en lui promettant de lui obéir en tous points; mais, accoutumé dès son enfance à supprimer tout signe extérieur d'émotion, il s'en sépara sans verser une larme, et fut bientôt hors de l'enceinte du camp de Montrose.

Sir Dugald Dalgetty était rentré pendant la dernière

partie des instructions que Mac-Eagh venait de donner à son fils, et il fut peu édifié de sa conduite en cette condition.

— Mon ami Ranald, lui dit-il, je ne crois pas que vous soyez dans la meilleure route possible pour un mourant. Brûler des faubourgs, faire le sac d'une ville, massacrer des garnisons, c'est le devoir d'un soldat; il est justifié par la nécessité d'agir ainsi, puisqu'il ne reçoit sa paye qu'à cette condition. Il est donc évident que sa profession est favorisée du ciel, puisqu'il peut commettre tous les jours des actes de violence, sans perdre l'espérance du salut. Mais au service d'aucun prince de l'Europe, Ranald, ce n'est la coutume d'un soldat mourant de se vanter de pareilles choses, et de recommander à ses camarades d'en faire autant. Au contraire, il montre quelque contrition d'avoir été obligé d'agir ainsi, et il prononce ou fait prononcer près de lui quelque bonne prière, ce que je vais demander au chapelain de Son Excellence de faire pour vous si vous le désirez. Ce que je vous dis ici ne fait point partie de mes devoirs; mais votre conscience se trouvera plus à l'aise si vous quittez ce monde en chrétien, au lieu d'en sortir comme un Turc, ce que vous me semblez en beau chemin de faire.

La seule réponse que fit à cette exhortation le mourant (car on pouvait alors regarder Ranald Mac-Eagh comme presque à l'agonie), fut une prière qu'on lui soulevât la tête de manière à ce qu'il pût voir la campagne par une fenêtre du château. Un épais brouillard qui s'était amassé depuis quelque temps sur le haut des montagnes, commençait alors à descendre et rouler sur les angles des monts, et laissait apercevoir leurs cimes escarpées qui semblaient autant d'îles s'élevant sur un océan de vapeurs.

— Esprit du Brouillard, dit Mac-Eagh, toi que ma race appelle son père et son protecteur, reçois dans ton tabernacle de nuages, quand ce moment de douleur sera passé, celui que tu as si souvent protégé pendant sa vie. En parlant ainsi, il retomba entre les bras de ceux qui le soutenaient, et, tournant la tête du côté de la muraille, il garda le silence.

— Je crois, dit Dalgetty, que mon ami Ranald, au fond du cœur, ne vaut guère mieux qu'un païen. Et il lui renouvela la proposition de lui envoyer le docteur Wisheart, chapelain de Montrose. C'est un homme qui connaît parfaitement son ministère, dit-il, et qui fera main basse sur tous vos péchés en moins de temps qu'il ne m'en faudrait pour fumer une pipe de tabac.

— Saxon! répondit le moribond, ne me parlez plus de votre prêtre : je meurs content. Avez-vous jamais rencontré un ennemi contre lequel toutes les armes étaient inutiles, sur le corps duquel la balle rebondissait, la flèche s'émoussait, que le sabre ni le poignard ne pouvaient percer?

— Certainement, répliqua le major, lorsque je servais en Allemagne. Je me souviens entre autres d'avoir vu à Ingolstadt un gaillard dont l'armure, à l'épreuve du fer et de la balle, était si bien jointe, que mes soldats furent obligés de lui briser le crâne à coups de crosse de fusil.

— Cet ennemi invulnérable, continua Ranald, est couvert de mon sang le plus précieux. Mais le moment de la vengeance est arrivé. Je lui lègue la jalousie, le désespoir, la rage et la mort, ou une vie plus malheureuse que la mort même. Tel sera le sort d'Allan à la main sanglante, quand il apprendra qu'Annette épouse Menteith, et cet espoir me console de mourir de sa main.

— Puisqu'il en est ainsi, dit le major, je n'ai plus rien à vous dire, mais j'aurai soin de vous laisser voir par le moins de monde possible, car je ne trouve pas fort exemplaire la manière dont vous prenez votre congé de réforme, et elle ne fait pas honneur à une armée chrétienne.

A ces mots il sortit de l'appartement, et quelques minutes après Ranald Mac-Eagh rendit le dernier soupir.

Cependant lord Menteith, laissant le père et la fille se féliciter d'une découverte si heureuse pour tous deux, et se prodiguer les marques d'une tendresse mutuelle, était allé trouver Montrose, et discutait avec lui les conséquences probables de cet évènement.

— Je verrais à présent tout l'intérêt que vous y prenez, lui dit Montrose, si je ne m'étais déjà aperçu depuis long-temps de celui que vous inspirait l'aimable Annette. Vous l'aimez, je suis certain qu'elle vous aime ; votre naissance et la sienne, sa fortune et la vôtre, rendent une union entre elle et vous parfaitement sortable; mais, mon cher comte, n'entrevoyez-vous pas d'autres obstacles? Réfléchissez-y bien. Sir Duncan Campbell est un fanatique ou du moins un presbytérien; il a pris les armes contre son roi; il est en ce moment notre prisonnier de guerre; enfin nous ne sommes encore, je le crains bien, qu'au commencement d'une longue guerre civile : croyez-vous en de pareilles circonstances pouvoir lui demander la main de sa fille? Croyez-vous surtout qu'il vous l'accorderait?

L'amour, conseiller non moins ingénieux qu'éloquent, fournit à Menteith mille réponses à ces raisonnements. Il rappela à Montrose que le chevalier d'Ardenvohr n'était un fanatique ni en religion ni en politique, et qu'il avait pris les armes par déférence pour le chef de sa famille, pour le marquis d'Argyle, plutôt que par suite de ses propres dispositions. Il fit valoir son zèle reconnu pour la cause royale, et les preuves qu'il en avait données, et il fit sentir que son mariage avec l'héritière d'Ardenvohr pouvait lui gagner de nouveaux partisans. Il lui parla de l'état dangereux dans lequel sir Duncan se trouvait, et lui représenta que s'il retournait avec sa fille dans son château, et qu'il vînt à mourir, elle tomberait sous la tutelle du marquis, qui ne manquerait pas de la marier à quelqu'un de ses parents, afin d'assurer à son parti la disposition de sa fortune et le secours de ses vassaux. — Vous sentez donc, ajouta-t-il, que si je n'obtiens en ce moment la main d'Annette, il ne peut me rester aucune espérance, car je ne serai jamais assez lâche pour l'acheter au prix de mon honneur, en abandonnant les drapeaux de mon souverain légitime.

Montrose convint que ces arguments n'étaient pas sans force, que ce mariage n'était nullement incompatible avec la fidélité que lord Menteith devait au roi, et qu'il pouvait même être utile à sa cause.

— Mais les obstacles que je crains de la part de sir Duncan, dit-il, n'en subsistent pas moins. Si vous pouviez les surmonter, je désirerais que votre union eût lieu le plus promptement possible, car je voudrais que cette belle Briséis ne se trouvât plus dans notre camp, lorsque notre Achille, Allan Mac-Aulay, y reviendra. Je crains quelque malheur de ce côté, Menteith. Je crois que le plus sage serait de renvoyer sir Duncan sur parole. Il emmènerait sa fille dans son château; je vous chargerais de l'y escorter, vous l'y épouseriez; et vous viendriez nous rejoindre au bout de quelque temps. Votre honneur ne pourrait en souffrir; la blessure que vous avez reçue sera un voile honorable pour couvrir votre absence.

— Jamais! s'écria Menteith, quand je devrais perdre toutes les espérances auxquelles j'ai à peine commencé de m'abandonner; je ne quitterai pas le camp de Votre Excellence tant que l'étendard royal y sera déployé. Je mériterais que l'égratignure que j'ai reçue au bras, et que vous honorez du titre de blessure, fût suivie d'une gangrène incurable, si j'en faisais un prétexte pour quitter un seul instant le service du roi.

— Votre détermination est-elle bien prise?

— Inébranlable comme le Ben-Nevis!

— En ce cas, expliquez-vous avec le chevalier d'Ardenvohr; tâchez d'obtenir son consentement, et brusquez la conclusion de cette affaire. S'il vous accorde sa fille, je parlerai moi-même à Mac-Aulay, et nous chercherons les moyens d'occuper son frère à quelque distance de l'armée, jusqu'à ce qu'il ait pris son parti sur cet évènement. Plût au ciel que sa seconde vue présentât à son imagination quelque jeune nymphe assez belle pour lui faire oublier Annette Lyle! Vous ne croyez pas cela possible, Menteith? — mais n'importe : songeons maintenant chacun à nos affaires, vous à celles de l'Amour, moi à celles de Mars.

Ils se séparèrent, et, conformément au plan qui avait été arrêté, lord Menteith, le lendemain matin de bonne heure, dans un entretien particulier avec sir Duncan Campbell, lui demanda la main de sa fille. Le chevalier d'Ardenvohr n'ignorait pas leur attachement mutuel, mais il ne s'attendait pas à recevoir sitôt la déclaration de Menteith. Il lui répondit d'abord qu'il s'était peut-être déjà trop abandonné à la joie que lui avait inspirée le bonheur de retrouver une fille, quand son clan venait d'éprouver une défaite si complète et si humiliante, et que ce n'était pas le moment de se livrer à des projets d'agrandissement pour sa propre maison. Menteith insista avec tout le feu de l'amour, et sir Duncan finit par lui demander quelques heures pour délibérer sur sa proposition, ajoutant qu'il désirait en outre avoir une conversation avec sa fille sur un sujet si important.

Le résultat de la délibération et de l'entretien fut favorable à Menteith. Sir Duncan reconnut que le bonheur de sa fille dépendait de son union avec lord Menteith, et il prévit qu'à moins qu'elle n'eût lieu sur-le-champ, Argyle mettrait tout en usage pour y apporter des obstacles. Ce mariage d'ailleurs lui paraissait convenable sous tous les rapports. Menteith jouissait de la meilleure réputation ; il avait un rang distingué ; il était d'une excellente famille ; il possédait une fortune considérable ; et tous ces avantages pouvaient bien faire oublier que ses opinions politiques n'étaient pas les mêmes que celles des Campbells. Enfin, quand même il aurait vu cette union sous un point de vue moins favorable, peut-être n'aurait-il pu se résoudre à contrarier le premier désir de la fille qu'il venait de retrouver, et qui l'avait intéressé avant qu'il sût qu'elle lui appartenait de si près.

Nous ne dissimulerons pourtant pas qu'un secret mouvement d'orgueil influa aussi sur sa détermination. Produire dans le monde, comme l'héritière de la maison d'Ardenvohr, une jeune fille élevée par charité dans la famille de Darnlinvarach, c'était une idée qui lui offrait quelque chose d'humiliant ; mais présenter sa fille comme comtesse de Menteith, comme ayant fixé les vœux d'un jeune seigneur d'un rang distingué, malgré l'obscurité à laquelle le destin avait condamné ses premières années, c'était prouver que, dans tous les temps, elle avait été digne du rang auquel elle se trouvait élevée.

Toutes ces considérations déterminèrent donc sir Duncan à consentir que les jeunes amants fussent mariés dans la chapelle du château par le chapelain de Montrose, avec le moins d'éclat qu'il serait possible. Mais il fut convenu que, lorsque Montrose partirait d'Inverlochy à la tête de son armée, ce qui devait avoir lieu dans peu de jours, la jeune mariée retournerait avec son père au château d'Ardenvohr, jusqu'à ce que les circonstances permissent à lord Menteith de se retirer du service avec honneur. Cette résol- fois prise, il fut le premier à en presser l'exécution, et l'on décida que le mariage aurait lieu dans la soirée suivante, c'est-à-dire le surlendemain du jour de la bataille.

CHAPITRE XXIII.

« Il m'a ravi l'objet dont mon cœur est épris,
« Et qui de maints combats était pour moi le prix. »
L'Iliade.

Il était indispensable, pour bien des raisons, qu'Angus Mac-Aulay, qui avait été si long-temps le protecteur d'Annette, fût instruit du changement presque miraculeux qui venait de s'opérer dans la fortune de sa jeune protégée. Montrose, comme il s'en était chargé, lui communiqua ces évènements remarquables. Il apprit cette nouvelle avec l'air d'indifférence et de bonne humeur qui lui était habituel, et montra plus de joie que d'étonnement de la bonne fortune d'Annette.

— Je ne doute nullement qu'elle ne s'en montre digne, dit-il, et comme elle a été élevée dans de bons principes, dans des sentiments royalistes, j'espère qu'elle fera passer la fortune de son vieux fanatique de père dans les mains de quelque brave ami du roi. Je n'empêcherai même pas mon frère Allan de se mettre sur les rangs, quoique ce sir Duncan Campbell soit le seul homme qui ait osé reprocher à un Mac-Aulay d'avoir manqué aux lois de l'hospitalité. Annette n'en est pas coupable. Elle seule a jamais pu charmer les moments d'humeur d'Allan ; et qui sait si le mariage ne le rendrait pas tout-à-fait à la société?

Montrose se hâta d'interrompre la construction des châteaux qu'Angus bâtissait en l'air, en l'informant que le père d'Annette avait déjà disposé de sa main ; qu'elle devait épouser le lendemain soir leur parent commun, le comte de Menteith ; et que, par reconnaissance des soins que Mac-Aulay avait pris de cette jeune fille jusqu'à ce jour, il était chargé par sir Duncan de l'inviter à assister à cette cérémonie, et à le remplacer à l'autel, puisque sa blessure l'empêcherait de s'y trouver.

A cette déclaration, Angus prit un air grave, et se redressa de l'air d'un homme qui croit qu'on a manqué aux égards qui lui étaient dus.

— Je pensais, dit-il, qu'ayant si long-temps servi de père à cette jeune fille, pendant toutes les années qu'elle a passées sous le toit de mes ancêtres, je pouvais m'attendre en cette occasion à autre chose qu'à un compliment de pure cérémonie. Je ne crois pas avoir à me reprocher trop de présomption en prétendant qu'on aurait pu me consulter. Je souhaite tout le bonheur possible à mon parent Menteith, personne ne lui en souhaite plus que moi ; mais je dois dire qu'il a été un peu vite dans cette affaire. Tout le monde connaît les sentiments d'Allan pour Annette ; et je ne vois pas pourquoi l'on a mis de côté les droits supérieurs qu'il a sur son affection et sa reconnaissance, au moins sans en faire d'abord l'objet d'une discussion.

Montrose, ne voyant que trop où tendaient tous ces discours, supplia Mac-Aulay d'écouter la raison, et lui demanda d'examiner lui-même s'il était vraisemblable que sir Duncan accordât la main de sa fille unique à Allan, qui, malgré les excellentes qualités que personne ne pouvait lui refuser, avait des accès de mélancolie qui faisaient trembler tout ce qui approchait de lui.

— Milord, dit Mac-Aulay, mon frère Allan est ce que Dieu nous a faits tous, un mélange de bonnes et de mauvaises qualités, mais c'est l'homme le plus brave et le plus intrépide de toute votre armée, et il méritait que Votre Excellence, que son parent, qu'une jeune personne qui lui doit tout ainsi qu'à sa famille, eussent un peu plus d'égards pour son bonheur.

Montrose fit de vains efforts pour lui faire envisager les

choses sous un autre point de vue. Angus était du nombre de ceux qu'aucun raisonnement ne peut convaincre quand ils ont une fois pris une fausse impression. Montrose leva alors le ton plus haut, et lui recommanda de prendre garde de nourrir dans son cœur des sentiments qui pussent nuire au service de Sa Majesté. Il lui annonça qu'il désirait surtout qu'Allan ne fût pas interrompu dans la mission dont il l'avait chargé, mission, dit-il, aussi honorable pour lui-même qu'elle pouvait être avantageuse pour la cause du roi, et dont il espérait que son frère ne le détournerait pas en l'entretenant d'objets qui y étaient étrangers, au risque de semer la haine et la dissension.

Angus répondit avec un ton d'humeur qu'il n'était point un tison de discorde, et que par caractère il jouerait plutôt le rôle de pacificateur ; qu'au surplus son frère savait aussi bien que qui que ce fût ce qu'il devait faire quand il se trouvait insulté. Quant à la manière dont Allan serait informé de ce qui se passait, on croit généralement, dit-il, que mon frère a des sources d'information plus promptes et plus sûres que les communications ordinaires, et je ne serais pas surpris qu'on le vît arriver ici beaucoup plus tôt qu'il n'y est attendu.

Une promesse qu'il n'interviendrait en rien dans cette affaire fut tout ce que Montrose put obtenir d'Angus, qui, quoique d'un caractère doux et conciliant en toute autre occasion, devenait intraitable quand son orgueil, son intérêt ou ses préjugés étaient blessés. Les choses en restèrent donc là pour le moment.

On devait s'attendre à trouver sir Dugald Dalgetty plus disposé à assister avec plaisir à la cérémonie du mariage. Montrose crut devoir l'y inviter, attendu qu'il avait eu connaissance de toutes les circonstances qui l'avaient amené ; mais, à sa grande surprise, sir Dugald hésita : il regarda les coudes de son justaucorps et les genoux de ses culottes, et répondit à Montrose, avec un air de répugnance et de contrainte, qu'il se rendrait à cette invitation si, après en avoir causé avec son noble ami, il trouvait que cela lui fût possible. Montrose ne crut devoir lui en montrer ni étonnement ni déplaisir, et le laissa libre d'agir comme bon lui semblerait.

Dès que Montrose se fut retiré, le major chercha lord Menteith, et le trouva dans son appartement, occupé à choisir dans la garde-robe peu nombreuse qu'il avait au camp les vêtements qui pouvaient être les plus convenables pour cette cérémonie solennelle. Il lui fit d'un air grave et sérieux ses compliments de félicitation sur l'approche du moment qui devait assurer son bonheur, ajoutant qu'il avait le plus grand regret de ne pouvoir en être témoin.

— Et quelle raison vous en empêche? lui demanda le comte. Montrose ne vous y a-t-il pas invité?

— Oui, milord, répondit Dalgetty; mais, pour vous parler franchement, je dois vous dire que ma présence ne ferait pas honneur à cette auguste cérémonie. Je n'ai d'autre habit que celui que vous voyez; le cuir de mes culottes est devenu si mince aux genoux, que je tremble à chaque instant de les voir passer au travers, et la solution de continuité qui se trouve aux coudes de mon justaucorps serait peut-être de mauvais augure pour la durée du nœud de votre bonheur matrimonial. A vous dire la vérité, milord, vous en êtes un peu la cause, car vous m'avez fait penser trop tard que je pourrais trouver dans les dépouilles des ennemis quelque vêtement qui me convînt. Vos enragés Highlanders avaient déjà fait main basse sur tout le butin, et il aurait été aussi facile d'arracher un os à un chien affamé : pour toute réponse, ils tirèrent leurs claymores et leurs poignards en marmottant je ne sais quoi dans ce qu'ils appellent leur langage, que le diable seul peut comprendre. De bonne foi, milord, je crois qu'ils ne valent guère mieux que des païens, et j'ai été très scandalisé de la manière dont mon vieil ami Ranald a jugé à propos de battre la retraite il y a deux jours.

Lord Menteith était disposé à voir des amis dans tous les hommes; la plainte du major ajouta encore à sa bonne humeur. Lui montrant un ajustement complet en peau de buffle qui était sur une chaise: —Voilà, dit-il, ce que j'avais dessein de prendre pour ma parure de noce, attendu que c'est ce que j'ai trouvé de moins formidable dans tout mon costume militaire; nous sommes à peu près de même taille, me ferez-vous le plaisir de l'accepter?

— Non, non! s'écria Dalgetty; je ne puis consentir que vous vous en priviez pour moi. Cependant, je ne sais s'il n'est pas plus conforme aux usages militaires que vous vous mariiez revêtu de votre armure. Je me rappelle que j'assistai autrefois au mariage du prince Léon de Wittlesbach avec la plus jeune des filles de Georges-Frédéric de Saxe, mariage qui se célébrait sous les auspices du vaillant Gustave-Adolphe, le Lion du nord.

Le jeune comte sourit, et, sûr que le major porterait à la cérémonie un visage gai, il se revêtit lui-même d'une cuirasse légère, couverte par un manteau de velours et une large écharpe de soie bleue, qu'il portait suivant la mode du temps et conformément à son rang.

Tout était prêt, et il avait été convenu que, suivant l'usage du pays, les deux futurs époux ne se reverraient qu'en face de l'autel. L'heure fixée pour la cérémonie était déjà sonnée, et lord Menteith s'était rendu dans une salle voisine de la chapelle, où Montrose, qui avait bien voulu se charger de remplir à son égard les fonctions de père, devait venir le prendre pour le conduire devant le ministre. Quelques occupations relatives à l'armée l'ayant retenu quelque temps, le jeune comte, comme on peut bien le croire, l'attendait avec la plus vive impatience, et lorsqu'il entendit la porte s'ouvrir, il s'écria d'un ton de plaisanterie : — Vous arriverez bien tard à la parade !

— Vous trouverez que j'arrive assez tôt, répondit Allan Mac-Aulay en s'élançant dans l'appartement la claymore à la main. Menteith, défendez-vous comme un homme, ou mourez comme un chien !

— Vous êtes fou, Allan ! dit Menteith non moins surpris de son arrivée soudaine que frappé de l'état dans lequel il le voyait. Ses joues étaient livides, ses yeux sortaient de leur orbite, ses lèvres étaient blanches d'écume et ses gestes étaient ceux d'un démoniaque.

— Vous mentez, traître, répondit Allan d'un ton furieux ; vous mentez en cela comme dans tout ce que vous m'avez dit : toute votre vie n'est qu'un mensonge !

— La vôtre ne serait plus longue, répliqua Menteith, si je ne vous avais pas dit ce que je pense en vous disant que vous êtes fou. En quoi m'accusez-vous de vous avoir trompé ?

— Vous m'aviez dit que vous n'épouseriez pas Annette Lyle, dit Allan : c'était une trahison, un mensonge, car elle vous attend à l'autel !

— C'est vous-même qui mentez, répondit Menteith : je vous ai dit que l'obscurité de sa naissance formait un obstacle à notre union. Cet obstacle n'existe plus ; et qui croyez-vous donc être pour que je vous doive le sacrifice de mes prétentions ?

— Armez-vous donc ! s'écria Allan : nous n'avons pas besoin d'autres explications.

— Pas à présent, dit Menteith ; pas en cet endroit. Vous devez me connaître, Allan : demain nous nous reverrons.

— Aujourd'hui !... à l'instant !... ou jamais ! répondit Allan. Votre dernière heure ou la mienne est sonnée !... Menteith, je vous en conjure, au nom de notre parenté, de notre ancienne amitié, au nom des drapeaux sous lesquels nous avons combattu ensemble, défendez-vous !

En parlant ainsi, il s'approcha du comte, lui saisit la main, et la serra avec une telle violence, que le sang en sortit.

— Retirez-vous, insensé ! dit le comte en le repoussant avec force.

— Que ma vision s'accomplisse donc ! s'écria Allan ; et, tirant son poignard, il en frappa le sein du comte. La cuirasse dont Menteith était revêtu fit glisser la pointe du poignard, qui, en remontant, ouvrit une profonde blessure entre le cou et l'épaule, et la violence du coup le renversa. Montrose entrait au même instant. Tous les témoins de cette scène étaient étourdis de surprise et de terreur. Avant que le comte comprît ce dont il s'agissait, Allan s'était précipité vers la porte, et il descendit l'escalier avec la rapidité de l'éclair.

— Gardes, s'écria Montrose, qu'on ferme la porte du château, arrêtez l'assassin ! tuez-le s'il résiste. Fût-il mon frère, il mourra !

Mais Allan renversa d'un second coup de poignard la sentinelle qui était en faction et qui voulut l'arrêter, traversa le camp avec la vitesse d'un daim poursuivi par des chasseurs, passa la rivière à la nage, à la vue de ceux qui le poursuivaient, et s'enfonça dans les bois.

Dans le cours de la même soirée, son frère Angus quitta le camp de Montrose à la tête de son clan, retourna à Darnlinvarach, et ne prit plus aucune part à la guerre.

Quant à Allan, on dit qu'aussitôt qu'il eut commis son crime, il vola comme un trait au château d'Inverary, pénétra dans la salle où le marquis d'Argyle tenait un conseil, et jeta devant lui, sur la table, son poignard ensanglanté.

— Est-ce le sang de James Graham ? demanda Argyle d'une voix qui annonçait en même temps l'espoir que cette demande recevrait une réponse affirmative, et la terreur que lui inspirait cette apparition inattendue.

— C'est le sang de son favori, répondit Allan ; c'est un sang que j'étais prédestiné à répandre, quoique j'eusse versé tout le mien pour l'épargner.

Ayant ainsi parlé, il partit avec la même promptitude qu'il était arrivé, et disparut avant que personne songeât à le retenir. On n'est pas d'accord sur ce qu'il devint ensuite. Comme on vit le même jour le jeune Kenneth et trois Enfants du Brouillard traverser le Loch Fine, bien des gens présumèrent qu'ils l'avaient suivi à la piste, et qu'Allan était tombé sous leurs coups dans quelque solitude écartée ; mais d'autres prétendent qu'il quitta l'Angleterre, et qu'il se fit moine dans l'ordre des chartreux. Au surplus, on n'eut jamais que de faibles présomptions à l'appui de l'une ou de l'autre de ces deux opinions.

Sa vengeance fut pourtant moins complète qu'il ne se l'imaginait probablement ; car lord Menteith, quoique si dangereusement blessé qu'il fut très long-temps à recouvrer la santé, dut la vie à la recommandation que lui avait faite le major Dalgetty de se marier couvert de ses armes. Mais Montrose perdit ses services ; et dès que lord Menteith fut en état de supporter le transport, il partit avec Annette et sir Duncan, toujours souffrant lui-même de sa blessure, pour le château d'Ardenvohr. Sir Dugald Dalgetty l'accompagna jusqu'au bord de l'eau, et le conjura, en le quittant, de ne pas oublier de faire construire une redoute sur la hauteur de Drumsnab, pour protéger le château qui devait un jour appartenir à sa future épouse.

Ils firent ce voyage sans aucun accident ; et Menteith, au bout de quelques mois, fut assez bien rétabli pour être uni avec Annette en présence et du consentement de sir Duncan Campbell et de son épouse.

Les superstitieux Highlanders furent assez embarrassés

pour concilier la guérison de lord Menteith avec la prédiction d'Allan Mac-Aulay, dont ils ne voulaient pas révoquer en doute le don de seconde vue. Quelques uns lui surent mauvais gré de n'être pas mort pour la vérifier complètement. Mais la plupart pensèrent qu'elle avait été suffisamment remplie par la blessure qu'il avait reçue de la main et du poignard d'Allan ; et tous furent d'opinion que l'incident de la bague à la tête de mort avait annoncé le trépas du père d'Annette, qui ne survécut que quelques mois au mariage de sa fille avec le comte. Les incrédules traitèrent toutes ces idées de rêves de cerveaux en délire, et jugèrent que la prétendue vision d'Allan n'était autre chose que l'effet de ses passions violentes, qui, ayant vu depuis long-temps dans Menteith un rival plus favorisé qu'il ne l'était lui-même, luttaient contre sa générosité naturelle, et lui inspiraient à son insu l'idée de faire périr celui qu'il regardait comme le seul obstacle à son bonheur.

Menteith ne recouvra pas la santé assez tôt pour rejoindre Montrose pendant sa courte et glorieuse carrière ; et quand ce général eut quitté l'Écosse après avoir licencié son armée, il vécut retiré dans ses terres jusqu'à la restauration de Charles II sur le trône. Après cet heureux évènement, il exerça dans son pays des fonctions qui convenaient à son rang, vécut heureux, respecté du public, chéri de sa femme et de ses enfants, et mourut dans un âge fort avancé.

Les personnes de notre drame sont en si petit nombre qu'à l'exception de Montrose, dont la gloire et les exploits appartiennent à l'histoire, il ne nous reste à parler que de sir Dugald Dalgetty.

Ce brave major continua avec la plus rigoureuse ponctualité à remplir ses devoirs militaires et à recevoir sa paye. Mais enfin il fut, comme beaucoup d'autres, fait prisonnier à la bataille de Philiphaug. Il fut condamné à partager le sort de ses compagnons de service voués à la mort, moins encore par les arrêts des tribunaux civils et militaires que par suite des déclamations de ministres fanatiques, qui prétendaient que leur sang devait être versé en sacrifice expiatoire pour effacer les péchés d'Israel, et qui, par une application aussi cruelle qu'impie, disaient qu'ils devaient être traités comme l'avaient été les Chananéens.

Plusieurs officiers des Lowlands, au service du Covenant, intercédèrent en cette occasion pour Dalgetty, et le représentèrent comme un homme dont les connaissances militaires pourraient être très utiles à leur armée, et qu'il serait facile de déterminer à changer de service. Mais ils trouvèrent sir Dugald plus obstiné sur ce point qu'ils ne l'avaient pensé. Il s'était engagé au service du roi pour un temps fixe, leur dit-il, et, jusqu'à l'expiration du terme convenu, ses principes ne lui permettaient pas l'ombre d'un changement. Les officiers du Covenant n'entendaient pas des distinctions si subtiles, et il courait le plus grand danger de mourir martyr non de tel ou tel principe politique, mais de ses idées rigoureuses sur la discipline militaire, quand heureusement ceux qui s'intéressaient à lui découvrirent qu'il ne restait que quinze jours à s'écouler du terme fixé pour son engagement, auquel aucune puissance sur la terre n'aurait pu le décider à manquer, quoiqu'il fût bien certain qu'il ne serait pas renouvelé. Ils obtinrent donc, non sans peine, un sursis à son exécution pour cet espace de temps, et au bout de ce terme ils le trouvèrent parfaitement disposé à entrer au service de quiconque voudrait le payer. Il prit donc parti dans l'armée du Covenant, et fut nommé major du corps de Gilbert-Ker, communément appelé le régiment de l'Église.

Nous ne savons pas ce qu'il devint ensuite; mais au bout de quelques années nous le trouvons en paisible jouissance de son domaine paternel de Drumthwacket, dont il ne prit pas possession à la pointe de l'épée, mais qu'il acquit par des voies plus pacifiques en épousant Hannah Strachan, matrone respectable, veuve sans enfants du presbytérien auquel il avait appartenu.

On croit que sir Dugald survécut à la révolution; car des traditions qui ne sont pas encore très anciennes nous le représentent comme se montrant encore alors assez fréquemment à Aberdeen, très vieux, très sourd, et ne se lassant jamais de répéter ses histoires interminables sur l'immortel Gustave-Adolphe, le Lion du Nord et le boulevard de la foi protestante.

AU LECTEUR.

LECTEUR!

Les Contes de mon Hôte sont arrivés à leur fin. J'avais dessein de vous faire cette annonce sous le nom de Jedediah Cleishbotham; mais de même qu'Horam, fils d'Asmar, et que tous les autres conteurs qui ont pris naissance dans l'imagination des hommes, Jedediah s'est évanoui dans les airs.

M. Cleishbotham avait avec Ariel la même ressemblance que celui qui l'a évoqué, avec le sage Prospero; et cependant nous nous attachons tellement aux fictions que nous créons nous-mêmes, que ce n'est qu'avec un frivole regret que je cesse de m'identifier avec lui [1]. Je sais que c'est un sentiment dans lequel il est difficile de faire entrer le lecteur; mais il ne peut être plus convaincu que je ne le suis, que j'ai tracé le tableau du caractère écossais sous assez de nuances pour avoir épuisé les observations d'un seul individu; qu'il serait donc inutile de vouloir continuer plus long-temps ce travail, et que je risquerais

---

[1] Il y a certes assez de poésie et même d'épopée dans la *Légende de Montrose* pour qu'on puisse y trouver plus d'un rapprochement avec maint poème en vers. Nous en avons indiqué quelques uns dans les notes; mais cet épilogue rappelle presque les propres expressions de Byron dans le quatrième et dernier chant du *Childe Harold*.

But where is he the Pilgrim of my song, etc.

« — Mais où est-il le Pèlerin de mon poème, l'être au nom de qui je parlais autrefois? il me semble qu'il vient tard et se fait attendre. Il n'est plus! —Vous avez entendu ses dernières paroles; ses courses vagabondes sont terminées; ses sillons s'effacent; — il est lui-même comme rien; — s'il fut jamais autre chose qu'un être fantastique, s'il pouvait être classé parmi les êtres qui vivent et souffrent, etc. — »

Dans la préface du même chant, Byron appelle aussi son Childe Harold un ami dont il se sépare avec regret. — Éd.

d'ennuyer. J'ai la vanité de supposer que ces romans ont été assez répandus pour montrer mes concitoyens, et les traits saillants de leur caractère, sous un jour nouveau pour les lecteurs du sud; et bien des personnes indifférentes naguère pour l'Écosse ont été entraînées à en lire l'histoire, grâces aux allusions qu'elles ont trouvées dans ces fictions.

Je quitte donc un champ sur lequel existe encore une riche moisson; mais je laisse après moi des ouvriers capables de la recueillir. Plus d'un écrivain a récemment fait preuve de talents dans le même genre, et s'il est permis à l'auteur qui parle en ce moment, et qui n'est lui-même qu'un fantôme, de distinguer l'ombre d'un frère, ou pour mieux dire d'une sœur, il citera en particulier l'auteur de l'agréable et intéressant ouvrage intitulé : *Mariage* [1].

---

[1] L'auteur de *Mariage* a publié depuis *l'Héritage*. Ces deux romans ont eu du succès; mais le prétendu Cleishbotham est resté sans rival et sans rivale.
Éd.

FIN DE L'OFFICIER DE FORTUNE ET DES CONTES
DE MON HÔTE.

www.ingramcontent.com/pod-product-compliance
Lightning Source LLC
Chambersburg PA
CBHW070536230426
43665CB00014B/1710